公司战略与风险管理

主　编　徐　雯　李思锦

副主编　李婷婷　王　丹

东北大学出版社

·沈　阳·

图书在版编目（CIP）数据

公司战略与风险管理 / 徐雯，李思锦主编. — 沈阳 ：
东北大学出版社，2021.6（2023.8 重印）
ISBN 978-7-5517-2688-7

Ⅰ. ①公… Ⅱ. ①徐… ②李… Ⅲ. ①公司－企业管理②公司－风险管理 Ⅳ. ①F276.6

中国版本图书馆 CIP 数据核字(2021)第 112002 号

出 版 者：东北大学出版社
地址：沈阳市和平区文化路三号巷 11 号
邮编：110819
电话：024－83683655(总编室)　83687331(营销部)
传真：024－83687332(总编室)　83680180(营销部)
网址：http://www.neupress.com
E-mail: neuph@neupress.com
印 刷 者：沈阳市第二市政建设工程公司印刷厂
发 行 者：东北大学出版社
幅面尺寸：185 mm×260 mm
印　　张：23.25
字　　数：509 千字
出版时间：2021 年 6 月第 1 版
印刷时间：2023 年 8 月第 2 次印刷
责任编辑：刘新宇
责任校对：杨　坤
封面设计：潘正一
责任出版：唐敏志

ISBN 978-7-5517-2688-7　　定　价：69.00 元

前　言

《公司战略与风险管理》以体现改革总体目标为宗旨，涉及的知识体系涵盖经济学、管理学、企业战略管理、市场营销、运营管理、财务管理、会计、金融、风险管理、公司治理等多学科。本教材主要由战略管理和风险管理两大部分组成。其中战略管理包括战略与战略管理、战略分析、战略选择、战略实施；风险管理包括公司治理、风险与风险管理。

教材具有如下特点：

第一，内容全面。以强化公司层面的管理为切入点，内容涉及公司战略和风险管理的基本概念、基本原理、基本方法等内容。

第二，联系实际。在阐述公司战略与风险管理的基本内容的基础上，较详细地介绍了公司战略的整体实施过程和财务战略的相关内容，以及风险管理的实务及具体内容。

第三，与管理学知识紧密结合。本教材的理论基点是企业管理学的基本原理。

本教材除了适用于高等院校教学外，也可供广大企业管理研究者及企业管理实践者参考。

编　者

2021 年 4 月

目　录

第一章　战略与战略管理 …… 1

第一节　公司战略的起源与本质 …… 1

第二节　战略管理要素、层次与体系 …… 9

第三节　战略管理过程 …… 15

第四节　战略管理的演进 …… 19

第五节　战略管理理论的发展 …… 23

第二章　企业外部环境分析 …… 34

第一节　企业外部环境分析概述 …… 34

第二节　企业一般环境分析 …… 36

第三节　产业环境分析 …… 47

第四节　竞争对手分析 …… 65

第三章　企业内部环境分析 …… 70

第一节　企业资源能力分析 …… 70

第二节　价值链分析 …… 79

第三节　核心竞争力与企业竞争优势 …… 85

第四节　资源均衡状况评估 …… 95

第四章　企业使命与战略目标 …… 107

第一节　企业使命 …… 107

第二节　企业愿景 …… 113

第三节　企业道德与社会责任 …… 117

第四节　企业战略目标 …… 120

第五章　总体战略（公司层战略） …… 127

第一节　公司战略概述 …… 127

第二节　发展型战略 …… 129
第三节　多元化战略 …… 133
第四节　一体化战略 …… 138
第五节　稳定型战略 …… 142
第六节　紧缩型战略 …… 145

第六章　业务单位战略 …… 149

第一节　基本竞争战略 …… 149
第二节　基本竞争战略的扩展 …… 154
第三节　动态竞争战略 …… 157
第四节　不同行业环境的竞争战略 …… 159
第五节　竞争地位与企业战略 …… 170

第七章　职能战略 …… 176

第一节　职能战略概述 …… 176
第二节　生产战略 …… 178
第三节　市场营销战略 …… 180
第四节　人力资源战略 …… 183
第五节　财务战略 …… 188
第六节　研究与开发战略 …… 196

第八章　国际化经营战略 …… 198

第一节　国际环境分析与企业国际化经营动因 …… 198
第二节　国际产业竞争与企业国际化战略 …… 203
第三节　国际市场进入方式及其选择 …… 208
第四节　企业国际化经营战略控制 …… 217

第九章　并购与战略联盟 …… 220

第一节　企业并购概述 …… 220
第二节　企业并购的程序及实施 …… 229
第三节　并购后整合策略 …… 234
第四节　战略联盟 …… 238

第十章　战略实施 ………………………………………………………………… 247

第一节　战略实施与控制的基本问题 …………………………………………… 247
第二节　组织结构与战略实施 …………………………………………………… 251
第三节　公司治理与战略实施 …………………………………………………… 258
第四节　企业文化与战略实施 …………………………………………………… 262
第五节　资源配置与战略实施 …………………………………………………… 265
第六节　战略控制 ………………………………………………………………… 268

第十一章　风险与风险管理的基本概念 ……………………………………… 276

第一节　风险的含义与构成 ……………………………………………………… 276
第二节　风险的分类和应对态度 ………………………………………………… 279
第三节　风险管理的概念与过程 ………………………………………………… 282
第四节　风险管理委员会及其运行流程 ………………………………………… 287

第十二章　风险管理的目标设定与风险识别 ………………………………… 291

第一节　企业经营活动层目标 …………………………………………………… 291
第二节　风险层目标 ……………………………………………………………… 297
第三节　企业风险识别 …………………………………………………………… 299

第十三章　企业风险分析与评价 ……………………………………………… 323

第一节　企业风险分析的思路 …………………………………………………… 323
第二节　企业风险衡量技术 ……………………………………………………… 331
第三节　企业风险评价方法 ……………………………………………………… 342

第十四章　企业风险应对策略与措施 ………………………………………… 351

第一节　企业风险的应对策略 …………………………………………………… 351
第二节　企业风险控制措施 ……………………………………………………… 356
第三节　止损机制和危机处理 …………………………………………………… 357

参考文献 ………………………………………………………………………… 361

第一章　战略与战略管理

【学习目标】

- 理解企业战略的本质
- 掌握战略管理的一般过程及任务
- 熟悉战略管理的发展历程
- 了解战略管理理论的十大学派

第一节　公司战略的起源与本质

一、战略的概念

“战略”一词在我国古已有之。“战”即战斗、战争，“略”指谋略、策略。我国历史名著《左传》和《史记》中已使用“战略”一词。春秋时代的《孙子兵法》就是著名的军事战略战术著作。明代军事家茅元仪在《武备志》的第二部分《二十一史·战略者》中，指出“战略”是指对战事的谋划。清代末年，北洋陆军督练处在我国第一部《军语》中把战略解释为“筹划军国之方略也”。

在西方，“战略”（strategy）一词源自希腊语“stratgos”或演变而来的“stratgia”。前者意为“将军”，后者意为“战役”“谋略”，均指指挥军队的艺术和科学。579 年，东罗马帝国国王毛莱斯用拉丁文写了一本名为 *Stratejicon* 的书，被认为是西方第一部涉及战略的著作。1772 年，法国人颉尔特的著作《战术通论》则明确提出了战略的概念，著作中提出关于“大战术”与“小战术”的概念，区分了现今关于“战略”与“战术”或“策略”的含义。早期的“战略”一词是军事方面的名词。如 19 世纪瑞士人约米尼在其著作《战争艺术》中提出，战略是在地图上进行军事部署的艺术，它所研究的对象是整个战场，战略主要解决一定时期如何进行军事部署的问题，以实现战争所要达到的基本目标。从 19 世纪起，西方逐渐形成不同的战略观念，如克劳塞维茨的《战争论》、利德尔·哈特的《战略论》等。

无论在我国还是在西方，战略都产生于战争和军事活动，它是这些活动实践的理论概括，通过实践检验，又可以指导实践。《中国大百科全书·军事卷》中的诠释是：

“战略是指导战争全局的方略。即战争指导者为达成战争的政治目的，依据战争规律所制定和所采取的准备实施战争的方针、政策和方法。”随着生产力水平不断提高和社会实践内涵不断丰富，“战略”一词逐渐被人们广泛地运用于军事以外的其他领域，从而给“战略”一词增加了新的含义。如人们将战略引申到政治活动中，一个政府或政党制定的一定历史时期内全局性的路线、方针，包括预定实现的总体目标和为实现目标所做的力量部署、所采用的手段等，即可视为战略。第二次世界大战后，社会经济活动日益扩大而复杂，战略被更多地引入到经济活动中，许多国家的政府都对具有全局性、长远性的经济发展方向和道路进行了认真研究，制定出指导国民经济或某些关键产业发展的方针、规划或战略。如我国的“十三五”规划，提出经济、社会、科技、教育、文化等一系列战略目标，以为我国在21世纪中叶基本实现现代化奠定坚实基础。

二、公司战略的起源

（一）公司战略思想的产生

公司战略思想是随着西方企业管理理论的发展而逐渐形成的，在第一次工业革命时期（18世纪中叶至19世纪中叶）并没有形成战略的思想或方法。这是因为虽然这一阶段以工业企业竞争激烈而著称，但事实上所有企业都没有能力在有效范围内影响市场。因为这一时期市场混乱而无序，一些经济学家如亚当·斯密（Adam Smith）提出“市场是看不见的手”，其作用远大于个体企业。这一时期的小型产业和小企业主们不需要任何战略。欧洲产生了以亚当·斯密等为代表的欧洲管理思想，以后在美国又出现了以泰勒为代表的科学管理理论。当时这些研究者和管理者都将思考的重点放在组织内部活动的管理上，还没有涉及公司战略理论的研究。

19世纪下半叶，随着美国主干铁路修建完毕，构建集团市场第一次成为可能，先后在美国以及欧洲涌现了一种新型企业——大型的、纵向一体化的企业。它们有能力大量投资于制造、营销并运作各个管理层及协调各自职能。企业规模的扩大，导致企业管理的革命，即所有权与经营权的分离，促成职业经理人的出现。著名历史学家钱德勒进一步补充了亚当·斯密的“看不见的手”观点——他把职业经理人比作“看得见的手”，那一时期，在一些资本密集型产业，规模最大的企业开始影响、改变产业内甚至产业外的竞争环境。大型企业的高级经理开始明确提出对战略思想的需求。20世纪初产生了战略管理思想的萌芽，有人开始从企业高层以及组织与环境的关系等角度来考虑企业发展问题。在1923—1946年担任通用汽车首席执行官的斯隆（Sloan），凭借对公司最大的竞争对手——福特汽车公司优势及劣势的观察，制定了成功的公司战略。第二次世界大战使整个经济范围内的稀有资源配置问题更加突出，这刺激了战略思想在企业中迅猛发展。

新的运算技术（如线性规划）的发明，为战略计划运用数量分析方法铺平了道路。20世纪二三十年代，“学习曲线”现象在一个军用飞机制造厂被发现。制造商发现，生产产量每增加一倍，直接劳动成本就以一定比率下降。这一发现显著影响了战时生产计划的预算。1944 年，冯·诺伊曼和摩根斯特恩出版了经典著作《博弈论与经济行为》，解决了博弈论中的“零—总和”（zero-sum）问题（主要从综合角度分析军事问题），并构建了“非零—总和”（none zero-sum）的博弈论（主要从企业角度出发）。战时的经验不仅促进了新技术的运用，同时也促进了引导管理决策的战略思想的运用。此时，著名的管理大师德鲁克注意到经济学理论中把市场视为非个体力量，其远远超出了独立的企业或组织所能控制的范围。他指出：“管理不仅仅是被动的适应性的行为，其对实现预期目标起到了积极作用。”在大企业时代，“管理意味着规范经济环境，意味着计划、激励，意味着扩大企业自由活动范围”。这代表公司战略管理的重要观点——通过有意识地执行正式计划，一个企业可以积极有效地控制市场。

（二）从战略思想到战略管理

战略思想的产生还不等于战略管理的产生，企业只有有意识地将战略作为管理的对象，并且有计划地从事战略管理活动，才有了战略管理。战略管理形成一个相对独立的学科，至少应该满足下面的条件：比较系统的思想、比较完整的内容、比较成熟的方法，以及上述三者之间的紧密关联。

如前所述，公司战略思想是随着产业革命和经济的发展而逐步形成的。18—19 世纪，伴随着产业革命，产生了以亚当·斯密等为代表的欧洲管理思想以及以泰勒为代表的科学管理学派。20 世纪初，法约尔对企业内部的管理活动进行整合，提出管理的五职能说。这些学者和管理者都将思考的重点放在组织内部活动的管理上，这可以说是最早出现的企业管理思想。

1934 年，康芒斯（Commons）在其著作《制度经济学》中首次使用了“战略因素”一词，引起了人们对企业经营活动中“战略因素”的注意，但是，他只是把“战略因素”限制在公司经济制度中的管理活动和交易活动的某些方面，而没有从公司战略管理的高度说明“战略因素”对企业经营活动的影响。

1938 年，巴纳德（Barnard）在其著作《经理人员的职能》中首次将战略的概念引入管理理论，他认为管理和战略主要是与企业领导人有关的工作。他提出管理学的重点在于创造组织的效率，其他的管理工作则应注重组织的有效性，即如何使组织与环境相适应。巴纳德的这一观点使公司战略思想得到理论界和企业界的重视，极大地推动了公司战略理论研究的发展。他的有关组织与环境匹配的主张成为现代战略分析方法的基础。

1962 年，美国学者钱德勒（Chandler）在其《战略与结构：工业企业史的考证》一书中，将战略定义为“确定企业基本长期目标、选择行动途径和为实现这些目标进行资源分配”。这标志着“战略”一词被正式引入企业经营管理领域，初步构建了公司战略研究的理论框架。1965 年，美国学者安索夫（H. Igor Ansoff）在研究多元化经营企业的基础上，在其著作《公司战略》中，从构成要素的角度提出了“战略四要素”说，认为战略构成要素应当包括产品与市场范围、增长向量、协同效果和竞争优势。自此，战略由思想到其特有的构成要素逐渐丰满，管理者开始了对战略构成要素的管理，对战略管理的研究也由单纯的组织内部研究转向对组织与环境的关系的研究，成为当代公司战略管理理论的研究起点。

20 世纪 60 年代，西方公司战略理论研究形成第一次浪潮，各个学派林立，研究方法多样，具体主张不同，有“理论丛林”之称。20 世纪 70 年代，随着社会实践的发展，理论研究的深入，战略管理基本上成为一门体系完整、相对独立的学科。

20 世纪 80 年代起，世界市场竞争环境发生了剧烈变化。日本和欧洲经济的发展，对美国经济造成巨大压力。市场竞争的压力促进了战略理论的发展。战略学家迈克尔·波特（Michael E. Porter）在其著名的两部著作——《竞争战略》（1980）和《竞争优势》（1985）中提出了战略定位的观点，认为公司战略的核心是获取竞争优势，并系统地阐述了战略管理的内容与方法，特别是给出了如产业结构分析、战略集团、价值链等分析工具，更进一步丰富了战略管理的内容和方法。1990 年，他又出版了《国家的竞争优势》一书，进一步发展了他的战略理论。

在企业界，明确地引进战略概念大约从 20 世纪 60 年代开始，由于科学技术发展，生产力水平提高，全世界的工商企业都面临着越来越复杂的环境，越来越激烈的竞争，越来越大的市场范围，越来越快的社会、经济、文化和技术变化。许多企业加深了“商场如战场”的认识，愈来愈清醒地认识到公司战略对企业生存与发展的重要性。从企业成长的角度，战略管理的意义在于两个方面：一是企业可以通过自己的主动性行为改变自己所处的竞争环境，包括改变自己、抑制竞争对手和改变产业政策；二是可以缩短企业自然成长过程，即加快企业“进化”的速度，以使企业迅速占据有利的竞争位置。如通用电气公司在 1971 年首先编制出战略规划，日本索尼公司制定了“驯马战略”。

三、公司战略的定义与内涵

在管理学界，最基本的概念问题，往往是争议最大的焦点，战略管理也不例外。什么是战略，迄今为止仍无一个公认的定义。许多学者和企业高层管理者曾经分别赋予公司战略不同的含义，但公司战略所要解决的问题则是共同的，那就是：如何对未来的市场环境变化作出正确的判断？如何调整企业的经营行为，以应对这种未来的变化，从而领先对手，获得竞争优势？如何从各种社会与商业关系中发掘别人没有发觉的价值，创造出别人没有采用过的赢利模式？这都成为企业非常关注的战略问题。从这点来看，如何从一个更长远的视角，帮助保持企业与环境的和谐，在社会分工大系统中将自身的优势充分地发挥出来，或系统地、有计划地培育企业在某一方面的竞争优势，实现企业价值的最大化，这正是公司战略这一概念的最终使命。

公司战略自从 20 世纪中期提出以后，管理学家们从不同的方面对战略进行了描述，但对于什么是公司战略还没有一个统一的定义。下面介绍一些有代表性的公司战略的定义，以帮助我们从不同角度理解公司战略的含义。

（一）安德鲁斯对战略的定义

哈佛商学院教授安德鲁斯（Andrews）认为，战略是一种把企业的目标、政策和经营活动结合在一起的模式：战略是目标、意图或目的，以及为达到这些目的而制定的主要方针和计划的一种决策模式（mode of decision），战略的形成应该是一个精心设计的过程，而不是一个直觉思维的过程，而且战略应该清晰、简明、易于理解和贯彻。安德鲁斯对战略进行了四个方面的界定，将战略分为四个构成要素，即市场机会、公司实力、个人价值观和渴望、社会责任。其中市场机会和社会责任是外部环境因素，公司实力与个人价值观和渴望则是企业内部因素。他主张公司应通过更好地配置自己的资源，形成独特的能力，以获取竞争优势。

（二）安索夫对战略的定义

哈佛商学院教授安索夫是美国战略理论中资源配置战略学派的代表人物，对公司战略管理理论的形成和发展作出了重大贡献。1965 年，安索夫在《公司战略论》中，提出战略的四种要素的观点，并提出战略四要素紧密相关，共同决定着企业经营活动的方向和发展目标。安索夫将“战略”的定义限定在“产品-市场战略”意义上使用。他将企业组织扩大产品-市场范围等企业家活动和市场活动统称为“战略活动”。战略活动可分为若干类型和模式，为便于理解，可称为“战略模式”。1976 年在《从战略计划走向战略管理》中，安索夫首次提出了“公司战略管理”的概念，指出：公司战略管理是把企业的战略发展问题作为一个多因素和多层次的整体复杂系统来处理。它既重视技术经济方面的环境因素，也重视企业自身的内部结构条件及社会、心理、文化、政治和法律等各方面的变化发展可能产生的各种影响，并且还把战略计划的制定和战略计划的控制与实施结合成一个统一的动态管理过程。他从公司战略计划在实施阶段怎样才能获得成功着手，以环境-战略-组织三者为支柱（environment-stratrgy-organization，E-S-O），建立起了企业经营战略管理的基本框架模式，称为 E-S-O 支柱理论。

（三）迈克尔·波特关于战略的定义

哈佛商学院迈克尔·波特认为，“竞争性战略就是要做到与众不同，它意味着要仔细地选择一组不同的经营活动来表达一种独特的价值理念”，并提出战略的本质是选择，即选择一套与竞争对手不同的活动，以提供独特的价值，企业的这种独特定位能够有效避免由于企业间的相互模仿所导致的过度竞争。波特认为，选择成为战略制定的核心，不仅是因为企业资源的稀缺性决定了企业不能在所有的行业和市场中参与竞争，而且是因为企业提供不一致的价值活动时，会使顾客感到迷惑，甚至损害企业的声誉，因此企业必须在各种活动上有所取舍。

（四）明茨伯格关于战略的概念

加拿大麦吉尔大学教授明茨伯格（Mintzberg）将公司战略定义为“一系列或整套的

决策或行动方式”。这套方式包括刻意安排的战略和任何临时出现的战略。他提出公司战略是由五种定义阐明的，即计划（plan）、策略（ploy）、模式（pattern）、定位（position）、视角（perspective）。在企业的经营活动中，管理者在不同的场合以不同的方式赋予公司战略不同的内涵，但在正式使用时，他们可能是指其中的某一种含义。

明茨伯格认为，定义需要折中主义，当不同的定义存在各种关系时，没有一种关系能够优于其他关系。这些定义在某些方面互相竞争，但也许在更重要的方面互为补充。不是所有的计划都能成为模式，也不是所有模式的发展都是计划好的。一些策略次于定位，一些策略高于定位但次于视角。

战略是计划，是企业有意识、有计划的行为，用来实现企业的基本目标。战略又是策略，在公司战略中，必然要大量使用策略，作为战胜竞争对手的手段。作为模式，战略专注于行动，如果不考虑行为，概念将是一个空洞的概念。战略也是模式，体现为一系列的行为，反映了企业长期行为的连贯性，由企业长期行为模式所导向，并强化企业的行为模式，是一种已经实现的战略。作为定位，战略促使我们从环境看待组织，特别是它们的竞争环境。这使得我们从生态学角度去考虑组织，把它看作环境中的有机体，在敌对、不确定和共生的世界里求生存。战略包括视角，即一个组织做事的基本方式以及战略思维的内涵。战略观念往往体现在决策者对环境及发展的正确认识，并通过一系列活动渗透到组织的全体成员中，形成共享，从根本上影响企业的经营活动。因此，战略不仅只是诸多文献中描述的概念，它能引起我们对组织作为集体观念和行为工具的一些最基本问题的思考。

战略的五种定义彼此具有内在联系，相互间又形成互补。战略既强调计划性，凡事谋划在先，又指出战略模式重在行动，战略可以通过计划设计出来，也可自发产生；战略作为定位就是从企业外部寻找市场，战略作为视角是从企业内部寻找企业的整体形象，并贯穿在战略行为的各个方面。上述五种定义，能增强我们理解和掌握战略形成程序的能力。

（五）加里·哈默尔和普拉哈拉德关于战略的定义

20世纪90年代，当战略遭到人们的质疑时，加里·哈默尔（Gary Hamel）和普拉哈拉德（C. K. Prahalad）在《哈佛商业评论》上发表的论文《战略意图》（*Strategic Intent*）和《竞争核心能力》（*Competing with Core Competencies*）获得了麦肯锡奖。文章一改传统的战略框架偏重程式化、缺乏前瞻性的弊端，创造了面向未来新时代的战略，引起极大反响。他们的《公司的核心能力》（*The Core Corporation*）成为《哈佛商业评论》中有史以来重印册数最多的著述之一。

两位学者提出了“战略就是革命，其他任何事情都是策略问题”的观点，即战略的制定应该是由未来倒推到现在，而不是从现在展望未来。他们认为，要确保自己不被想象力更强的竞争对手所取代，最好的办法就是首先构想出创造商业价值的新方法，首先奔向未来，即使未来会削弱过去的成功也在所不惜。他们提出了“战略意图”这一概念，并指出：战略意图是战略发展框架的核心。战略框架可以指明通向未来之路，而为这一过程提供情感和知识能量的却是战略意图。战略发展框架是大脑，战略意图是心脏。战略意图意味着公司要有长远的眼光，因为任何公司目前的专长和资源显然不足以实现其理想。战略意图包含着一种情感因素，会催人奋进。方向感、探索感和使命感，这三者是战略意图的显著特征。

哈默尔和普拉哈拉德的战略理论为20世纪90年代美国一批创新型企业的发展提供了正确的战略观和一整套战略理论。他们提出的“走出过去、迈向未来”“学会忘记过去”“竞争预见能力”“塑造未来、先机为贵”“核心专长是克敌制胜的杀手锏”等精辟论述，给处在激烈市场竞争中的创新型企业以极大的鼓励，以“竞争未来”的战略思想去运营。

对战略的定义难以达成共识，主要原因有两方面：一是战略是多维的；二是战略必须是权变的，因产业不同而存在差别。达成共识的地方是战略关注组织与环境的不可分割的关系，组织用战略来应对变化的环境，战略变化给组织带来新的组合。

综上所述，本书将公司战略定义为：公司战略是企业为了求得生存和发展而做出的长期性、全局性规划，以及为了实现愿景规划所采取的竞争对策和行动方式。公司战略是企业经营思想的体现，是一系列战略性决策的结果，又是制定中长期计划的依据。

四、公司战略的特征

与一般管理和其他专业领域的管理相比，公司战略有以下基本特征。

（一）全局性

公司战略的突出特征是全局的把握，以全局为对象，规划出企业的总体行动，追求企业的总体效果。全局由若干局部所组成，但局部必须服从全局。企业内部的所有职能活动和所有业务单位，以及所有的运营决策，都要受到战略决策的影响。公司战略的全局性说明公司战略追求的是整体效果，因而是一种总体决策。

（二）长期性

公司战略应以企业的长期生存和发展为出发点，研究众多战略问题。由于产业发展一般都有几年甚至几十年的历程，公司战略在酝酿时应从三五年乃至更长的时限考虑。公司战略的长期性特征要求企业把战略的制定和实施的定位放在未来，反对短期化行为，战略的成效也要以长远效益来衡量，短期打算或权宜之计不能称为战略。公司战略的未来观是十分重要的出发点。

（三）纲领性

指公司战略所确定的战略目标和发展方向，是一种原则性和概括性的规定，是对企业未来的一种粗线条的设计。它是对企业未来的总体谋划，不纠缠于现实的细枝末节。战略不在于精细，而在于洞察方向。

（四）竞争性

战略是适应市场竞争的需要而产生的，是为增强企业的竞争能力、适应能力和赢得竞争优势而制定的，竞争性因此成为公司战略的首要特征。企业在激烈的市场竞争中，必须参与两极对抗或多极对抗，其对手是具有一定实力和智力的活体。因此，公司战略的竞争性就成为非常显著的特征。公司战略一定要规划竞争优势及其实现问题，所以，战略决策有时也被认为是在竞争中寻找有效的竞争定位以获取竞争优势的过程。当然竞争必须遵守竞争规则和国际惯例。我国已有《中华人民共和国反不正当竞争法》。

（五）风险性

战略决策所涉及的是目前决策的未来性，而未来是不确定的。这种不确定性往往包含着风险，而高风险可能与高收益相联系，也可能与高损失相联系。此外，战略通常是把企业作为一个整体加以考虑的，而企业整体面对的环境日益复杂且多变。这种不确定性使公司战略管理比一般管理和其他领域的专业管理具有更大风险。因此，公司战略的制定并不是企图消除风险，而是对风险程度作出某种判断，并对风险产生的后果作出评价，然后作出是否参与冒险或者回避风险的决策。

（六）创新性

公司战略的创新性是指企业为了生存和发展，就必须不断地开辟新的经营领域，做新的事业，摆脱过时、低效、陈旧事业的羁绊。战略的竞争性要求创新性，战略要促进企业在技术、组织、管理等领域的创新，并充分利用这些创新成果，增强竞争优势，巩固竞争地位。创新将是21世纪商界竞争的关键，只有将创造性的破坏贯穿于公司战略管理的全过程，企业才能在激烈的市场竞争中不断地重塑自己的未来。

从以上特征可以看出，公司战略管理是一项非常复杂的决策活动，制定公司战略难度也比较大。它要求决策者必须具备比较高的素质和决策水平。

五、公司战略的本质

有关公司战略本质的研究，我们认为其核心在于回答一个问题：为什么企业之间会存在差别？从一个时点来看，企业之间的差别可归纳为两类：① 做同样事情的企业之间有差别；② 做不同事情的企业之间有差别。衡量差别的标准是非常复杂的，但也可简化为两个标准：市场地位（最简单的指标是市场占有率）和投资回报率。按照现在衡量企业价值的标准，市场地位比投资回报率更重要。什么原因使差别长期持续存在？按照许多学者的研究分析无非是：① 历史；② 市场不完善；③ 企业行为差异。

历史包括历史机遇和企业过去的行为，历史潮流不能改变也无需改变，重要的是要考虑市场不完善和企业行为差别。

市场不完善的状况，过去存在，现在存在，将来也会存在。市场不完善对一些企业来说是不利因素，对另外一些企业来说就是有利因素。而利用市场不完善或者说尊重市场不完善的现实，使其成为对自己有利的因素正是所有企业追求的目标：处于市场有利位置的企业要不断地巩固这种有利位置，处于不利位置的企业要努力改变现状以使自己上升到有利的位置。

企业行为差异对企业差异的影响是不言自明的，企业行为受多方面因素影响，我们更关心的是什么样的企业行为能够获得更好的业绩。

无论是利用市场的不完善（换言之就是利用外部环境），还是决定企业如何行事都是企业可以控制的行为，要选择恰当的行为以便得到自己想要的企业差异，唯一重要的就是应用智慧。

因此，公司战略的本质是企业智慧与实力两种要素的集合。首先，战略是智慧的运用，即战略管理研究的对象本质上是谋略。其次，企业的战略管理是以实力的增长为基点的。因此，可以说战略的本质是以智慧推动的实力的增长。企业的成长如果没有智慧的应用，则是一种自然成长的过程，这种过程在商品经济发展初期是可能的，但在当前的竞争环境下几乎没有可能。而企业智慧的应用如果不是集中在增长实力上，战略就会成为空中楼阁。因此，战略管理的基本思想是：以智慧谋求实力的增长，以智慧博弈，从而实现企业的成长。

区分战略与战术的差异，有助于理解战略的本质。战略是指御敌于何处（where），而战术是指如何御敌（how）。与其他决策（常规决策、战术决策）不同，战略决策应对的是整个组织的未来，具有以下三个特征：

① 非常规性。战略决策不常有，一般也无先例可循。

② 重要性。战略决策会支配大量资源，所以要求大量投入。

③ 指导性。战略决策为整个组织内的低层次决策和未来行为设定先例。

战略决策可分解为三个基本要素：第一，对企业活动的地域选择；第二，对企业活动的行业选择；第三，对企业活动的市场选择。

第二节　战略管理要素、层次与体系

一、战略管理的概念

何为战略管理？国内外学者对战略管理的解释大体一致。

钱德勒认为，战略管理是决定企业基本的长期目标与任务，制定行动方案，配置必要的资源以实现这些目标。他明确指出，战略主要关注企业的长期健康，而措施更多的是处理日常经营活动以实现经营的高效与顺畅。

安索夫更倾向于把战略管理看成一个过程，而且是一个根据实施的情况不断调整目标与方案的动态过程。

德鲁克用“不连续”而安索夫用“无序”来描述企业面临的无法预测的新机遇和

风险，企业要时刻审视环境与企业内部的变化并敏捷地对变化做出反应。因此，战略管理更强调的是一个动态的过程。战略管理的目标就是使企业长期有效地适应环境。

一般认为，战略管理是指对公司战略的制定和实施进行的管理，广义的战略管理是指运用战略对整个企业进行的管理。

综上所述，我们把公司战略管理定义为：是企业为实现战略目标，制定战略决策，实施战略方案，控制战略绩效的一个动态管理过程。

由此可以看出，公司战略管理具有如下特征。

① 公司战略管理是一种高层次性管理。公司战略管理的核心是对企业现在及未来的整体经营活动实行战略性管理，是一种关系企业长远生存与发展的管理，而非企业的日常管理，也不是企业的各项职能管理，它必须由企业的高层领导推动方能顺利进行。

② 公司战略管理是一项整体性管理。战略管理不单纯是制定企业进攻、防守、成长、紧缩或撤退等大战略，也不单纯是市场营销、研究开发、财务、生产、人事等职能战略。公司战略管理是一项涉及企业所有部门以及所有相关因素的管理活动。

③ 公司战略管理是一种动态性管理。企业为应对环境的不连续与无秩序必须不断创新。战略管理更强调的是一个动态的过程。此外，公司战略管理活动自身可能具有的“偏差性”也加大了公司战略管理的动态性。

二、战略管理的要素

与战略管理的概念一样，战略管理要素也没有统一的说法。因为战略管理涉及广泛的领域，形式多种多样，而且是在不断发展过程之中，其庞杂的内容难以简单地归纳与概括。尽管如此，战略管理的要素大多以美国著名战略学家安索夫的产品-市场战略为核心展开。安索夫认为，公司战略是由经营范围、增长向量、竞争优势和协同作用四个要素构成的。它们所产生的合力，就成为企业共同的经营主线，所谓共同的经营主线是指企业目前的产品与市场组合和未来的产品与市场组合之间的关联。企业的经营者勾画出这条主线，使全体员工共同努力，可成功实现企业的战略目标。

（一）经营范围

经营范围指企业从事生产经营活动的领域。这主要解决两方面问题：一是企业目前所处的经营领域是否有充足的机会来保证企业生存发展，因此要对是否应在这一领域经营作出决策；二是应进入何种经营领域，以获得充分发展的空间。企业对经营范围的决策，还包括企业的专业领域应该窄一点（专一化）还是宽一点（多元化）的问题。

（二）增长向量

增长向量指成长方向，它规定了企业在产品和市场的结合方面的移动方向。这种移动由现有产品和新产品、现有市场和新市场两个方面决定。四种可供选择的组合见表1-1。

表 1-1　增长向量矩阵

市场	产品	
	现有产品	新产品
现有市场	市场渗透	产品开发
新市场	市场开发	多样化

1. 市场渗透战略

由企业现有产品和现有市场组合而成的战略，其要点在于扩大现有产品的销售量。主要方法有：扩大产品使用量，提高产品的使用频率，改进现有产品的特性以吸引新用户。

这种战略表面上看风险最小，但如果市场发展产生一些对企业不利的因素时，可能成为风险最大的一种战略。这些因素有：

① 企业在该市场只有微弱优势，出现了多个强有力的竞争对手；

② 管理者把精力集中在现有事务的处理上，可能错过了更好的机会；

③ 顾客需求的改变导致现有目标市场需求的萎缩；

④ 某项重大技术突破使原有产品的销量缩减。

2. 市场开发战略

此战略由为现有产品开辟新市场构成，至少包括两方面：一是扩大市场半径，即企业在巩固原有市场基础上使产品走向全国；二是在原有市场上挖掘潜在需求，即根据消费者需求，对产品结构、性能等方面进行改进或提高。

此战略的风险比市场渗透战略的风险大。原因是该战略不能降低因客户减少或技术落后而导致的风险，因此，只能作为一种短期战略。

3. 产品开发战略

这种战略是在原有市场上改进产品、增加品种、以新产品取代老产品。实施这种战略，企业的重点虽然是原有的目标市场，但由于企业产品性能有了显著的提高，其市场开拓能力迅速提高。

实施这一战略时，当企业推出的新产品不适合原有市场顾客需要时，会产生较大风险。因此，之前应对顾客接受新产品的状况进行市场调查，做出准确判断。

4. 多样化战略

这是指用新产品去占领新开拓的市场。首先，要考虑现有资源及市场情况，深入研究应采取哪种类型的多样化战略，抵制某些经营领域的短期利益诱惑。其次，要处理好多样化经营与专业化生产的关系。如企业集团从总体上看，实施的是多样化战略，而集团内部各部分、各成员要有明确的专业分工，提高市场适应能力，减少风险。

（三）竞争优势

竞争优势是指在特定的产品与市场领域中，企业具有的比竞争企业有优势的特征和条件。它常常表现为企业所拥有的资源与竞争企业相比，在数量上或质量上形成的有利差别。一定的竞争优势是企业在特定的产品与市场领域应追求的目标，同时也是企业在竞争中立于不败之地的根本保证之一。发挥竞争优势有两方面含义：一是正确地认识企业的竞争优势；二是有效地利用企业的竞争优势。为此，企业在制定经营战略时，要认真地分析有关的市场环境和竞争状态，从中选择能够发挥竞争优势的产品与市场领域。

美国战略家迈克尔·波特对企业构建竞争优势有大量论述。他的三种基本竞争战略构成了企业竞争优势的基本框架。

（四）协同作用

协同作用是指若干因素的有效组合可以比各个因素单独作用产生更大的效果，也就是可以取得 1+1>2 的效果。经营战略中的协同效应是指企业从现在的产品与市场领域向新的产品与市场领域深入时，由于现在和将来两个领域互相补充、相互促进，可以获得更大的经营成果。企业在战略的制定和实施的过程中，必须努力寻求各种类型的协同作用。安索夫认为，协同作用涉及企业与其产品、市场项目相配合所需要的特征。一般来说，公司战略的协同作用有四类。

① 投资协同作用。企业内各经营单位联合利用企业的资源，分享企业的专用工具和专用技术。

② 作业协同作用。充分利用已有的人员、设备，共享经营曲线以及分摊间接费用等。

③ 销售协同作用。企业产品使用共同的销售渠道、共同的销售管理组织、共同的产品品牌，以及企业形象等来扩大产品销售。

④ 管理协同作用。即企业通过充分发挥管理系统的作用，特别是各级管理人员的通力合作和管理人员积累起来的管理经验而产生的协同作用。

协同作用可以使企业更加充分地运用各种经营资源，更加合理地组织各种经营活动，从而起到一种“加速器”的放大作用，有效地提高企业的获利能力；同时，协同作用也是衡量企业的种种经营资源与活动“搭配”是否合理的主要指标之一，这在多元化战略决策中表现得尤为明显。衡量协同作用的方法有两种：一是当收入一定时，评价由协同作用而使管理成本下降的情况；二是当投资一定时，评价由协同作用而使企业纯收入增加的状况。

以上四个战略管理要素是相辅相成、互不排斥的，共同构成了公司战略的内核。经营范围明确了企业寻求获利能力的范围；成长方向明确了这种范围扩展的方向；竞争优势是企业获利能力的保证；协同作用则是企业获利能力实现的“加速器”。

三、企业战略管理的层次

一般来说，一个现代企业的战略可以划分为公司战略、业务单位战略和职能战略三个层次。

（一）公司战略

此即公司层面战略。公司战略（corporate strategy）的研究对象是一个由一些相对独立的业务或事业单位组合而成的企业整体。公司战略是一个企业的整体战略总纲，是企业最高管理层指导和控制企业一切行为的最高行动纲领。公司战略的主要内容包括企业存在的基本逻辑关系或者基本原因，是公司战略决策的一系列最基本的因素。公司战略关注的是公司的整体目标和活动范围及如何增加公司各个不同部门（业务单位）的价值。概括地说，公司战略主要强调两个方面的问题：一是“我们应该做什么业务”，即确定企业的使命与任务、产品与市场领域；二是“我们怎样去管理这些业务”，即在企业不同的战略事业单位之间如何分配资源以及选择何种成长方向等。公司战略主要有以下几个重点。

① 企业使命的确定。即企业最适合于从事哪些业务领域，为哪些消费者服务，企业向何种经营领域发展。

② 战略事业单位的划分及战略事业的发展规划，如开发新业务的时机与方式，放弃、维持或者扩张现有业务的安排，以及进行这种调整的深度和速度。

③ 合理配置公司经营所必需的资源，并使各项经营业务相互支持、相互协调。

④ 确定关键战略事业单位的战略目标。

此外，从有形资源的充分利用到整个公司价值观念、文化环境的建立，都是总体战略的重要内容。

（二）业务单位战略

这是企业战略管理的第二个层次。业务单位战略（business unit strategy）是战略经营单位、事业部或子公司层次上的战略。它主要针对不断变化的外部环境，在各自的经营领域里有效地进行竞争。因此业务单位战略关注的是：如何取得竞争优势；如何识别或创造新的市场机会；针对某一市场应如何开发新产品或服务；该产品或服务在多大程度上满足了客户需求从而达到公司所设定的一些目标。为了保证企业的整体竞争优势，各经营单位要有效地控制资源的分配和使用。同时，业务单位战略还要协调各职能层的战略，使之成为一个统一的整体。

在大型企业中，特别是在企业集团里，为了提高协同作用，加强战略管理实施与控制，企业从组织上把具有共同战略因素的若干事业部或其中某些部分组成一个经营单位，称为战略经营单位（strategic business unit，SBU）。SBU 是组织的一部分，其产品或服务有着不同于其他 SBU 的外部市场。战略经营单位可定义为：有着显著不同客户的一部分组织，因此战略经营单位也有可能不是组织的一个独立的组成部分。业务单位战略的侧重点在于：

① 如何贯彻落实企业使命；

② 事业部面临的机会与威胁等外部分析；

③ 事业部面临的优势与劣势等内部分析；

④ 确定事业部发展的战略目标；

⑤ 确定事业部发展的战略重点、战略阶段和主要战略措施。

业务单位战略与公司战略的根本不同点在于：公司战略要从整体上统筹规划多个战略经营单位的选择、发展、维持或放弃，而业务单位战略则只是就本事业部所从事的某一战略事业进行具体规划。业务单位战略是在公司战略的指导和要求下进行的。

（三）职能战略

这是企业战略管理的第三个层次。职能战略（operational strategy），是指组织的各个组成部分如何有效地利用组织的资源、流程和人员来实现公司战略和业务单位战略。职能战略，又称职能层战略，是企业内部主要职能部门的短期战略计划，使职能部门的管理人员更加清楚地认识到本职能部门在实施企业总体战略中的责任和要求，有效地运用研究开发、营销、生产、财务、人力资源等方面的经营职能，以保证实现企业目标。在很多企业，运营层的决策和行为在很大程度上决定了公司战略的成败。因此，运营决策与战略的融合是非常重要的。职能战略的侧重点在于：

① 如何贯彻落实事业部发展的战略目标；

② 职能战略目标的论证及其细分，如发展目标、主导产品与品种目标、质量目标、技术进步目标、市场目标、职工素质目标、管理现代化目标、效益目标等；

③ 确定职能战略的战略重点、战略阶段和主要战略措施；

④ 战略实施中的风险分析和应变能力分析。

四、公司战略体系

公司战略、业务单位战略和职能战略一起构成公司战略体系（见图 1-1）。在一个企业内部，公司战略的各个层次之间既相互区别，又相互保证。企业上一层次的战略都

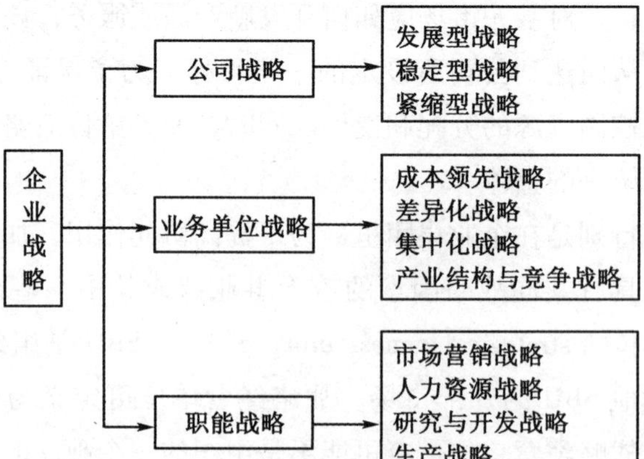

图 1-1　公司战略体系

构成下一层次的战略环境，同时，低一级的战略又为上一级战略目标的实现提供保障和支持。德鲁克认为，管理工作中最重要的是做正确的事（改进效能），而不是正确地做事（改进效率）。不同层次战略的作用为：公司战略和业务单位战略要特别注重改进效能的问题；而职能战略则是在总体战略和经营战略的指引下，着重考虑改进效率的问题。

五、战略管理的作用

战略管理使企业更加主动而不是被动地创造自己的未来，使企业主动采取行动，从而有利于把握自身命运。过去，战略管理的重要作用是通过在战略选择过程中使用更为系统、有逻辑和有理论依据的方法，帮助企业制定出更好的战略。这是战略管理的一项主要作用。但事实表明，战略管理更为重要的贡献是过程，而不是结果和成文的报告。沟通是成功战略管理的关键。通过参与整个战略管理过程，经理和员工承担起支持企业的职责，即战略管理过程的一个重要目的是让经理和员工都能充分理解企业，并承担起各自的责任。这一过程包含了学习、帮助、教育和支持活动。

第三节 战略管理过程

一、对战略管理过程的不同理解

公司战略管理过程（strategic management process）建立在总结历史经验、调查研究现状、预测未来发展的基础之上，战略的制定和实施必须以对企业外部环境和内部状况的调查（或称为战略调研、战略分析）为依据。因此，战略管理过程包括战略调研（strategic analysis）、战略制定（strategic formulation）与战略实施（strategic implementation）三个环节。它以战略调研为基础。

在战略管理理论发展过程中，对公司战略管理过程形成以下两种不同的观点。

（一）对战略管理过程的理性主义理解

以战略管理学的先驱安索夫、安德鲁斯等为代表的经典战略管理理论认为，战略是人们自觉地设计或制定出来的，是在对企业外部环境和企业状况进行周密调研的基础上形成的。理由如下。

① 外部环境和企业状况经常在变化，存在很多的不确定性，但也存在发展变化的内在规律性和可预测性，因此，通过周密调研，可以为战略的制定和实施提供较为可信的依据。

② 按照“谋定而后动”原则的要求，任何战略总是先制定然后加以实施，所以战略制定和战略实施是两个既明确划分又前后衔接的阶段。管理者的任务是要“精心制定

战略，认真实施战略”。当然，战略在实施过程中可能需要修改或变化，而那将是又一次的战略制定。

③ 在整个战略管理过程中都强调理性分析、信息沟通，实现企业内部各层次、各职能系统之间的协调配合，更好地发挥员工的主动性。

因此公司战略管理过程包括战略调研、战略制定和战略实施三部分，各有其工作内容。其中战略调研是战略制定和实施的基础。战略调研工作的质量好坏在很大程度上决定着战略管理的有效性。

（二）对战略管理过程的经验主义理解

以奎因、明茨伯格为代表的一些战略管理学者承认上述传统观点在许多情况下是适用的，但实际中的战略制定过程往往是没有结构和混合交错的，在战略的制定和实施之间看不出明显的区别。他们认为，在环境变化较快、不确定性因素很多时，尽管周密调研，也难于准确预测，不能等到制定出很满意的战略之后才加以实施，往往是有了一个大致肯定的方向后就先干起来，边干边学习，边总结经验，逐步形成比较具体的战略。他们对此进行了经验研究，对战略制定过程归纳出一些重要特征，对战略制定的“理性主义”提出了疑问。他们提出战略制定和战略实施是部分重合而不能截然分开的，在战略形成过程中固然要重视理性分析，但也不可忽视直觉的作用，而应将二者结合起来。

明茨伯格认为，“理性主义”不仅是对实际战略形成过程的一个扭曲，也是一个不高明的制定战略的方法。他声称，“把战略看作某种应该遵循发生的过程，与经营一个组织的日常细节远远分离开来，是传统战略管理的一个最大误区”。在战略制定和战略实施之间的划分妨碍了学习过程，他提出用类似于“手工操作”的方法，战略的构成和实施合并为一个学习的流动过程，使战略依据经验不断地调整，有创造力的战略会应运而生。明茨伯格等的观点，形成了对战略管理过程的经验直觉性理解。与理性主义理解相对应，这一观点在实践中也有企业采用并获得成功。

另外一些战略学家，如罗伯特·格兰特（Robert M. Grant）认为，战略形成的基本方法还是遵循规划，而非手工技艺的方法。战略的开发是一个复杂过程，它既需要理性分析，又需要通过实践和经验来修正。但无论如何，系统的战略分析作为战略过程的一个生死攸关的重要部分，其重要性是无可置疑的，没有分析，战略在形成的过程中，特别是在高级决策层，就可能造成混乱，就会丧失比较和评价替代战略的基础。概念和理性与直觉经验不同，它们能提供一个有用框架对大量可得信息进行组织和评价并指导决策，起到激发创新而非压制创新的作用。

上述对战略制定过程的两种理论并非完全背道而驰的，恰好能相互补充。纯粹推理的、先验的战略制定方法是不实际的。两种理解在实践中或许各有所长。如理性主义理解比较适合于传统产业、较成熟的产业，以及环境比较简单和稳定、技术进步不快等情况。经验主义理解则比较适合于新兴产业，即处于引入期和成长期的产业，以及环境变化快、技术进步迅速、不确定性因素较多等情况。

二、公司战略管理过程

本书按照理性主义的理解，对战略管理过程予以分析，即将其分为三个阶段：战略分析、战略制定和战略实施。

（一）战略分析

战略分析的目的是明确企业所处的环境、企业资源能力、竞争地位和企业文化特征，为战略制定做好准备。战略分析是整个战略管理的基础。它有助于企业了解竞争环境正在发生什么变化，这些变化对企业未来的发展将有何影响，组织应对环境变化的能力如何，又具备怎样的资源去应对环境变化，组织范式如何，而组织的利益相关者对组织有何种期望，以及这些期望对企业未来将产生什么样的影响，等等。可以把以上需要分析的问题概括为三个方面——环境分析、资源分析、战略目标的设定。

1. 环境分析

社会化的企业一方面从社会上取得资源，另一方面又要为社会提供产品或服务，但能否生存完全取决于社会能否接受其产品或服务。因此，社会的政治、经济、文化、技术、生态等因素无不对企业的生存发展产生巨大的影响。这些因素繁多而复杂，需要感知、识别关键的环境因素。环境分析就是抓住影响企业生存发展的力量来源，从而把握环境因素发挥作用的方式，明确环境因素对企业带来的机会和威胁。

2. 资源分析

企业之所以能在复杂多变的环境中生存和发展，是因为企业自身也有发展和应变的能力，即企业拥有的资源。资源既包括人力、物力、财力等实物资源，也包括商标、形象、美誉度等抽象资源。显然，这些资源是复杂多样的。首先要理解什么是构成企业能力的关键资源要素，然后要进行价值链分析。资源分析的最终目的是理解市场竞争中的优势和弱点。组织在进行战略分析时，还必须研究组织的“利益相关者”对组织的期望在组织战略目标制定中所起的作用。战略分析这种“平衡”态度对于改善组织战略管理是至关重要的，它有助于组织获得良好的发展环境和“双赢战略”。

3. 战略目标的设定

根据战略分析的结果，企业首先确定自己的使命，即企业对自己的经营范围、市场目标进行概括描述。企业使命是一个企业区别于其他类型组织而存在的原因和目的，为企业提供一种原则、方向和哲学。在确定企业使命之后，企业需要进行功能定位，以更进一步具体说明公司战略，仅仅有明确的企业使命和功能定位还不够，还必须把这些共同的愿望与良好的构想转化为各种战略目标。如果一个企业没有合适的战略目标，则势必使公司战略管理活动陷入盲目的境地。

（二）战略制定

战略制定包括制定可能的行动方案及对这些方案进行评价和选择。它可划分为三个方面的内容。

1. 战略方案的制定

在特定条件下，企业可选择的战略是很多的，关键在于进行科学的分类，发现其内在规律性，以便制定战略时遵循。为此，这里首先讨论战略目标的制定，然后讨论“一般战略”，即企业在竞争中可以立足的竞争基础战略；讨论“发展方向”，即企业在所处状态下可能采取的进取、退避、相持的方针；讨论“发展方法”，即企业有何种可能的获取资源、实现战略目标的方法。这些方面结合起来，就可以形成不同的战略方案；同时，也启发战略制定者系统、整体地思考可能的方案，避免以偏概全。

2. 战略方案的评价

如何判断和评价一个战略的优劣是理智地选定一个战略的关键。战略评价要回答：战略的合理性如何？战略是否利用了企业面临的机会，是否发挥了企业的优势，是否有力地抵消了恶劣环境因素的威胁和克服（避免）了企业的弱点？这个合理性称为战略的适宜性，即企业有无充分的资源来实现战略。在资源不足的情况下，美好的战略就会成为无源之水、无本之木。评价的另一项内容是战略的可接受性。公司战略的目的是使企业赢利，是在给定的预算下最大限度地发挥预算的效力。因此战略如被接受，财务上必须赢利。战略可接受性还涉及人们的期望和价值观，即战略能否为与企业有关的主要成员所接受，是否体现了大多数人的利益等。

3. 战略方案的选择

以上讨论的最终目的还要归结到制定可供选择的战略方案。摆在企业面前的可行方案可能不止一个，即使是仅有的方案也需要真正“拍板定案”。一个战略通常会利弊同时存在，相互交织，因此进行战略决策往往是一项十分艰难的任务。战略选择并不是一种纯粹客观的理性行为。实际上，它会受到人们的期望和价值观的强烈影响，选定最终战略往往取决于管理者的判断或需要通过某种组织决策程序。

（三）战略实施

战略实施是贯彻执行既定战略规划所必需的各项活动的总称，是把选定的战略转化为具体行动的过程，也是战略管理过程的一个重要部分。

1. 战略实施

这里的战略实施是指战略组织协调、落实各项措施的活动阶段。它包括以下主要内容：一是资源的规划与配置；二是组织结构的建立与调整；三是战略实施过程中的企业家角色定位与培养；四是培育与公司战略相适应的企业文化；五是创建企业核心能力。

战略实施的成功与否，是整个战略管理能否实现战略目标的关键。制定一个好的战略对于企业十分重要。但是，战略只有通过实施才能取得好的实际效果。

2. 战略评价与控制

这是战略管理的最后阶段，对战略、计划和预算的实施情况进行战略控制和作业控制。控制对前面的各项工作都有反馈作用。

战略评价包括以下三项基本活动：一是考察公司战略的内在基础；二是将预期结果与实际结果进行比较；三是采取纠正措施以保证行动与计划的一致。

战略控制在战略评价的基础上进行。首先分析战略是否按照原计划进行，然后需要分析原定的战略是否取得了预期效果。战略评价和控制都是在战略实施的过程中进行的。如果战略实施没有取得预期效果，应该首先对原定战略进行分析。如果分析结果表明原定战略有失误之处，就应该进行调整；如果原定的战略是正确的，只是由于环境或内部条件发生了原先不曾预料的变化，也应该对战略进行调整。战略管理的过程模式可参见图 1-2。

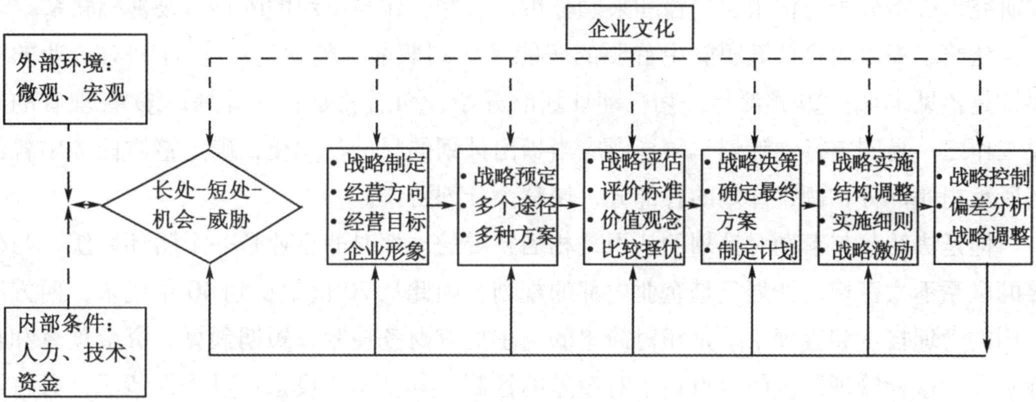

图 1-2　战略管理的过程模式

总之，战略管理是企业对战略制定和实施的管理，也可以理解为对企业进行战略性的管理。它与一般管理的不同之处就在于需要从长远角度把握企业方向，从全局保证决策的正确。它通过使命、宗旨、策略、战略等将企业行为归为一个整体。战略管理起着指导和推动管理的作用，具有很强的实用性。

第四节　战略管理的演进

战略管理是管理学中一门较新的学科。战略管理理论发展到今天，不断从科学管理及现代管理中吸收营养，是在总体管理理论的基础上顺应时代要求而逐步发展的。

一、计划与控制阶段（20 世纪初至 20 世纪 40 年代）

20 世纪初的科学管理时代，其特点是：从经济发展看，主要是巩固和发展 19 世纪工业革命的成果；从企业来看，主要是完成大批量生产的机制，促使单位产品成本降低。当时企业管理者对企业的发展前景十分满意，认为只要能提供低价的、标准的产品，就能赢利和获得发展。因此，企业把精力主要放在提高内部生产效率上，企业实行的是控制性管理。尽管也有一些挑战性问题，但管理者并不认为是对企业的威胁，虽然工业领域的扩大为企业提供了许多新的发展机会，但企业很少想到要改变经营方式和进入新的经营领域。加之政府对企业的限制少，因此在这种条件下，企业还没有谋划未来的需要。在战略规划出现前，计划和预算是企业最重要的谋求长期发展的手段。

这一时期，科学管理先驱法约尔和泰勒分别对企业计划的实施作出了贡献。科学管理的创始人泰勒开创性地提出了一系列的科学管理理论，其中有关计划方面的贡献是：① 职能分工，明确提出了计划职能从一般作业职能中分离出来的观点；② 单独设立计划部，并进行特定的与计划相关的工作，包括标准化工作、资产与产品的库存登记、时间研究、成本分析与记录、销售和采购分析，这些工作与组织的维持与改善相联系。

法约尔提出的管理五职能中首要的职能是计划职能。他认为：① 计划对企业的重要性是预见未来；② 预测是一切行动计划的开始，而后才是行动计划；③ 管理者的重要工作之一是制定行动计划，领导者应当指出计划的目的与规模，确定整体任务中各部门所承担的部分，调整计划的各部分，使整个计划协调。

但是法约尔与泰勒对计划的认识是相当狭隘的。那时的企业是一个闭环系统，与外界的联系不太密切，计划只是企业内部的规划，因此从20世纪初到40年代末，西方所采用的管理技术和管理系统是相对简单的，主要有财务控制、短期预算、资金预算和目标管理。这种管理制度的重点在于对偏差的控制，其基本假设是：过去的情况，必将再现。

二、长期规划阶段（20世纪50年代初至60年代初）

从经济发展看，这个阶段基本消费品的需要正逐步趋向饱和，工业企业的主要任务是适应基本消费品以外的更高需求高涨的要求、市场进一步国际化的要求。从企业来看，外部环境有以下主要特点。

① 需求结构发生变化。基本消费品的需求已经达到了饱和，社会已从对生活数量的需求转向对生活质量的需求，需求结构多样化。满足市场多样化的需求，成为最重要的问题。

② 科学技术水平不断提高。第二次世界大战后，研究开发的许多新技术使许多行业的产品陈旧过时；另一方面，又使一些以新技术为基础的新行业产生。技术革命的加快和技术革新周期的缩短，加速了产品和制造工艺的发展，出现了许多属于“创造需要”的新产品，增加了企业的技术密度；同时，也加剧了企业间的竞争。这个时代企业不得不面向外部、转向市场，在更广阔的市场上进行更加激烈的竞争。

③ 全球性竞争日益激烈。不仅产品的出口数量和范围有了很大扩展，而且资本输出，特别是国外办厂也发展到新水平。跨国公司迅速发展。由于企业在国际市场上还要受到关税、汇率、保护政策、文化差异等的干扰，争夺国外资源、国际市场的竞争更为

激烈。

④ 社会环境的变化。社会、政府和顾客等提高了对企业的要求和限制。由于企业一味重视获利，给社会带来许多消极影响，如经济发展波动大、通货膨胀、垄断、对消费者操纵、环境污染等。这一切引起社会、政府、顾客对企业的不满。消费者保护自身权益的意识在觉醒，政府对企业的管理更加严格，整个社会对企业的要求提高，企业的利益相关者对企业有了更多和更高的要求。

⑤ 资源短缺，突发事件不断出现。

与过去相比，企业环境更加复杂，更具挑战性。企业仅靠内部控制式管理已无法应对未来的挑战和实现自己的发展。企业产生了筹划未来发展的要求，采取了推断式的管理方式。由于传统的管理理念和管理技术不能适应时代的要求，“长期规划”这一管理技术应运而生。该方法的实质是根据历史情况，通过趋势外推法对企业未来环境变化作出预测，制定长期计划以应对这些变化。显然，这还不是对企业未来发展的科学谋划。它的基本假设是：过去的情况，必将延续到将来。企业长期规划的主要范围集中在企业经营多样化的计划和组织、跨国经营、一体化、产品-市场的革新等方面；长期规划的时间跨度比较大，可以根据情况延长至2年、5年，甚至10年。

三、战略规划阶段（20世纪60年代至70年代初）

20世纪60年代，企业管理领域正式提出“战略”一词，并正式引入企业经营管理领域。此时，“战略规划”的含义远超出早先的“企业经营政策”关于“企业各种职能协调或整合”的范围。“战略规划”的核心在于制定有效的经营战略，以适应经济、市场的变化。其基本假定是：过去长期计划运用的延续性预测已经不能满足需要，在不连续的经营时代，企业必须不断进行战略调整，制定新的经营方针，包括选择竞争的产品-市场组合和确定企业如何竞争的关键政策方针。战略也并不是单一的决策或初始行动，而是一系列相关的、相互增强的资源配置决策和执行行动的集合。

战略规划由长期规划转变而来。应用长期规划这一管理技术有两个前提：一是认为促使环境变化的主动权在企业本身，企业对环境的变化有很大的影响力；二是认为外部环境可被预测，企业可以制定计划以应对未来的变化。但长期规划的前提条件发生了变化。政府的严格限制及各种调节政策，使企业失去了对环境的控制。要适应环境变化，必须选择灵活性的战略，长期规划被战略规划所替代。

20世纪60年代在哈佛商学院，安德鲁斯等人使用单向法形成了战略规划的基本理论体系。其基本步骤包括：资料的收集与分析、战略制定、评估、选择与实施。这种方法的实质是认为战略乃是匹配（match）公司能力（capability）与公司竞争环境的商机。伦德等人的SWOT分析是这一时期的战略态势分析工具的经典，并一直沿用到现在。战略规划是一种管理技术或系统。它首先对企业的外部环境进行分析，寻求发展趋势，发现对企业发展构成的威胁和新的发展机会，以使潜在的利润最大化。战略规划的目的是寻求外部环境与企业的最佳结合，侧重点是制定企业的战略或者规划企业的行动方案。安索夫和安德鲁斯把战略计划过程概念化，从而形成了“安东尼-安索夫-安德鲁斯范式”。该范式的核心是“长处-短处-机会-威胁”（SWOT）分析。

四、战略管理阶段（20 世纪 70 年代至今）

20 世纪 70 年代，“战略”概念被广泛应用于企业实践和理论研究中。大量专攻战略管理的企业咨询公司、众多致力于战略管理的专业团体迅速涌现，并出现了有关战略管理的杂志。战略管理在 20 世纪 70 年代繁荣发展，主要有三种力量的作用。

① 企业经营环境的日益复杂性和不确定性。石油危机引起世界经济的衰退，布雷顿森林体系的瓦解引起世界货币市场的不稳定，新技术革命对企业经营产生深刻的影响；企业经营的国际化、国际市场的一体化、世界经济日益区域化等因素迫使人们放弃“长期计划”幻想，去寻找适应和利用不确定性的方法，迫使大企业特别是跨国公司制定经营战略，实行战略管理，使企业管理从经营管理走向战略管理。1982 年，日本率先提出“战略经营时代”的到来。

② 战略管理专业咨询公司的发展。专业咨询公司把理论界发展起来的概念和分析方法广泛运用于公司战略管理实践，大力推动战略管理的发展，如波士顿咨询公司的“经验曲线”和“成长-份额矩阵”。

③ 多元化企业的盛行和成熟，尤其是大型跨国公司的迅速发展。多元化发展的企业，其高层管理人员更加需要处理企业内不同经营业务的发展以及超越单一业务的综合性问题的知识、工具和方法。

战略规划的一个假设前提是：一个新的战略总能利用企业的历史优势。也就是说，即使企业的战略变化了，企业的能力或条件仍可保持不变，因此导致战略规划的一个重要缺陷，即它忽视了企业能力这一关键因素。企业的战略再有吸引力，如果企业没有能力将所制定的战略付诸行动，也难以获胜。因此人们逐步认识到战略的实施与战略的制定同样重要。同时，在战略规划阶段，由于一些高层管理人员机械地看待战略计划过程，过分地强调定量分析的作用，有的只注重制定战略计划，忽视了对战略的评估与实施工作，造成一些公司战略计划或缺少弹性，或流于形式，成为玩弄数字的游戏，丧失了战略计划应有的成效。1973 年能源危机发生以后，为了克服上述弊端，不少公司开始强化对公司战略的评估与实施，并且随时根据环境条件的变化，修改调整原有战略，或者制定新的经营战略，从而开创了公司战略管理的新阶段。

战略管理兴起于 20 世纪 70 年代中后期，它所依据的假定是：面对迅速变化的外部环境，过去有一定周期的计划制度已不能满足应对变革的需要。公司战略决策者为了应对外来的“战略突变”和迅速出现的机会与威胁，必须摆脱计划周期的束缚，改变重计划不重实施的习惯做法，转向制定、评价和实施战略并重，在实施战略计划上下功夫，灵活而又富有创造性地实施战略管理。战略规划与战略管理两者的区别是：战略管理包括了战略制定、战略实施，对战略的实施过程进行控制，对战略管理成果进行评价。它是对战略进行的全面管理，也是一种动态的管理过程。

战略管理还具有另一层重要含义，它不一定限于完全被动地承受动荡环境的影响，单纯做出战略的执行和调整，它还具有积极的作用，即通过制定、实施创造性的战略，它能够主动影响环境的变化，迎接环境的挑战。

进入 20 世纪 80 年代，世界经济更加动荡不安，贸易摩擦、能源短缺，新技术、新产品层出不穷，加剧了国际市场竞争。在这样复杂的经营环境条件下，推行战略管理成为美国企业适应形势、突破困境、维持生存与发展的重要保证。据调查，到 80 年代中期，95%以上的美国大企业都积极推行了战略管理，经营比较成功的中小企业也结合自己特点实行战略管理。

需要说明的是，上述对公司战略管理各阶段的演进，并非新的管理方式“替代”原有的方式，而是新方式“补充”原有的方式。因此，最后形成的战略管理方式，包含了以往三种管理方式（即计划与控制、长期规划、战略规划）的内容。具体来说，企业实行战略管理，依然需要定期的计划程序，只是必须运用各种特殊的管理技术，以使企业经营战略更加灵活和完善，能够适应正常计划程序以外的情况，并且强化了战略实施和控制工作。

第五节 战略管理理论的发展

一、公司战略管理理论发展的主要阶段

认识战略管理理论的演变与新发展，无论对于学习和理解公司战略管理理论，还是对于提高公司战略管理技能，都具有重要意义。纵观公司战略管理理论的产生与发展，从时间先后顺序上看大体上经历了三个阶段：以环境为基础的经典战略管理理论阶段；以产业和市场结构分析为基础的竞争战略理论阶段；以资源、知识为基础的核心竞争力理论阶段。

（一）以环境为基础的经典战略管理理论

20 世纪 60 年代初美国著名管理学家钱德勒的《战略与结构》一书的出版，标志着公司战略问题研究的开始。钱德勒在该书中分析了环境、战略和组织结构之间的相互关系，而组织结构又必须适应公司战略，随着战略变化而变化。因此，他被认为是研究环境—战略—结构之间关系的第一位管理学家。其后，就战略构造问题的研究，形成了两个学派：设计学派（design school）和计划学派（planning school）。这两大学派首开公司战略研究之先河，提出了富有理论意义和应用价值的重点观点，为战略管理理论的进一步发展奠定了基础。

1. 设计学派

设计学派以哈佛商学院的安德鲁斯教授为代表，也称战略规划理论体系，主张经营战略是使组织自身的条件与所遇到的机会相适应，建立了将战略构造分为制定与实施两大部分的基本模型。在战略规划方面，他要求战略制定只考虑4个因素：你可以做什么（市场机遇）、你能够做什么（内部资源与能力）、你想做什么（个人抱负）与你应该做什么（社会责任）。在战略实施过程中，企业要从组织、管理与领导方面来保证战略得到认真贯彻。该学派的主要观点如下。

① 在制定战略的过程中要分析企业的优势与劣势、机会与威胁，这是企业的竞争环境和企业发展的外部局限。

② 高层的管理人员应是战略制定的设计师，必须督导战略的实施。

③ 战略构造的模式应是简单而又非正式的，而且最好的战略应该具有创造性和灵活性。

2. 计划学派

计划学派以安索夫为杰出代表。安索夫在1965年出版了《公司战略》一书，提出了以下观点。

① 战略构造是一个有控制、有意识的正式计划过程。

② 企业的高层管理者负责计划的全过程，而具体制定和实施计划的人员必须对高层管理者负责。

③ 通过目标、项目、预算的分解来实施所制定的战略计划等。

1972年，安索夫正式提出“战略管理”概念，为后来的公司战略管理理论发展奠定了基础。1979年，安索夫又出版了《战略管理》一书，系统地提出了战略管理模式。他认为：战略行为是对其环境的适应过程以及由此导致的企业内部结构化的过程，公司战略的出发点是追求自身的生存与发展。

这一时期学者们的研究方法各异，具体主张不尽相同，但总体来说，核心思想是一致的，主要体现在以下几点。

① 公司战略的基点是适应环境。企业所处的环境往往是企业自身难以左右的，因而企业制定战略必须充分考虑环境的变化，只有适应环境变化，企业才能生存发展。

② 公司战略的目标在于提高市场占有率。公司战略适应环境变化，旨在满足市场需求，获得理想的市场占有率，这样有利于企业的生存发展。企业应考虑如何取得理想的市场占有率，在经典战略管理理论中居于核心地位。

③ 公司战略的实施要求组织结构变化与之相适应。经典战略管理实质上是一个组织对其环境的适应过程以及由此带来的组织内部结构变化的过程。在战略实施上，势必要求企业组织结构要与公司战略相适应。

这些核心思想为公司战略管理理论的形成与发展奠定了基础。但是，以环境为基点的经典战略管理理论存在着以下不足。

① 该理论缺少对企业将投入竞争的一个或几个产业进行分析与选择，它从现存的产业、市场出发，要求企业适应的环境实质上是已结构化的产业、市场环境。这必然导致：一方面，企业所追求的生存与发展空间十分有限；另一方面，企业往往被动地适应环境，处于被动地追随领先者的困境之中。

② 该理论缺乏对企业内部环境的考虑，而只是从企业的外部环境（即现存的、已经结构化的产业、市场环境）来考察公司战略问题。

正是上述这些不足，为推动公司战略管理理论的发展提供了契机。

（二）以产业和市场结构分析为基础的竞争战略理论

以企业外部环境的分析为重点的战略管理理论，虽然对企业所处的经济、政治、社会环境中的诸多因素及其对公司战略的影响做了比较细致、深入的研究，但未能对产业及市场结构及其与战略控制和选择的关系做出分析，而以哈佛商学院迈克尔·波特教授为首的产业和市场结构分析学派在一定程度上弥补了这一缺陷。

1. 市场结构与经营业绩关系的研究

早在20世纪50年代，哈佛大学就有学者研究市场结构对企业的影响。人们开始探索企业成功的驱动力。哈佛的市场营销科学研究所开发了战略与绩效分析（profit impact of marketing strategy，PIMS），即关于公司特征与公司作为之间关系的分析。波士顿的市场增长与市场份额矩阵、麦金西的市场吸引力与市场定位矩阵是当时比较普遍使用的分析方法。这些研究成为后来产业组织学派的理论基础。

对战略与绩效的研究起源于20世纪70年代，主要有三股势力。

一是哈佛大学秉承钱德勒传统的学者，主要致力于检验企业成长与多元化战略的命题，深入地研究了企业成长战略、组织形式与经营业绩之间的关系。如赖格利对多元化做了分类，鲁梅尔特对多元化类型、组织结构对经营业绩的影响做了深入研究，在研究方法上进行了重大变革。

二是普渡大学，重点研究业务战略，始于对美国酿酒业的研究，研究结果发现，一个相对于竞争者而言的好战略必然导致好的经营业绩。研究还发现，在同一产业内，企业的战略与业绩存在很大不同。这导致了后来对战略团体的研究以及后来用竞争优势来解释经营业绩的差异。

三是哈佛大学以波特为代表的学者，将产业组织理论引入战略研究，将重点放在行业特征分析上，强调市场力量对获利能力的影响。

以后大量新的理论学说，诸如交易成本理论、信息经济学、博弈论等纷纷被引入战略理论。20世纪80年代，研究重点被放在了跨国企业经营管理上。在过去的30余年，五个概念对传统经济理论产生巨大冲击。它们是不确定性、信息不对称、有限理性、机会主义与资产专用性。这些概念对战略管理理论研究影响极大。

2. 竞争战略与竞争优势

经典战略理论的缺陷之一是忽视了对企业竞争环境进行分析与选择。在一定程度上弥补该缺陷的是波特。20 世纪 80 年代初，波特通过对美国、欧洲与日本制造业实践的研究提出了自己的竞争战略理论学说，提出了以产业和市场结构分析为基础的竞争战略理论。这一理论认为，企业要通过产业结构的分析来选择有吸引力的产业，然后通过寻找价值链上的有利环节，利用成本领先或性能差异来取得竞争优势。波特对竞争环境结构做了研究，认为五种竞争力量决定某一行业的吸引力，即进入威胁、替代威胁、现有竞争对手的竞争、客户讨价还价能力和供应商讨价还价能力。他认为：产业的吸引力、潜在利润是这五方面的压力所产生的相互作用的结果，而战略制定的关键就是要透过表面现象分析竞争压力的来源。对于表象之下的压力来源的认识可使公司的关键优势与劣势突现出来。不难发现，企业可以通过其战略对五方面的竞争力量产生影响，并影响产业（市场）结构，甚至改变某些竞争规则，从而赢得竞争优势，提高自己的赢利能力。

波特总结了通用电气公司的企业竞争战略，即成本领先、差异化与专一化战略。以后，他又对三大战略进行了修改，根据竞争优势及竞争的范围提出了四大战略：成本领先、差异化、成本专一化与差异专一化。波特认为，企业赢利能力取决于其选择何种竞争战略，而竞争战略的选择应基于以下两点考虑：① 选择有吸引力的、潜在利润高的产业；② 在已选择的产业中确定自己的竞争优势。

竞争战略理论比经典战略理论前进了一大步，指出了企业在分析产业（市场结构）竞争环境的基础上制定竞争战略的重要性，这有助于企业将其竞争战略的重点转向对有吸引力的产业的选择上。但不足之处是，与经典战略理论一样，竞争战略理论仍缺乏对企业内部环境的考虑，无法合理地解释下列问题。

① 为什么在无吸引力的产业中仍能有赢利水平很高的企业存在，而在吸引力很高的产业中却又存在经营状况很差的企业？

② 受潜在高利润诱惑，企业进入与自身竞争优势毫不相关的产业，进行多元化经营，最终这些企业为何大多以失败告终？

波特以后对此缺陷有所认识，在此后的《竞争优势》（1985）一书中，从企业的内部环境出发，提出以价值链为基础的分析模型，试图弥补原有理论的不足。但是就价值链的分析方法而言，它几乎涉及企业内部所有的方面，存在着对主要方面（如特定技术和生产方面）重视不足的局限性。在这样的情况下，以资源、知识为基础的核心竞争力理论便迅速地发展起来。

另一部分学者认为战略的实施能力同样是重要的竞争优势来源。麦肯锡公司首次提出了战略实施与组织发展的构架，即 7S 构架，说明了要成功地实施战略与实现组织变革所必需的要素。其假设是组织的变化需要组织技能与共享价值观的变化。7S 是：战略、技能、共享价值观、结构、系统体制、员工、风格。

随着研究的深入，人们越来越认识到有更多的竞争优势来源，如质量、速度、快速的周转能力、高度的创新能力等。越来越多的学者认为，维持竞争优势的持续性依赖于组织的学习能力。

3. 战略过程与动态战略体系

后来的研究结果发现，没有任何一个战略过程或战略能力能单独形成永久的竞争优势。企业必须不断改变其战略、资源与能力以适应环境的千变万化。人们研究的重点由过去的寻找成功的驱动力转向研究如何使企业应对变化的能力最大化。明茨伯格认为，战略家应该由原来的战略规划者、制定者转变为战略的发现者、知识的创造者及变化的催化剂，战略规划应该用战略思考来替代。环境变化迅速，因此过多的分析反而会贻误战机。要迅速分析可能的机遇，消除可能的风险，重点研究关键问题，迅速分析并形成行动方案，不要等一切都明确后才行动，而是随时变更行动方案，成功的企业是擅长创新的企业，是不断学习、不断变化的企业。

1991 年，波特发表了论文《动态战略理论》，综合了他多年战略管理的理论思想，形成了比较完整的战略管理理论。其理论体系吸收了战略规划理论的内容，但形成了一个完全不同的理论体系。波特的理论体系是：企业的管理选择与初始条件形成企业的驱动力，这些驱动力来自企业的规模、积累的经验、活动共享与能力转移、垂直一体化等，从而决定企业的成就和竞争优势。竞争优势来源于企业能够以比竞争对手更低的成本提供同样的价值或以同样的成本提供更高的价值。利用这些竞争优势选择一个有吸引力的行业，并且在这个行业中取得相对优越的地位，那么企业就会成功。

（三）以资源、知识为基础的核心竞争力理论

20 世纪 90 年代以后，企业经营环境具有以下几大特点。

① 竞争全球化，国际竞争越来越激烈。全球市场的出现使国家的边界变得模糊。信息网络的发展使行业界限模糊。

② 产品生命周期大大缩短，产品过时加速。一些企业为了保持竞争优势，故意提前淘汰产品，创新成为竞争的主题。

③ 顾客需求更趋个性化与差异化，多品种少批量成为主要的生产战略，即时生产、灵捷制造成为企业新的生产方式。时间与速度成为新的竞争手段。

近年来，由于信息技术的迅猛发展，竞争环境变得更加复杂和严峻，许多企业制定和实施的战略由于环境的突变或预测不准确而未能将企业引向成功，这迫使企业不得不把眼光由“外”转向“内”，开始注重对自身独特的资源和知识（技术）的积累，以形成特有的核心竞争力。战略管理学家们从资源和知识两个角度，把战略理论引向深入，20 世纪 80 年代中期的“资源观”（resource-based view）和 90 年代初的“知识观”（knowledge-based view），正是对这种转变的积极响应。

人们认识到，竞争无常规，没有通用战略，也没有万能灵丹，人们无法单独通过通

用战略与公司特征来解释企业的优异表现，从而转向寻找企业竞争优势的源泉。竞争优势是促成企业比竞争者更成功的因素，而且这些因素无法被竞争者轻易模仿。

1. 资源基础论

1984 年，沃纳菲尔特（Wernerfelt）发表了资源学派的代表作——《企业资源基础论》一文。在文中，他论述了企业内部资源对企业获取竞争优势的重要意义，指出对企业获利而言，企业内部资源比外部环境更重要；企业内部资源、知识的积累是企业获得超额收益、维持竞争优势的关键。这使人们对战略的观念发生了极大改变。人们开始从内部来寻找成功的因素。随后，科利斯（Collis）与蒙哥马利（Montgomery）进一步提出了基于资源的战略，它包括四个部分：识别宝贵资源；对资源进行投资；提升资源的质量与运用资源，资源是一个企业所拥有的资产和能力的总和，只有核心竞争力才是公司战略的基础；战略制定的核心就是开发与利用企业的独特资源和能力。

资源基础论认为：即使一个企业在缺乏吸引力、缺乏好机遇、有较大经营风险的行业经营，它也可以依赖它的内部独特资源与能力赢得竞争优势，关键是企业必须拥有对顾客有价值、稀缺的、对手难以模仿的资源与能力。

资源基础论的假定是：

① 每个企业都是一组独特的资源与能力组合，这些独特的能力与资源是公司战略的基础，也是企业回报的基本源泉，资源的差异是竞争优势的基础；

② 随着时间的推移，企业拥有不同的资源，培养独特的能力，从而同一行业的企业不可能拥有相同的战略相关资源与能力；

③ 资源在企业之间缺乏流动性；

④ 资源是企业生产过程的投入，包括设备、员工的技能、专利、优秀的管理人员等。

形成竞争优势的因素有：组织的资源与能力、战略实施的卓越能力、战略、时间与创新等。一部分学者认为，资源与能力是竞争优势的主要来源，公司的战略依赖于公司最优秀的方面而不是外部环境。战略家的工作是寻找公司有别于其他竞争者的资源与能力。它们包括：

① 能提高公司竞争能力的成本优势，如企业的生产能力、加工技术、购买原材料的渠道等；

② 能用于不同用途的因素，如市场营销经验、销售渠道等；

③ 能阻止竞争者进入的门槛因素，如专利、市场份额等；

④ 对公司讨价还价能力有影响的因素，如企业规模、财力等。

强调资源的战略分析有 5 步：

① 对公司的资源分类，评估其优、劣势；

② 分析公司的能力，如何能使公司比竞争者更有效；

③ 评价资源与能力的潜力，尤其是在保持长期竞争优势方面确定其竞争优势；

④ 选择能最好地匹配公司的资源、能力与外部环境的机遇，制定相关战略；

⑤ 找出资源差距，通过投资强化或提高公司的资源条件，然后回到第一步，进入第二循环。

在传统的安索夫-安东尼-安德鲁斯范式中，强调战略匹配（strategic match）或战略契合（strategic fit），认为战略的核心就是企业内部独特的资源与外部环境的合理匹配。资源基础论的进步主要在于企业不只是利用现有的资源与能力，而且要有意识地培育企业独特的能力。

2. 核心能力理论

能力学派则强调以企业特有的能力为出发点来制定和实施公司战略。1990 年，哈默尔和普拉哈拉德在《哈佛商业评论》上发表了《企业核心能力》一文，比较深入地阐述了能力学派的主要观点。他们假定企业具有不同的资源（包括知识、技术等），形成独特的能力，当资源不能在企业间自由流动，属于某企业特有的资源，其他企业无法得到或复制时，企业则可利用这些资源形成自身的竞争优势，实现其战略目标。核心能力理论的主要观点如下。

① 企业之间的竞争是基于能力的竞争，公司战略的核心已不再是对产业的选择和市场竞争的定位，而在于企业自身的快速反应和行动能力。战略管理的重点是识别、开发企业的核心竞争力。

② 核心竞争力是“组织中的积累性知识，特别是关于如何协调不同的生产技能和有机结合多种技术的知识”。因此，核心竞争力的形成要经历企业内部资源、知识、技术等的积累、整合过程，只有通过这一系列的有效积累与整合，形成持续的竞争优势，才能为获取超额利润提供保证。

③ 并非所有的企业资源、知识和能力都能形成持续的竞争优势，而只有当资源、知识和能力同时符合珍贵、异质、不可模仿、难以替代的标准时，才能成为核心竞争力。企业在制定战略时，首先要分析自身的资源、知识和能力的状况，然后依据上述标准，选择其中某一方面或几个方面，充分发挥这些独特优势。

④ 核心能力决定了企业的规模和边界，决定了企业多元化经营和跨国经营的广度、深度，决定了企业的竞争优势和经营绩效。企业在战略管理实践上，要从资源和能力出发，在自己拥有一定比较优势的产业及其关联产业进行多元化经营，避免受产业吸引力的诱导而盲目进入不相关产业。

⑤ 核心能力理论强调学习型组织的重要性，认为开发和培育核心能力，并不意味着要比竞争对手在研发方面投入更多的资金，事实上，核心能力来源于组织内的集体学习，来源于经验规范和价值观的传递，来源于组织间的相互交流、共同参与和不断创新。

核心竞争力理论克服了波特的价值链分析模型涵盖企业内部所有方面的过度宽广的缺陷。此外，在选择那些可能成为核心竞争力的因素时，还应关注未来的核心竞争力的培养。而要培养新的核心竞争力，必须提高产业预见能力。为此，企业应根据对人的需求欲望、技术发展、社会大趋势等前瞻性的预测，从完全想象的市场出发构想未来的产业，培养新的核心竞争力，从而使自己持续保持核心竞争能力的领导地位，成为未来产业的领先者。现实中企业的战略大多是两者的结合，选择有吸引力的行业，同时培养别人无法模仿的核心能力。

作为公司战略管理理论的新发展，以资源、知识为基础的核心竞争力理论适应了近年来企业环境变化的趋势和企业谋求长久竞争优势的需要，正日益受到企业管理者和学者们的重视，成为现代战略理论一个十分重要的组成部分。

该理论对当前众多大公司特别是跨国公司的战略行为做出了较为合理的解释，对培育代表中国产业实力的大企业、大集团的核心竞争力也具有现实指导意义。

二、战略管理理论学派分野

1970—1980年战略研究不景气有多方面的原因。在20世纪七八十年代，战略研究过于空泛，缺乏可操作性。它只给人们一种启发，要规划未来，要适应环境。80年代日本的崛起也确实把人们的注意力引向操作层面。日本通过TQM、JIT、灵捷制造、成本控制等战术性的经营效率改进在市场竞争中取得节节胜利，使人们对战略迷失了方向。人们认为：战略并非真正重要的东西——你必须以更低的成本生产出比竞争对手更优质的产品，然后不懈地改进那个产品。

还有人认为在一个变化的世界不应该有战略。企业经营围绕着变化、速度、动态反应和重新创造自身等方面转，事物如此快速变动，稍有停顿也承受不起。如果制定战略，那就是僵化和不善变通，等战略制定完毕也许就过时了。

20世纪90年代战略研究的复兴是由于人们认识到企业成功根源于企业独特的资源，而这些资源要在内部长期培养才能形成。选择、培养独特的资源与核心能力就是战略过程。尤其是波特一再强调，战略不是经营效率，而是从事不同的活动或以不同方式从事相同的活动。哈默尔又强调要打破游戏规则，要开创新行业。人们才逐步把战略重新放在经营的核心地位。

由于人们对战略的本质没有达成共识，所以存在各种各样的战略学派。明茨伯格等在其《战略历程：纵览战略管理学派》一书中将战略管理学派分为十大学派。

① 设计学派：把战略形成看成一个概念化过程。

② 计划学派：把战略形成作为一个受控的正式过程。

③ 定位学派：把战略形成看成一个分析过程。

④ 企业家学派：把战略形成看成一个预测过程。

⑤ 认识学派：把战略看成一个心理过程。

⑥ 学习学派：把战略看成一个应急过程。

⑦ 权利学派：把战略形成看成一个协商过程。

⑧ 文化学派：认为战略过程是一个集体思维过程。

⑨ 环境学派：把战略看成企业对环境变化的反应。

⑩ 结构学派：把战略形成看成一个转变过程。

也有学者将战略管理思想归纳为四个学派：战略规划学派、适应学习学派、产业组织学派、资源基础学派。这四个学派在解释与指导公司战略行为上各有所长，各有所短。战略规划学派是一个注重过程的学派，在解释战略制定与实施过程中占据一定优势。适应学习学派解释公司战略的行动过程更有说服力。产业组织学派则在指导企业成长、选择进入行业、选择竞争战略方面有重大意义。资源基础学派则在解释企业持久的竞争力来源、企业成长方式方面有较强的说服力。

三、战略管理的发展趋势

早在 1994 年，哈默尔与普拉哈拉德在其所著的《竞争大未来》一书中，就曾经概括过未来战略管理的一些特征，提出了新的战略范式，其中特别值得注意的是下面一些结论。

① 以往以资源为基础战略，未来以资源积累和利用为战略。

② 以往注重在现有产业结构内竞争，未来为塑造新的产业结构而竞争。

③ 以往为产品领先地位而竞争，未来为核心竞争力领先地位而竞争。

④ 以往企业作为单个实体参与竞争，未来作为联合体参与竞争。

他们所提出的上述四个方面，已经成为现在战略管理理论的核心观念，并已经转化为企业的战略管理实践活动，且仍然是今后战略管理的发展方向。

在上述基础之上，我们还可以归纳公司战略管理的一些新的发展趋势。

(一) 公司战略管理中的国际化倾向

在经济全球化时代，不管是发达国家的企业还是发展中国家的企业，都应该或者说不得不站在全球化的角度思考企业的发展问题。发达国家的企业需要发展中国家的原材料和市场，发达国家企业间的合作范围也将越来越广泛，关系也将越来越密切；与此同时，竞争也将越来越激烈。发展中国家的企业，将面临更多的困难与挑战，因此，国际化战略在公司战略管理中的地位变得越来越重要。

(二) 公司战略管理中的专业化倾向

由于战略管理在企业管理中的地位日益提高，越来越多的企业设置了从事公司战略管理的专业战略规划部门，协助企业家进行战略管理，这些战略管理专家的主要工作是为企业家充当参谋的角色，负责调查研究、分析趋势、制定方案，供企业家选择并作出决策。由于战略问题随着企业经营环境的演化而日益复杂，这种专业人员和专业机构的智慧变得日益重要。

（三）重视物质要素和精神要素的相互作用

近年来，西方国家企业的战略管理，出现了既注重企业的物质技术基础建设，又注重对企业精神动力的发掘的趋势。一方面，许多管理学家认为，忽视企业的物质技术基础建设，片面追求经济效益，必然会损害企业的长远战略利益。因此许多美国企业家又重新把管理的重点转到生产技术这个基点上来，重视产品和技术开发，先进的技术和手段得到广泛运用，如各类数学分析模型、统计调查方法、电子通信设备、计算机、网络技术和电子商务技术等。另一方面，西方国家企业的战略管理更重视精神要素的作用，他们把价值观和信念作为战略的基础，认为企业成功与否主要取决于集体的精神与行为，而不取决于外部环境和条件。当企业形成一种相对稳定的企业文化后，就会激发巨大的工作热情和积极性，为更有效地实现企业的战略目标提供有力的精神保障。

（四）强调“整体分析”与“个案论证”相结合的分析方法

当前战略管理研究的一个重要方向是强调“整体分析”与“个案论证”相结合的分析方法。过去的战略管理研究往往是以个别案例中的某一因素和市场关系为基础建立模型进行分析的，这种分析方法有很大的不适应性，因此，将战略管理研究引向“整体分析”，才能推动这一领域的研究工作继续向前发展。波特教授在这一方面做出了开创性研究，他立足于“产业组织学”理论，用“整体分析”的方法，阐述了产业内的机会与竞争因素，提出一整套竞争战略，为公司战略管理研究的发展开辟了新思路。

在强调整体研究的同时，还必须针对各个企业的“特色”进行“个案论证”，因为战略毕竟又是每一个企业的战略。只有重视从实践中学习，才可使公司战略具有针对性与可行性。近年来，流行于全球的各种管理畅销书，大多是以公司经营历史和企业家的个人创业史为研究背景的，这就从一个方面说明了战略管理研究中的“个案论证”仍是一种重要的研究方法。

因此，公司战略管理必须将“整体分析”和“个案论证”的分析方法结合起来，从企业的实际经营中总结新鲜、生动的经验；同时，对这些经验进行行之有效的演绎推理，最终形成一套有效的“整体分析”方法。只有这样，才能为企业保持竞争优势提供可行的分析体系，为战略管理的进一步发展铺平道路。

（五）战略管理重新强调从实践中学习的思想

以往的战略管理研究偏重模型和计量分析，将其作为战略管理研究的主要工具和手段，但过分迷恋于此，则容易束缚人的思想，遏制创新精神，使公司战略成为“华而不实”的东西。通过大量的事实和研究，人们发现战略管理不是战略专家的空谈话题，它必须深深地扎根于实践的土壤之中，并接受实践的检验。因而现在很多企业在确定了战略之后，边实践、边检验，甚至走一步看一步，实行“摸着石头过河”的战略研究方法。这正是战略管理强调从实践中学习思想的体现。

（六）强调对“优秀战略”的研究

日本学者伊丹敬之认为，过去公司战略管理研究的不足之处主要在于对战略制定的程序和方法研究过多，而对什么是“优秀战略”的研究则明显不足。他在这方面做出有益的尝试，认为，研究战略管理就像人们对图画的评价一样，首先应该知道什么是好画，其次要知道它为什么好。在战略管理研究上也应这样，首先应该知道什么是优秀战略，其次要知道为什么是优秀战略。伊丹敬之指出优秀战略就是“适应战略”，即要求战略与环境、资源、组织三个因素相适应。好的公司战略应同时具备上述三种适应关系，或者说满足三种适应关系的战略才可能获得成功。这一研究澄清了过去许多战略管理研究的误区，指明了战略管理发展的新方向，使公司战略管理又向前迈了一大步，同时也成为战略管理发展的一个趋势。

（七）战略更加关注长期成长

虽然增强赢利能力仍然是公司战略所追求的一个目标，但企业对短期利益的追求将越来越让位于长期成长目标的追求。为了实现企业的长期发展目标，许多企业将不惜牺牲眼前的利益。

（八）战略研究的理论与方法更加丰富

以孙子兵法为代表的中国兵法战略和古老的哲学思想被广泛应用于战略管理的研究，将在战略管理理论中占有重要的地位。

思考题

1. 为什么说公司战略的广义定义和狭义定义反映了人们对企业经营活动不同方面的强调或侧重？

2. 战略的构成要素有哪些？

3. 战略的本质问题包括哪几个方面？如何衡量企业间存在的差别？

4. 什么是战略管理？它与企业其他管理活动的联系和区别是什么？

5. 公司战略的构成要素是什么？

6. 公司战略管理的层次有哪些？

7. 简析战略管理的演进过程。

8. 简析战略管理理论的发展。

9. 战略管理的发展趋势是什么？

讨论题

1. 选择一个你熟悉的企业，识别该公司所有的利益相关者以及每一利益相关者集团的首要目标。

2. 举一个公司战略管理失败的案例，并指出其主要问题。

第二章　企业外部环境分析

【学习目标】

- 明确企业外部环境分析对战略制定的意义
- 掌握外部环境的构成及内容
- 掌握宏观环境、行业及竞争环境如何影响企业的战略制定
- 熟练运用五种竞争力量分析模型、战略分组图等分析工具
- 掌握外部环境分析的方法，树立牢固的“情境观”和“权变观”

第一节　企业外部环境分析概述

一、企业外部环境分析的必要性

外部环境是企业生存发展的土壤，它既为企业的生产经营活动提供必要的条件，同时也对其生产经营活动起着制约的作用。企业生产经营所需的各种资源都需要从属于外部环境的原料市场、能源市场、资金市场和人力资源市场等去获取。离开这些市场，企业经营就会成为无源之水、无本之木。与此同时，企业利用上述资源经过自身的经营活动产出产品与劳务，并在外部市场上进行销售。没有各种外部市场的存在，企业就无法进行交换，无法通过出售产品换回销售收入，无法补偿生产经营的消耗，无法完成基本的增值与积累，企业就无法生存下去，更谈不上发展。

任何企业，无论生产什么产品或提供什么服务，它们都只能根据外部环境能够提供的资源种类、数量和质量来决定其生产经营活动的具体内容和方向。既然企业的产品要通过外部环境中的市场才能实现，那么，在生产之前和生产过程中，企业就必须考虑到这些产品能否被用户所接受，是否受市场欢迎。因此，外部环境在为企业提供了经营条件的同时，也限制了企业的经营活动。

因此，现代管理把企业看作一个开放的系统，任何企业都是在一定环境中从事经营活动的，环境的特点及其变化必然会影响组织活动的方向、内容以及方式的选择。我们可以把对企业产生影响的各种外部因素和力量统称为企业外部环境。

假如环境是静态不变的，那么问题就简单了。因为，静态的环境即使影响再大，通

过多次仔细的研究也可以把握它的特点，就可以一劳永逸。然而，外部环境却常常处在不断的变化之中。外部环境的种种变化，可能会给企业带来两种不同性质的影响：一是为企业的生存和发展提供新的机会　二是可能会对企业生存造成威胁。这样，企业要谋求生存和发展，就必须持续地研究和认识外部环境。对外部环境的研究不仅可以帮助企业决策者了解今天外部环境的特点，而且可以认识到外部环境发展变化的趋势，从中认识外部环境变化的一般规律，更有利于企业发现和预见外部的机会与威胁，进而扬长避短，取长补短，利用机会，避开威胁，能动地适应环境的变化，条件许可时还可以发挥企业的影响力，使环境向对自己有利的方向发展。

二、企业外部环境的构成

企业可从三个层次对外部环境进行分析（如图 2-1 所示），即从一般环境、产业环境以及竞争对手三个方面进行分析。

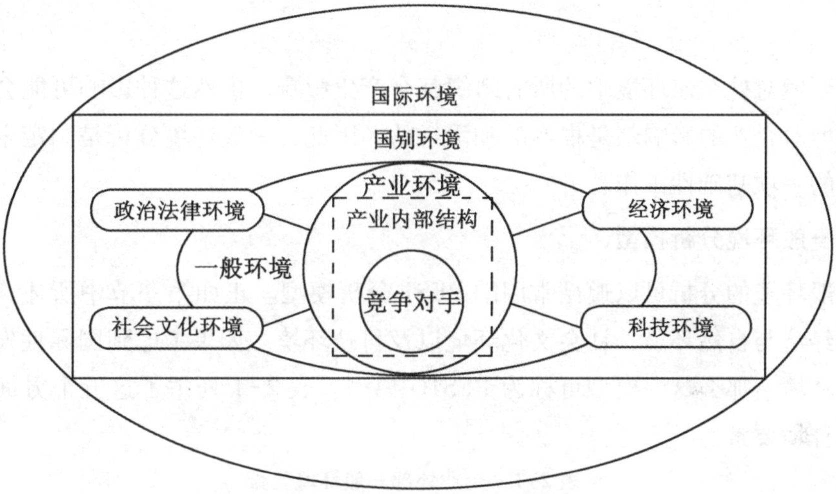

图 2-1　企业外部环境分析示意图

在一般环境中，多数在单一国家内部进行运营且没有涉外业务的企业仅需要分析国内环境，相对于国际环境而言不同国家内部的一般环境可以叫作国别环境。在一国之内，一般环境也可称作宏观环境，是指对一定地域内所有行业都会产生影响的各种因素。一般环境可以划分为四大类，分别是政治法律环境、经济与自然环境、社会文化环境以及科技环境，这四种因素的分析可以称为 PEST 分析。当然，其中每个因素的变化对不同行业企业的影响程度是不同的。对于业务或市场涉及海外的企业而言，不仅要分析研究本国的内部环境，还要关注国际环境，这部分将在本书第八章国际化经营战略中进一步介绍。

在任何环境中，对特定企业影响更大的不是一般环境，而是具体的产业环境。行业中竞争者的多少、实力如何、其相对的势力分布、竞争行为、行业上下游的发展情况等，这些对企业的具体经营和竞争行为产生决定性作用。同时，在同一行业中的企业也并非都是直接的竞争对手，因此，确定直接的竞争对手并制定相应的有效战略才是企业组织竞争活动的关键。企业收集并分析有关竞争对手信息的过程称为竞争对手分析。

企业对一般环境的分析应着眼于未来，对产业环境的分析重点在于了解影响企业在行业内赢利能力的条件和要素，对竞争对手的分析则主要是为了跟踪并预测竞争对手的行动、反应和意图。总的来说，企业进行这三种外部环境分析是为了了解外部环境会如何影响企业的战略意图、战略使命和战略行动。尽管我们把每种分析分开来进行讨论，企业却应该把一般环境、产业环境和竞争对手分析的结果有效地结合起来，这样才能改进经营。

第二节　企业一般环境分析

一般环境对处在该环境中的所有组织都会产生影响，虽然这种影响可能会间接地发生作用，但对企业的影响却是根本的和深远的。因此，一般环境分析是制定企业战略时必须进行的一项基础性工作。

一、一般环境分析模型

对一般环境的分析可以遵循常用的 PEST 分析模型。正如第一节中所述，即政治法律环境、经济与自然环境、社会文化环境以及科技环境。如果考虑到国际性发展，则可加入国际环境，那么这一模型可称为 PESTG 模型。表 2-1 列举了这五个方面所包含的一些具体环境要素。

表 2-1　企业外部一般环境要素

环境因素	具体要素
政治法律环境	政治制度与法规、政府的稳定性、政府行政干预和控制、特殊的经济政策市场准入制度、反托拉斯立法、环保立法、外贸立法、就业立法
经济与自然环境	国内生产总值及其变化趋势，通货膨胀率、利率、储蓄率，人均收入及分布，物价情况、财政状况、贸易收支状况，行业结构，市场需求，气候，资源数量、结构与分布
社会文化环境	对生活质量的态度、就业状况、保护消费者运动，结婚率、妇女就业、人口增长率、人口年龄分布、人口迁移，家庭形态、社会分层、民族、文化及亚文化
科技环境	国家科研发展体系、国家研发支出及流向，行业研发支出及流向、科研重点、新技术商品化、专利、创高激励与效率、产品创新
国际环境	全球化发展状况、重要的全球性经济事件和政治事件、国际性政治组织和经济组织，地区经济合作与政治合作协议，国际性货币与资本市场

（一）政治法律环境

政治法律环境（political and legal environment），是指制约和影响企业的各种政治与法律要素及其运行所形成的环境系统。这些因素制约和影响着企业的经营行为，尤其是影响企业较长期的投资行为。从国际方面来看，政治因素主要包括其他国家的国体与政体、关税政策、进口控制、外汇与价格控制、国有化政策等。国际方面的法律因素主要涉及各国的国内法以及国际公约、条约的有关规定等。

政治法律环境对企业的影响的共同特点是：

① 直接性，即国家政治环境直接影响着企业的经营状况；

② 难于预测性，对于企业来讲，有时难以预测国家政治环境的变化趋势；

③ 不可逆转性，即政治法律环境因素一旦涉及企业，就会使企业发生十分迅速和明显的变化，而这一变化是企业驾驭不了的。

1. 政治环境及其具体内容

政治是一种重要的社会现象，要考察企业面临的宏观环境，政治因素及其运行状况是宏观环境的重要组成部分，这是因为政治因素给企业带来的影响巨大而明显，同时影响企业生存和发展的其他社会因素也都会因为政治条件及状况的不同而对企业产生不同的影响。

企业政治环境具体包括以下五个方面。

① 政治制度。例如，我国的根本政治制度是人民代表大会制度。

② 政党和政党制度。政党和政党制度是影响国家政治环境的主要因素，也是影响企业政治环境的重要因素。

③ 政治性团体。如工会、妇联等，这些政治性团体对国家政治决策具有很大的影响作用，有时也会使企业政治环境发生重大变化。

④ 国家的方针政策。这是在一定阶段内指导一个国家政治、经济、文化等方向性、原则性的战略策略规范，因此企业必须遵循所在国的这些方针政策，它对企业活动往往具有控制和调节的作用。

⑤ 政治气氛。所谓政治气氛，一是指各阶级及其政党的各种政治主张的矛盾和力量对比在政权上的反映所形成的国家政治局势；二是指基层组织和群众的政治情绪，如政治倾向、政治热情等。

我国的基本政治制度和方针政策构成了我国企业政治环境的基本要素，政治体制改革和不同时期的具体方针政策则为企业政治环境提供了良好的条件和发展前景，这些都将对我国企业的领导制度、生产经营和管理产生深远的影响和制约作用，正确充分地利用、适应企业所面临的政治环境，无疑是企业生存和健康发展、实现其战略的重要前提。

2. 法律环境及其具体内容

法律环境是指与企业相关的社会法制系统及其运行状态。法律环境主要有三种要素。

① 国家的法律规范。它是由国家制定或认可、体现统治阶级意志、由国家强制力保证实施的行为规则。法律规范是一个完整的体系，同企业及其活动相关的法律规范体系由不同效力等级的一系列法律所组成，主要有宪法、基本法律、行政法规、地方性法规等，其中与企业相关的法律规范构成企业法律环境中最基本的内容。

② 国家司法、执法机关。指国家设立的法律监督、法律审判和法律执行部门，主要有法院、检察院、公安机关及各种行政执法部门。与企业关系较密切的行政执法部门有工商行政管理部门、税务部门、物价部门、计量管理部门、技术质量监督部门、专利部门、环境保护管理部门、政府审计部门等。此外，还有一些临时性行政执法部门，如各级政府的财政、税收、物价检查组织等。

③ 企业的法律意识。法律意识是法律观、法律感和法律思想的总称，是指企业对法律制度的认识和评价。因为任何企业都要同与其生产经营活动相关的企事业单位发生经济、技术、贸易关系，这些关系都具有社会经济法律关系的性质。企业的法律意识，最终都会物化为一定性质的法律行为，并造成一定的行为后果，从而构成每个企业不得不面对的法律环境。

综上所述，法律规范是企业法律环境的基础，国家司法、执法机关及其活动是企业法律环境健康有序的保证，企业的法律意识是企业参与法律环境和感受法律环境的重要媒介。法律环境对企业的影响方式由法律的强制性特征所决定，具有刚性约束的特征。针对经济法律规范所调整的不同的经济法律关系，其刚性又有程度上的差异，不同的法律形式对它的调整对象采取不同的调整手段和作用方式。

（二）经济环境

经济环境（economic environment），是指构成企业生存和发展的社会经济状况及国家经济政策。社会经济状况包括经济要素的性质、水平、结构、变动趋势等多方面的内容，涉及国家、社会、市场及企业等多个领域。国家经济政策是国家履行经济管理职能、调控宏观经济水平和结构、实施国家经济发展战略的指导方针，对企业经济环境有着重要影响。

企业经济环境是一个多元动态系统，主要由社会经济结构、经济发展水平、经济体制和经济政策等四个要素构成。

1. 社会经济结构

社会经济结构又称“国民经济结构”，这是指国民经济中不同经济成分、不同产业部门以及社会再生产各个方面在组成国民经济整体时相互之间质的适应性、量的比例性及排列关联的状况。一般而言，社会经济结构主要包括五个方面的内容，即产业结构、分配结构、交换结构、消费结构和技术结构，其中最重要的是产业结构。实践证明，社会经济结构如果出现问题，立即会导致相当范围与数量的企业不能正常生产经营，甚至造成国民经济的危机。企业应关注社会经济结构的变化动向，及时妥善调整企业的经营活动，主动适应宏观经济环境变化，就能保证企业的安全与健康，有时还能把握时机，开拓创新，推动企业的发展。

2. 经济发展水平

经济发展水平是指一个国家经济发展的规模、速度和所达到的水准。反映一个国家经济发展水平常用的主要指标有国民生产总值、国民收入、人均国民收入、经济增长速度等。对企业而言，从这些指标可以了解国家经济全局发展状况，利用全国、各省市和企业自身的数据对比，加之时间序列（各年度数据）的比较，可以认识该国宏观经济形势和企业经营环境的发展变化，这对企业是有帮助的。

3. 经济体制

经济体制是指国家组织经济的形式。经济体制规定了国家与企业、企业与企业、企业与各经济部门之间的关系，并通过一定的管理手段和方法，调控或影响社会经济流动的范围、内容和方式等。正因为如此，经济体制对企业生存与发展的形式、内容、途径都提出了系统的基本规则与条件。在经济体制改革过程中，企业应加强和重视对新经济体制的实质、形式及运行规律等方面的了解，把握并建立起新的体制意识，改变企业行为的方式，这对企业发展是至关重要的。

4. 经济政策

经济政策是国家在一定时期内为达到国家经济发展目标而制定的战略与策略，它包括综合性的国家经济发展战略和产业政策、国民收入分配政策、价格政策、物资流通政策、金融货币政策、劳动工资政策、对外贸易政策等。宏观经济政策是国家根据一定时期经济领域中普遍存在的问题提出的针对性政策，它规定企业活动的范围、原则，引导和规范企业经营的方向，协调企业之间、经济部门之间、局部与全局之间的关系，保证社会经济正常运转，实现国民经济发展的目标。

经济环境影响着这一地域内的企业获取资源、组织利用资源以及进行交换行为的产出方式、难易程度和成本水平，是企业外部环境分析中的重点内容。

（三）社会文化环境

社会文化环境（social and cultural environment）包括国家社会阶层的形成和变动、人口的地区性流动、人口年龄结构的变化、社会权力结构、人们生活方式及工作方式的改变、就业状况、城乡差别、社会福利、社会保障、社会道德风气、公众对国家的信心、人的各种价值观念与态度、社会心理、人的行为动机与决策模式等内容。社会环境与文化环境相互渗透发展，影响社会对企业产品及劳务的需求，也都会反映到企业经营中来，影响企业的战略决策。

文化和生活方式是国家之间差异最明显的地方。法国的消费者喜欢立式洗衣机，而欧洲其他多数国家的消费者则喜欢滚筒式洗衣机。北欧人想要大型冰箱，因为他们倾向于每周在超市购物一次；南欧人只需要小型冰箱，因为他们每天都购物。在亚洲的一些地区，拥有冰箱是一种身份的象征，可能会被放在起居室里，导致了对流行设计和色彩的偏好——在印度亮蓝色和红色是流行的颜色。在其他亚洲国家，由于家庭空间受到限制，许多冰箱仅仅 4 英尺高。在中国香港，人们偏好简洁的欧式电器；但是在中国台湾，大型的美式电器更为流行。

文化在社会经济发展中起着重要的能动的作用。存在决定意识，意识反映存在又反作用于存在。文化对于人们认识经济发展规律、调整人们的经济活动、加速或延缓经济发展有重大影响。一般来讲，文化发达、水平高有利于经济发展，文化落后、水平低不利于经济发展。在近代的工业文明发展史中，产业进步与文化进步相互影响，螺旋式发展，因此根本不存在纯粹的经济行为。例如，钢铁本身似乎和文化没有什么联系，但用它可以生产出汽车、轮船和楼房，这些都是包含文化的产品。企业为了占领市场、赢得良好的经济效益，必须注重研究文化环境，因为文化的影响遍及企业整个生产经营活动，企业一切生产经营活动也都受到社会文化价值观的检验，常见的例子就是有的产品受到广泛欢迎，而有的产品则遭到抵制或排斥。企业生产经营活动能否适应当地的社会与文化，决定着企业经营活动的成败。因此，企业要了解社会文化环境，对这些因素要有敏锐的感受力，这样才能客观地观察、评价和理解企业所处的外部环境，并以此作为战略制定、选择与执行的重要依据。

（四）科技环境

科技环境（technological environment）是指企业所处社会环境中的科技要素及与该要素直接相关的各种社会现象的集合。粗略划分企业的科技环境，大体包括以下四个基本要素。

① 社会科技水平。社会科技水平是构成科技环境的首要因素，它包括科技研究成果的数量及门类分布、先进程度和科技成果的推广应用三个方面。

② 社会科技力量。社会科技力量是指一个国家或地区的科技研究与开发的实力。它包括从事科技研究与开发人员的数量、水平等。

③ 国家科技体制。科技体制是指一个国家社会科技系统的结构、运行方式及其与国民经济其他部门的关系状态的总称，主要包括科技事业与科技人员的社会地位、科技机构的设置原则和运行方式、科技管理制度、科技成果推广渠道等。

④ 国家科技政策和科技立法。国家科技政策和科技立法是国家凭借行政权力和立法权力，对科技事业履行管理及监督职能的策略及行为规范。

以上四个基本要素会影响一国的技术与产品创新的活跃程度、技术领先的情况，以及一国新技术与新产品的发展状况。新技术与新产品又是影响企业经营效果最重要的要素。因此，科技环境对企业的生产、经营、管理活动都会产生重要影响。

我国科学技术在近 20 年来得到飞速发展，在信息技术、生物技术、新材料技术、新能源技术、空间技术及海洋开发技术等许多领域都取得了重大成就。科学技术的发展，促使我国劳动生产率提高和生产力迅猛发展，推动我国电子工业等一批新兴工业的发展，也促使我国产业结构向高级化方向发展。新产品及新技术的不断涌现，给企业的发展提供了机会，也给某些企业带来了威胁，一项新技术的出现有时会形成一个新工业部门，但同时也会摧毁另一个技术落后的工业部门。

当前由于新技术及产品寿命周期缩短，当企业某项业务还处于持续成长阶段时，企业领导者就必须研究怎样为企业增添新的业务活动领域，还要考虑如何从不能继续满足企业增长目标的业务领域中撤退，这是企业的战略问题。新技术及产品寿命周期从一个阶段发展到另一阶段时，企业就必须谋划适应新技术发展阶段的战略，即当技术发展处于萌芽阶段和加速成长阶段，企业可以把精力集中于国内市场，从而获得较大的成功。但当国内技术成长速度较慢而国外某些国家或地区需求仍处于萌芽期或加速成长期时，企业就可以转而采用国际经营战略。当技术发生更新时，企业也必须及时调整产品。因此，企业必须预测技术的发展趋势，预测科技环境的发展变化，并根据这些变化不断进行产品结构及市场结构的调整，重视新技术及新产品的开发工作，这样才能使企业立于不败之地。

（五）国际环境

不同国家具有不同的地区优势，这种优势来源于不同国家之间在地理位置、资源分布、历史条件、国内优势产业、生产和分销成本、汇率风险以及本国政府政治政策、经济需求等方面的差异。这些差异为各国企业的生产经营提供了不同的资源基础。自20世纪中期以来，经济全球化得以深入发展。世界各地跨越国家和区域界限的经济活动明显增加，越来越多的企业融入了这个全球经济一体化的巨大的经济体系之中。经济全球化加快了技术扩散进程，提升了企业在全球组织资源和市场的水平，也随之加剧了企业的国际竞争。这种日益深化的国际竞争活动反过来又促进了经济的全球化。

两个宏观因素为全球经济一体化的不断深入发展奠定了基础：第一个因素是第二次世界大战结束以来各种限制商品、服务和资本自由流动的壁垒大大降低了。第二个因素是技术的发展，特别是近年来通信、信息处理和运输技术出现了显著的进展。经济全球化的直接驱动力主要来自两个方面：一是企业为了把自己的优势产品或领先技术转化为经济效益，在世界范围内寻找新的市场机会，这导致竞争的全球化；二是企业为了获取廉价或优质的资源，在世界范围内寻找新的合作伙伴，寻求更为经济的资源供应，导致全球化供应链的形成。经济全球化的主体是跨国公司，各类企业都参与到这一过程之中。在我国许多产业领域中，都可以观察到国际竞争国内化、国内竞争国际化的发展趋势。

企业在制定自己的竞争战略时，有必要以全球化的视野来研究所处的竞争环境，特别要注意以下几方面的影响：① 经济全球化使得产品、服务乃至一些经营方式和经营理念能够跨越各种地理边界。譬如，在其他国家市场上出现一种新产品或新营销方式，有可能在很短时间内就出现在本地市场。② 经济全球化使得各种资源具有了更强的流动性，包括人力资源、品牌资源、技术资源等都可能实现跨国流动，各国企业对资源的竞争更趋激烈。③ 企业为提升国际竞争力，越来越多地运用进出口贸易、引进技术甚至并购等方式，将企业经营融入产业的国际供应链。可以说，经济全球化为企业带来了发展机遇，也带来了新的挑战。即使是一个过去服务于本地市场的企业，也必须注意发生在自己周围的变化，并在更大的范围内寻求发展。

二、一般环境分析步骤

一般环境分析通常要借助于经济、社会以及其他相关学科已有的研究成果，在这些成果的基础上有必要对与企业有关的问题做进一步研究。由于一般环境分析需要借助许多相关学科的知识，而每个产业乃至每个企业的情况又有很大差别，人们很难找到一种通用的分析工具。尽管如此，一般环境分析可以按照以下步骤逐次展开。

① 扫描，即确定分析范围。这一步的任务是对所研究问题的有关领域进行扫描式观察，试图发现可能影响未来变化的征兆或事件。从时间的角度看，扫描的范围不仅要包括近年来发生的变化，也应该包括那些很早以前发生的且对今后还会有影响的变化。以科技环境研究为例，如果一项在 20 年以前取得的技术成果还未过时，这一事件就应该被纳入分析范围。

② 监测，即分析过去和现在所发生变化的规律与趋势。这一步骤的任务是对分析范围内的变化进行连续监测，从中识别出变化的规律或发展趋势。我们仍以科技环境为例。这项 20 年以前问世的成果可能一直在不断改善、不断发展，并且在改进的过程中又遇到了新问题，那么持续改善的内容有哪些？这些内容之间的相互联系预示着什么？尚未克服的困难又有哪些？这些问题都应该通过监测分析来回答。

③ 预测，即对事物未来可能的变化做出推断。在人们已经准确地认识事物发展规律的前提下，描述事物的未来形态不算困难。只可惜这样的情况并不多见。在多数情况下，为制定战略决策而进行的预测是通过综合各方意见得出的。预测结果并不是唯一的，而是要列举出各种可能发生的变化，甚至包括一些没有先例的变化。

④ 评估。在做出预测之后，还要评估事物未来的变化对企业会产生哪些影响。一般来说，任何事物对企业的影响都是双重的，既有有利的一面，也存在不利的一面。比如顾客需求的变化可能使企业的市场空间迅速扩大，而这又会吸引更多的企业加入竞争者的行列。从某种意义上讲，机遇和威胁只是同一事物的两个方面，当认识到事物的全部影响时，威胁也会被转化成为发展的机遇。如果只是片面地看到事物变化的有利一面，那么机遇也不过是一个诱人的陷阱。

三、一般环境分析的基本方法

（一）情景分析法

一般环境诸要素未来的变化中往往隐含着一些足以影响企业命运的机遇与威胁。未来的不确定性不是完全不可知，在多数情况下，人们虽然不能准确地预测未来环境变化的必然结局，但可以确定几种可能的发展前景或企业环境变化的可能范围。其余少数无法预测的因素，或是不会对变化产生根本性的影响，或是随着时间的推移逐步转变为可以分析的因素。如果企业管理者能够预见这些变化，就可能先人一步做出应对，把握住稍纵即逝的机会，或是把不可避免的损失控制在最小范围之内。

国际上许多大型企业长期以来一直应用并不断完善情景分析法，以使企业能够从容地面对环境变化可能产生的不同结果。20 世纪 60 年代，荷兰皇家壳牌公司首先将这种方法用于战略规划，并获得显著成效。随后通用电气公司等知名企业也将情景分析法运用于企业的整体规划中。据介绍，目前国际上有 80%的大公司运用情景分析法或类似的预测方法。

1. 情景分析法的基本内容

从理论上讲，情景分析法适用于长期预测，原因是短期预测可预见性较强、不确定因素少，因此使用这种方法的意义不大。长期预测不仅仅是指对 5 年或 10 年以后的变化进行预测，实际上情景分析法所预测的是在更长的时间范围内可能发生的事件。

情景分析法既可以应用于环境预测，也可以应用于决策方案的形成。在环境分析中，一种或一组情况也可称为一个脚本，因此这种方法也可以称作“脚本法”。在战略生成和各项经营管理决策中，一个脚本就是一个决策方案。显然，方案脚本以环境脚本为基础，即先形成环境脚本，再根据环境脚本形成决策的方案脚本。

管理学中的“头脑风暴法”（brain storming）、“设想未来法”以及“案例法”“未来案例法”等，都与情景分析法有相同或相近的内容。“头脑风暴法”是开动脑筋，以团队的方式挖掘人的潜力，摆脱原有观念的束缚，充分认识问题。“设想未来法”是指不要基于过去和现在的因素、变化、数据和观念推断未来，而是真正按照合理的可能性去设想未来，设想未来各种可能的情况和问题，其中也往往以团队的方式运用头脑风暴法，充分设想未来。“案例法”和“未来案例法”是将设想的各种未来的情况或问题当作不同的案例（这里的案例实际上就是脚本）。根据使用过程中编制脚本方法的不同，情景分析法可分为定量脚本法和定性脚本法。

定量脚本法是以计量经济学或其他定量分析方法为基础建立模型，通过选择和调整不同的参数可得到不同的脚本。借助计算机进行模拟运算，这种方法可以迅速地产生大量脚本，有的多达 1000 多个。在产生脚本的过程中，若改变一个变量，保持其他变量不变，也可产生不同的脚本。然后，分析人员对每一个脚本的合理性和发生概率做出评估。这样可以评价各个变量的不同作用以及变量之间的关系，其目的是验证根据经验判断得出的参数结构。

定量脚本法有其自身的优缺点，其优点在于可以得到大量的备选脚本，充分分析环境的各种情况；其缺点是预测正确与否、脚本质量如何，取决于模型的设立和参数结构的选择。所以运用定量脚本法时，不能为貌似精确和充分的脚本所迷惑，应当明确这些脚本不过是所确立的模型、参数结构和数据的附属结果，对各种脚本发生概率及其合理性的评价应当视为对模型、参数结构及其数据的再分析和再思考。

定性脚本法主要通过人的思维、判断，识别重要的环境因素，进而分析它们之间的关联关系。它克服了定量脚本法中看似精确的复杂方法所固有的机械性。同时，定性脚本法基于人的思考，可以关注和识别的因素的范围是十分宽广的，而定量脚本法尽管可以考虑很多因素，但它对数据的苛刻要求也限制了因素的选择范围。

定性脚本法的基本特点是认识未来而非推导未来，不是基于过去和现在的数据去推断某一因素未来的变化趋势，而是向常规观念挑战，通过认识各种因素之间的合理联系去“设想”和“认识”未来。构想脚本首先要集中于环境整体的变化趋势，据此生成几种未来可能出现的情景，再分析每一种情景对企业战略的重要性和发生概率。企业管理者可将战略上重要而发生概率大的情况作为制定战略方案所依据的主要脚本，将战略上重要同时发生概率较小的情况作为制定备选方案或应变方案所依据的备用脚本。

定性脚本法的优点在于，它能够开阔企业管理者的思路，扩展他们的视野，提高对环境威胁的警惕性，使企业的战略更具灵活性，同时又不会妨碍企业把握长期发展机遇的努力。即使有些情况实际上没有发生，预先准备好应急措施，建立企业对不确定性变化的反应机制也是有益无害的。

2. 情景分析法的步骤

英国学者梅瑟（David Mercer）在 1995 年撰文提出了简化的情景分析法。梅瑟指出，大型公司战略管理的趋势是让更多的职能部门管理者参与到战略分析和生成之中。他建议组成 6~8 人的团队来从事情景分析，如果人数太多，则应当按照这一规模将参与者划成小的团队，让这些团队在同样的基础上平行地进行工作。环境预测的时间范围应设定在 10 年以上，目的是使参加者能够更自由地构想未来，避免他们不自觉地使用趋势外延的方法进行预测。

梅瑟把情景分析法分解为以下六个步骤。

① 识别变化的驱动因素。通过敏感性分析和时间跨度分析，识别决定环境变化的重要因素。这些因素也称为驱动因素或变量。人们应该选择关键性的而且其变化不确定的因素进入脚本，对于可预见的因素则不必过多强调，因为它们不会被忽视。在这一阶段，最重要的是让团队的参加者摆脱原有观念，向传统的认识挑战，努力发现现在尚未

明显表现出来的异常变化，运用“头脑风暴方法”可以发现不明显的、渐变的和潜在的重要因素。

② 将各种因素归纳成一个有意义的框架。根据参加者所领悟到的各种因素之间可能存在的关系，将这些因素组合在一起，说明这些因素的共同变化可能引发的事件，形成7~9个事件。每个事件都有自己的情景逻辑，实际上就是脚本的雏形，所有这些事件构成了情景分析的一个基本框架。将现有的重要环境因素及其事件重新构建一个可行的、有意义的框架。这是整个工作中最困难的一步，参加者的直觉将发挥重要的作用。

③ 形成最初的脚本。在第二步形成的7~9个事件的基础上，对驱动因素做进一步分析，将相近的事件合并在一起，形成7个左右的小型脚本。

④ 将脚本减少到2~3个。从理论上讲并没有为什么要把脚本减少到2~3个的理由，完全是出于实践的考虑。壳牌公司在20世纪70年代使用这种方法时，曾试图编制6~7个甚至更多的脚本，结果却发现公司管理人员只从中选一两个脚本并进行集中研究。减少脚本的数量并非要舍弃一些事件，相反，要保证所有重要的事件都在脚本中得到反映。这时，需要进一步识别真正重要的因素和事件，在更大的范围内梳理各种因素、各个事件之间的联系，把可以放在同一情景下考虑的事件合并为一个事件。

需要强调的是，这两三个脚本之间应当是互相补充的，没有优劣之分、积极与消极之分。只有这样，对制定战略方案才有意义。因为对于明显优劣的脚本，谁都知道应该怎么做。理想的情况是，它们不应当是明显对立的，否则会影响使用者的采用。因此，应当选用中性的标题。例如，20世纪90年代壳牌公司制定的两个脚本，其主题分别是“可持续世界”和“全球商贸主义”。壳牌公司要求两个脚本有同样的发生概率，涵盖了所有重要的因素、事件。

⑤ 编写脚本。编者以最适宜的形式将脚本写出来，清楚地、完整地描述出那些可能发生的事件和彼此之间的联系。脚本是制定战略的依据，如果脚本的内容表述不清，或者脚本的内容与战略决策的焦点问题关系不大，那么这个脚本就失去了意义。

⑥ 评价各脚本对企业战略的影响。这一步骤的主要任务是识别每个脚本对未来有深远影响的事件。在此过程中，战略制定者需要承担主要的决策责任，而运用“角色试演”的方法，可以提高他们对问题的认识。通过模拟的角色试演，有助于明确每一个脚本中的事件对所涉及的组织（如本企业及某部门、竞争者、政府等）的影响，从而使所有参与情景分析的成员能够深入理解每个脚本的含义，明白未来可能需要他们做出什么样的反应。

上述内容只是一般的情景分析法的基本步骤，事实上情景分析法是一种富有弹性、可以广泛应用于各种领域的预测方法。它既没有标准的工作程序，也没有标准的脚本格式。企业可以根据各自的需要编制多种脚本，也可以将这种方法应用到组织的不同层级。特别是在企业面对不断增加的外部不确定性时，运用情景分析法可以帮助企业建立必要的战略柔性。

（二）外部因素评价矩阵法

R. 戴维在其所著《战略管理——概念与案例》一书中，介绍了一种名为“外部因素评价矩阵”（external factor evaluation matrix，EFEM）的方法，简称EFE矩阵。利用这个评价矩阵，可帮助战略决策者在制定战略的过程中，归纳和评价经济、社会、文化、人口、环境、政治、政府、法律、技术和竞争等方面的信息。

戴维提出了建立EFE矩阵的五个步骤，简要介绍如下。

① 列出在外部分析过程中确认的主要外部环境因素。因素总数在10~20个为宜。因素包括影响企业和其所在产业的各种机会与威胁。首先列举机会，然后再列出威胁。要尽量具体，尽可能利用百分数、比率和对比数字。

② 给每个因素分配权重，数值在0.00（不重要）到1.00（非常重要）之间不等，所有因素的权重加起来必须等于1。权重标志着一个因素对于企业在产业中取得成功的相对重要性。确定恰当权重的方法，包括对成功的竞争者和不成功的竞争者进行比较，以及通过集体讨论达成共识。

③ 按照企业现行战略对各关键因素的有效反应程度，为各关键因素评分。分数区间可设定在1~4分；4分表示反应很好，3分表示反应超过平均水平，2分表示反应达到平均水平，而1分表示反应很差。评分反映了企业战略的有效性，因此它是以公司为基准的，而第二步中的权重是以产业为基准的。

④ 用每个因素的权重乘以它的评分，得到每个环境影响因素的加权评价分数。

⑤ 将所有因素的加权评价分数相加，可得到企业的总体环境加权评价分数。

无论EFE矩阵所包含的关键机会与威胁数量是几个，一个企业能够得到的总加权分数一定处于最高为4.00、最低为1.00的区间之内，总加权评价分数的平均值为2.5。如果总加权分数达到4.00，说明企业在整个产业中对现有机会与威胁做出了最出色的反应。换句话说，企业的战略有效地利用了现有机会并将外部威胁的潜在不利影响降至最小。而如果总加权分数为1.00，就说明公司的战略不能很好地利用外部机会或者化解外部威胁。在运用EFE矩阵的过程中有一个问题需要特别注意：彻底理解EFE矩阵中所选择的因素，比实际的权重分配和评分更重要。

表2-2是一个公司的外部因素评价矩阵分析实例。表中的UST公司是一家生产无烟烟草的公司。请注意，各项因素中政府的政策被看作影响该产业最为重要的因素，权重为0.20，然而UST公司并没有采用可以有效化解这一威胁的战略，只评1分。总加权分数为2.10，表明UST公司在利用外部机会和化解外部威胁方面低于平均水平。

表 2-2 UST 公司外部因素评价矩阵

关键外部因素		权重	评分	加权分数
机会	1. 全球无烟烟草市场还有待开发	0.15	1	0.15
	2. 禁烟活动导致需求增加	0.05	3	0.15
	3. 网上广告增加	0.05	1	0.05
	4. P 公司是折扣烟草市场的领先者	0.15	4	0.60
	5. 社会禁烟压力使吸烟者转向替代品	0.10	3	0.30
威协	1. 不利于烟草工业的立法	0.10	2	0.20
	2. 对烟草业的限产加剧了生产竞争	0.05	3	0.15
	3. 无烟烟草市场集中在美国东南部地区	0.05	2	0.10
	4. 食品和药物管理局进行不利于公司的宣传	0.10	2	0.20
	5. 政府的政策	0.20	1	0.20
总计		1.00		2.10

在这一方法中各关键要素以及各项目的评价值均来自人员评估，因此，为了最大限度地避免人为偏差，有必要采用以下方法来确定这些指标及数据。

① 销售人员估算法。这是一种典型的从下到上进行估算的方法。采用这种方法可以对产品、供应商、经销商和购买者方面的变化进行预测。

② 经理人员判断法。这是一种征询或综合各个部门经理的意见而进行预测的方法。

③ 预先调查或市场调研法。这是通过电话或问卷调查收集信息、进行预测的方法。

④ 情景预测法。这是进行社会预测使用最广泛的方法，它首先对可能影响组织或企业的各种事件进行描述，然后预测如果发生这些事件会对企业产生什么样的影响。

⑤ 德尔菲法和头脑风暴法。这主要用于对技术、政治、法律变化趋势的预测。德尔菲法的使用要求有一批专家在一起进行共同预测。头脑风暴法则用于收集新的观点、办法和意见。

需要注意的是，没有一种预测方法是完美的，有的甚至误差很大。这就要求企业的战略管理者投入大量的时间和精力去了解各种公开的预测数据，并且在综合分析的基础上形成自己的预测。只有进行准确、及时的预测，企业才能辨认自己面临的重要机会和威胁，才能建立起企业的竞争优势。

第三节 产业环境分析

如果任意选择两个企业进行比较，其经营收益的差别等于各自所在产业平均收益水平的差别，加上每个企业与产业平均收益水平的差别；其中产业间的差别可以归因于产业竞争结构的不同，而企业与产业平均水平的差别可以归因于竞争对手之间在内部结构上的不同。不同产业收益水平的差别往往相当显著。在这一简单现象的后面，隐藏着每个产业特有的结构性特征。只有认清这些结构性特征，才能更好地把握机遇，并对潜在的威胁采取有效的防范措施。

在企业外部环境中，企业与生产同样产品的竞争对手相互对抗；同时，它们又面对着一组相同的外部因素，这些竞争对手及外部因素就构成了企业的产业竞争环境。企业战略所寻求的适应性，直接体现为企业与其产业竞争环境之间的关系。

产业环境包括那些直接影响企业的生产经营的客观因素。产业环境分析主要包括产业竞争环境分析、产业寿命分析、市场结构分析、市场需求分析、战略群组分析等内容。

一、产业竞争环境分析

迈克尔·波特教授提出的五种竞争力量分析模型，把产业的结构特征归纳为五个方面，即产业内部的竞争、与替代产品的相互影响、抵御潜在进入者的力量以及与上游和下游产业的竞争关系。波特认为，一个产业内部的竞争激烈程度以及效益水平主要受这五种力量的共同支配，企业如果能够针对这五种力量培育自己的反应机制，就可能改变竞争地位，赢得超额收益。图 2-2 是波特提出的五种竞争力量分析模型，其中每种竞争力量所列举的分析要点，是以制造业为基准形成的一般的或通用的因素。对于一个具体产业来说，某种竞争力量的各构成因素及其重要性与其他产业可能会有所不同，也可能需要加入一些新的因素。

与产业分析相关的一个问题是如何划定产业的范围。实际上，不论各国统计标准中规定的行业划分标准如何，要确定比如生产儿童自行车的企业究竟属于自行车制造业还是玩具制造业存在着一定的技术性困难。就战略分析的目的而言，划定一条为各方接受的产业界限并不重要，关键在于认清哪些企业向相同的市场提供着同样的产品，它们共同面对的外部因素是什么。波特认为，划分产业范围的实质就是划定五种力量的边界。也就是说，划分产业范围完全可以根据企业竞争的实际情况而定。当企业管理者能够区分五种力量时，同时也就确定了一个产业。从这个意义上讲，把细分产业作为产业分析的研究对象，比如把儿童自行车而不是自行车作为一个产业，或是把移动通信业与其他通信产业相分离，可以更清楚地认识五种力量的内容及其影响，这也正是波特的理论具有广泛适用性的原因。

（一）进入威胁和进入障碍

当一个产业的市场正在急剧增长，或者它的投资收益水平超过了其他产业时，这个产业自然成为其他产业的企业进行战略扩张时选择进入的对象。潜在进入者的进入行为会改变产业内的竞争格局，集中的市场结构可能变得分散，原有的竞争规则可能会被打破，企业的竞争优势也可能随着新进入者的到来而荡然无存。

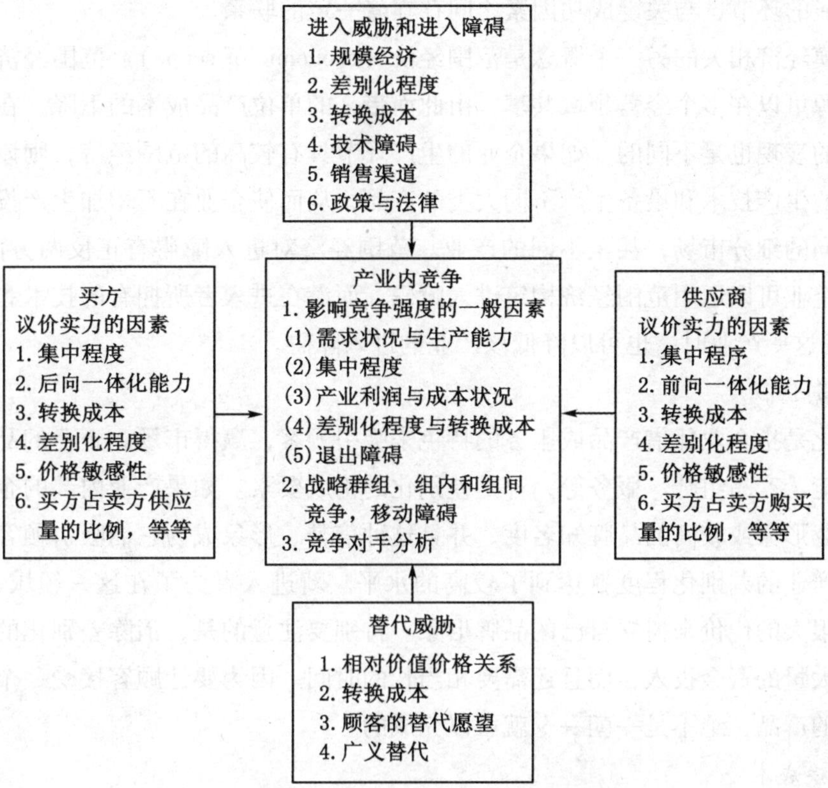

图 2-2 波特的五种竞争力量分析模型

一个企业时时面对潜在进入者扩张企图的威胁，虽然企业管理者无法确切指出谁会带来威胁，但可以估计这种威胁的大小。产业经济理论早已发现，每个产业都有自己的进入障碍。所谓进入障碍，是指产业外部的企业进入这一领域所必须承担而产业内的企业无须再承担的一笔损失。显然，进入障碍越大，潜在进入者的威胁越小。除进入障碍之外，产业的吸引力、产业发展的风险和产业内企业集体报复的可能性等，都影响着进入威胁的大小。

进入障碍主要有以下六种，它们共同决定着一个潜在竞争对手进入产业需要多少投入资金、需要多长时间才可以形成竞争力。

1. 规模经济

规模经济（economic of scale）是指随着经营规模的扩大，单位产品成本下降的经济特性。如果产业内的企业都达到了相当的规模，并通过规模经营获得明显的成本优势，那么规模经济就会成为抵御潜在进入者的制约因素。进入者为达到合理的规模往往需要花费大量的投资，一旦它不能达到合理的规模，将无法承受巨大的竞争压力。规模经济的本质是随着企业某项经济活动规模的扩大，其要素成本的增长比例低于规模的增长比例。规模经济不仅存在于生产环节，也存在于其他环节，如营销、采购等。那些规模经济最为明显的环节，与关键成功因素之间存在着一定的联系。

与规模经济相关的另一个概念是范围经济（economic of scope）。范围经济是指企业的某些资源可以在多个经营领域共享，由此而带来的单位产品成本的下降。在不同的产业中，它的表现也是不同的。如果企业的生产环节具有较高的范围经济，则该企业可以运用同样的生产技术和设备生产不同大类的产品，从而使企业在不增加生产投资的条件下进入不同的细分市场，甚至不同的产业。范围经济对进入障碍有正反两方面的影响。产业内的企业可以运用范围经济构筑进入障碍，而潜在进入者所拥有的技术和设备能够“辐射”到这一产业时，也可以降低该产业的进入障碍。

2. 差别化程度

差别化是指企业凭借产品或服务的特色来吸引顾客，赢得市场。企业的品牌、产品质量和性能、产品组合、服务等，都是差别化的构成要素。如果产业内部的企业都具有良好的企业形象或较高的品牌知名度，并且这种信誉、形象成为它们吸引顾客的主要力量，这个产业的差别化程度就达到了较高的水平。新进入者为了在这一领域开展经营，必须花费很大的代价来树立自己的品牌形象。特别要注意的是，消除差别化的进入障碍不仅需要大量的资金投入，而且还需要相当长的时间。因为要让顾客接受一个品牌或一种有特色的产品，绝不是一朝一夕就可以完成的。

3. 转换成本

转换成本是指顾客为了更换供应商而必须付出的额外费用。比如一个制药厂，如果不从原供应商那里购进原料，而改从另一家供货商进货，就必须重新检验这些原料的性能、质量，因不熟悉新原料的性能，在生产过程中还有可能出一些废品。所有这些费用都构成了转换成本。广义地说，顾客为了学会使用新供应商的产品而花费的时间、精力和资金，都属于转换成本。顾客的转换成本越高，就会越依赖原供应商，即被供应商“锁定”（lock-in）。通常，转换成本包括以下几方面的内容：① 重新培训自己的员工所需的成本；② 新的辅助设备的成本；③ 检验考核新购产品所需的时间、风险和成本；④ 需要销售者提供技术上的帮助；⑤ 需要建立新的原材料物流系统；⑥ 建立新关系、断绝旧关系的心理代价。

实践证明，转换成本是一种十分有效的竞争武器。不少企业采用各种方式成功地形成了转换成本，从而强化了它们的市场地位。

4. 技术障碍

在技术障碍中，专利技术是最有效的保护屏障。如宝丽来公司的一次成像技术、皮尔金顿公司的浮法玻璃技术，都是凭借专利保护来确立自己的领先地位。同样，少数公司专有的技术秘诀、组合技术也可以构成抵御潜在进入者的技术障碍。

构成技术障碍的另一个重要因素是“学习曲线”。“学习曲线”所描述的是产量累计增加一倍，单位产品成本会按一定比例下降的经济特性。它实际上反映了人们在从事同一种工作时，经验不断积累并升华为技术，工作效率不断提高的过程。不同产业领域“学习曲线”下降的速度（即单位产品成本下降的比例）会有所不同。如果下降速度较快，意味着先期进入某个领域的企业享有特殊的、与规模无关的成本优势，这其实也是一种技术障碍。这时新进入者如果不能掌握其他降低成本的技术，就会处在极其不利的地位。

5. 销售渠道

企业可以通过建立专卖系统或者与销售商建立密切的合作关系来封锁新进入者通向市场的通道。虽然这种合作关系本身不具有排他性，但新进入者为了建立有效的通道，必须以更优惠的商业折扣，或承担更高的广告费用等方式赢得销售商，否则就难以开拓市场。

6. 政策与法律

国家的产业政策和有关的法律、法规，包括对最低投资规模的要求、对环保设施的要求以及发放许可证时采取的实际控制措施等，也构成了一项重要的进入障碍。

进入障碍为一个产业内各企业的利益提供了某种保护，而它的高低是由产业的技术经济特性和企业的竞争行为共同决定的。产业的技术经济特性随着新技术的出现而改变，而企业之间的激烈竞争会加速这种变化。也就是说，进入障碍通常不是产业内企业相互协商与合作的结果，而是正常竞争的结果。只要选择适当的竞争方式，竞争也能产生双赢的结果；相反，当企业的合作使其放弃了加快技术进步的努力时，合作也会导致失败。

（二）替代威胁

替代是所有产业都面临的一种特殊竞争关系。所谓替代，是指一种产品在满足顾客某一特殊需求或多种需求时取代另一种产品的过程。替代产品的存在扩大了顾客的选择余地，他们根据自己的特殊需要，不仅可以在同类产品中也可以在替代产品中选出最适用的那一种。因此，从短期来看，一种产品的价格和性能受到替代产品的限定，无论其价格的上扬或性能的下降都将产生有利于替代产品的结果。从长期来看，一种产品或产业的兴起有可能导致另一种产品或产业的消失，例如随着微电子工业的发展，打印机基本取代了打字机。由此可见，产品替代中包含着不容忽视的巨大危险。

特别需要指出的是，高新技术企业面对的竞争威胁很大程度上来自替代产品。一些高科技企业的管理人员掌握了某种独一无二的技术成果，于是认为企业正处于一个没有竞争的市场，这实际上是对高科技领域技术竞争的一种错误认识。任何一项新技术成果都具有一定独创性，它们虽然是竞争对手难以模仿的，但不一定会降低它们被其他产品所替代的风险。

1. 决定替代的因素

一种产品能否被取代，主要取决于以下三种因素。

① 相对价值价格关系（relative value price，RVP）。相对价值价格关系即通常所说的性能价格比。替代产品与原产品在满足同一顾客的同一种需求时，它们的性能肯定存在着一定的差别。当其价格的差别与性能差别相符时，就会发生替代。也就是说，顾客为了获得更好的性能宁可付出更多的费用，或是为了节省费用而降低对产品性能的要求时，就会由购买一种产品转而购买另一种产品。因此，原产品和替代产品的性能及价格的变化，会改变替代威胁的强度。

② 转换成本。这里的转换成本是指顾客由使用原产品转而使用替代产品时，需要付出的额外代价。如果替代产品对使用条件有特殊的要求，它的扩散过程就会受到这些条件的制约，从而减弱它的替代程度。一般来说，替代产品的使用条件包括两种类型：一种是物质条件，主要是指使用该产品所需要的辅助设施及环境条件，比如某些测试仪器需要特殊电源，这些设施加大了顾客的使用成本；另一种是使用该产品所需要的知识，如使用计算机财务管理软件和生产管理软件通常要具备这两个领域的专业知识，这就使得软件的应用受到一定限制。即使一种产品的性能价格比优于另一种产品，过高的转换成本也会减缓替代的进程。

③ 顾客的替代愿望。顾客可能由于其自身的各种原因而增强其寻求替代产品的愿望。例如，如果企业受到竞争压力的威胁，可能希望通过使用替代产品来获取新的竞争优势。

2. 广义替代

广义替代是除替代产品之外，由于产业发展和顾客需求变化等各种因素引起的顾客对产品需求减少的现象，相当于有一种替代力量抑制着原产品市场的发展。广义替代和产品替代都是企业面对的长期威胁。波特列举出四种常见的广义替代，包括以下几点。

① 二手产品对原产品的替代。在一些西方国家，出现多种二手产品市场，如二手汽车市场、二手计算机市场、二手复印机市场，这些市场交易活动频繁，促进了人们对旧产品的充分使用，但也或多或少地影响了同类新产品的销售。

② 产品消耗率的下降。下游企业的技术进步可能会降低上游企业所提供产品的消耗率，导致上游企业产品市场缩小。如节能设备会减少对煤炭和电力的需求，薄板钢材的使用会减少对钢锭的需求。

③ 顾客自己承担起上游企业的生产任务。顾客可能部分地依赖上游企业，也可能成为上游企业的竞争对手。譬如，我国的饲料企业的主要市场是禽畜养殖场，但一些大型养殖场不仅有自己的饲料加工设备，而且还出售自己的饲料产品，成为饲料生产厂的有力竞争对手。

④ 顾客需求倾向的变化。顾客受到一些舆论或消费潮流的影响后，可能改变需求倾向，减少对某些产品的消费量。

在实际情况中，替代过程并不是一蹴而就的，具有渐进性。企业可以预测替代进程并预先对替代威胁采取防范措施。如果原产品和替代产品处在相对平衡的状态，则企业可以提高相对价值价格比，占领一部分替代产品的市场，使更多的顾客购买自己的产品。如果替代过程表现出不可逆转的特征，则企业尽早加入生产替代产品的行列中，也不失为一种明智的选择。

（三）买方和供应商的议价实力

企业、顾客和供应商之间既存在合作关系，又存在利益冲突。交易双方在交易过程中总希望争得对自己有利的价格，而价格的变化使一方获得超额收益的同时，又直接导致另一方的损失。从这个意义上讲，顾客和供应商是企业直接面对的竞争力量。买方和卖方的议价实力（bargaining power）即买方和卖方掌控交易价格的能力。在具体的交易活动中，影响议价实力的因素很多，如交易洽谈的地点、人员素质、日程安排等，但这些都是运作层面的因素。从产业层面来看，交易双方的议价实力受到一些产业特征的制约。透过这些特征，人们能够更好地认清企业如何建立与外部环境相适应的关系。

1. 影响议价实力的因素

从产业层面来看，主要有如下一些影响交易双方议价实力的因素。

① 集中程度。集中程度反映了一个产业领域中企业数量的多少。如果买方所在产业集中程度高而供方低，即买方的数量远远少于供方的数量，买方选择交易对象时比供方有更大的自由度，在谈判中就可以打出“公司牌”，寻求最有利的供货者；反之，供方就会占据有利地位。例如，汽车制造业是个高度集中的行业，而汽车零售业的企业数量却很多，双方的交易通常是以汽车制造商的定价为准。

② 一体化能力。有的企业拥有一定的上游产业的加工生产能力，可以成为钳制交易伙伴的力量，企业在谈判中就容易占据主动。

③ 转换成本。转换成本的控制力常常是无形的、潜移默化的，交易的一方对另一方的依赖会演变成为价格上的让步。需要注意的是，供应商对买方也存在转换成本。

④ 差别化程度。产品特色、经营特色、品牌知名度等是谈判的重要筹码，如产品制造商和零售商中的任何一方拥有最终消费者认可的品牌时，其谈判地位就会提升。

⑤ 价格敏感性。外购对买方产品质量性能的影响程度、买方此项外购投入在其总成本中的比例和买方的收益水平等会影响买方对外购价格的敏感性。外购对买方产品的质量、性能有重大影响时，买方的价格敏感性就会降低；外购投入占其总成本比重很大时，价格敏感性会上升。此外，交易任何一方的收益水平太低时，他们对价格的立场都会表现得异常坚定。

⑥ 如果买方购买量占供方供应量比重较大，那么买方事实上成了供应方的主要顾客，他在谈判中就会处于有利地位。

2. 采购策略

采购策略是企业战略中与顾客策略相对称的内容，它要回答的问题是：第一，企业如何获得可靠的原材料、零部件供应；第二，如何使外部供应源成为企业竞争力的组成部分。波特把降低供应商的议价实力看作采购策略的一条主线，认为在研究采购策略时应该重点考虑。

① 最佳的后向一体化程度。在决定是自己生产还是外购时，把自己拥有多大的生产能力才能削弱供应商的议价实力，作为通盘筹划的一项内容。

② 分散购买，力争使每一种零部件都有多家合格的供应者供货，并且通过评价供应商和在供应商之间分配购买额，激励供应商向企业希望的目标努力。

③ 促进原材料和部件的标准化，防范供应商建立转换成本的努力，以免过度依赖供应商。

近年来，有些学者对波特过于强调议价实力的采购策略思想提出了批评。他们认为，企业要确保对市场做出快速反应的能力，必须和零部件供应商维持良好的合作关系；如何把供应商乃至供应链纳入企业的核心竞争力之中，才是采购策略要考虑的中心问题。

3. 顾客策略

企业的顾客构成是企业战略的一个重要变量，而顾客策略要解决的问题就是通过选择顾客使企业具有合理的顾客构成。制定顾客策略和采购策略不是战略分析阶段的任务，但是这种战略思想在战略分析中应该得到体现。企业在分析顾客议价实力时，要充分收集与顾客相关的资料信息，为后续的工作做好准备。

波特对顾客策略有着独到的见解。他断言，好的顾客策略可以造就好的顾客。波特提出了企业用以选择顾客的四条标准。

① 如果顾客需求与企业能力相一致，企业的业务专长如技术开发能力、生产制造能力、管理控制能力才能为顾客充分接受，才能凸显企业的特色。

② 如果顾客具有较大的增长潜力，顾客的增长将带动企业的成长；相反，如果主要的顾客都已陷入财务危机，这种厄运迟早也会落到企业头上。

③ 顾客议价实力低，企业的利润空间不会受到打压。

④ 供货成本合理，顾客在供货、包装等方面的特殊要求所引起的费用在合理的、企业能够承受的范围之内。

由于以上标准中含有企业可以控制、可以改变的因素，这些标准既可以用来衡量顾客，也可以衡量企业自身。企业与顾客的关系始终处于相互促进之中，使顾客满足这些标准的一种途径，是企业改造自己的能力。从这个意义上讲，好的顾客是可以“培养出来”的，企业应在“双赢”的基础上建立自身的议价能力。

二、产业寿命分析

波特在《竞争战略》中采用了一种关于产业的常用定义：“一个产业是由一群生产相似替代品的公司组成的。”产业的寿命是指产业从出现直到完全退出社会活动所经历的时间。产业的寿命周期主要分为四个发展阶段（见图 2-3）。图中寿命周期曲线的形状是由社会对该产业的产品需求状况决定的，一般要一百年到几百年的时间，最短的也在 60 年左右。产业寿命周期忽略了具体产品的型号、质量、规格等差异，如从产业角度考察钢铁产业的钢产量，忽略了普通钢、低合金钢、高合金钢等不同钢种化学成分的差异，也忽略了平炉钢、转炉钢、电炉钢等冶炼技术的差异。

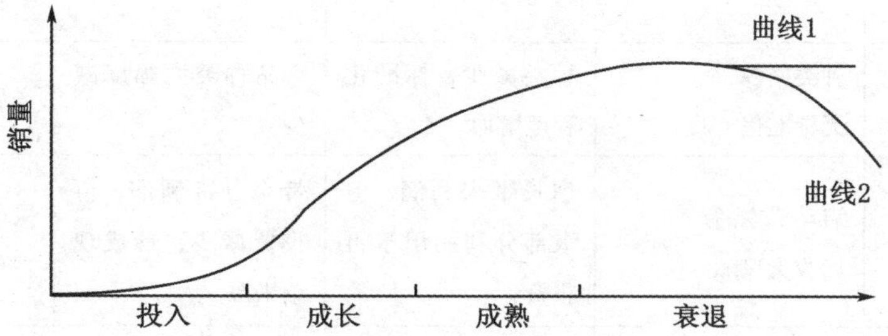

图 2-3　产业寿命周期对战略的影响

产业寿命周期曲线是一种理论的、定性的研究产业寿命周期的工具。一个国家的需求结构、资源禀赋、要素供给、政府政策等因素对产业的发展具有重大影响，这些因素将会反映到产业寿命周期中，因此产业寿命周期曲线仅仅是一条近似的假设曲线。产业寿命周期可以从产业成熟期划分为成熟前期和成熟后期。在成熟前期，几乎所有产业都具有类似 S 形曲线形态，而在成熟后期则大致分为两种类型：第一种是产业长期处于成熟期，从而形成长期稳定型产业，如图 2-3 中曲线 1；第二种类型是产业较快地进入衰退期，从而形成迅速衰退产业，如图 2-3 中曲线 2。

产业寿命周期的概念是管理学中古老而又普及的概念，但它又是研究产业性质最重要的概念。只有了解产业目前所处的寿命周期阶段，才能决定企业是进入某一产业、维持在某一产业中经营还是从某一产业撤退。对于一项新的投资决策，也只有把握了产业的寿命周期阶段，才能进行正确的决策。那么，如何识别一个产业处于寿命周期的哪个阶段呢？其主要标志有：市场增长率、需求增长率、产品品种、竞争者数量，以及进入或退出壁垒、技术变革、用户购买行为等。

1. 投入期

产业处于投入期的特征有：市场增长率较高，需求增长较快，技术变动较大，产业中的企业主要致力于开辟新用户、占领市场，但此时技术上有很大的不确定性，在产品、市场、服务等策略上有很大的余地，对产业特点、产业竞争状况、用户特点等方面的信息掌握不多，企业进入壁垒较低。

表 2-3 产业寿命周期各阶段特点

阶段	投入期	成长期	成熟期	衰退期
市场发展	缓慢	迅速	下降	亏损
市场结构	零乱	竞争对手增多	竞争激烈，对手成为寡头	取决于衰退的性质，或形成寡头或出现垄断
产品系列	种类繁多 无标准化	种类减少，标准化程度增加	产品种类大幅度减少	产品差异小
财务含义	启动成本高 回收无保障	增长带来利润，但大部分利润用于再投资	带来巨额利润，再投资减少，形成现金来源	采取适当的战略保持现金来源
现金含义	大量使用现金	趋于保本	重要现金来源	如果战略不适当，可能需使用大量现金
产品含义	一次性或批量生产	经验曲线上升，成本下降	强调降低成本、高效率	行业生产能力下降
研究和开发含义	大量研究和开发用于产品和生产过程	对产品的研究减少，继续研究生产过程	很少，只在必要时进行	除非生产过程或重振产品有此需要，否则无支出

在投入阶段，新产业刚刚诞生或初建不久，只有为数不多的创业公司在投资于这个新兴的产业。由于初创阶段产业的创立投资和产品的研究、开发费用较高，而产品市场需求狭小（因为大众对其尚缺乏了解），销售收入较低，所以这些创业公司在财务上可能不但没有赢利，反而普遍亏损；同时，较高的产品成本和价格与较小的市场需求还使这些创业公司面临很大的投资风险。在初创阶段后期，随着产业生产技术的提高、生产成本的降低和市场需求的不断扩大，新产业便逐步由高风险低收益的初创期转向高风险高收益的成长期。

2. 成长期

产业处于成长期的特征有：市场增长率很高，需求高速增长，技术渐趋定型，产业特点、产业竞争状况及用户特点已比较明朗，企业进入壁垒提高，产品品种及竞争者数量较多。

在成长阶段，新产业的产品经过广泛宣传和消费者的试用，逐渐以其自身的特点赢得大众的欢迎或偏好，市场需求开始上升，新产业也随之繁荣起来。与市场需求变化相适应，供给方面出现一系列的变化。由于市场前景良好，投资于新产业的厂商大量增加，产品也逐步从单一、低质、高价向多样、优质和低价方向发展，因而新产业出现了生产厂商和产品相互竞争的局面。这种状况会持续数年或数十年。由于这一原因，这一阶段有时被称为投资机会时期。这种状况的继续将导致随着市场竞争的不断发展和产品产量的不断增加，市场的需求日趋饱和，生产厂商不能单纯地依靠扩大生产量、提高市场份额来增加收入，而必须通过追加生产、提高生产技术、降低成本，以及研制和开发新产品来争取竞争优势，战胜竞争对手，以维持企业的生存。但这种方法只有资本和技术力量雄厚、经营管理有方的企业才能做到。那些财力与技术较弱、经营不善，或新加入的企业因产品的成本较高或不符合市场的需要则往往被淘汰或被兼并。因而，这一时期企业的利润虽然增长很快，但所面临的竞争风险也非常大，破产率与合并率相当高。

在成长阶段的后期，由于产业中生产厂商与产品竞争优胜劣汰规律的作用，市场上生产厂商的数量在大幅度下降之后便开始稳定下来。由于市场需求基本饱和，产品的销售增长率减慢，迅速赚取利润的机会减少，整个产业开始进入稳定阶段。

3. 成熟期

产业处于成熟期的特征有：市场增长率不高，需求增长不高，技术上已经成熟，产业特点、产业竞争状况及用户特点非常清楚而稳定，买方市场形成，产业赢利能力下降，新产品和产品的新用途开发更为困难，企业进入壁垒很高。

产业的成熟阶段是一个相对较长的时期。在这个时期，在竞争中生存下来的少数大厂商垄断了整个产业的市场，每个厂商都占有一定比例的市场份额。产业由投入期、成长期进入成熟期后，有的产业成熟期很长，有的则很短，也有的产业从成熟期又回到成长期等，这些都是由技术、社会、经济等因素决定的。

4. 衰退期

产业处于衰退期的特征有：市场增长率下降、需求下降、产品品种及竞争者数量减少。从产业生存、发展的环境条件出发，可归纳为如下四种类型的衰退产业。

① 资源性衰退。由于生产所赖以进行的资源枯竭，产业无法在原有空间里继续生存，这种类型的产业大多数是以不可再生的自然资源为劳动对象。

② 效率性衰退。主要是因为效率低下的比较劣势而引起的产业衰退，原先在甲地具有比较优势的产业，可能因为其技术已扩散到地租、原料、劳动力等要素更低廉的乙地，而发生比较优势的转移，使甲地的该产业趋于衰退。

③ 收入低弹性衰退。即因需求-收入弹性较低而衰退的产业。在由低收入向高收入发展的过程中，产业间因产品需求增量不同而产生发展速度、方向的变化，有的高增长，有的低增长或不增长，还有的可能是负增长，它反映了产业在社会经济发展与产品需求双重制约下的变化。

④ 聚集过度性衰退。即因经济过度聚集的弊端而引起的产业衰退。就工业发展过程来看，产业聚集到一定程度，就会走向反面而出现扩散。这种扩散一般出于三方面原因：一是经济上的，产业过度集中已不再有经济性；二是社会上的，通过扩散实现布局

的均衡；三是发展上的，通过有选择地淘汰一些产业，腾出空间来发展技术更先进的产业，它反映在生产日益社会化的条件下，产业兴衰对于全社会整体要求和整体利益的依存关系，是产业发展受经济、社会、生态保护、布局均衡等多重目标制约的结果。

产业寿命周期分析在应用上有一定的局限性，即寿命周期曲线是经过抽象的典型化的曲线，各产业按照实际销售绘制出来的曲线远不是如此光滑、规则，因此在某些情况下要确定产业发展处于哪个阶段是困难的，识别不当则容易导致战略上的失误。影响销售量变化的因素很多，关系复杂。整个经济中的周期性变化现象与某个产业的演变也不易区别开来。有些产业演变是由集中到分散，有些产业是由分散到集中，无法用一个标准化的模式与之对应。因此应将产业寿命周期法与其他方法结合起来应用，才不致陷入分析的片面性。

三、市场结构分析

在不同的市场结构中，企业的竞争具有不同的特性，而同样的竞争手段在不同的市场结构中也会产生不同反应，获得不同的效果。因此，企业必须分析所在市场属于何种结构，并有针对性地采取有效的竞争手段。

（一）市场结构划分标准

市场结构从本质上说反映了一个市场中各个企业之间竞争关系的根本状态。通常我们可以根据以下标准来划分市场结构。

① 市场中卖者的数量。即该商品是由一家，还是由几家甚至许多家企业提供的。一般来说，处于平等地位的企业越多，市场的竞争程度就越高；而如果只存在少数几个甚至一个处于支配地位的企业，市场的垄断程度就会提高。

② 商品的同质性。即企业所提供的商品对顾客来说具有差异性还是无差异的。如果商品之间有差异，则彼此之间就不是完全的替代品，从而对市场竞争产生影响。

③ 市场进入的难易程度。即某个市场进入障碍的高低。如果市场进入障碍很低，则该市场的竞争程度就会提高；反之，市场的垄断因素就会增强。

④ 信息的完全性。即企业和顾客能否方便、容易地获取市场上的信息。如果信息完全，则会增强该市场的竞争程度；反之，则会降低市场的竞争程度。

（二）典型的市场结构类型及特征

根据上述划分标准，市场结构可以划分为四种类型：完全竞争市场、垄断竞争市场、寡头垄断市场和完全垄断市场。它们的基本特征如表 2-4 所示。

表 2-4 四种典型市场结构的特征

市场结构	卖者的数量	商品的同质性	市场进入难易程度	信息的完全性
完全竞争	大量	同质	容易	完全
垄断竞争	大量	差异	容易	比较完全
寡头垄断	少数	同质/差异	有障碍	不完全
完全垄断	一个	—	封锁	封锁

1. 完全竞争市场

完全竞争市场的四个基本特征是：市场上有无数的买者和卖者；同一产业中的每一个厂商生产的产品是完全无差异的；厂商进入或退出一个产业是完全自由的；市场中的每一个买者和卖者都掌握与自己的经济决策有关的商品和市场的全部信息。现实生活中，严格定义的完全竞争市场是不存在的，通常只是将某些农产品市场看成是比较接近的完全竞争市场类型。

2. 垄断竞争市场

垄断竞争市场中有许多厂商生产和销售有差别的同种产品。在这里，产品差别不仅指同一种产品在质量、构造、外观、销售服务等方面的差别，还包括商标、广告方面的差别和以消费者的想象为基础的认识的差别。一方面，由于垄断竞争市场的每种产品之间存在着差别，每个厂商对自己的产品的价格都具有一定的垄断力量，从而使得市场带有垄断的因素。一般来说，产品的差别越大，厂商的垄断程度也就越高。另一方面，由于有差别的产品又是相互之间相似的替代品，也就是每一种产品又都会遇到其他相似产品的竞争，市场又具有竞争的因素。如此，垄断因素和竞争因素并存就成为垄断竞争市场的基本特征。

在垄断竞争市场中，产业中单一环节的企业数量非常多，厂商的生产规模比较小，厂商倾向于认为自己的行为不会引起竞争对手的注意和反应，因而自己也不会受到竞争对手的报复和影响，进入和退出这一产业比较容易。在现实生活中，垄断竞争的市场结构类型在零售业和服务业中是比较普遍的。

3. 寡头垄断市场

寡头垄断市场是指由少数几家厂商控制整个市场的产品和销售的市场结构类型。与前两个市场不同的是，在寡头垄断市场中，每一个厂商的定产定价都会对整个市场的价格和产量产生影响。因而，每个厂商的决策要依赖其他厂商的选择。正因为如此，传统经济学不能很好地揭示寡头垄断市场上定产定价行为的本质。随着博弈论（game theory）的推广和运用，决策主体的行为直接相互作用条件下的决策以及这种决策的均衡问题日益受到广泛的重视，有关寡头垄断市场中厂商的研究也有了长足的进展。寡头垄断市场被认为是一种普遍的市场结构。发达国家市场中不少行业都表现出寡头垄断的特点，例如，美国的汽车业、电气设备业、罐头行业等都被几家企业所控制。

4. 完全垄断市场

完全垄断市场是指整个行业完全由唯一的一个厂商所控制的市场结构类型。其特征是：市场上只有唯一的一个厂商生产和销售商品；该厂商生产和销售的商品没有任何相近的替代品；其他任何厂商进入该行业都极为困难或不可能。在这样的市场中，排除了任何的竞争因素，独家垄断厂商控制了整个行业的生产与销售，所以垄断厂商可以控制和操纵市场价格。

完全竞争和完全垄断是市场结构中的两个极端，纯粹的完全竞争和完全垄断只是理论上的假设，在现实中大量存在的是在这两个极端之间的市场类型。

一般情况下，不同的市场结构最主要的区别是市场上同行业企业数量的多少。“有大量企业”或“只有少数企业”只是一种定性的说法，以此来描述企业的市场环境是不够的。通常人们采用“市场集中度”这个概念来描述现实经济生活中各种形式的不完全竞争程度。市场集中度是指各行业中若干最大的企业产销量占行业总产销量的百分比。将市场上的企业按照市场占有率从大到小排序，以 X_i 代表第 i 个企业在市场上所占的份额，以 CR_N 代表市场上前 N 个企业的集中度，则 $CR_N = \sum_{i=1}^{N} X_i (i = 1, 2, \cdots, N)$。

（三）不同市场结构中的企业决策与行为

完全竞争的市场结构在现实中是不存在的，但它是分析其他市场结构类型的基础。从理论上讲，如果一个市场是完全竞争的，则单个企业不会从事任何具有对抗性的活动，企业之间不存在相互依存性。这里所谓相互依存性是指某个企业的决策会对其他企业产生影响；反过来，某个企业某项决策的结果如何也依赖于其他企业对其决策所做出的反应。

虽然严格意义上的完全垄断在现实中极为少见，但在现实的经济生活中确实存在形成垄断的内在原因。在某一特定市场上形成垄断的原因主要是十分显著的规模经济（即自然垄断）、对专利权和资源的控制，以及政府赋予的特许权等。垄断可能导致资源配置的低效率，世界上许多发达国家都采用反垄断法来保护竞争。对企业垄断地位的威胁来自潜在的竞争对手和替代品。对政府来说，引入竞争是消除垄断者超额利润、提高资源配置效率的最有效的手段之一。因此，处于垄断地位的企业还需对政府的行为予以关注。

在垄断竞争的市场结构中，各企业之间存在着一定程度的相互依存性和对抗性。在垄断竞争的市场上，企业必须对其各项决策进行精心策划。一般来说，企业为实现其利润最大化的目标可以通过价格竞争手段和非价格竞争手段来改善销售状况。垄断竞争的企业主要是采用非价格竞争的手段，努力造成产品的差异，以在一段时间之内取得垄断的好处。非价格竞争手段主要包括改变产品的质量（包括产品特性、功能、包装、型号和商标等可以造成产品差异的所有方面）、调整广告和其他促销活动的支出。改变产品质量会造成产品之间的真实差异，而促销竞争只是改变消费者对产品的心理感觉。相对而言，由于企业数量很多，并且每个企业都只占有很小的市场份额，垄断竞争市场结构中企业的相互依存性很弱。因此，企业决策可以相对独立地做出，即它们在做决策时往往并不考虑对手的反应。

在寡头垄断的市场结构中，企业之间存在着很强的相互依存性或激烈的竞争与对抗。在某一家企业做出价格的或非价格的竞争决策并采取行动时，其他企业都会受到显著的影响，从而做出相应的决策。而企业的决策会产生什么结果也取决于其竞争对手的反应，并对这种反应做出估计。这使得寡头垄断市场上的竞争最为激烈。为了避免在竞争中两败俱伤，企业往往也会采取联合等手段。

四、市场需求分析

市场分析的另一个重要方面是对市场需求状况的分析。前面关于产业寿命周期的分析中已经涉及在产业寿命周期的不同阶段产品需求的大小，但是研究市场需求还应考虑更多的层面。下面，我们从市场需求的决定因素、需求价格弹性两个角度，对市场需求进行更深入的探讨。

（一）市场需求的决定因素

经济学理论认为，决定一名消费者对一种产品的需求数量的主要因素有：该产品的价格、消费者的收入水平、相关产品的价格、消费者的偏好、消费者对产品的价格预期等。一个市场上所有消费者对该种产品的总需求量还取决于这个市场上消费者的数量。市场营销学中有这样一个公式：市场需求=人口×购买力×购买欲望。这个公式概括了上述的各个决定因素：人口对应一个市场上消费者的数量；购买力对应消费者的收入水平；购买欲望对应产品价格、消费者偏好、相关产品的价格和消费者对产品的价格预期等。

在市场需求的决定因素中，人口和购买力是生产厂商难以控制的因素，对这两方面因素的研究一般作为进入一个新领域时的考察依据。例如，近年来，我国成为世界上吸引外商直接投资的大国，其主要原因之一就是我国众多的消费人口和日益强劲的购买力形成了强大的市场需求，因而大大影响了外商投资的数量。

市场需求的决定因素中，消费者购买欲望这一因素则是生产厂商可以把握的因素，也是众多厂商市场营销策略的着眼点。产品的价格、差异化程度、促销手段等可能会影响消费者的购买欲望，而这些因素又往往与市场竞争策略交织在一起。

（二）需求-价格弹性分析

经济学为了简化分析，在决定产品需求量的各种因素中，假定其他因素保持不变，仅分析一种产品的价格变化对该产品需求量的影响，即把一种产品的需求量仅仅看成这种产品价格的函数，于是，就有了需求函数的概念。需求函数表示一种产品的需求量和价格之间存在着一一对应的关系。一般说来，一种产品价格越高，该产品的需求量就会越小；反之，价格越低，需求量就会越大。

与需求函数相关的另一个重要的概念是需求的价格弹性（有时简称为需求弹性），即需求对价格变化的反应程度。产品的需求弹性也是市场需求分析的重要内容，它是决定公司收益水平的关键因素。生产厂商的最佳定价策略应遵循“逆弹性法则”，即对需求弹性低的产品定高价，而对需求弹性高的产品定低价。影响产品需求弹性的主要因素有以下几个。

① 产品的可替代程度。一般来说，一种产品的可替代品越多，相近程度越高，该产品的需求弹性就越大；反之，该产品的需求弹性就越小。

② 商品对购买者的重要程度。一般来说，生活或生产的必需品的需求弹性较小，非必需品的弹性较大。

③ 购买者在某一商品上的支出在其总支出中所占的比重。一般来说，购买者在该商品上的消费支出在其总支出中所占的比重越大，该商品的需求弹性越大；反之，则越小。

④ 购买者转换到替代品的转换成本。转换成本越大，需求弹性越小；转换成本越小，需求弹性越大。

⑤ 购买者对商品的认知程度。一种新产品，购买者对其不了解时，需求弹性一般比较小，当购买者认知了产品，甚至产生了依赖，其需求弹性就会变大。

⑥ 购买者对产品互补品的使用状况。例如，对一个拥有汽车的人来说，汽油价格的升降不大会影响他的汽油消费量。

影响需求弹性的因素与五种竞争力量分析模型中影响购买者讨价还价能力的因素有很多相似之处，事实上，一种产品的需求弹性与该商品的购买者的讨价还价能力是正相关的。

以上涉及的产业集中程度、市场需求及其波动变化、产业特有的成本结构、产品差别化程度和转换成本以及产业退出障碍等因素，构成了影响一个产业竞争强度的一般因素。对影响竞争的一般因素分析强调产业所具有的共性特征，但忽略了同一产业内不同企业的差别。如果具体分析产业内不同的企业的竞争情况，就要研究产业内的次结构——战略群组。

五、战略群组分析

产业分析的一个重要方面是要确定产业内所有主要竞争对手的战略诸方面的特征。波特通过“战略群组”的划分来研究这些特征。一个战略群组是指某一个产业在某一战略方面采用相同或相似战略的各公司组成的集团。如果产业所有的公司基本认同了相同的战略，则该产业就只有一个战略群组；就另一极端而言，每一个公司也可能成为一个不同的战略群组。一般来说，在一个产业中有几个群体，它们采用特征完全不同的战略。

（一）战略群组的特征

如何确定战略群组？很难对此问题做出清晰的解答。尽管公司在许多方面会有差异，但并非所有差异都有利于区分战略群组。在《竞争战略》一书中，波特指出，识别战略群组可以考虑以下变量：产品（或服务）差异化（多样化）的程度，各地区交叉的程度，细分市场的数目，所使用的分销渠道，品牌的数量，营销的力度（如广告覆盖面、销售人员的数目等），纵向一体化程度，技术领先程度（是技术领先者还是技术追随者），研究开发能力（生产过程或产品的革新程度），成本定位（如为降低成本而做的投资大小等），能力的利用率，价格水平，装备水平，所有者结构（独立公司或者与母公司的关系），与政府、金融界等外部利益相关者的关系，组织的规模。

（二）战略分组的步骤

为了识别战略群组，必须选择这些变量的两至三项，并且将该产业的每个公司在“战略群组分析图”上标出来。战略分组首先需要一组能够揭示企业战略特征的变量，如生产规模、纵向一体化程度、技术装备水平、产品线的宽度、质量水准、品牌知名度、市场份额、企业与母公司的关系等。这些变量或者说明了企业的战略定位，或者说明了企业已经具有的优势，或者说明了竞争优势的可能来源。选择划分产业内战略群组的特征要避免选择同一产业中所有公司都相同的特征。例如，饭店很少被看作 R&D 的领先者，也很少有航空公司会涉及商品和服务的多样化。选定了一组变量后，可按以下步骤进行分组。

① 从变量中选出一个最有区分能力的变量，将企业分为若干组。这里所说的区分能力，是指该变量可以清楚地反映出企业的差别。假若所有企业在一个变量下的取值完全相同，比如所有企业的规模大小都一样，这个变量就不具有区分能力，应当舍弃。

② 从剩余的变量中选出第二个最有区分能力且与第一个变量相独立的变量，对每个组再做细分。

③ 重复上一步，直至得到足够的群组数量。

④ 绘制战略分组图，并用所选的战略变量描述每一组的战略特征和收益性。

为了绘制战略分组图，只需要两个变量即可。实际分析中也无须给出过多的组数，以免使分组过于烦琐而失去战略意义。但在描述每个战略群组时，应该使用尽量多的变量全面地反映出它们的特征。下面是根据一项调查结果对我国某地饲料企业的一个简单分组，如图 2-4 所示。

战略分组图可以清楚地显示出产业内的竞争态势，并为企业管理者描绘企业战略增添了图形的表述方式。从战略群组的角度看，企业可以选择的战略方向包括：① 巩固企业在所属战略群组中的地位；② 向另一个市场地位更有利的战略群组发展；③ 通过战略创新，创造出独有的战略特征，使企业成为一个新的战略群组。

（三）群组内竞争和群组间竞争

有关战略分组的实证研究结果表明，许多产业内的确存在着多个战略特征截然不同

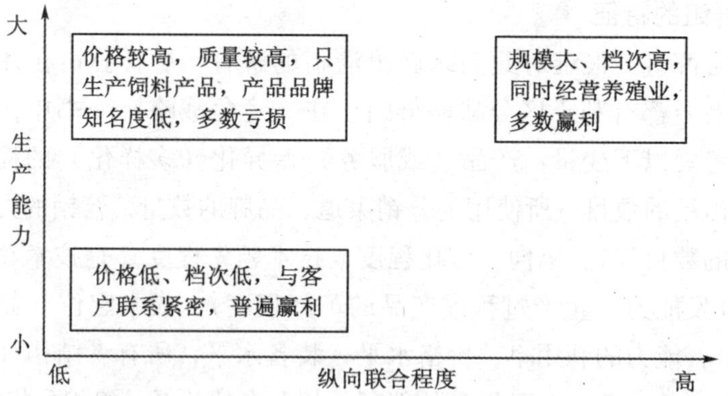

图 2-4 饲料企业的战略分组图

的战略群组。透过这种次级结构分析，人们可以把产业内的竞争关系分解为群组内企业的竞争和群组间企业的竞争。产业内部的竞争强度除了受前述一般因素的影响外，还与各战略群组以及群组内企业的市场是否重合有关。群组内企业数量多，面对的又是同一组顾客，群组内竞争就会加剧。如果两个战略群组面对的是同一组顾客，一个战略群组内企业的行为就会波及另一个战略群组，引发战略群组间的竞争。有些情况下，战略群组内企业的战略特征虽然相近，但面对的市场相互分离，如许多小型饲料企业只为邻近自己的养殖场供应产品，这时群组内企业发生直接对抗的可能性很小，其竞争压力将主要来自其他群组的市场扩张行为。

（四）战略群组间的移动障碍

如果企业不甘心一直处在目前的地位，希望向理想的战略群组迈进，这并不是轻而易举就可以做到的。在不同的战略群组之间，有时会存在一种被称为移动障碍的制约力量。移动障碍（mobility barrier）即企业从一个群组移向另一个群组所必须克服的障碍。例如，在我国饲料产业，规模中等、只生产饲料的企业向规模大且同时经营养殖业的群组转移时，进入养殖业所需要的投资、专业技术和市场开发经验，就构成了主要的移动障碍。

移动障碍其实就是企业竞争优势的位差，它的存在说明了为什么各战略群组的收益水平会有差别。难以逾越的移动障碍保护了一些企业免遭过度竞争的干扰，把另外一些企业置于竞争旋涡之中。对于后进入企业来说，认清移动障碍有着特殊的意义。后进企业要赶上并超过领先的企业，首先要了解领先企业竞争优势的来源与构成，然后才可能找到克服这些障碍的途径。

（五）战略群组分析的意义

战略群组分析有助于了解本企业相对于其他企业的战略地位以及公司战略变化可能产生的竞争性影响。应当看到，战略群组分析仅仅描述了在一个战略群组内企业战略要素的相似性，但并非只反映竞争关系。战略群组分析具有以下意义。

① 有助于很好地了解战略群组间的竞争状况，明确每个战略群组内企业的战略及其与其他战略群组的区别，主动发现直接的和潜在的竞争者，从而更加明确自身的战略定位和战略发展方向。

② 有助于了解各战略群组之间的“移动障碍”。从一个战略群组进入另一个群组，要面对的市场阻力是很大的。例如，在国内不太有名、市场覆盖面较小的企业，可能不能保证其在国际市场中的地位，容易受著名国际品牌和由规模经济导致的低价竞争的影响。

③ 有助于明确战略群组内企业竞争的主要着眼点。同一战略群组内的企业虽然采用了相同的或类似的战略，但由于群组内各个企业的优势不同，会形成各企业在实施战略的能力上的不同，实施同样战略的效果也不相同。战略群组分析可以帮助企业了解其所在战略群组的战略特征以及群组中其他竞争对手的战略实力，更加明确一定时期内的直接竞争对手，是企业进行战略选择与实施中必不可少的环节。

④ 可以预测市场变化或发现战略机会。任何市场，在战略群组之间都会存在一定的缝隙，即市场“空缺”，这些领域能为新战略或新的战略群组提供机会。当然，重要的是要了解这些领域所能提供的战略机会的可行性。企业可以通过不同群组区分要素的交叉分析，来逐步明确市场主体状况，找出战略发展方向。

第四节　竞争对手分析

竞争对手分析是企业外部环境分析的重要方面之一。竞争对手分析帮助企业了解竞争对手的经营现状和动态，对企业战略调整决策形成重要支持，分析所获得的一些关键信息，往往成为企业内部问题诊断的重要参照坐标。

一、竞争对手的界定

明确谁是业内的主要竞争对手，在竞争度较低的行业相对简单。有些竞争度很低、集中度很高的行业，例如，我国目前的电信运营业，参与竞争的企业只有中国移动、中国联通、中国电信、中国广电、中信网络五家，其中任何一家企业都很容易明确竞争对手。但是在一些集中度较低、竞争水平较高的行业，例如餐饮业，对企业而言，要想合理界定竞争对手就存在一定难度，需要相应的研究成本。

虽然侧重研究战略领先企业和近期十分活跃的快速发展企业不失为很好的思路，但即使在集中度较高的行业，竞争地位排名靠后的企业一般也不能简单地将行业领头企业确定为主要竞争对手。界定竞争对手一般可以从辨别是否针对同一目标消费群的同业市场主体入手。以餐饮业为例，以一家中等水平、产品定位在45元/人次消费的餐馆为研究对象，在同一城市众多的同行中，有相当部分的企业针对不同的消费群体，如高档宾馆餐饮针对高水平和特殊商务消费人群，快餐和普通家庭式餐馆针对低水平和满足纯就餐需求消费人群，它们对研究企业实际不构成威胁。在剩余的企业中，还可以引入区位和就餐人群消费半径、产品服务特色、经营规模等因素，进一步排除次要研究目标，缩小扫描范围，以降低研究难度和成本。

在行业分析的基础上，壁垒较高行业中的企业在界定竞争对手的过程中还可以侧重考虑现存同行，尤其是相近战略群组的同行；壁垒较低行业中的企业在考虑当前竞争对手的同时还要注意可能进入该行业的新对手。总之，界定竞争对手的研究经常是创造性的工作，必须视具体情况具体分析和对待。

二、主要竞争者分析

主要竞争者是指那些对企业现有市场地位构成直接威胁或对企业目标市场地位构成主要挑战的竞争者。对主要竞争对手的分析包括四个方面：主要竞争者的未来目标、假设、现行战略、资源和能力，如图 2-5 所示。大部分企业至少对竞争对手的现行战略、优势和劣势有一定的直观感觉，即能够大致了解竞争对手在做什么和能够做什么，而对图 2-5 中左边的内容关注得较少。它们对竞争对手的未来目标和战略假设知之甚少，因为对这两个因素的观察要比对竞争对手的实际行动的观察难得多，但这却是确定竞争对手将来行动的主要因素。

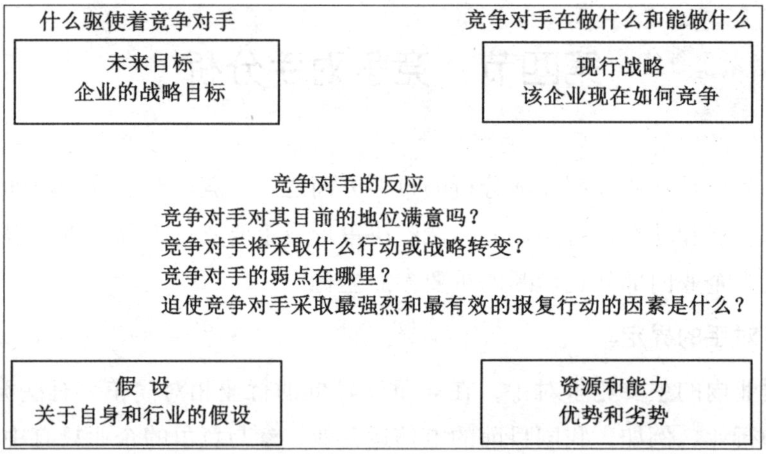

图 2-5　主要竞争对手分析的内容

（一）主要竞争者的目标分析

了解竞争者的目标就可以了解每个竞争对手对其目前的地位和财务状况是否满意，推断出竞争者的战略发展方向和可能采取的行动，从而在一开始就能针对主要竞争者可能采取的行动设计应对方法。对竞争对手目标的了解也有助于预测它对战略变化的反应，从而帮助企业避免那些会招致激烈竞争的战略行动。竞争对手的公开战略目标可以通过各种公开资料获得，如上市公司的公告等，也可以通过非公共的途径来获得。困难的是企业往往无法明确了解那些竞争者不愿公开的目标，以及各种目标的权重。以下信息有助于弄清竞争者的目标体系：竞争对手的价值观或信念、对待风险的态度、组织结构、控制和激励系统、领导层的构戍、该业务单位在母公司中的地位、母公司的业务组合等。

（二）主要竞争者的假设分析

竞争者的目标是建立在其对环境和自己的认识之上的，这些认识就是竞争者的假设。竞争者的战略假设有两类：第一类是竞争者对自己的力量、市场地位、发展前景等方面的假设，称为竞争者自我假设；第二类是竞争者对自己所在行业及行业内其他企业的假设，包括竞争者对行业构成、行业竞争强度、主要行业威胁、行业发展前景、行业潜在获利能力等方面的认识和判断。

竞争者的战略假设主要与下列因素有关：企业的历史和文化、最高管理者的职业经历和背景、在市场上成功或失败的经验、行业的传统思路等。对假设的分析不是一件容易的事，但是仍可以从竞争对手的公开宣传、领导层和销售队伍的言论、价值观念、过去的战略行为和现行战略等信息中觉察到这些假设。

还应该进一步分析竞争对手的战略假设是否正确，因为对手错误的或过时的假设常常会成为本企业难得的战略契机。例如，如果企业的主要竞争对手相信它的产品拥有极高的顾客忠诚度，而事实并非如此，那么，刺激性地降价就是抢占市场的好办法。企业采取这一战略行动后，该竞争对手很可能不会跟随本企业一起降价，因为它相信该行动不会影响它的市场占有率，只有在发现已丢失一大片市场时，它才会认识到其假设是错误的。了解竞争对手的战略假设，不但可以了解竞争对手当前的战略，进而推断它可能采取的战略行动，还可以了解它的认识方式，针对其特定的认识方式选择自己的对策。

（三）竞争对手的现行战略分析

对竞争者现行战略进行分析的重点在于，通过竞争者的产品和市场行为来推断它的现行战略，预计它目前战略的实施效果，分析竞争者现行战略对本企业的影响，如分析竞争对手当前的业绩，分析它继续实施当前战略的前景以及改变当前战略的可能性等。对目前的业绩状况及其前景持满意态度的竞争对手可能会继续实施现行战略，当然，它也可能做一些调整，这与它的目标和假设有关。但是，业绩很差的竞争对手一般会推出新的战略行动。

（四）竞争对手的资源和能力分析

最后，要对竞争对手的资源和能力做实事求是的评估，把握它的优势和劣势。竞争对手的目标、假设和现行战略会影响它反击的可能性、时间、性质和强度；而它的优势和劣势将决定它发起战略行动的能力以及处理突发事件的能力。

三、主要竞争对手的未来行动预测

在对以上四个方面因素进行分析的基础上，应该对各主要竞争对手可能的战略行动和防御能力做出判断。

（一）对竞争对手未来行动的预测

主要包括以下内容。

① 判断主要竞争对手对其目前地位和业绩的满意程度。将竞争者的目标与其目前地位和业绩相比较，推测谁可能想实行战略性转变。

② 预测其可能采取的行动。根据竞争者的目标、假设、资源和能力，分析它最有可能做出怎样的战略变化。

③ 推测其行动的强度。对某个竞争者的目标、资源和能力进行分析，能够评估竞争对手最可能采取的行动的预期强度。

（二）分析竞争对手的防御能力

具体内容如下。

① 易受攻击性。竞争者最易受到攻击的是哪些战略行动和哪些事件？什么事件具有不对称的获利后果？（这是指对某个竞争者的利润影响比对发起行动的企业大或小。）哪些行动可能需要太大的代价去报复或仿效，以至于该竞争者无法冒险去采取这类行动？

② 什么行动或事件将会挑起竞争者的报复？

③ 报复的有效性。报复会不会迅速进行？报复可能以什么形式展开？采取何种行动能使竞争者报复的有效性下降？

思考题

1. 为什么企业研究和了解外部环境很重要？

2. 企业外部环境分析包含哪几个层次？各自分析的主要目标是什么？

3. 产业环境分析包含哪些主要内容？波特提出的五种基本竞争力量是什么？

4. 有人说："一个行业的赢利能力由五种竞争力量决定。"判断这句话是否正确并给出理由。

5. 分析企业战略环境有哪些基本方法？请比较说明外部要素评价矩阵法和情境分析法各自的优缺点。

6. 什么是经验曲线？它和规模经济形成的成本下降有什么不同？

7. 什么是范围经济？它给企业带来的贡献与规模经济给企业带来的贡献有什么相同和不同点？

8. 什么是战略群组？进行战略群组分析可以得出什么结论？

9. 分析竞争对手的目的是什么？简述如何进行主要竞争对手分析。

讨论题

1. 收集并分析新近出现的能够对房地产行业产生显著影响的宏观环境因素。从一家房地产企业的角度，辨别环境中哪些是可以利用的机会，哪些是威胁。

2. 对于同一个行业，一家公司认为很有吸引力，而另一家公司却认为没有吸引力，这可能吗？为什么？

3. 以一个你熟悉的行业（如个人电脑）为例，通过互联网广泛收集资料，运用五种竞争力量模型，对此行业的竞争状况进行研究，并尝试总结此行业的关键成功因素。

第三章　企业内部环境分析

【学习目标】

- 认识企业内部资源和能力在形成有效战略中的作用
- 了解企业内部资源和能力的构成，掌握公司能力分析的内容与方法
- 能运用价值链分析企业的竞争优势
- 认识企业核心能力以及建立核心竞争力的途径
- 掌握企业内部因素的综合评价方法

通过对企业的宏观环境、产业环境及竞争对手进行分析，战略管理者对企业所处的环境状况及可能遇到的机会与威胁有了全面了解，但仅此还不够。企业是否具有一定的资源和能力去实现战略目标还是未知的。因此还需要对企业自身的资源和能力状况进行分析，以推断企业能够做什么，即判断在其资源和能力约束下企业能够做什么。将企业能够做什么与战略目标进行匹配，才可决定企业下一步应该干什么，向什么方向发展，决定企业的发展战略。

企业内部条件是相对于外部环境而言的独立概念，是指企业生存与发展的内部因素。相对于企业外部环境而言，企业内部条件是可控因素，是企业生存与发展的基础，企业从事经营活动的能力，取决于企业内部条件中诸因素间的联系与比例关系。同时，企业内部条件也是一个动态的概念，不是一成不变的。

第一节　企业资源能力分析

一、资源能力分析的重要性

企业外部环境与企业内部条件在企业战略选择与实施中哪个更重要，不同的战略理论对此有所侧重。

传统的战略管理理论（主要是以波特为代表的定位学派）认为，企业战略选择以及所选择的战略能否获得高于行业平均水平的利润率，很大程度上受制于外部环境，特别是行业及竞争环境的影响和限制；同一行业内相互竞争的大多数企业一般控制着基本

相同或相似的资源，于是就有可能寻求类似的战略；实施战略所需的资源在企业间是可以流动的。传统理论得出以下结论：企业为获得高于平均水平的利润率，首先要分析外部环境形势，选择一个有吸引力的行业；其次是根据外部环境和行业特点制定和实施相应的战略，以赢得某种优势地位，如低成本、差别化优势等。至于企业是否具备成功实施战略所需要的资源条件与能力则是不重要的，因为资源是可以流动的，可以通过市场买卖得到。这种理论在市场机会多、行业竞争不激烈的时代，对指导企业获得高于平均水平的利润率是有价值的，也是有其合理性的。如 20 世纪 80 年代至 90 年代初期，我国曾一度出现寻找好行业热，由于改革开放初期到处充满机会，很多企业比较容易地获得了高于平均水平的收益。进入 90 年代中后期，形势发生变化，市场需求开始下降，竞争激烈。有些企业仍像以往那样盲目铺摊子、乱投资，结果掉入“机会陷阱”中，不能自拔。这正说明传统战略管理理论是有条件的。在 80 年代，该理论条件成立，故以此指导企业经营就会成功；在 90 年代中后期，该理论的假设条件就不完全成立，再以此来指导企业经营就不一定成功。所以需要用新的理论来指导企业的经营活动。

产生于 20 世纪 90 年代的资源学派，即以资源为基础的战略管理理论，对上述现象做出合理的解释。它发现：① 同一行业内相互竞争的企业所拥有的资源和能力是独特的、难以模仿的，并且也是无法轻易转移或流动的；② 各个企业在收益上的差异主要不是因为行业不同，而是因为其所拥有的资源和能力上的差异；③ 一个企业之所以获得超额利润主要是因为它拥有同行所没有的核心能力。例如 80 年代，库尔和申德尔通过对美国制药行业若干企业的研究结果发现，企业的资源和独特能力是造成它们业绩差异的主要因素。1990 年，普拉哈拉德和哈默尔在对世界上优秀公司的经验进行研究时也发现，这些优秀公司的竞争优势真正来源于“管理层将公司范围内的技术和生产技能合并为使各业务可以迅速适应外部变化机会的能力”。格兰特便认为内部分析更为重要。他指出：“在一个用户偏好极易变化的世界中，用户的特征是在不断变化的，为满足用户需求所需要的技术也在不断的发展之中。以外部因素为中心并不能为制定长期战略奠定牢固的基础，当外部环境处于多变状态时，公司本身的资源和能力可能会成为决定企业特征的更为稳定的基础。因此，用有能力做什么来定义企业，比用要满足什么需求来定义企业，可为战略的制定提供更为持久的基础。”

90 年代以来，随着越来越多的企业因发展自己独特的资源和能力而业绩卓越，资源学派日益受到人们的关注。

资源学派在上述发现的基础上认为，企业在制定战略和实施战略时，必须充分考虑企业的资源和能力，特别是那些企业独特的资源和能力。不过战略管理的任务决不是仅仅停留于对现有资源和能力的利用，更重要的战略管理任务是通过对现有资源和能力的不断投入，进一步发展市场竞争所需的资源和能力，真正建立起企业长期的经营特征。

因此，要客观、准确评价现有的资源和能力，找到它们与实现未来竞争目标所需的资源和能力之间存在的差距。每一个企业都有自己的长处和不足，战略管理需要充分发挥和不断加强自己的优势，使之成为关键的成功因素。

战略管理者总是试图弥补资源的缺口，但从动态的观点来讲，资源的缺口相对于动态的竞争环境总是存在的，因为：一方面，形势的发展对企业提出了越来越高的要求；另一方面，原来拥有的优势随着时间的推移也会慢慢消失。因此只有不断地投入，不断地提高自己的竞争能力，才能不断地创造和保持竞争优势。

对资源和能力的不断投入，其本质是组织不断学习的过程。麻省理工学院斯隆管理学院的教授彼得·圣吉在他的《第五项修炼》中指出，21 世纪的企业必须是学习型组织。通过不断学习，人们可以不断地创造新的知识和技能，不断地积累经验，以替代对现有资源的利用，最终达到战略目标。这也就是所谓动态资源配合战略发展的观点。它表明面向未来的战略不仅要使用现有的资源，还要不断地储存未来的资源，将各种资源加以聚集。

一般而言，一个企业的内部条件包括下列方面：财务状况、产品线及竞争地位、设备状况、市场营销能力、研究与开发能力、人员的数量及质量、组织结构、企业过去确定的目标和曾经采用过的战略等。对每一方面的分析与评价，需要回答一系列的问题，从而明确企业所具备的优势与劣势。内部分析需要收集和整理有关企业的管理、营销、财务会计、生产作业、研究和开发及计算机信息系统等方面的信息。与外部分析相比，内部分析过程为参与者提供了更多机会来理解其工作、所在部门及分工在整个企业中的作用。

二、企业资源的内涵及分类

企业的资源是服务于企业生产经营过程的各种投入品。资源有着不同的定义。例如，一部分人将资源定义为能被视作既定公司的一种优势或劣势的一切事物。另一部分人认为资源是公司所控制或拥有的有效因素的总和。

资源能直接影响公司创造出多于竞争对手的价值的能力。战略能力取决于组织能够获得的资源，因为组织能力是由配置在组织各项活动中的资源创造的。作为能力的基数，资源也会对价值创造产生间接的影响。从战略角度看，组织资源既包括组织自己拥有的资源，也包括组织能够获得的、可用于支持自身战略的资源。一些战略性重要资源可能是组织所有权之外的，如关系网络或客户网络。

（一）按照资源的用途分类

一般来说，从资源的用途分类，可将资源分成以下四类。

① 实物资源，如机器、建筑或者生产设备。这类资源的特点（如年限、状态、功能和地理位置）决定了资源的用途。

② 人力资源，包括知识、人的技能和适应能力。这既包括组织员工，也包括组织网络中的其他人。在知识经济时代，人才真正变成了最有价值的资源，但是若使其成为

竞争优势，需要将人力资源战略和组织的整体业务战略很好地结合起来。

③ 财务资源，比如资本、现金、债权债务、出资人（股东、银行等）。

④ 智力资源，是组织的无形资源，经常被忽视或者低估。智力资源包括专利、商标、业务系统、客户数据库以及与合作伙伴的关系等。在知识经济社会，智力资源很可能是许多组织的主要资产。需要找到合适的方法对这些无形资产进行评估和相应的会计处理。一个重要的争论是：员工所掌握的知识从所有权来说，它们在多大程度上属于员工个人所有，及组织对此是否依法享有所有权。这个问题通常在员工跳槽到竞争对手那里工作时显现出来。保密协议和专利法就试图保护这种组织知识不被泄露。

（二）按照资源的形态分类

根据资源的形态，又可将资源分为以下三大类。

1. 有形资源

有形资源是比较容易确认和评估的一类资源，包括企业的财务资源和实物资源，一般可从企业的财务报表上查到。但从战略角度看，资产负债表上所反映的资产价值是模糊的，有时甚至是一种错误的信息，这是因为过去所做的成本报价并不能真实地反映某项资产的市场价值。例如，财务报表上某些实物资产的价值，相对于技术进步和市场演进可能被高估。所以，考虑某项资产的战略价值时，既要看会计科目上的数目，也要看其竞争潜力。换言之，一项账面价值很高的实物资产，其战略价值可能并不大。实物资产的战略价值不仅与其账面价值有关，而且取决于公司的地理位置和能力、设备的先进程度和类型，以及它们能否适应产品和输入要素的变化。在评估有形资源的战略价值时，必须注意两个关键问题。

第一，是否有机会更经济地利用财务资源、库存和固定资产，即能否用较少的有形资产获得同样的产品或用同样的资源获得更大的产出。

第二，怎样才能使现有资源更有效地发挥作用。事实上，企业可以通过多种方法增加有形资产的回报率，如通过自身有形资源的挖潜组合以及与他人组成联盟。

2. 无形资源

资产负债表上标明的有形资源一般可以从市场上直接获得，可以用货币加以直接度量，并可以直接转化为货币。相反，无形资源是不可能从市场上直接获得，不能用货币直接度量，也不能直接转化为货币的那一类经营资产，如企业的经营能力、技术诀窍和企业形象等。无形资产往往是企业在长期经营实践中逐步积累起来的，虽然不能直接转化为货币，但同样能给企业带来效益，因此同样具有价值。

无形资源具有隐蔽性的特点，因此容易受到忽视。如在产品质量和服务对潜力顾客利益的影响并不明显的行业，企业信誉和知名度往往是最重要的资源。一般来说，信誉和知名度与公司联系在一起，有时也与品牌联系在一起。另一类重要的无形资源是技术，包括其先进性、独创性和独占性。一旦公司拥有了某种专利、版权和商业秘密，它就可以凭借这些无形资产去建立自己的竞争优势。当前中国很多家电企业纷纷涉足电脑业，说明电脑市场的潜力大，但另一方面也令人担忧，即这些企业是否真正认识自己的资源优势所在，因为与家电行业不同，电脑行业不仅需要开发和维修技术，而且使用者的购买习惯和消费行为也与家电行业有很大区别。技术能否作为重要的无形资产，还与该项技术是否易于转移有密切的关系。如果某项技术易于被模仿，或者主要由某个人所掌握，而此人又很容易流动，显然，这项技术的战略价值会打折扣。如果某项技术很难被模仿，或者与其他技术方法一起使用才能发挥应有作用，而这些其他技术方法又掌握在许多人手中，它的战略价值就高得多。

3. 人力资源

一个组织最重要的资源是人力资源，它意味着企业的知识结构、技能和决策能力。许多经济学家把这些能力称为“人力资本”。大量研究结果发现，能够有效地利用人力资源的组织总比那些忽视人力资源的组织发展更快。是人的进取心和掌握的技术创造了组织的繁荣，而不是实物资源和财务资源。在技术飞速发展和信息化加快的知识经济时代，人力资源在组织中的作用也越来越突出。

所谓人力资源主要指组织成员向组织提供的技能、知识以及决策能力。实际上，确认和评价一个组织人力资本的价值是一项困难和复杂的工作，这是因为人们常常根据个人的工作业绩、经验和资历来评价其技巧和能力。同时，个人能力能否充分发挥还取决于他所在工作小组的状况。有时，很难直接评价个人对组织业绩的贡献。因此，企业常通过间接的方式来评价个人的业绩，如考察个人的工作时间、热情、职业习惯和态度等。在环境变化很快的条件下，如果一个企业想要适应这种变化，并利用新的机会求得发展，重要的不是考察其雇员过去或现在具有怎样的能力和业绩，而是评估他们是否具有挑战未来的信心、知识和能力以及员工间的人际沟通能力和合作共事的能力，即协同能力。换言之，一个企业的能力不仅取决于其所拥有的资源数量，而且取决于它是否具有将各种资源整合的能力。大量研究结果发现：一个具有创造性和凝聚力文化的企业具有更大的竞争优势，在这样的企业，管理者和员工分享共同的理念与价值观。

（三）按照资源对企业的竞争地位的重要性分类

根据企业资源在竞争中的地位，可将企业资源分为以下两类。

1. 基本资源

任何细分市场中的组织，都需要具备一定的最低限资源，见表 3-1。

表 3-1　企业资源分类

	与竞争者相同或者易于模仿	优于竞争对手且难于模仿
资源	基本资源	独特资源
能力	一般能力	核心能力

随着时间推移，基本要求在不断提高（因为竞争对手和新进入者的竞争）。因此，

即使仅仅为了继续生存，组织也需要不断地提高自己的资源基础。在有些行业或部门，随着竞争的不断深入，对资源的要求也越来越高。这种资源的门槛使得一些组织无法企及，也就逐渐被淘汰。商业环境的阶梯式变化又使得组织的大部分资源变得不适用，若继续保持这些不适用的资源，组织成本就会变得非常高。这就需要组织改变自己的资源基础。

2. 独特资源

组织满足特定细分市场上关键成功因素要求的能力取决于自身的独特资源。独特资源就是那些对组织的竞争优势有至关重要影响的资源。独特资源是优于竞争对手的资源，且难于模仿。经济学家将这种优势资源产生的收益称为经济收益。要维护和保持这种优势，就需要组织对非法使用专利产品的行为采取法律行动。采矿组织拥有特殊矿藏，但是矿藏终将耗尽；从事服务业的独特资源可能是一些特别优秀的员工，但这些人可能会辞职。因此，试图单纯依靠独特资源来维持长期的竞争优势，将是非常困难的。

三、企业能力的内涵

企业能力也称为核心能力、独特能力，是一个公司比其他公司做得更出色的一系列活动。

企业核心能力是一个组织中的积累性知识，特别是关于协调不同的生产技能和有机结合多种技术的知识。它是一个企业所具有的在本行业独树一帜的、难以复制模仿的能力，可实现用户看重的、高于竞争对手的价值，从而是长期利润的源泉。

每个组织都是独特的资源、能力的结合体，这一结合体形成了战略的基础。同一产业中的公司不一定拥有相同的战略资源和能力。这样，资源差异性和公司利用这些资源的独特方式就成为公司竞争优势的来源。

四、企业战略能力分析的基本步骤

英国的格里·约翰逊和凯万·斯科尔斯提供了一个战略能力分析框架，这一框架将众多的资源分析方法整合在一个从对资源的简单评估到对战略能力更深入理解的系统分析流程中，见图 3-1。

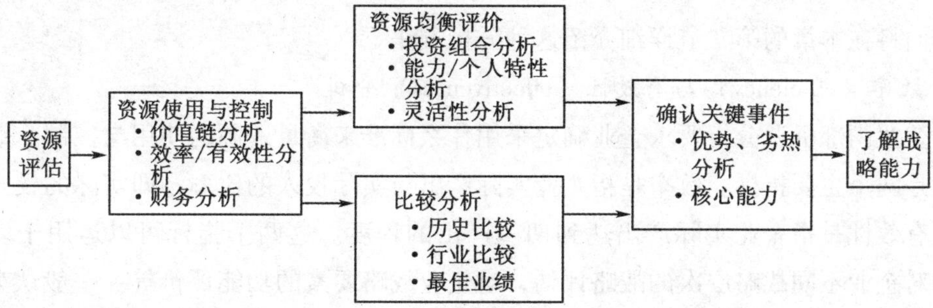

图 3-1 战略能力分析的过程

（一）资源评估

资源评估就是对企业可得资源的数量和质量进行评估和分析，以便确认企业是否拥有战略维持和战略延伸的资源。

① 实物资源。对企业的实物资源进行评估，不仅要列出设备的数量和生产能力，而且还应该对这些资源的自然状况，如寿命、状态、能力和位置等进行了解。

② 人力资源。对人力资源进行分析需要调查和研究许多相关的问题。既要了解企业中不同技能人员的数目和人员类型，还要分析人力资源的适应性等其他方面。

③ 财务资源。包括资金的来源和使用，如资金的获得、现金管理、对债权人和债务人的控制、与资金供应者（如股东、银行等）的关系。

④ 无形资产。无形资产是企业资产的重要组成部分，包括专利、专有技术和商誉等。商誉主要来源于商标、品牌、公司形象及其他。应该重视无形资产的价值，因为企业出售的商品和提供的服务中有一部分价值就是“商誉”。

资源评估过程中，应注意以下三点。

第一，资源评估应该包括组织能够获得的支持战略的所有资源，而不只限于合法属于企业的资源。许多对战略有重要意义的资源，是在企业的所有权之外的，如已拥有的顾客基数、交易网等。

第二，虽然建立资源和战略能力之间的关系是后面分析的内容，但是在进行资源评估时也要做初步的判断。资源评估涉及很多复杂的内容，但那些必需的资源并不一定构成组织独特能力的基础，因而要特别评估那些对巩固组织独特能力很重要的资源。

第三，评估中要注意确认组织的资源缺口，以便组织更好地利用目前的资源和环境，扩大目前的资源存量，创造新的资源，以达到战略目标的要求。

（二）资源使用与控制

资源的使用与控制分析是将企业资源和使用这些资源的战略目标联系起来，这对于了解战略能力十分关键，这是从资源的使用过程而不是从资源本身发现经营好或坏的原因。

1. 价值链分析

我们将在本章的第二节详细介绍这种分析方法。

2. 效率（efficiency）与有效性（effectiveness）分析

对企业内部资源分析要求企业确定采用什么标准来衡量资源的使用与控制。效率和有效性是两个主要指标。效率是指企业实际产出与实际投入的比率，即实际的投入产出比；而有效性是指企业实际产出达到期望产出的程度。这两个指标可以运用于多种场合，如对企业不同战略层次的战略评估，对企业战略要素的功能评价等。一般认为，在成本竞争中，效率对企业特别重要；相反，对于通过有特色的服务或产品而与其他竞争者保持差异的企业而言，有效性是一个关键的衡量指标。

（1）成本效率分析

成本驱动因素有多种，企业可以通过各种途径获得成本效率。对以下成本驱动要素的选择将决定企业的长期竞争地位。

① 规模经济通常是制造企业获得成本优势的一个重要来源。

② 要素成本。与各种投入相关的包括资金、劳动力、原材料和零部件等在内的生产要素是企业成本的直接来源。

③ 生产率。生产率即单位要素的产出，它与单位产品的成本互为倒数，那么提高生产率与成本效率密切相关。学习和经验对生产率的提高有着重要的作用，经验曲线的分析在这里依旧是有用的。

④ 产品-工艺设计。企业价值工程研究的一个重要内容是寻找物美价廉的替代品，这说明改进产品设计对提高成本效率是非常重要的；工艺设计的改进对提高成本效率的作用更是显而易见的，因为它本身就以降低生产成本为目的。

⑤ 生产能力的利用程度。生产能力的利用程度决定分摊在单位产品上的固定成本的多少。

⑥ 交易的组织形式。在不同的情况下，是采用内部化生产，还是靠市场获取，成本会有很大的不同。

⑦ 重点集聚。企业集中力量针对某一经营领域，如某一顾客群体、某一特定市场、某一类型产品、某一特定的技术等，可能会比广泛地使用力量获得更多的成本效率。

（2）有效性分析

与成本分析不同，有效性的来源有许多，我们只能提出进行有效性分析时需要考虑的问题的主要方面。

① 产品或服务的功能和特性与客户的要求相匹配程度如何？为提供这些特殊功能或特性所增加的成本能够由客户补偿吗？如果答案是否定的，那么，资源的使用可能就是无效的。

② 企业所提供的商务支持活动和顾客服务与客户的要求相符吗？它们能为产品或服务增加价值吗？所增加的价值是否足以补偿这些活动所增加的费用？

③ 在售前、售中和售后，与客户建立的交流和关系是否可以为企业增加价值？如果增加，主要体现在哪些方面？是稳定了与客户的关系，还是减少了交易费用，或者节约了开发成本？

3. 财务分析

企业对资源的使用和控制能力在很多情况下可以通过财务指标反映出来，因而，财务分析是企业战略分析的重要内容。然而，企业不同的利益相关者对企业财务状况的评价有不同的标准，因此，对企业资源使用与控制的财务评价只能是利益相关者利益均衡的结果。

① 股东特别关心如何评价他的投资质量，同时也关注投资收益。因此，满足股东利益的财务指标主要是每股收益、市盈率、股利等。

② 企业的管理人员更关心企业的规模，满足他们利益的财务指标主要是销售额。

③ 银行和其他贷款者要求尽量降低贷款风险，反映在财务指标上就是要有一个合适的负债比率和利息收益率。

④ 资源的使用和控制还要满足供应商、债权人和雇员对短期资金使用的要求，因为他们最关心的是企业能否按时支付工资和偿还贷款，反映在财务指标上就是要有一个合适的“流动比率”。

⑤ 企业资源的使用和控制对社会公众利益的满足表现在要有助于降低社会成本，如不能引起严重的环境污染，不能对社会公众和儿童造成损害等。反映在财务指标上是企业阶段性净社会收益，包括企业内部的社会成本和效益以及外部的成本与效益。

（三）比较分析

企业内部条件分析的目的是找出自己的优势和劣势，分析的基本方法是比较法。根据比较对象不同，可以分成以下三种。

（1）纵向比较

即将企业的资源状况与以前各年相比，从而找出重大的变化。这种方法可以揭示出其他方法所不能揭示的不太明显的变化趋势。在许多情况下，它都促使企业重新评估其主要的推动力将来应该在什么地方。

（2）横向比较

即将企业的资源状况和竞争力与主要竞争对手进行对比。

（3）与产业关键成功因素比较

如上一章所述，不同的产业在不同的时期具有各自的基本要求，不具备这些要求的企业根本不可能在该产业中获得经营成功。将企业的资源和能力与产业关键成功因素进行比较，可以较好地反映企业的优势和劣势，这已成为企业战略管理中普遍采用的方法。经常采用的一种方法是竞争者态势矩阵（competitive profile matrix，CPM）。这种方法的步骤如下。

① 列出关键成功因素和获得竞争优势或劣势的最有力的决定变量，变量的数目一般为6~18个。

② 给每个因素赋予权重，其数值从0.0（不重要）到1.0（非常重要）。权重标志着该因素对于企业在行业中取得成功的影响的相对重要性。确定权重的方法包括对成功的竞争者和不成功的竞争者进行比较，以及通过集体讨论而达成共识。所有因素的权重总和必须等于1。权重是以行业为基准的。

③ 根据每一个变量对企业及其主要竞争对手进行评分。评分赋值可以是1~10，也可以是1~4。分数大小反映了企业在该项指标上的优劣，因此它是以企业为基准的。

④ 用每个因素的权重乘以它的评分，得到每个因素的加权分数。

⑤ 将所有因素的加权分数相加，得到企业的总加权分数。

⑥ 做出关于企业竞争优势或劣势的结论，同时对企业那些最强或最弱的领域的指标做更具体的分析。

表 3-2 是一个竞争态势矩阵的实例。这一实例是按照 1~4 分来评分的。雅芳和欧莱雅的产品质量是上乘的，正如评分 4 所示；欧莱雅和宝洁的财务状况是好的，正如评分 3 所示；宝洁公司从整体上看是最弱的，其总加权分数 2. 80 说明了这一点。

表 3-2　竞争态势矩阵

关键因素	权重	雅芳		欧莱雅		宝洁	
		评分	加权分数	评分	加权分数	评分	加权分数
广告	0. 20	1	0. 20	4	0. 80	3	0. 60
产品制裁量	0. 10	4	0. 40	4	0. 40	3	0. 30
价格竞争力	0. 10	3	0. 30	3	0. 30	4	0. 40
管理	0. 10	4	0. 40	3	0. 30	3	0. 30
财务状况	0. 15	4	0. 60	3	0. 45	3	0. 45
用户忠诚度	0. 10	4	0. 40	4	0. 40	2	0. 20
全球扩张	0. 20	4	0. 80	2	0. 40	2	0. 40
市场份额	0. 05	1	0. 05	4	0. 20	3	0. 15
总计	1. 00		3. 15		3. 25		2. 80

除了以上竞争态势矩阵中列举的各项关键因素之外，其他因素往往包括：产品品种的多少、销售、配送效率、专利优势、设施布局、生产能力及效率、经验、劳资关系、技术优势以及电子商务技能等。

第二节　价值链分析

价值链分析是从企业内部条件出发，把企业经营活动的价值创造、成本构成同企业自身竞争能力相结合，与竞争对手经营活动相比较，从而发现企业现有及潜在优势与劣势的分析方法，是指导企业战略制定与实施的有力分析工具。

一、价值链分析的基本原理

价值链分析的关键是认识到企业不是人、资金、设备等资源的随机组合，如果不将这些资源组织进生产经营中来，保证生产出最终顾客认为有价值的产品或服务，那么这些资源将毫无价值。因此，内部资源分析必须是一个从资源评估到评估怎样使用这些资源的过程。

企业价值链是迈克尔·波特在《竞争优势》一书中提出的。波特认为，企业每项生产经营活动都是其创造价值的经济活动，那么，企业所有的互不相同但又相互关联的生产经营活动，便构成了创造价值的一个动态过程，即价值链。企业所创造的价值如果超过其成本，就能赢利；如果超过竞争对手所创造的价值，就会拥有更多的竞争优势。企业是通过比竞争对手更出色地开展价值创造活动来获得竞争优势的。价值链最初是为了在企业复杂的制造程序中分清各步骤的“利润率”而采用的一种会计分析方法，其目的在于确定在哪一步可以削减成本或提高产品的功能特性。波特认为，应该将会计分析中确定每一步骤新增价值的这两项基本活动与对组织竞争优势的分析结合起来，了解企业资源使用与控制状况必须从发现这些独立的价值活动开始。

二、价值活动的构成

价值链将企业的生产经营活动分成主体活动和支持活动两大类。

（一）主体活动

主体活动是指生产经营的实质性活动，一般分成原料供应、生产加工、成品储运、市场营销和售后服务等五种活动。这些活动与商品实体的加工流转直接相关，是企业基本的价值增值活动，又称基本活动。每一种活动又可以根据具体的行业和企业的战略再进一步细分为若干项活动。

① 原料供应，是指与产品投入有关的进货、仓储和分配等活动，如原材料的装卸、入库、盘存、运输以及退货等。

② 生产加工，是指将投入转换成最终产品的活动，如加工、装配、包装、检测等。

③ 成品储运，是指与产品的集中、存储、转移给客户有关的活动，包括产成品的收集、入库、保管、客户订单处理、送货等活动。

④ 市场营销，是指与促进和引导购买者购买企业产品有关的活动，如广告、定价、促销、市场调查、分销商支持和管理等。

⑤ 售后服务，是指与保持或提高产品价值有关的活动，如安装、调试、修理、使用人员培训、零部件供应等。

（二）支持活动

支持活动是指用以支持主体活动而且内部之间又相互支持的活动，包括采购管理、技术开发、人力资源管理和企业基础结构。企业的基本职能活动支持整个价值链的运行，而不分别与每项主体活动发生直接的关系。

① 采购管理，是指对获取各种资源输入主要活动的管理，而不是输入资源本身。在企业的许多部门都会发生采购活动。改进采购管理活动，对提高采购物的质量和降低费用有着重要意义。

② 技术开发，是指可以改进主体活动的一系列技术活动，既包括生产技术，也包括非生产技术。企业的每项生产经营活动都包含着不同性质、开发程度和应用范围的技

术，因此技术开发活动不仅与最终产品直接相关，而且支持着企业的全部活动，成为反映企业竞争实力的重要标志。

③ 人力资源管理，是指企业的员工招聘、雇用、培训、考核、激励等各项管理活动。这些活动支持着企业的每项主体活动和支持活动，以及整个价值链。在任何一个企业中，都可以通过人力资源管理在员工的素质、技能和动力方面以及聘用和培训成本方面的作用来影响竞争优势。

④ 企业的基础结构，是指与企业总体管理相关的活动，包括企业计划、财务、质量管理、组织结构、控制系统、文化建设等活动。

三、企业价值链与产业价值链

上述价值活动组成的企业价值链可以用图 3-2 表示。从图 3-2 中可以看出，企业价值链不是独立价值活动的集合，而是相互依存的活动构成的一个系统。在这个系统中，主体活动之间、主体活动与支持活动之间以及支持活动之间相互关联，共同成为企业竞争优势的潜在源泉。

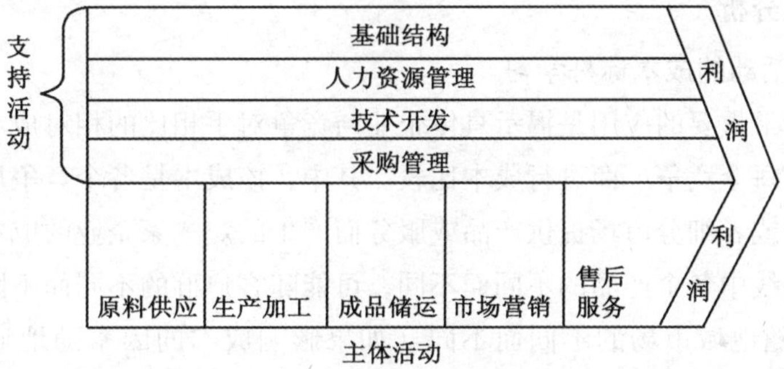

图 3-2　价值链

从更广的角度讲，在大多数产业中，很少有企业单独完成产品设计开发、生产加工、市场销售、售后服务的全过程，除非企业具有非常充足的资金和十分全面的能力。因此，一个企业价值链往往是产业价值链的一部分，它同供应商价值链、分销商价值链、顾客价值链一起构成价值链体系，如图 3-3 所示。

对一个企业而言，向最终顾客提供低价格的产品，可能是由销售商较低的加价来支持的；而向最终顾客提供高质量的产品，也必然离不开供应商提供的高质量的零部件。所以，任何企业的价值链分析，应该放在产业价值活动的系统中进行分析。

为了分析竞争优势，企业有必要根据价值链的一般模型，构造具有企业自己特色的价值链。企业在构造价值链时，需要根据价值链分析的目的以及自己的生产经营特点，将每一项活动进行分解。分解的适宜程度取决于以下三点：有不同的经济含义；对差异化有巨大的潜在影响；在成本上表现为一个较大的份额或一个不断增长的份额。企业应该将可以充分说明企业竞争优势或劣势的子活动单独列出来，以供分析使用。对于那些

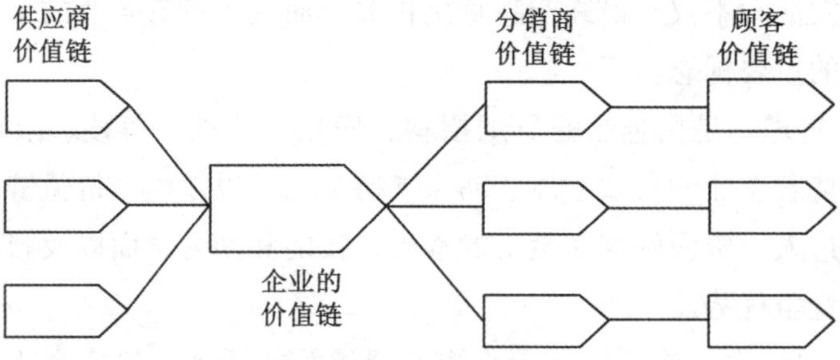

图 3-3　价值链系统

不重要的活动，则可以归纳在一起进行分析。活动的顺序一般按照工艺流程进行，但也可以根据需要进行安排。无论怎样的顺序，企业的管理人员都应从价值链的分类中得到直观的判断。

一旦确定了价值链的主要要素之后，就可以进行战略成本分析工作了，即将公司的部门成本会计数据分解成各项具体活动的成本。

四、价值链分析

（一）关键活动的成本标杆学习

价值链分析最重要的应用是揭示具体企业与竞争对手相比的相对成本地位。所需要做的工作就是对每个竞争厂商进行成本比较。其中，该成本是各个竞争厂商为向一个界定清晰的客户群或者细分市场提供产品或服务而产生的。一家企业的成本优势或劣势的大小可能随产品线中各个产品的不同而不同，可能随客户群的不同而不同（如果分销渠道不同），可能随地域市场的不同而不同（如果影响成本的因素随地域的不同而有差异）。

当今许多企业都将自己某项特定活动的成本与竞争对手的成本进行比较，或者同另一个行业中能够高效地开展相同活动的非竞争对手的成本进行比较，就称为标杆学习。标杆学习的核心是比较各个公司开展其价值链中一些基本活动的优劣程度，例如，如何采购原材料、如何培训员工、如何处理公司的分销、企业推出新产品的速度如何、质量控制开展得怎样、如何处理客户的订单、如何为客户服务等。标杆学习的目标是理解开展某项活动的最好做法，学习怎样才能降低成本。一旦发现自己开展某项活动的成本同其他公司的同一活动的成本不一致了，就应该采取行动，提高公司的成本竞争力。

世界 500 强中，有 80%以上的公司进行了一定形式的标杆学习。进行标杆学习，最难的是取得比较对象的成本数据。但是，由于进行标杆学习和寻找最佳业务惯例能取得显而易见的好处，各企业千方百计地获得所需的数据，如通过公开的报告、报表、行业协会的研究收集信息，从咨询公司、行业分析专家那里获得帮助，让客户、供应商、合资伙伴成为公司标杆学习的联盟。美国施乐公司是标杆学习的早期开拓者。1979 年，日本制造商在美国以每台 9600 美元的价格销售复印机，施乐就派了一个考察团到日本去学习竞争对手的业务流程和成本。该考察团发现施乐的成本太高，其原因是在公司的制造过程和业务管理中存在严重的低效率。后来，施乐公司推出了一个长期的标杆学习计划，将公司的67个关键工作流程同那些被认为“做得最好”的公司进行比较学习。最后，施乐公司的产品恢复了竞争力。

（二）获得成本竞争力的战略选择

考察企业自己的价值链结构并将它同竞争对手的价值链结构进行比较可以表明：谁拥有多大的竞争优势或劣势？是哪些成本因素导致了这种状况的出现？这些信息对制定战略以消除成本劣势和创造成本优势起着至关重要的作用。

竞争企业之间的重大成本差异可能发生在三个主要的领域：行业价值链体系的上游部分、企业自己的活动部分、行业价值链体系的下游部分。

（1）对产生于行业价值链的上游部分的成本劣势可以采取的行动

① 通过谈判，从供应商那里获得更有利的价格。

② 同供应商进行紧密的合作，以帮助它降低成本。

③ 改善供应商价值链和企业自己价值链之间的联系。

④ 尝试使用成本更低的替代品。

⑤ 尽力在其他地方砍掉成本以补偿这个地方的差异。

世界零售业巨头沃尔玛与其供应商的关系对很多企业都会有启示。一方面，它充分利用其规模优势，对供应商进行强有力的讨价还价，尽力获得最低价格。另一方面，它又与供应商结成长期伙伴关系，帮助供应商改善管理。沃尔玛与主要供应商宝洁公司的计算机系统相连接，建立了一个及时订货和传送系统。当沃尔玛的库存到了订货点时，计算机就通过卫星向最近的宝洁工厂发出订单，这些工厂就将其商品送到沃尔玛的分销中心或直接送到商店。通过双方价值链的联结和协调，宝洁公司能够有效地做出生产计划，进行直线分销，并降低了成本，最后宝洁公司又可以将节约的一部分成本让利给沃尔玛，形成了一种双赢的局面。

（2）对存在于价值链体系下游部分的成本劣势可以采取的行动

① 促使分销商和其他前向渠道减少利润。

② 同前向渠道结成联盟或紧密合作，以寻找降低成本的双赢机会。一家巧克力生产商知道，如对巧克力采用罐装车大批量液态装运，而不是用固态的巧克力条，就可以使其生产糖果的客户节约卸装和熔化的成本，而且还可以消除自己的巧克力成型成本和包装成本。

③ 转向更具经济性的分销战略，包括前向一体化。如种子公司不通过中间商，直接向具有一定生产规模的农户销售种子。

④ 试图削减价值链体系中其他阶段的成本以弥补这里产生的差异。

（3）对存在于企业内部的成本劣势可以采取的行动

① 简化高成本活动。

② 再造业务流程和工作惯例，从而提高员工的生产率，提高关键活动的效率，提高企业资产的利用率，或者改善企业对成本驱动因素的管理。

③ 通过改造价值链消除某些产生成本的活动。

④ 对高成本的活动进行重新布局，将其安排在成本更低的地理区域。如许多发达国家的企业将其制造工厂转移到人力成本较低的发展中国家。

⑤ 分析自己的价值链，对它进行分解，看看是否有一些非关键的活动由外部的合作商来完成比自己更为合适。这种做法在电子、汽车、电信等行业很盛行。

⑥ 投资于节约成本的技术改善，如机器人、柔性制造技术、计算机控制系统等。

⑦ 围绕棘手的成本要素进行革新，如对工厂和设备追加投资。

⑧ 简化产品设计，使产品的生产更具有经济性。

⑨ 通过价值链体系的前向和后向部分来补偿企业的内部成本劣势。

五、应用价值链分析企业的战略环节

一个企业的众多价值活动中，并不是每个环节都创造价值，企业所创造的价值实际上来自价值链上某些特定的价值活动，这些真正的创造价值的经营活动，就是企业价值链的“战略环节”。20 世纪 80 年代，美国的麦肯锡咨询公司和瑞士洛桑管理学院共同开发了一种产品分析法。其基本方法是一抓投入（成本），二抓产出（增值）。

① 成本：判断产业最终产品的成本，以及成本在各子产业或子经营活动中的比例。

② 增值：判断产业最终产品的价格及增值，以及增值在各子产业或子经营活动中的比例。

按照成本和增值情况，可以把企业的战略业务领域（strategic business area，SBA）划分为四种类型，如图 3-4 所示。

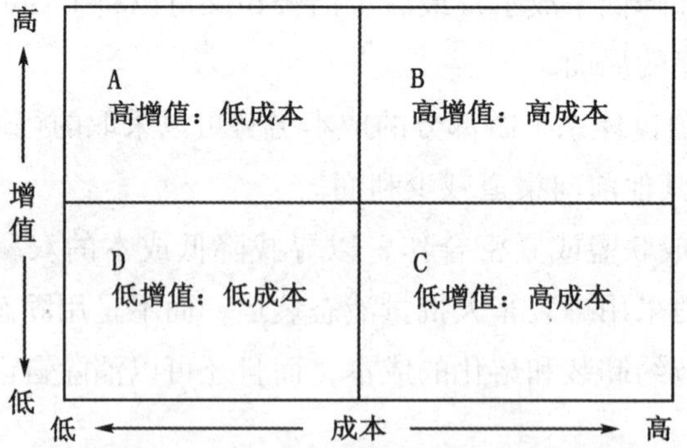

图 3-4　按照成本与增值划分的企业战略业务领域类型

企业分析的目的就是发现 A 类 SBA，而规避 C 类 SBA。以计算机业为例，如果企业原来只从事设计或生产，现在想要进行上游或下游的纵向一体化，各环节的成本与增值比例如图 3-5 所示。

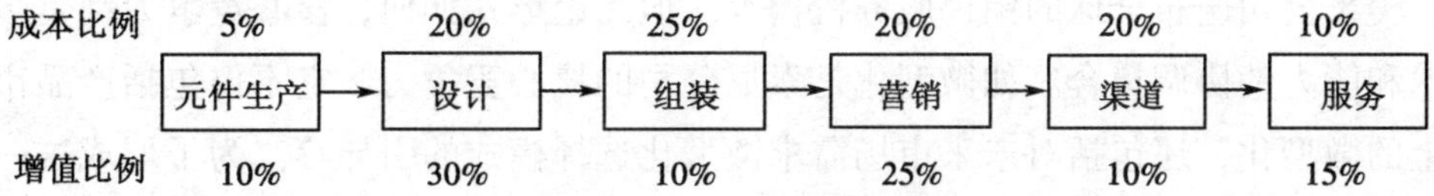

图 3-5　计算机业成本增值分析

可见，在该行业，最赚钱的经营活动依次是元件生产、设计、服务和营销。最不赚钱的是组装与渠道，但这并不意味着就必须选择这样几个 SBA。事实上，计算机公司的选择是多元化的，这是由于每家公司拥有的资源不同，各自所具备的能力亦有所长。DELL、IBM 和 INTEL 公司各自选择了不同的 SBA 组合，如图 3-6 所示。

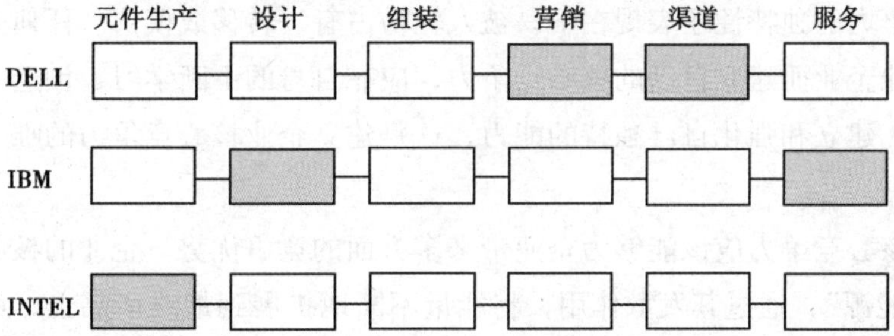

图 3-6　不同企业的价值链定位

第三节　核心竞争力与企业竞争优势

一、核心竞争力的内涵

（一）核心竞争力的含义

核心竞争力（core competence）的英文原意是核心能力或核心技能，是一个公司比其他公司做得更出色的一系列活动。根据普拉哈拉德和哈默尔的定义，核心竞争力是“组织中的积累性知识，特别是关于如何协调不同的生产技能和有机结合多种技术流的知识”。所以，核心竞争力是某一企业内部一系列互补的技能和知识的组合，这种组合可以使企业的业务具有独特的竞争优势。说它是组合，是指它既包括科学技术，又包括管理、组织和营销方面的技能。这些技术和知识的结合方式决定着核心竞争力的强弱，决定着企业开发新产品、服务市场、挖掘新的市场机会的潜力，体现着竞争优势。核心竞争力是一个企业所具有的在本行业独树一帜的、难以复制模仿的能力，可实现用户看重的、高于竞争对手的价值，从而是长期利润的源泉。

核心竞争力既可能以某种先进技术的形式表现出来，如英特尔公司的计算机微处理技术、佳能公司的影像技术等；也可能以其他形式表现出来，如麦当劳公司快捷的服务体系、美孚公司遍布全球的销售服务机构等。但无论形式如何，核心竞争力都是多种先进技术和能力的协调集合。如微型化是索尼公司的核心竞争力，它不仅包括产品市场和生产上的微型化，还包括对未来市场需求微型化选择模式的引导等。为了形成这一核心竞争力，公司的技术人员、工程师以及营销人员必须对未来顾客需求的微型化发展方向和自身技术能力的微型化延展方向达成共识，以便协调各方面的活动。

（二）核心竞争力的特征

1. 独特性

从竞争的角度，一项能力要成为核心竞争力必须有一定的独特性。如果某种能力为整个行业普遍掌握，就不能成为核心竞争力，除非这家企业的能力水平远远高出其他企业。核心竞争力的独特性还表现在不易被人轻易占有、转移或模仿。任何企业都不能靠简单模仿其他企业而建立自己的核心竞争力，应靠自身的不断学习、创造乃至在市场竞争中的磨炼，建立和强化自己独特的能力，这是建立企业核心竞争力的唯一正确途径。

2. 扩散性

企业的核心竞争力应该能够为企业带来多方面的竞争优势。企业的核心竞争力就如同一个“技能源”，通过其发散作用，将能量不断地扩展到最终产品上，可以通过一定的方式向外衍生出一系列的产品或服务。如佳能公司利用其在光学镜片、成像技术和微处理控制技术方面的核心竞争力，成功地进入了复印机、激光打印机、照相机、成像扫描仪、传真机等20多个市场领域；夏普公司利用其在平面屏幕上的领先地位，成功地进入了笔记本电脑、便携式电脑、微型电视、液晶投影电视等多个市场领域。

3. 增值性

核心竞争力必须以实现用户看重的价值为最终目标。只有那些能够真正为用户提供根本性好处、帮助企业为用户创造更多价值的能力，才能成为企业的核心竞争力。用户是决定某项能力是否属于核心竞争力的最终裁判。本田公司在发动机方面的技能是其核心竞争力，而其处理与经销商关系的能力就不是核心竞争力。因为本田在生产世界一流的发动机和传动系统方面的能力的确为用户提供了价值：省油、易发动、易加速、噪声低、震动小。很少有用户是因为本田的经销人员的独特能力才在众多的品牌中选择了本田汽车。

4. 可变性

企业的核心竞争力不是一成不变的，某个企业的核心竞争力可能最终被竞争对手所成功模仿，并随着时间的推移，逐渐成为行业内的一种基本技能。例如，在20世纪80年代，快捷优质的上门服务无疑是某个家电企业的核心竞争力。但是时至今日，各个家电企业之间售后服务水平的差距已经大大缩小了，此时售后服务已经不是这家企业的核心竞争力。这种变化在许多行业都可见到。因此，企业应该以动态的观点看待企业的核心竞争力，随时对自身的能力与外界（如竞争对手和行业水平）进行比较和评估，并不断对优势进行加强，以保持持久的核心竞争力。

（三）核心竞争力、核心产品与最终产品

要正确认识核心竞争力的内涵，还必须理解核心竞争力与核心产品和最终产品的关系。核心产品是核心竞争力的载体，是联系核心竞争力与最终产品的纽带。同时核心产品又是最终产品的重要组成部分，它构筑了企业最终产品组合的平台。有学者做了形象的比喻来说明核心竞争力、核心产品和最终产品的关系：如果把一个公司比喻成一棵大树，树干和大树枝是核心产品，小树枝是业务单位，叶、花和果实是最终产品，那么提供水分、营养和保持稳定的根系就是核心竞争力。

企业为了维持核心竞争力领域的领导地位，就必须在核心产品的生产上维持尽可能大的制造份额。因为企业竞争的目标实际上是在某种核心竞争力领域建立垄断或尽可能接近垄断地位。但建立最终产品的垄断地位会受到法律或分销渠道的约束，而一个公司核心产品的市场份额的增长就不存在这种限制，通过借用下游合作伙伴的销售渠道和品牌，在核心产品市场份额迅速增长的过程中，企业的核心竞争力可以得到最大限度的发挥。所以，企业以原始设备或核心零部件供应商的身份向竞争对手或下游企业出售其核心产品，是迅速占领市场的一种有效途径。

（四）核心竞争力的管理

要在一个企业里牢固树立核心竞争力观念，需要全体管理人员充分理解并积极参与以下四项关键的核心竞争力管理工作。

1. 找出现有的核心竞争力

衡量一家企业对核心竞争力的管理水平，首先应该看这家企业对其核心竞争力的定义是否明确，以及大家对这个定义的认同程度。因此，实施核心竞争力管理的第一步就是核心竞争力的识别。可以采取下面三个步骤。

（1）列出企业竞争能力清单

即把注意力集中在产品隐含的技术、技能、知识及其人力资本与组织载体上。具体步骤是：① 辨别与某一产品或产品组，特别是拥有领先地位的产品或产品组有关的是哪些竞争能力。这里的竞争能力是指删除地理、原材料、市场垄断等非技术或非技能优势后的那些因素，同时，要考虑那些从关联企业和供应商获得的知识与技能。② 分析企业某一部门或单位是否隐藏某些竞争能力。③ 分析企业文化，以辨别那些可能隐藏在其中的知识或观念。④ 不仅要考虑竞争能力的内容，而且要判别它以何种方式或流程体现在现有组织框架中及整个价值链系统中。⑤ 进一步分析竞争能力存在于组织内的哪些具体部门和人员身上，这为开发、保护和发展该竞争能力提供了基础。通过以上分析并将同类因素加以适当归并，可以列出一个包含若干细目的企业竞争能力清单。

（2）结合外部环境分析

总结出决定这些竞争能力现在和未来3~5年内的顾客价值。

（3）判别竞争能力的相对强度

竞争能力相对强度既包括竞争能力区别于对手的程度，也包括其难于模仿和替代的程度。

2. 制定获取核心竞争力的计划

虽然一个企业的核心竞争力的建立进程要根据它的战略发展框架来定，但绘制一份能力-产品矩阵图，可以帮助人们看清楚获取和部署能力的目标。这种矩阵图可区分现有能力与有待获取的能力，分辨现有产品市场与新发现的产品市场（见图3-7）。

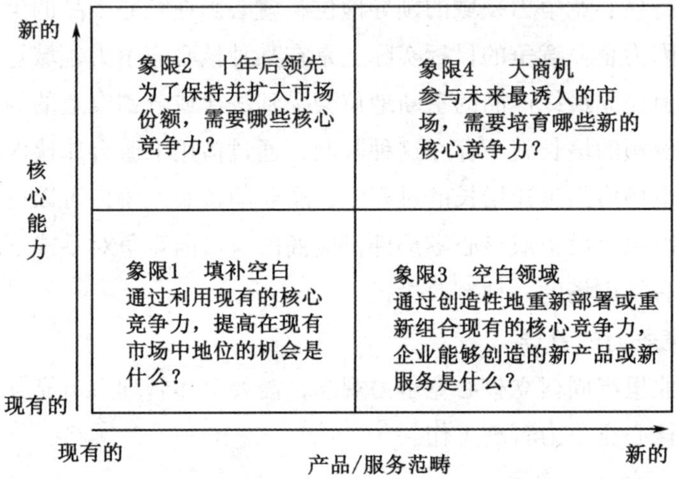

图3-7　培养核心竞争力矩阵图

① 填补空白。第Ⅰ象限是企业现有核心竞争力与现有产品或服务的组合。通过标出哪些核心竞争力支持哪项产品，企业可以发现和引进企业内其他部门与这个产品相关的核心竞争力，以强化其在特定产品市场的地位。每个企业均应自问，利用现有核心竞争力以增进现有市场地位的机会在哪里？

② 十年后领先。第Ⅱ象限提出了一个重要问题：现在企业应该建立什么样的核心竞争力，才能确保5年或10年后用户能将其当作首选供货厂家？这里的目标是了解需要建立何种核心竞争力，方可保持并扩大企业在现有市场上的份额。例如，IBM公司一直在努力发展业务咨询能力，因为它知道自己的用户需要的不仅是计算机和软件，还有实际业务问题的答案。假如IBM公司不建立这种竞争能力，它作为信息技术供应商的地位将被那些具有强大咨询竞争能力的竞争对手削弱。

③ 过时的能力。第Ⅱ象限还引出了另一个问题：目前用于满足现有顾客的能力，可能被哪些新能力取代或淘汰？企业的能力建立计划应包括了解将来可能取代自己传统技能的新能力。

④ 空白领域。第Ⅲ象限指那些不属于现有业务单位的产品-市场范畴。企业要做的就是想象出这样的商机，来扩展现有的核心竞争力，将其用到新产品市场上去。例如，索尼公司依靠自己的录音机、耳机技能和微型化竞争能力，成功创造出随身听这一新产品。

⑤ 大商机。第Ⅳ象限中的商机和企业目前在市场上的地位或现有的能力基础都没有任何关系，但如果这种商机意义重大，或者十分诱人，也可以去捕捉。这时的战略手段可以是一系列规模不大但目的明确的并购或联营，借此企业可取得并了解所需的能力，同时开始研究其潜在的用途。

3. 培养新的核心竞争力

建立领先的核心竞争力的关键在于持之以恒。要做到这一点，首先，企业内部对建立与支持哪些能力应该意见一致。其次，负责建立能力的管理班子应保持相对稳定。除非高层管理人员对建立哪些能力达成一致意见，否则就不可能有长期一贯的努力。如果上层没有一致的意见，而各个业务单位又只顾建立自己的能力，那么整个企业在能力建立方面就不能集中力量，甚至根本无法建立新能力。培养新核心竞争力的方法主要有以下五种。

① 收购法。通过收购具有相关核心技术或竞争能力的企业或组织（并确保其在收购后不流失），而快速强化目标专长或竞争能力。

② 集中法。通过统一目标，将注意力集中在科研与产品开发等少量关键目标上，加大对核心技术的资金投入与人才配置，组建竞争能力开发团队，提高内部资源配置的效率。

③ 借用法。通过与其他厂商、研究机构、主要客户形成联盟，如合资、合营、授权等，从中获得并消化吸收合作伙伴的技术和技能。

④ 融合法。通过系统性思维将若干相关生产技术、各功能领域技术（研究与开发、生产、营销和服务等）、自己拥有的和借用或收购的技术等加以有效整合。

⑤ 重复法。通过在不同领域或活动中多次使用某些技术、技能、知识，并不断总结、学习与创新，以提高和加强竞争能力。

4. 保持核心竞争力

由于核心竞争力可以使企业在竞争中获得超额收益，竞争对手总是千方百计地对企业的核心竞争力进行研究和模仿。核心竞争力是通过长期的发展和强化建立起来的，核心竞争力的丧失会带来无法估量的损失。所以，企业在加强核心竞争力培育的同时，一定要重视企业核心竞争力的保护工作。为此，要针对核心竞争力丧失的主要原因，努力构筑核心竞争力的模仿障碍，尽量防止核心竞争力的丧失，延缓核心竞争力的扩散。

核心竞争力丧失的原因主要有以下几点。

① 核心竞争力携带者的流失。核心竞争力携带者是指体现和掌握核心竞争力的技

术人员或管理人员，他们在企业核心竞争力的建立过程中曾起过中流砥柱的作用，一旦他们离开企业为竞争者效力，可能会导致企业关键技术的泄密，使核心竞争力的优势大大削弱。

② 与其他企业的合作。企业在与其他企业合作时，常常会扩散自己的核心竞争力。例如，日本一些企业通过战略联盟从西方合作伙伴那里获得大量的技术能力，从而使得西方企业的核心技术能力不再独享，它们的核心竞争力也就不复存在了。

③ 放弃某些经营业务。例如，通用电气、摩托罗拉等公司从1970—1980年先后退出彩电行业，从而失去了各自在影像技术方面的优势。

④ 核心竞争力逐渐被竞争对手所模仿，成为行业中必备的能力。

保护核心竞争力的措施如下。

① 加强对核心竞争力携带者的管理和控制。核心竞争力的携带者是企业的宝贵财富，企业高层管理人员必须清楚地识别他们，制定相关政策，防止这些人的流失。例如，可以通过股权激励给他们戴上“金手铐”，使他们的利益与公司的利益保持一致，培养其忠诚度等。

② 自行设计和生产核心产品。核心产品是一种或几种核心竞争力的物质体现，企业通过自行生产核心产品，可以防止秘密技术和独特技能的扩散，从而将核心竞争力保持在企业内部。可口可乐公司自行配制糖浆就是一个很好的例子。

③ 谨慎处理某些经营不善的业务。在那些因短期市场前景暗淡而即将被企业放弃的业务中，可能含有某些具有潜在价值的核心竞争力或其组成部分。企业在处理这些业务时必须谨慎，要充分考虑业务的放弃或转让所造成的影响，看看是否会对企业和竞争对手的核心竞争力带来什么影响。

④ 加强对企业核心技术的保密措施与管理制度。

⑤ 在现有核心技术或技能融合模式基础上，利用全面质量管理或“小决策”，不断对其进行改良与改进。

二、企业竞争优势及起源

价值创造与资源和能力的关系说明，要保持持续竞争优势，同一产业的厂商在资源和能力方面必须具有持续不对称的特点。这些资源和能力构成了可持续竞争优势的基础。很显然，作为可持续竞争优势的基础，资源和能力必须是稀有的、不易流动的，即使在功能完善的市场也是这样。那么，企业持续竞争优势的源泉是什么？

（一）持续竞争优势的条件

迈克尔·波特在《国家竞争优势》一书中指出，竞争优势的持续力取决于三项重要条件。

1. 特殊资源的优势

资源的重要性有层次之别，低层次的优势如廉价劳动力和原料等，是很容易被模仿取代的。低层次竞争优势还包括以竞争者也能取得的技术、设备和方法发展规模经济，这种规模经济通常会因为新的生产技术或方法出现而遭淘汰。新的产品设计问世也可以扼杀这种优势。

高层次的竞争优势则包括高端技术的所有权、在单一产品或服务上的差异（这是一种营销时累积的品牌信誉或客户关系的持续，是比较稳固牢靠的竞争优势）。高层次的竞争优势通常有一些特征。首先，企业要获得更先进的技术与能力，如高级专业人才、内部技术能力、与主要客户保持密切关系等。其次，高层次竞争优势通常来自长期累积并持续对设备、专业技术、高风险研究发展、营销等方面的投资，并使有关特征表现得更好，进而培养出自行发展的动力。当企业快速而持续地在科技开发、市场开拓、全球服务以及新产品推出等方面投资时，通常会使竞争者招架不住。

生产成本的优势通常不如产品差异有价值。因为任何新而且低廉的资源或更简单的生产方式一旦问世，都会使原来以成本优势领先的企业丧尽优势。

2. 竞争优势的种类与数量越多越好

如果企业只靠一种竞争优势维持竞争力（如拥有廉价的材料或低成本的产品设计等），其竞争对手就可以在这些领域集中火力，以期打成平手或后来居上。因此长期领先的企业多半会沿着价值链发展多样化的竞争优势。以日本小型复印机业为例，它们拥有先进的产品造型、低成本的弹性制造系统、广泛的营销网络、产品质量稳定等筹码。如此多样的优势自然拉开了与竞争对手间的差距。

3. 竞争优势的持续力是一种持续的改善与自我提升

企业要持续保持竞争优势，自身必须在旧的优势丧失前发展出新的优势。要做到这一点，首要的任务是毫不松懈地改善公司既有的竞争优势，以更高效的方式善用设备，或提供更完善的客户服务，使竞争者难以迎头赶上。

（二）竞争优势的起源

以资源和能力为基础的竞争优势的形成不是一朝一夕的事情，需要不断地积累战略制定所需的各种资源，不断地创造、学习和磨炼。只有达到一定程度后，企业才可通过一系列的组合和整合，形成自己独有的、不易被别人模仿、替代和削弱的竞争能力，获得持续的竞争优势。以资源为基础的企业理论从几种不同角度解释企业竞争优势的起源，即创造性破坏、演变和环境。

1. 创造性破坏

在任何市场中，都存在相对静止的时期。此时已经形成了优于一般水平的产品、技术或组织能力的公司将获得正的经济利润。当老的优势的源泉被破坏并代之以新的源泉时，这些静止时期将由于基础性的“冲击”或“不连续”而发生中断，能利用冲击创造机会的企业家，在下一个相对静止的时期继续获得正的利润。熊彼得称此为“创造性破坏”。

创造性破坏概念对于指导企业经理人员考虑战略性决策制定的框架具有重要意义。事实上，基于不可模仿的资源或能力，先行者的优势在新技术出现、偏好改变或政府政策改变时终将过时。图 3-8 描述了一个已获得可持续竞争优势的公司所经历的时间轨迹。

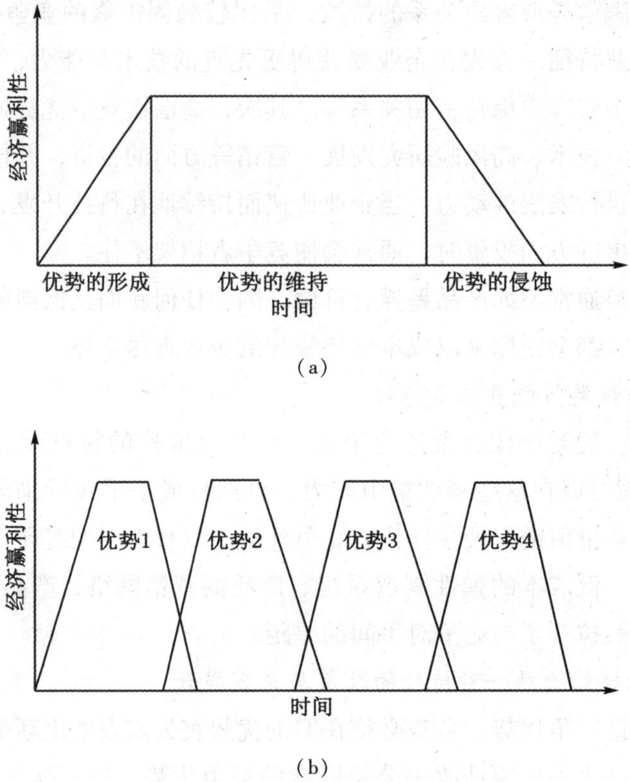

图 3-8　超级竞争和竞争优势

图 3-8 的（a）说明了动态竞争优势。当优势发展时，经济利润增长。当优势维持时，经济利润保持不变。最终优势被侵蚀掉，经济赢利性下降。达韦尼（D'Aveni）认为，在许多市场中，优势维持阶段在缩短。在这种环境中，公司只有不断发展新的优势，才能保证正的经济利润，如图 3-8（b）所示。

波特教授在其著作《国家竞争优势》中认为，企业要维持既有的优势位置，有时甚至必须适时放弃现有的优势以成就更高层次的新优势。韩国造船业能成为新的国际造船业盟主，其中经过大力扩建船坞、采用新造船技术以降低人工成本与提高生产率、改造更复杂的船舶等过程。在其人工成本仍具有竞争优势时它就开始为升级做准备，其结果是大大降低了韩国对传统竞争优势即人工成本的依赖。许多过去成功的企业如今无法保持竞争优势，其原因就在于它们无法适应自我淘汰的阵痛和困难。

普拉哈拉德和哈默尔也提出相关的观点。他们认为，一些公司如 CNN，NEC，丰田和索尼的成功是因为它们一直专注于在它们的产业中取得全球主导地位，他们称这种专注为战略意图。这些公司的战略意图大大超过它们现有的资源和能力。普拉哈拉德和哈默尔把目标和资源之间的缺口称为战略延伸。这些公司不得不扩大和改变它们目前的资源存量，并创造新的资源。它们更关注“杠杆利用”目前的资源和环境，使之达到“战略适合”。

以上的观点提醒我们，在一个技术飞速进步和偏好多变的环境中，一个停留在已有优势地位的公司，很快会被更富创造性的竞争对手所取代。不过，公司也可以自己创造冲击，而不是等待环境变化和产业中其他公司打破现存的优势来源。

2. 演变

演化经济学提供一种不同于上面以微观经济学为基础的关于创新活动的观点。演化经济学研究公司资源、能力和历史对其创新激励的影响。演化经济学认为公司的决策往往不是由利润最大化决定的，而是由惯例决定，即由公司内部实行得很好的活动模式决定。公司惯例包括生产方法、雇用新工人的程序，以及决定广告费用水平的政策。在任一给定的时间，一个组织的惯例决定了它与众不同的能力，使之能比别的公司做得更好。

公司不经常改变它们的惯例，因为改变组织惯例对公司来说很昂贵。因此，公司只是根据其外部环境条件的小变化对惯例做出适应性改变。然而，正如熊彼得强调的，公司一直以特定方法生产给定的系列产品也许很难生存下去。因此，公司需要经常不断地寻找改善现存惯例的方法。公司保持和改变其作为竞争优势基础的能力，被称为动态能力。具有有限动态能力的公司不能培养竞争优势并使它们的优势来源适应时间的发展，最终会被其他公司所替代。具有强动态能力的公司能使它们的资源和能力随时间变化而改变，并且能利用新的市场机会来创造竞争优势的新源泉。

波特关于“竞争优势的持续力是一种持续的改善与自我提升”的思想也是基于这一思路。就长期角度而言，永续的竞争优势有赖于企业将其资源优势从层级的提升与扩张，转变为形态上的优势。日本汽车生产商正是借此模式获得成功。它们最初以廉价的人工成本发展式样简单的平价汽车打入国际市场，当人工成本还存在优势时，产品已经开始往高级路线蜕变。随后日本人大量投资兴建现代化工厂以扩大经济规模，进而展开技术创新，成为发明零库存生产技术和提升生产率的先驱。

波特还认为，企业的永续竞争优势必须时时求变。无论处于何种产业，企业本身必须能引导而非坐视产业的走向。企业更需要在竞争者最可能侵入的地方进行加强式投资。例如，如果生物科技是制药业发展的一大威胁，希望保持既有竞争优势的药厂就应该及早发展更强的生物科技能力。

3. 环境

波特主张竞争优势还来源于公司所在的当地环境。尽管现代公司具有超越本地市场的能力，特定产业的竞争优势仍常稳定地集中于一个或两个地方：世界最成功的高压电力分配设备生产商集中于瑞典，最好的隧道设备生产商在瑞士，最成功的大型柴油机卡车生产商在美国，微波炉的主要生产公司来自日本。

依据现代产业竞争理论，对国家或地区产业链与产业群环境分析，波特提出了一个分析框架，被称为“钻石体系”（见图 3-9）。波特认为，公司在母国市场上存在四个提高或阻碍公司在全球市场上获得竞争优势的特征，它们分别是：要素条件、需求条件、相关供应商与支持性产业、竞争状况。

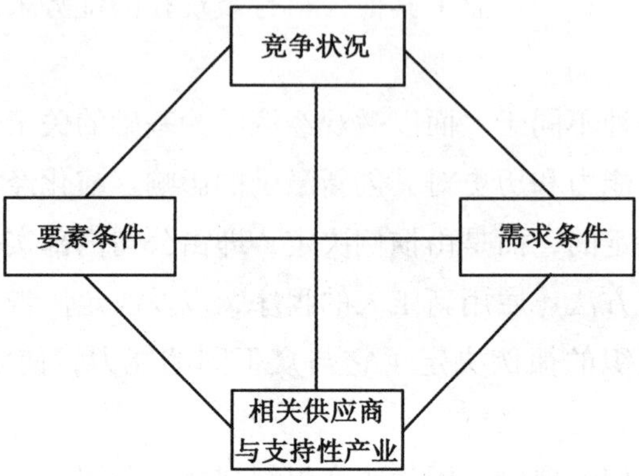

图 3-9　产业竞争优势来源的“钻石模型”

① 要素条件。这是指针对特定产业竞争所必需的生产要素（如人力资源、基础设施）。因为通用生产要素在当地可获得或在国际市场上购买，所以最重要的生产要素是那些特定产业需要的高度专业化的要素。

② 需求条件。公司获得竞争优势的第二个决定因素是当地需求条件，包括本地市场对公司产品需求的规模、增长和特征。公司顾客的特征和他们需求的性质特别重要。复杂的当地消费者或独特的当地条件促使公司提高产品质量和创新。例如，在空调行业，日本公司（如松下）以生产小型、噪声低、节能的窗式空调而著名。这些产品特征在一个土地面积狭小、能源短缺、夏天闷热潮湿的国家很关键。

③ 相关供应商与支持性产业。以有竞争力的供应商或支持性产业为基础的公司，将在国际市场上取得有利地位。交换关键的投入中稀缺的生产技能，特别需要在地理上接近。例如，意大利皮鞋生产商与皮革生产商建立了密切的工作关系，这使得它们能很快了解到皮革新的质地和颜色。而皮革生产商则从皮鞋生产商那里了解到新的流行趋势，从而有助于计划新的产品。

④ 竞争状况。根据波特的理论，本地市场竞争对创新速度的影响远比外国竞争大。虽然本地竞争可能压低本地市场的利润率，但在激烈的本地市场竞争中存活的公司常比在轻松的当地条件下存活的国际竞争对手更有效率、更具创新精神。

四要素的前两项“要素条件”与“需求条件”是对比较优势分析方法的继承与延伸，而“竞争状况”“相关供应商与支持性产业”这两大因素对“钻石体系”的动态发展影响深远，它们的重要性在于推动整个“钻石体系”的升级，并带动“钻石体系”内部各要素之间的互动。换言之，国家或地区产业竞争优势不仅取决于生产要素与市场发展空间，更重要的是取决于要素的组合方式。

第四节　资源均衡状况评估

除了一些较小的公司外，大多数公司有多种产品，面对多个市场，因而每一个公司都不可能选择单一经营战略，而必须根据产品、市场的不同而选择一个战略组合群。当企业的各分部或分公司在不同的产业进行竞争时，企业在制定总体战略的基础上，还必须为每一个经营单位、产品制定具体的竞争战略。

一、资源组合分析

（一）波士顿矩阵

波士顿矩阵评价法（BCG）又称市场增长率-占有率评价法，该方法最早是由波士顿咨询公司为美国米德纸业公司进行经营咨询时提出的。它以企业生产经营的全部产品或业务的组合为分析、研究对象，通过分析企业相关经营业务之间现金流量的平衡问题，寻找企业资源的生产单位和这些资源的最佳使用单位。

1. 市场增长率-占有率的分析变量

公司内每个经营单位的战略选择主要依据如下两个因素或变量：相对市场份额和市场增长率。

（1）相对市场份额

$$相对市场份额=\frac{本企业某产品的绝对市场份额}{最大竞争对手该产品的绝对市场份额}\times 100\%$$

采用相对市场份额而不直接使用绝对市场份额，是为了便于对各种业务进行比较。相对市场份额这个因素能够比较准确地反映企业在市场上的竞争地位和实力（优势或劣势），也在一定程度上反映其赢利能力，因为较高的市场份额一般会带来较多的利润和现金流量。

（2）市场增长率

$$市场增长率=\frac{本产品当年市场销量-本产品上年市场销量}{本产品上年市场销量}\times 100\%$$

市场增长率这个因素反映产品处于其寿命周期的某个阶段及其市场潜在机会或威胁，它有双重作用：① 反映市场机会和扩大市场份额的可能性大小，如增长缓慢，则难以扩大市场；② 决定投资机会的大小，如增长快，则为迅速收回投资、取得投资收益提供了机会。

2. 波士顿矩阵的分析内容

将上述两个因素分为高低两个档次，就可绘出一个四象限的矩阵，如图 3-10 所示。

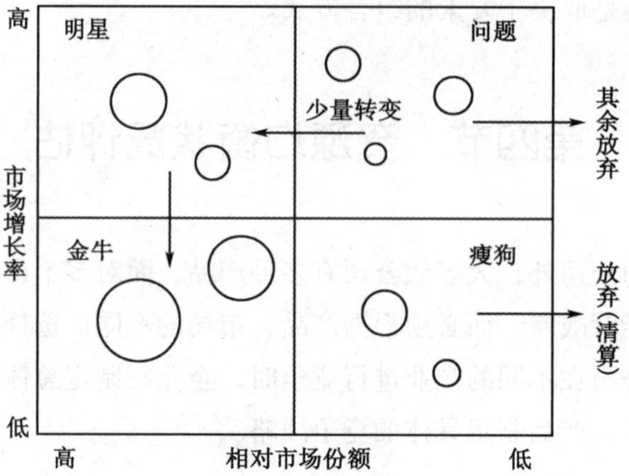

图 3-10　波士顿矩阵法

横坐标表示相对市场份额，常以 0.5 为界限划分为高低两个区域，表示公司的市场份额为本产业领先公司的一半。纵坐标表示市场增长率，常以 10%为界限划分为高低两个区域。图中每个圆代表一个经营单位或产品，圆圈面积的大小表示该项业务或产品与企业全部收益的比值。

分别考察每个经营单位的这两个因素，就可把它们归入矩阵中的某个象限。

① 明星单位。这些单位的相对市场份额高，反映其竞争能力强，有优势；而市场增长率也高，反映市场前景好，有进一步发展机会。因此，应当发挥优势去抓住机会，对这些单位选择扩张型战略，使之成长壮大。这些单位需要大量投资，是企业资源的主要消耗者。当这些单位日后的市场增长率下降时，它们将变为金牛单位。

② 金牛单位。这些单位的相对市场份额高，反映其竞争能力强，有优势；但市场增长率不高，表示处于成熟的、增长缓慢的市场中，不宜再增加投资去扩张。对它们比较适合采取维持现状的稳定战略，尽量保持其现有的市场份额，而将其创造的利润加以回收，用来满足明星单位和一部分问题单位的发展扩张需求。

③ 问题单位。这些单位的市场增长率高，表明市场前景好，有进一步发展的机会；但其市场份额低，表明它们的实力不强，利润较低，如果要加以发展就必须大量追加投资。然而企业可用于投资的资金来源是有限的，往往不能满足所有问题单位的发展。因此，对问题单位要一分为二，对于那些确有发展前途的单位应采用扩张型战略，追加投资，增强其竞争地位，使之转变成明星单位；对剩余的问题单位应采取收缩和放弃战略。

④ 瘦狗单位。这些单位的市场份额和市场增长率都较低，表明既没有多大实力，不能成为企业资金的来源，又无发展前途，再追加投资已不合算。对这些单位较为适宜

的是采取逐步退出的抽资战略，也可以迅速放弃或退出。

对于多元化经营的企业来说，其下属经营单位可能分布于矩阵的各个象限。它们的经营战略组合可概括为：扩张明星单位，有选择地发展问题单位，维持金牛单位，放弃瘦狗单位和部分问题单位。金牛单位提供的利润，则用来发展明星单位和一部分问题单位。

波士顿咨询公司提出，运用这个方法，可为企业绘制出不同时期的矩阵图（现在的、过去3~5年的、3~5年后的），通过它们的相互对照，管理者可以对已经出现的和可能出现的战略选择后果进行比较，从而得到更清晰的认识。

3. 波士顿矩阵的局限性

波士顿矩阵以两个具体指标的量化分析来反映企业的外部环境与内部条件，较SWOT分析有了进步，更因为其简单易行而被众多企业广为采用，但同时也因此而受到许多批评。主要的批评意见如下。

① 市场份额不过是企业总体竞争地位的一个方面，市场增长率也不过是表明市场前景的一个方面，而且仅仅按照高、低两档来划分四个象限，这些都太简单化了。

② 计算相对市场份额时只同最大的竞争对手联系起来，忽视了那些市场份额在迅速增长的较小的竞争者。

③ 市场份额同赢利率之间不一定有密切的联系，低市场份额也可能有高赢利；反之亦然。

④ 瘦狗单位不一定就应当很快放弃。在衰退产业中，一些市场份额低的产品如果需求稳定并可以预测，则仍有较稳定的收益来源；如果竞争者都退出，则该产品的市场份额还会增长，甚至可能成为市场领先者，变成金牛。

后来，汤姆森和斯特里克兰发展了波士顿矩阵。他们将处于不同象限中的单位可以采用的战略列入象限中，从而使战略的选择变得更为清晰。他们的战略方案图如图3-11所示。

（二）通用矩阵

通用矩阵（GE矩阵）是由美国通用电气公司与麦金西咨询公司共同发展起来的一种战略选择方法，它通常又称为行业吸引矩阵。该模型赞成波士顿公司的假定，同样认为企业应根据每个经营单位的具体情况分别选择战略，但在具体方法上对波士顿矩阵做了很大发展改进。

第一，提出了决定和影响企业战略选择的两个新的因素或变量。

① 该单位的实力（即竞争能力）。可以通过市场份额、单位（销售）增长率、产品线宽度、营销策略的有效性、生产能力和生产率、相对的产品质量、研究开发的优势、总体形象等因素综合得到。

② 该单位所处行业的吸引力。可以通过行业的规模、市场增长率、竞争结构、赢

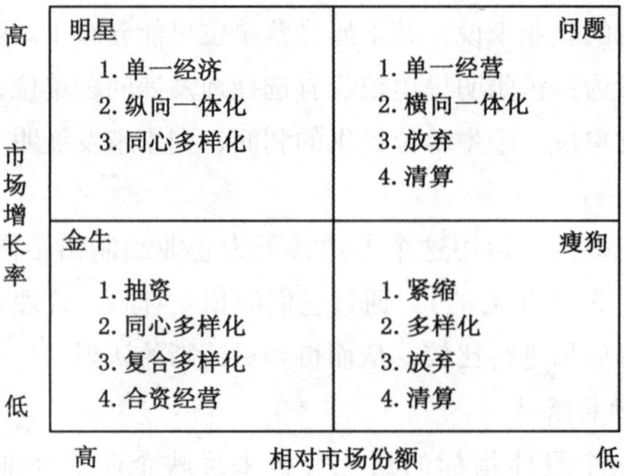

图 3-11　发展的波士顿矩阵法

利性、技术环境的影响、经济周期的影响、政治因素的影响等综合判断。

第二，通过各因素的加权评分，将行业吸引力和竞争能力两个变量分为高、中、低三档，绘制出一个 9 象限的矩阵。具体度量方法是：首先，根据上述影响两个变量各因素的重要程度，分别确定各因素的权数（所有因素的权数总和为 1）；其次，根据具体情况确定各因素的等级评分，一般选用五级分法，如对于表明企业竞争能力的市场份额，可以根据其相对市场份额的大小分别给予 5 至 1 分；最后，通过加权汇总，分别得出行业吸引力和竞争能力的具体分值。

第三，分别考察企业各经营单位的两个因素，据此把它们列入矩阵中的某个象限，如图 3-12 所示，图中圆圈面积的大小与行业规模成正比，阴影部分表示某项业务的市场份额，字母为某项业务的代号。数字 1 至 9 表示划分的区域。

第四，根据图中的每个象限的不同特点，为象限中的单位选择适当的战略。

① 扩张型战略。列入矩阵左上角的 1，2，4 三个象限中的单位都有很强或较强的行业吸引力和竞争能力，类似于波士顿矩阵中的明星单位，一般可采用追加投资的扩张型战略。

② 紧缩或放弃战略。列入矩阵右下角 6，8，9 三个象限中的单位的行业吸引力和竞争能力都很弱或较弱，类似于波士顿矩阵中的瘦狗单位，一般可采用紧缩型战略或放弃战略。

③ 稳定或抽资战略。列入 7 象限的单位具有很低的行业吸引力和很高的竞争能力，这类业务是企业的利润提供者，类似于波士顿矩阵中的金牛单位，对于这类经营单位宜采用维持现状、抽走利润、支持其他单位的战略。

④ 选择型投资战略。列入 3，5 两个象限的单位，一个是行业吸引力和竞争能力都算中等，另一个是行业吸引力很强而竞争实力很弱，类似于波士顿矩阵中的问题单位，

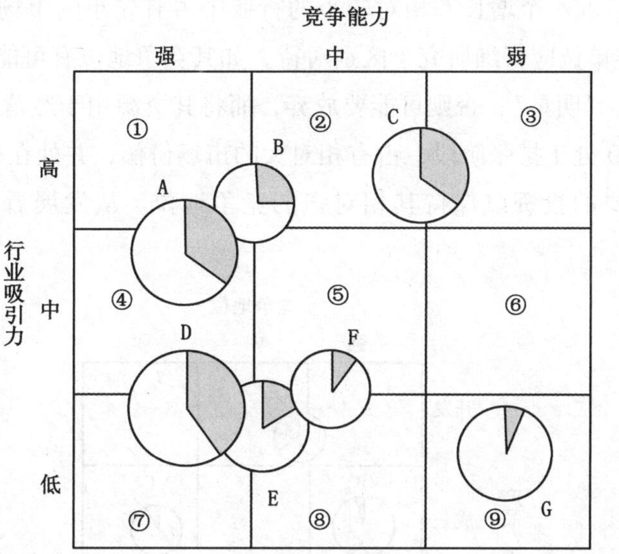

图 3-12　通用矩阵

对于这些没有优势或没有特色的经营单位应一分为二对待，选择其中确有发展前途的业务实施扩张型战略，其余业务采取放弃战略。

通用电气公司提出的这种方法比波士顿矩阵要细致一些，它考虑了更多的内容，而且这些内容可以在不同时期、不同产业中灵活应用，使之更适合具体情况。然而，它对两个因素的评价方法确实比较复杂烦琐，所规定的评分标准、权数等都有较为强烈的主观色彩。

（三）霍夫矩阵

霍夫矩阵又称产品-市场演进矩阵，这一矩阵是由美国战略管理学者查尔斯·霍夫（Charles W. Hofer）教授首先提出的。他扩展了波士顿矩阵和通用矩阵这两种战略选择方法，将市场增长率和行业吸引力因素换成产品/市场发展阶段，从而得出 15 个区域的矩阵，如图 3-13 所示。图中的竞争地位分为强、中、弱 3 档，产品/市场发展阶段实际就是产品寿命周期，在这里划分为 5 个阶段。在这个模型中，各个业务单位根据其产品/市场发展的不同阶段及其竞争地位的不同在图中定位，圆圈的大小代表各个行业的相对规模，圈内的阴影扇形面积代表每个业务单位所占的市场份额。

从对图 3-13 的分析，即可对各经营单位选择其适宜战略。

① 经营单位 A 是一颗潜在的“明星”。它的市场份额大，加之它处在产品/市场发展的开发阶段，具有获得较强的竞争地位的潜力，对它应追加投资，大力扩张。

② 经营单位 B 在某种程度上有点像 A。然而，对 B 投资多少将取决于为什么它相对于其强大的竞争地位却具有较低的市场份额这一问题的答案。为此，经营单位 B 应当实施一种能够扩大它的市场份额的战略，为争取到更多的投资提供依据。

③ 经营单位C在一个增长率相对较小的行业中占有较小的市场份额并拥有较弱的竞争地位。对这类单位应仔细研究，区别对待，如其竞争地位有可能迅速增强，则应追加投资，使之成为“明星”；否则可能要放弃，而将其资源用于经营单位A或B。

④ 经营单位D处于扩张阶段，占有相对大的市场份额，并处在相对强的竞争地位。对D应当进行必要的投资以保持其相对强的竞争地位。从发展看，D应当成为“金牛”。

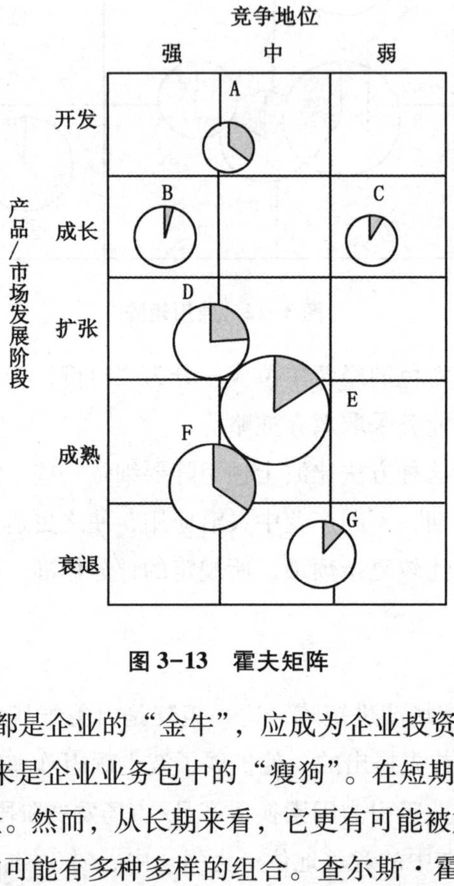

图3-13　霍夫矩阵

⑤ 经营单位E和F都是企业的“金牛”，应成为企业投资所需现金的源泉。

⑥ 经营单位G看起来是企业业务包中的“瘦狗”。在短期内，如果尚能维持，它应当在监控下用于创造现金。然而，从长期来看，它更有可能被放弃。

企业的综合业务包内可能有多种多样的组合。查尔斯·霍夫和邓·斯肯德尔提出，大多数企业的业务包是三种典型矩阵的变体。这三种矩阵是成长型、赢利型和平衡型，如图3-14所示。每一种类型的业务包代表着企业在其资源的分配中所追求的不同目标。成长型矩阵是指其经营单位都集中在产品/市场发展的前几个阶段，市场前景较好，但可能遇到资金短缺的困难。赢利型矩阵则相反，其经营单位更多地集中于产品/市场发展的后几个阶段，市场前景都不太妙，但资金充裕，要找出路。平衡型矩阵则说明企业若干经营单位比较均衡地分布于产品/市场发展的各个阶段，经营形势比较平稳。

另有两位学者希尔和琼斯运用霍夫的方法而直接将企业应采用的战略写入各个区域，供投资决策者参考，见表3-3。这种方法的特点是将竞争地位这一因素只划分为强、弱两档，而且使用产业寿命周期的概念。竞争地位弱的单位和竞争地位强的单位相比应当有不同的战略思维：当产业尚处在成长阶段时，竞争地位弱的单位就应当采取集中战略，注意寻找适合自己的细分市场，以求生存与发展；而在产业扩张阶段（即市场增长率开始下降）之后，就需要考虑放弃或清算了。

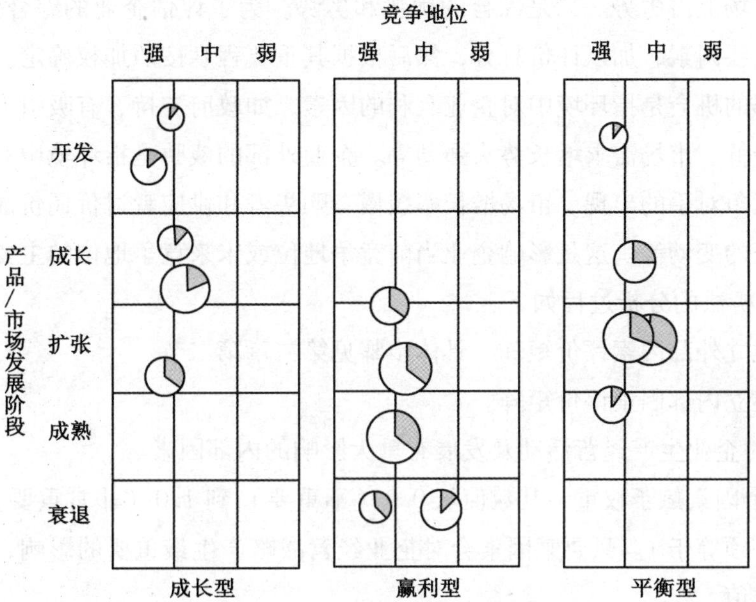

图 3-14 三种典型矩阵分析图

表 3-3 霍夫矩阵的运用

产业寿命周期阶段	竞争地位强	竞争地位弱
开发	建立市场份额	建立市场份额
成长	发展（成长）	市场集中
扩张	增加市场份额	市场集中或抽资、清算
成熟	维持现状或抽资	抽资或清算、放弃
衰退	市场集中、抽资或削减资产	转向、清算或放弃

二、确认关键问题

资源分析的最后一步是从前面的分析中确认关键问题。只有在这个阶段，才能对企业的主要优势和劣势，以及它们的战略重要性做出合理的评估。然后，资源分析才能作为判断未来行动过程的标准。

（一）SWOT 分析

SWOT 分析法是一种对企业外部环境中存在的机会、威胁和企业内部条件的优势、劣势进行综合分析，据此对备选的战略方案做出系统的评价，最终选择出最佳的竞争战略的方法。

企业内部的优势和劣势是相对于竞争对手而言的，一般表现在企业的资金、技术设备、职工素质、产品、市场成就、管理技能等方面。判断企业内部的优势和劣势一般有两项标准：一是单项的优势和劣势。例如企业资金雄厚，则在资金上占优势；市场占有率低，则在市场上占劣势。二是综合的优势和劣势。为了评估企业的综合优势和劣势，应选定一些重要因素，加以评价打分，然后根据其重要程度按照加权确定。

企业外部的机会是指环境中对企业有利的因素，如政府支持、有吸引力的市场的进入障碍正在降低、市场需求增长势头强劲等。企业外部的威胁是指环境中对企业不利的因素，如新竞争对手的出现、市场增长率缓慢、购买者和供应者讨价还价能力增强、不利的人口特征的变动等。这是影响企业当前竞争地位或未来竞争地位的主要因素。

SWOT 分析法的分析过程如下。

首先，建立外部因素评价矩阵，具体步骤见第二章第二节。

其次，建立内部因素评价矩阵。

① 列出对企业生产经营活动及发展有重大影响的内部因素。

② 给每个因素赋予权重，其数值从 0.0（不重要）到 1.0（非常重要）。所有因素的权重总和必须等于 1。只要某因素会对企业经营战略产生最重要的影响，就可以确定为最大的权重值。

③ 以 1，2，3，4 各评价值分别代表相应因素对于企业战略来说是主要劣势、一般劣势、一般优势、主要优势。

④ 用每个因素的权重乘以它的评分，即得到每个因素的加权分数。

⑤ 将所有因素的加权分数相加，得到企业的总加权分数。

总加权分数大大高于 2.5 的企业的内部状况处于强势，而分数大大低于 2.5 的企业的内部状况则处于劣势。

最后，进行战略分析。将上述结果在 SWOT 分析图上具体定位，确定企业战略能力。企业在此基础上，选择所要采用的战略。如图 3-15 所示，SWOT 分析法为企业提供了四种可供选择的战略。

SO 象限内的区域是企业机会和优势最理想的结合。这时，企业拥有强大的内部优势和众多的外部机会，可以采取增长型战略。WO 象限内的企业有外部市场机会但缺少内部条件，可以采取扭转型战略，尽快改变企业内部的不利条件，以有效利用市场机会。WT 象限是最不理想的内外部因素的结合状况。该区域中的企业处于相对弱势，恰恰面临大量的环境威胁。在这种情况下，企业可以采取减少产品或市场的紧缩型或防御型战略，或是改变产品或市场的放弃战略。ST 象限内的企业尽管在当前具备优势，但正面对不利环境的威胁。面对这种情况，企业可以考虑采取多元化经营战略，利用现有的优势在其他产品或市场上寻求和建立长期机会。另外，在企业实力非常强大、优势十分明显的情况下，企业也可以采用一体化战略，利用企业的优势克服外部的障碍。

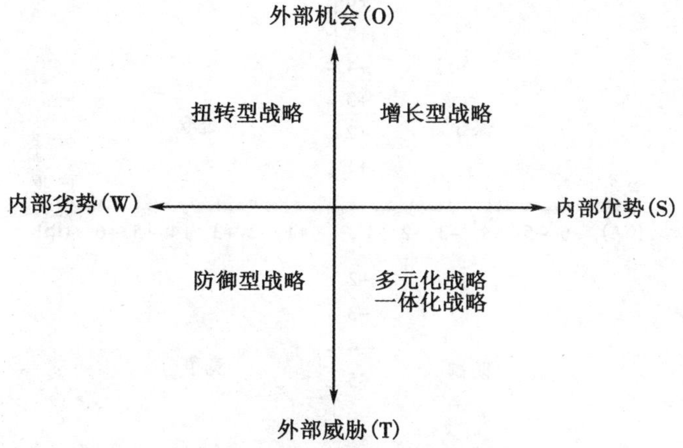

图 3-15 SWOT 分析模型

再次强调的是，准确地列出和透彻理解所列出的因素比实际的权重和评分更为重要。列出企业的优势、劣势、机会和威胁就像建立一张战略平衡表，它是外部环境和内部条件分析的总结。将这些因素列在一起进行综合分析，能从整体上分析一家企业的战略态势，在决策层中统一认识，确定合适的战略方案。所以，SWOT 分析法也是一种战略评价的方法。

（二）战略地位与行动评价（SPACE）矩阵

战略地位与行动评价矩阵是战略选择阶段的又一重要的匹配方法，见图 3-16。SPACE 矩阵的轴代表了两个内部因素——财务优势（FS）和竞争优势（CA）及两个外部因素——环境稳定性（ES）和产业优势（IS）。这四个因素对于企业确定总体战略地位是至关重要的。

根据企业类型的不同，SPACE 矩阵轴代表多种不同的变量。表 3-4 给出了一些被普遍采用的变量，投资收益率、财务杠杆比率、偿债能力、流动资金、现金流动性等均被普遍看作企业财务优势的决定性因素。SPACE 矩阵按照企业的实际情况制定，并要依据尽可能多的事实信息。

建立 SPACE 矩阵的步骤如下。

① 选择财务优势、竞争优势、环境稳定性和产业优势的一组变量。

② 对构成 FS 和 IS 轴的各变量给予从+1（最差）到+6（最好）的评分值，而对构成 ES 和 CA 轴的各变量给予从-1（最好）到-6（最差）的评分值。

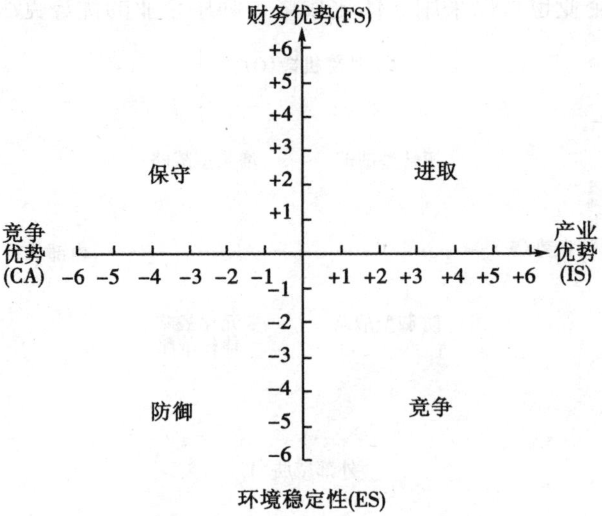

图 3-16　SPACE 矩阵

表 3-4　SPACE 矩阵轴代表的因素

内部战略处境		外部战略处境	
财务优势	竞争优势	环境稳定性	产业优势
投资收益率	市场份额	技术变化	增长潜力
财务杠杆比率	产品质量	通货膨胀率	赢利能力
偿债能力	产品生命周期	需求变化性	财务稳定性
流动资金	用户忠诚度	竞争产品的价格范围	专有技术知识
现金流动性	竞争能力利用率	市场进入壁垒	资源利用
退出市场的方便性	专有技术知识	竞争压力	资本密集性
业务风险	对供应商和经销商的控制	价格需求弹性	进入市场的便利性 生产效率和生产能力利用率

③ 将各轴所有变量的评分相加，再分别除以各轴变量总数，从而得出 FS，CA，IS 和 ES 各自的平均分数。

④ 将 FS，CA，IS 和 ES 各自的平均分值标在各自的轴上。

⑤ 将 X 轴（横轴）上的两个分数相加，将结果标在 X 轴上。然后将 Y 轴（纵轴）上的两个分数相加，将结果标在 Y 轴上。标出点（X，Y）。

⑥ 自 SPACE 矩阵的原点至点（X，Y）画一条向量，这一向量表明了企业可采取的战略类型：进取、竞争、防御、保守。

当某一公司的向量出现在进取象限时，该公司便处于一种绝佳的地位，即它可以利用自己的内部优势来利用外部机会，克服内部弱点和回避外部的威胁，从而可根据公司的具体情况采用如下战略或这些战略的组合：市场渗透、市场开发、产品开发、后向一体化、前向一体化、相关多元化或无关多元化战略。当向量出现在保守象限时，意味着该公司应固守基本的竞争优势而不必过分冒险。保守型战略通常包括市场渗透、市场开发、产品开发及产品相关多元化战略。当向量出现在防御象限时，意味着公司应该集中精力克服内部弱点并回避外部威胁。防御型战略包括紧缩、剥离、清算以及产品相关多元化战略等。当向量出现在竞争象限时，表明公司应采取竞争型战略。竞争型战略包括后向一体化、前向一体化、横向一体化及市场渗透、市场开发、产品开发战略等。

（三）大战略矩阵

大战略矩阵，又称为战略类聚模型，是由汤姆森和斯特里克兰根据波士顿矩阵修改的一种战略选择模型。它利用市场增长率和竞争状况作为决定业务单位选择战略的两个参数。市场增长状况分为迅速和缓慢两极，竞争地位也分为强和弱两极（见图 3-17）。这样各个业务单位都被置于大战略矩阵的四个象限之中，适合于各类企业的战略按照吸引力的大小排列在矩阵的各象限内。

位于大战略矩阵中第Ⅰ象限的公司处于最佳战略地位。对这类公司，继续集中于当前市场和产品是适当的战略。第Ⅰ象限的公司大幅度偏离已经建立的竞争优势是不明智的。当其拥有过剩的资源时，后向、前向或横向一体化可能是有效的战略。当第Ⅰ象限的公司过分偏重于某一产品时，产品相关多元化经营可能会降低过于狭窄的产品线所带来的风险。第Ⅰ象限的公司有能力利用众多领域的外部机会，必要时它们可以冒险进取。

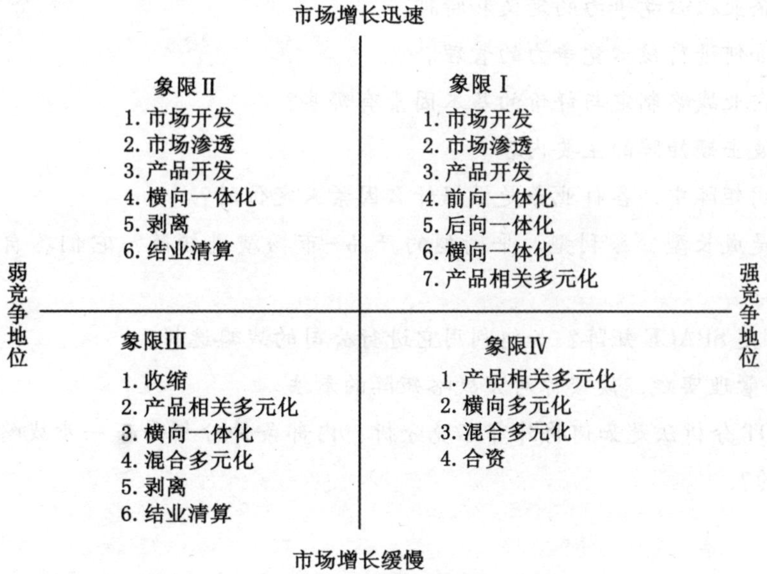

图 3-17　大战略矩阵

位于第Ⅱ象限的公司需要认真评价当前参与市场竞争的方法。尽管其所在的产业正在增长，但是它们不能有效地进行竞争。这类公司需要分析企业当前的竞争方法为何无效，企业又该如何变革来提高其竞争力。由于第Ⅱ象限的公司处于调整增长产业，密集型增长战略（与一体化和多元化增长战略相区别）通常是它们的首选战略。然而，如果企业缺乏独特的生产能力或竞争优势，横向一体化往往是其理想的战略选择，为此可考虑结业清算或者剥离。剥离为公司提供收购其他企业或回购股票所需的资金。

第Ⅲ象限的公司在增长缓慢的产业中竞争并处于不利的竞争地位。这类公司必须迅速进行某些重大变革，以避免情况进一步恶化及可能的结业清算。首先应大幅度地减少成本和资产（收缩），另外可将资源从现有业务领域转向其他业务领域。如果各种尝试均告失败，第Ⅲ象限公司的最后选择便是剥离或结业清算。

第Ⅳ象限的公司有较强的竞争力，但属于增长缓慢的产业。这类公司有能力在有发展前景的领域进行多元化经营。典型的是，第Ⅳ象限的公司具有较大的现金流量并对资金的需求有限，从而可以成功地采取集中化、横向或混合式的多元化经营。这类公司也可以进行合资经营。

思考题

1. 简述企业资源和能力研究的基本步骤。

2. 企业资源与能力分析应考虑哪些内容？着眼点是什么？与后面的战略制定有什么关系？

3. 价值链是如何构成的？

4. 试述企业核心竞争力的定义和特征。

5. 试述如何进行核心竞争力的管理。

6. 影响企业战略制定与评价的基本因素有哪些？

7. 描述波士顿矩阵的主要内容。

8. 在通用矩阵中，各种业务是根据什么因素来定位的？

9. 什么是成长型、赢利型、平衡型的产品-市场演进矩阵？它们各自的特点是什么？

10. 什么是SPACE矩阵？如何利用它进行公司的战略选择？

11. 结合管理实践，谈谈你对大战略矩阵的看法。

12. SWOT分析法是如何将外部环境分析、内部条件分析与下一步战略开发方向紧密结合起来的？

讨论题

1. 指出你所在大学或学院的竞争优势。

2. 为你最熟悉的企业识别4个最强的能力。

第四章　企业使命与战略目标

【学习目标】

- 明确企业使命、愿景和战略目标的含义以及三者之间的关系
- 理解确定企业使命和愿景的意义，掌握企业使命和愿景的内容
- 熟悉企业战略目标体系，认识战略目标的作用
- 把握战略基本框架，区分战略的不同层次，了解不同层次战略涉及的核心要素
- 描述影响企业战略形成的内外因素

有效的战略管理开始于对公司应该做什么和不应该做什么以及公司应去向何方在管理者的脑海中形成的基本观念。优秀的战略家会告诉他人的一个愿景和目标，并以此作为战略决策的框架和底线，然后动员所有的资源为此而奋斗。本章集中讨论评价企业愿景与使命陈述所需的基本原理和方法，提出拟定使命陈述的操作过程框架。通过关注处于创始阶段的企业来充分理解愿景和使命。愿景和使命陈述经常可在公司年度报告的开头部分找到，而且常常贯穿于企业的经营假设前提之中，并向利益相关者传递着某些信息。愿景和使命陈述是内部报告的组成部分，如贷款申请书、与供应商签订的协议书、劳动关系合同、经营计划和顾客服务协议等。

第一节　企业使命

企业使命和愿景表明了管理者对组织的志向和雄心，显示了管理层对下述问题高屋建瓴的看法：我们想做什么业务？我们在尽力创造一类什么样的公司？它们清晰地将公司的方向和终点描绘了出来。有效的公司使命和愿景非常清晰明了，具有挑战性，催人奋进，使企业有备于未来，对企业在市场上进行竞争有非常重要的意义。规划完美、表达清晰的使命和愿景是组织长远发展的灯塔，有助于将企业的各种努力导入管理层所承诺的要追寻的前进方向，进而建立强大的组织认同感，塑造全体员工的主人翁责任感。

一、企业使命的内涵

什么是使命（mission）？按照《现代汉语词典》的解释，使命就是责任。这种责任

是重大的、历史的。使命是人（不管是自然人还是法人）的存在对于其关系人和社会所产生的价值贡献。

企业使命是企业一种根本的、崇高的责任和任务，是对企业目标的构想。换言之，企业使命是企业之所以存在的理由和价值追求，表达了企业所能作出的独特贡献，一方面，它是企业“存在理由”的宣言；另一方面，它是企业的价值设计，反映和体现企业的宗旨、经营哲学和未来方向。因此，企业使命是确定业务优先顺序、制定战略、拟定计划和分配工作的基础，是设计管理工作岗位和进一步设计管理结构的起点。

关于企业使命的解释建立在20世纪70年代德鲁克的一些论述基础之上。德鲁克认为，建立一个明确的企业使命，应成为企业家的首要责任。他进一步指出“一个企业不是由它的名字、章程和条例来定义的，企业只有具备了明确的使命与愿景，才可能制定明确而现实的战略目标”。企业使命代表了企业存在的根本价值，没有战略使命，企业就丧失了存在的意义。

企业使命着重回答两个基本问题：① 我们想成为什么样的企业？② 我们的业务是什么？

二、企业使命的构成要素

（一）企业宗旨

任何企业都有其特定的宗旨。企业宗旨是企业管理者确定的企业生产经营的总目标、总方向、总特征和总的指导思想。它反映企业管理者为组织将要经营的业务规定的价值观、信念和指导原则，描述了企业力图为自己树立的形象，揭示了本企业与同行其他企业在目标上的差异，界定企业的主要产品和服务范围，以及企业试图满足的顾客基本需求。

关于企业宗旨，德鲁克认为，确定企业的宗旨就是要明确这样的问题：我们的企业是什么？它应该是什么？定义企业宗旨就是阐明企业的根本性质与存在的目的或理由，说明企业的经营领域、经营思想，为企业目标的确定和战略的制定提供依据。

企业宗旨有多方面的内容，所以有时又称战略展望、战略意图、战略纲领、目的和任务陈述等。尽管提法不同，但都表明企业存在的理由和追求，回答“我们的企业是什么以及它应该是什么”这一关键问题。这个听起来很简单的问题，正是企业必须时时做出明确答复的最大难题。在企业结构简单的情况下，企业的所有者与经营者将各种职能集于一身，其信念、愿望、抱负决定着企业的宗旨，决定着整个企业的生产经营方向和运作，这时问题还比较清晰。但经营一段时间后，企业逐渐扩大，增加了新的产品和新的市场，这些问题就会变得模糊起来。特别是随着新经济时代的到来，企业需要面对各种新的变化，如转产、多角化经营、兼并、合资等。在新的情况下，企业如何选择自身存在的基础，如何树立自身存在的价值和意义，如何确立企业生存和发展的理念，是企业面临的重要课题。

（二）经营哲学

经营哲学是一个组织为其经营活动所确定的价值观、信念和行为准则，是企业文化的高度概括。经营哲学主要通过以下两方面表现出来。

1. 核心价值观

核心价值观（core value）是员工普遍认同的、指导企业运营和员工行为的总原则，是企业处理内部人员之间的关系，以及处理与外部不同利益主体之间的关系的最高依据和准则，是企业安身立命的根本。它集中反映了企业管理者为有效经营企业大力倡导并身体力行的主要思想理念，是引领企业进行一切经营活动的纲领性原则，具有统摄性。它统率企业的愿景、使命和战略目标，并内化为员工普遍的价值追求和价值取向。

核心价值观决定着价值体系的总方向和总特征，是价值理想、价值信念、价值尺度和价值原则的集大成，在人们的价值理念体系中处于中心、主导、支配地位，起着规范行为、稳定秩序、提供精神动力的作用。核心价值观深深根植于企业内部，是企业人格化的产物，是企业经营哲学的集中体现。因此，核心价值观又被称为经营哲学或经营理念。

企业核心价值观的特征包括以下内容。

① 最高性。核心价值观是企业内部“法的精神”，是整个企业经营的逻辑准则，在企业中具有崇高地位。任何观念或行为若与之产生冲突，必须以核心价值观的评判标准为最后归依。核心价值观对处于从属地位的价值观念既起到约束的作用，又为其提供方向和根据，从而对企业价值体系的稳定和统一起到维护作用。

② 认同性。价值认同是价值主体不断将自己的价值结构同化于核心价值规范，并不断改变自身价值结构以顺应规范的过程，是员工对价值规范所采取的自觉接受、自觉遵循的态度。核心价值观是企业全体员工共同的理念，它应体现企业的利益，同时也必须被企业全员接受。核心价值观只有被员工“内化”和“共享”后，企业才能和谐，才能步调一致地开展经营和战略活动。

③ 实践性。核心价值观不仅要以文本的形式加以表述，还要通过舆论、宣传、教育等引导方式，使之深入人心。核心价值观必须加以实践，它不仅是公司高层想要倡导的，更重要的是必须体现、落实在实际行动上。核心价值观不能在天上飘，必须落地，使其在实践中不断渗透，不断强化。

④ 适应性。企业的核心价值观应与社会价值观和道德观念相协调，与行业环境、区域环境及人文环境共生，顺应政治、经济、社会、文化发展的大趋势；同时，应充分考虑企业员工、客户、市场、产业、生态等诸多因素的现实影响，坚持理想性和现实性的有机统一，引领性和操作性的有序协调，注重核心价值观与周遭世界的适应性。

⑤ 特色性。企业的核心价值观必须体现企业自身的特色。只有符合企业自身特点的价值观，才能真正适用于企业，才会有长久而旺盛的生命力。

核心价值观由于在价值体系中处于核心地位，它发挥着其他价值观所不具备的三大功能：导向功能、规范功能和动力功能。因此，企业的基本选择和行为规范，都是以核心价值观为轴心来加以调整的，企业的存续、发展也是以此为基础而实现的。企业要持续发展，实现基业长青，必须精心培育和呵护“基因密码”——核心价值观。反之，通过解析核心价值观这一基因密码，对企业经营的战略、作风和管理方式，就会有清晰的把握和洞察。

2. 企业对利益相关者的态度

企业应该有效地反映企业内外部利益群体和个人的合理要求。企业内部利益群体包括企业的股东、董事会、管理人员和员工。企业外部利益群体包括企业的顾客、供应商、销售商、竞争者、政府和一般公众等。这些利益群体希望企业能够按照他们满意的方式进行生产经营活动，例如，职工要求在经济收入、社会地位和心理状态上得到满足；股东要求得到满意的投资回报；顾客要求购买到物美价廉、符合他们利益的商品；供应者希望企业能够长期地使用他们的产品或服务；竞争者要求能够公平竞争；政府机构要求企业遵纪守法；社区公众则希望企业使他们的生活水平能够有所提高；更进一步讲，一般公众希望企业保护环境、促进社会公正和进步、支持社会活动和文化活动等。企业应当在其宗旨中明确地阐述自己对这一问题的态度，即企业在承担遵守法律和创造利润的基本责任外，还愿意承担多少社会责任。

（三）客户价值

重视客户价值，以客户为导向，是企业经营宗旨的重要内容。管理大师德鲁克有三个著名的问题：你的业务是什么？谁是你的客户？客户认知的价值是什么？其中两个问题与客户有关，而且早在1954年，他就指出，客户购买和消费的绝不是产品而是价值，这是客户价值理论创新的雏形。这种理念的关键之处，在于企业站在客户的角度看待产品和服务的价值。这种由客户而非企业决定的价值，称为客户价值（customer value，CV）。

学者们对于客户价值的定义较多，归纳起来有以下共同点：

① 客户价值是由企业所提供的；

② 客户价值是被客户感知的；

③ 客户价值是内在的，与产品/服务使用相关联；

④ 客户对价值的感知是客户权衡的结果，是他们所得到的利益和为了得到这些利益而放弃的利益之间的一种权衡；

⑤ 价值与我们对满意的理解一样，它是人们对事物比较的一种反应，这种比较是自发的。

关于客户价值，本书采用的定义是：客户对企业提供的包括产品、服务和其他无形资产在内的整体感知。具体而言，客户价值指“客户认知利益”与“客户认知成本”

之比，即：

$$客户价值=\frac{客户认知利益}{客户认知成本}$$

其中，客户认知利益是指客户可以认知的各种效用，包括产品的功能、质量、服务、包装、企业形象等。客户认知利益带有主观色彩，表征的是客户在使用产品或接受服务中获得的实在感受（受益）。这也是使用“认知”二字的缘由所在。客户认知成本，或称客户成本，是指客户为获得产品效用所必须付出的代价，包括货币成本、时间成本、体力成本和精神成本等。

当客户价值大于1时，意味着“物超所值”，客户会高兴甚至感动；当客户价值等于1时，意味着“物有所值”，客户满意；当客户价值小于1时，意味着“价高质次”，客户不满意。

因此企业要提升客户价值，可以在增加客户认知利益和降低客户认知成本上下功夫。

重视和识别客户价值，对企业的战略决策有重要意义。

从终极意义上讲，企业只有实现客户价值需求，才有可能从客户处得到货币回报，从而使企业在为客户创造价值的同时实现自身的价值，进而实现员工、股东和社会的价值。客户价值是企业价值实现的前提条件，企业价值则是客户价值实现的自然结果。如果企业不能持续为客户创造价值并得到客户的认可，则势必导致企业没有合适的收入和利润来源，企业也就无法满足员工、股东和社会的价值需要。

企业战略管理的过程是进行战略定位、实施战略决策和进行战略绩效评价的过程，同时，企业战略管理的过程也是企业认知客户价值、创造客户价值和交付客户价值的过程。企业进行战略管理定位必须有明确的定位导向，客户价值导向符合现代企业经营理念，能指导企业进行正确的战略定位，能帮助企业获得和保持经营优势，实现企业战略目标。客户价值导向为企业进行战略选择、提升自身的竞争力提供了一种全新的理念与方法，是企业获取竞争优势的新来源。

三、企业使命的构成

企业因其经营规模、发展阶段的不同，具有不同的战略使命。不同类型企业战略使命的陈述，在内容、篇幅和形式上各有不同，但从构成来看，大体上有以下六个方面的内容。

① 企业经营理念。企业经营理念是指企业的经营哲学、信念、价值观和抱负，是企业的行动准则，对企业的各种行为具有指导和约束作用，企业可以据此对自己的行为进行自我控制。

② 企业目的。企业所要达到的目的是多元性的，有经济目的、社会目的和其他目的；从时态上讲，企业有当前目的和未来目的。在战略决策中，企业不能只注重短期目

标，而忽视长期目标。在变化日益激烈的市场环境中，企业只有真正关注其长期增长与发展方向，才能长治久安。

③ 企业经营范围。企业的性质和任务，是由企业的经营范围决定的。企业的经营范围涉及三方面的内容，即企业是什么、客户是谁、客户需求的价值是什么。企业经营者应密切关注外界因素的变化，使企业的经营范围适应社会需求的发展变化。

④ 企业的定位。定位决定地位。企业在竞争中，要客观地评价自身的优劣条件，进行准确的定位，包括产业定位、市场定位、竞争定位等，这些都是企业确定竞争原则和策略的前提。

⑤ 公众形象。企业的公众形象和市场对企业的整体印象，是企业的表现与特征在公众心目中的反映和评价，它取决于满足公众对企业期望的程度，以及承担社会责任的程度。因此，企业要在公众中树立起良好的形象，不仅要创造价值、遵纪守法、诚实经营，还应努力满足公众期望，尽到自己的社会责任。

⑥ 利益群体。与企业相关的利益群体，在企业内部有董事会、股东、管理者与职工；在企业外部有客户、供应商、零售商、债权银行、行业协会、政府机构和一般公众等。企业在从事生产经营活动时，必须充分关注企业内外这些群体的利益诉求，并尽量满足他们的合理要求。

四、企业使命的陈述

企业使命的陈述必须把企业的性质、特点和目的描述清楚。企业战略使命是指向外部的，即企业使命必须定位于企业外部，必须根据所服务的客户及客户的需要来确定自己的使命。

使命有多种设计和文字表达。一般来说，有效的企业使命陈述大致包括以下九个要素，每个要素力图解决的问题如下。

① 顾客：企业的顾客是谁？

② 产品或服务：企业的主要产品或服务是什么？

③ 市场：从地域角度考虑，企业在哪些地区具有竞争力？

④ 技术：企业在技术方面紧跟时代步伐吗？

⑤ 关注生存发展与赢利能力：企业能够实现业务增长并获得合理的财务收益吗？

⑥ 经营哲学：企业的基本信念、价值观、道德伦理倾向是什么？

⑦ 自我认知：企业的特色能力和主要竞争优势是什么？

⑧ 关注公众形象：对社会、社区和环境事项承担责任吗？

⑨ 关注员工：员工是企业有价值的资产吗？

第二节 企业愿景

一、愿景的内涵和作用

（一）愿景的内涵

“愿景”（vision）一词的译法来自中国台湾，过去经常被译为“远景”。愿景是对企业未来乐观而又充满希望的陈述，是企业为之奋斗的意愿，是“愿望”和“远景”的结合体。愿景是“企业可能并希望达到的未来状态”，其中包括了具体目标。

目前对企业愿景尚没有一个规范化的定义，综合国内外学者的多种见解，我们认为，企业愿景是在汇集全体员工的共同心愿的基础之上，对企业未来的美好远景和蓝图的展望。它能激发出强大的力量，使每个员工都渴望能够归属于一项重要的任务和事业，它是企业战略的重要组成部分。对企业愿景的描述主要是从企业对社会的影响力、贡献力，在市场或行业中的排位，以及与企业利益相关群体之间的经济关系来陈述的。

（二）愿景的作用

愿景是企业制定战略不可缺少的因素。愿景帮助企业管理者审视企业发展的方向，以解答问题的方式明确企业发展的方针。一个精心构思、恰当表达的企业愿景，具有如下作用。

① 团结。企业愿景可以加强员工对企业的归属感和认同感，被企业全体成员接受的愿景，还能起到激励员工工作热情和形成团队的作用，使之能够更好地实现企业的整体目标。

② 激励。一个美好的愿景不仅能够激发人们强大的凝聚力和向心力，还能产生伟大的感召力，激发员工挖掘内在潜力。愿景和现实之间的张力，可以为企业提供宝贵的动力和活力，向企业提示新机会的方向，使企业认识到未来机会，根据愿景确定战略，并为企业培养和强化核心能力提供指导。

③ 合作。愿景是企业与合作伙伴建立联系的有力工具，是企业与外部利益集团进行交流的最好形式之一，它使外部利益集团了解企业发展的设想和努力的方向，从而更加支持企业的活动。

二、愿景的主要成分

在企业发展过程中，尽管经营实践活动总是根据外部市场环境和内部情况变化而不断地进行调适，但其核心价值观或经营理念却应始终坚守。一个有效的愿景，其逻辑结构应包括两个主要部分：核心经营理念和未来前景。

核心经营理念表达了组织长期保持竞争优势的基本原则，超越了产品或行业的寿命周期、技术突破和管理嬗变，是组织得以持续经营的基础。愿景体现核心经营理念，包括核心价值观和核心目的。核心价值观是组织重要而永恒的信条，体现的是组织不随时间而改变的指导方针和原则。一个愿景所定义的事物，必须是那些虽然为应对竞争不得不变但万变不离其宗的事物。核心目的表达的是组织存在的根本理由，反映了在组织中从事工作的理想和动力，是组织的灵魂和不懈的追求。

未来前景是组织渴望创造、渴望实现的东西，是需要经过明显的变革与发展，花大力气才能获得的东西，包括两部分内容：其一，若干年（通常是 10~30 年）后可实现的终极目标，如在某件事上做得最好，或在某个方面做得最好或者成为最大；其二，对实现目标后生动、形象、独特的描述。因此，它是有形的、激动人心的、令人向往的、鼓舞士气的，且又是易于理解、无须解释的。此外，成功企业的愿景，既超越企业发展的现状，却又不过分。因为不切实际的目标并不能说服企业的员工为之奋斗，反而会挫伤大家的积极性。

三、愿景的具体内容

企业愿景具体包括的内容有以下三个方面。

（一）企业方向

愿景应该说明企业存在永续经营的理由和发展方向，表达宜简洁明了，同时应有相对持久且富有说服力的效力。

（二）企业前景

所谓前景，即企业的发展前途和未来的组织状态。愿景应该揭示企业面临的战略机会，描述可以具体一些，但不宜局限在具体的产品或细分市场。企业领导必须运用各种手段，使愿景深入人心，对每个员工产生足够的吸引力，并让他们充分理解。

（三）企业优势

企业经营成功的关键，是为用户提供独特价值，这也是企业差异化竞争优势所在。愿景中不仅需要描述发展方向和机会，还需要提出利用这些机会的方式。

四、愿景的有效构成

要形成一个有效的愿景，需要企业最高管理层、文化、组织结构及员工这四个方面有机配合，如图 4-1 所示。

最高管理层是愿景在组织内贯彻实施的关键，承担着倡导者和领导者的角色。最高管理层应力争使所有成员在战略选择的认识上达成一致。

文化对企业愿景的强化作用是巨大的。当企业文化与愿景所体现的核心价值观相一致时，其对企业发展的影响要远远大于任何正式系统。企业最高管理层设定企业文化的方针，确保企业文化与愿景相协调。

组织的结构既可以支持愿景，又可能侵蚀愿景。组织总面对这样一对矛盾：既鼓励

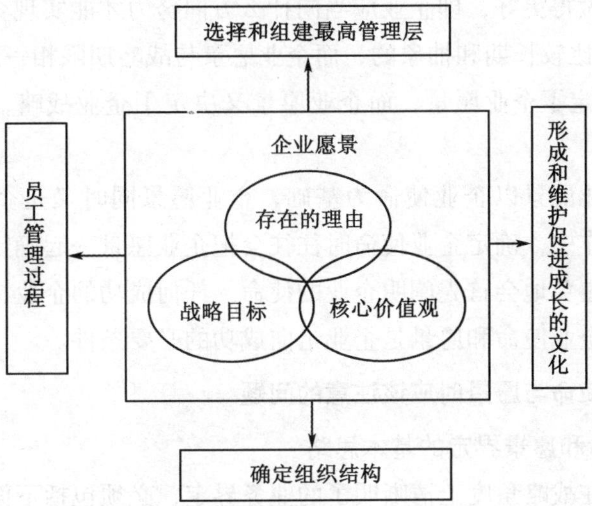

图 4-1　愿景的框架

多样性，又要求统一意志，既在允许乃至鼓励每个员工张扬个性，尽可能发挥其积极性、主动性和创造性的同时，又要求齐心协力、协同整合，共同实现组织愿景。

要让愿景贯彻始终，对员工的管理至关重要。员工管理的最终责任，在于企业的最高管理层如何招募、选择新员工，如何使他们适应企业环境，如何把员工个人的抱负和公司的目标有机结合，以及如何留住优秀员工，这些都是能否实现企业愿景的关键要素。

五、企业使命与愿景的联系与区别

企业使命和愿景倾向于以企业未来和顾客的需求为导向，体现企业的抱负志向和发展方向：我们将去向何方？我们将要追求的新目标是什么？企业未来的顾客需求者重点是什么？我们在 5~10 年之后的业务组合将是什么样的？我们要力争成为一个什么样的公司？我们渴望追求的市场位置是什么？

企业使命和愿景应该具有高度的个体性，应该是该公司所独有的。同一个行业中的不同公司所追求的战略道路往往有着重要的区别，有时甚至截然不同，这是常见的。明确企业使命和愿景的重要意义就在于将自己同行业中的其他公司区别开来，使自己有一个独特的形象，有一个独特的业务着重点，有一个独特的发展道路。措辞一般化的表述，使用同样适应其他公司的宽泛语言，从管理的角度来讲是没有用处的——它们不能为管理者提供解决基本问题的指导原则，同时它们也没有向公司的员工和投资者传达任何有关公司长期发展方向和未来业务结构的有用信息。

企业使命与愿景的区别主要包括以下内容。

① 企业使命回答“我们是什么”，而企业愿景回答“我们应该成为什么”。

② 企业使命说明的是企业的根本性质和存在理由，而企业愿景说明的是在这种使

命下企业如何才能做得更好，即企业应当向什么方向努力才能实现企业的使命。

③ 企业使命是比较长期和抽象的，而企业愿景与战略期限相一致，相对比较具体。

④ 企业使命决定了企业愿景，而企业愿景又决定了企业战略，先有使命，后有愿景，再才有战略。

综上所述，企业愿景以企业使命为基础，企业愿景同时又是企业战略的纲领性文件。在企业实际操作中，确定企业使命时往往会把企业愿景一起确定下来；而在确定企业愿景时，又不可避免地会首先阐明企业的使命。任何成功的企业，都有明确的使命和愿景，正确地确定企业使命和愿景是企业走向成功的必要条件。

六、界定企业使命与愿景时应该注意的问题

（一）企业使命和愿景界定的基本思路

要想获得一个在战略角度上清晰明了的业务界定，必须包括下面三个要素。

① 顾客的需求，也就是需要满足的是什么。

② 顾客群，也就是需要满足的对象是谁。

③ 所采用的经营模式、技术和开展的活动，即采取什么样的方式满足顾客的需求。

以上述三个要素来界定公司的业务有助于从一个全面的角度来获得清晰的使命与愿景。因为仅仅知道公司所提供的产品或服务是远远不够的。对于顾客来说，产品或服务本身并不重要，只有在产品或服务能够满足其某种需求的时候，产品或服务才成为公司的一项业务。没有需求，也就没有业务可言。顾客群则代表的是一个需要提供服务的市场，需要覆盖的地理区域以及公司追逐的购买者类型。公司所采取的技术和开展的活动之所以重要，是因为它们表明公司将如何满足顾客的需求，以及公司所开展的活动是行业价值链的哪些部分。

（二）企业使命和愿景的界定必须具体、明确

实践表明，公司使命和愿景的宽泛表述不仅不会提供任何实际的战略指导，反而有可能使企业追求的战略道路有无限条，并导致这些业务大大超过公司能力和实际的战略意图。同时朝几个方向发展可能具有一定诱惑性，但这样做有缺乏核心业务和分散精力的危险。波特认为，战略就意味着取舍，只有舍得放弃，才可能拥有真正的成长机会。

（三）企业使命和愿景要具有鼓动性

应尽可能采用具有感染力的、富有激情的、生动活泼的语言来表述企业的使命与愿景，并广泛地对外和对内进行传播。这样一方面可以树立为社会、为大众服务的良好形象；另一方面，企业的员工也会产生一种使命感和自豪感，从而提高凝聚力，使员工更自觉地为实现企业使命而努力工作。

第三节　企业道德与社会责任

一、企业道德

（一）道德和企业道德

1. 道德及其本质属性

道德是调整人与人、个人与群体、个人与社会之间行为规范的总和。在人类社会中，道德是一种特殊的社会现象，同法律规范、政治规范和其他各种规范相比，道德规范的特殊性在于：其一，它以善和恶、正义和非正义、公正和偏私、诚实和虚伪等道德范畴，来评价个人和群体的行为；其二，它通过社会舆论、传统习俗、内心信念等非强制性力量，来影响人的心理，实现调节作用。

道德的本质属性体现在两个方面：首先，道德是由一定经济关系所决定的社会意识形态，是人们的物质利益关系的反映。其次，道德以强烈的目的性和实践性，指导人们的社会活动和行为，并以形成良好的人际交往、协作关系、改善社会生活环境乃至促进整个人类文明程度的提高为目的。

2. 企业道德的内涵

企业道德是道德的特殊形态，是一般社会道德在企业关系和企业行为中的特殊表现。美国伦理学家蒂罗（Thiroux）认为，企业道德就是“雇主、雇员、企业和消费者之间重大关系的确立和维持”。换言之，企业道德既包括企业内部关系，也包括企业与社会的外部关系。

企业作为独立法人，不仅直接参与社会经济活动，与企业内外部发生各种经济关系；同时，也参与社会精神、文化、道德等活动，与消费者、政府等外部主体发生千丝万缕的关系。因此，任何企业的行为总会产生道德影响，并内在地蕴含着道德价值。

企业道德是企业在生产经营过程中，协调、处理企业内外部关系的行为规范的总和，它决定着企业行为可接受与否的原则和标准。在实践活动中，企业借助社会舆论、传统习惯来指导和约束企业行为，调整企业和各方面的利益关系，并逐步形成和发展企业道德。

（二）企业道德的结构和功能

1. 企业道德的结构

企业在以法人资格和群体行为参与经济活动和社会活动时，发生着多方面的利益关系和道德关系，从而形成了一个由多种要素构成的企业道德体系。这一体系体现出企业的核心价值观，主要由三部分组成。

① 企业道德意识。这是在企业经营活动中形成的以观念形态存在的、群体性的企

业道德。这里的观念形态是指道德认识、道德情感和道德理想。其中，道德认识是企业道德关系的反映，是对企业行为的善恶、是非、正邪、荣辱的认识和判断；道德情感是在道德认识的基础上形成的、企业群体行为中的一种爱憎或好恶的情绪、态度和倾向，具体表现为企业群体对社会、对国家、对他人的道德责任感和道德义务感；道德理想是企业的奋斗目标的构想和价值追求，是凝聚企业力量、激发企业进取的精神动力。

② 企业道德规范。这是企业处理各种道德关系的行为标准，以及判别自身或他人社会行为道德价值的尺度。道德规范直接规定道德活动中的“应当”，它以道德律令的形式，调节个人和群体的行为，维护社会的正常秩序。企业利益关系的复杂性决定了企业道德规范具有丰富的内容，它构成了一个相对独立的规范体系，并形成与其他社会道德相区别的特征。

③ 企业道德实践。道德实践是企业在一定的道德意识支配下所进行的各种道德行为活动，诸如企业的道德选择、道德评价、道德教育等。这些都是以群体的形式进行的有意识、有目的的活动。企业是实践活动的主体，但是当面临利益矛盾和道德冲突时，行为选择与评价的具体操作，往往由代表企业的决策者或高管人员来进行。因此，企业的道德实践活动不可避免地要受到企业人员素质，尤其是决策者道德素质的影响与制约。

2. 企业道德的功能

① 内聚自律功能。企业道德作为一种群体意识，通过确立共同的价值目标和行为导向，以舆论评价和监督的形式，促使人们形成积极的信念，追求正确的行为取向，从而使道德成为一种强大的群体凝聚力和自觉的内在约束力。它像一个控制系统，通过舆论和信念的作用，实现企业行为的自我监督、自我约束、自我控制，以确保企业行为的公正性和合理性，防止企业行为的越轨和失范。

② 均衡调节功能。道德作为一种行为规范，调节利益关系与矛盾，以保证社会秩序的稳定、和谐，这是其最基本的功能。企业道德的均衡调节功能主要体现在两个方面：一是确定利益统一的价值标准，即要求社会、企业、客户、员工的利益相互统一，企业的经济效益与社会效益相互统一；二是构建企业行为的规范体系，指导企业正确处理内外部各种道德关系，明确是非善恶的界限，以正当的行为谋取正当的利益。

③ 教育激励功能。教育和激励是道德调节功能得以发挥的思想基础。它通过造成社会舆论、形成企业风气、树立道德榜样等方式，深刻影响企业群体的道德观念和道德行为，从而形成扬善弃恶的道德环境。道德的教育激励功能主要体现在两方面：一是树立良好的企业形象。企业形象的核心是企业信誉，而企业信誉本身就是一个道德问题。比如，诚实无欺、信守承诺、公平交易等，体现了企业经济活动中的一种道德关系和道德要求。二是激发企业员工的积极进取精神。员工是企业管理的主体，加强企业道德建设，提高企业员工的道德精神，有助于增强员工的凝聚力，调动他们的积极性，激发他

们的创造性。

二、企业社会责任

企业在创造巨大物质财富、促进社会发展的同时，也带来了不少问题，如社会资源的枯竭、严重的环境污染、安全事故、质量问题等。这些都引起了人们的疑虑和反思：企业存在的唯一价值，是否就是利润最大化？换言之，企业除了承担经济责任、创造利润外，对企业其他利益相关者，如员工、消费者、社区和环境等，是否应当承担起相应的社会责任？随着经济的发展和社会的进步，企业社会责任在企业战略中的意义日益突出。我国企业能否从战略的高度来认识企业社会责任问题，成为制约其持续发展的关键。

（一）企业社会责任的定义及内涵

企业社会责任（corporate social responsibility，CSR）这一概念起源于20世纪初的美国，并随着企业和社会的发展而发展。如今，企业社会责任已经超越了以往企业只对股东负责的范围，强调对包括股东、员工、消费者、社区、客户、政府等在内的利益相关者承担社会责任。

企业社会责任的概念可分为广义和狭义两种。广义的企业社会责任，是指企业作为社会的一分子，应该对社会发展作出自己的贡献，并履行相应的服务社会、贡献社会的责任。狭义的企业社会责任，是指企业在创造利润、对股东利益负责的同时，还要承担对员工、消费者、社区和环境等方面的社会责任；企业不仅要承担法律、行政等方面的强制义务，还需承担道德、慈善方面的义务。

（二）企业社会责任的本质和内容

1. 企业社会责任的本质

在经济全球化背景下，企业社会责任的本质，就是企业对其自身经济行为的道德约束。它既是企业的宗旨和经营理念，又是企业用来约束生产经营行为的一套管理和评估体系。当前，许多企业已经认识到企业社会责任在企业战略中的意义，即企业要实现可持续发展、长治久安，应当自觉地将社会、环境以及利益相关者的责任融入企业经营活动中。从一定意义上讲，企业社会责任已经成为企业未来的战略竞争工具。

2. 企业社会责任的内容和具体表现

企业社会责任的具体内容十分广泛，归纳起来，大致可以分为以下几方面。

① 企业对员工的责任。员工是企业最宝贵的财富。强调企业对员工的责任，旨在超越以往企业只把赚取利润作为唯一目标这样的传统理念，更强调以人为本，注重在生产过程中对人的价值的关注，注重生产过程中人的健康、安全和应该享有的权益。企业对员工的责任主要体现在：不歧视员工；定期或不定期培训员工；营造一个良好的工作环境；善待员工的其他举措，例如推行民主管理、提高员工的物质待遇、关注员工的身心健康等。

② 企业对顾客的责任。“顾客是上帝”，忠诚顾客的数量以及顾客的忠诚程度，往往决定着企业的成败得失。企业对顾客的责任主要体现在：提供安全的产品；提供正确的产品；提供售后服务；提供必要的指导；赋予顾客自主选择的权利。

③ 企业对投资者的责任。企业首先要为投资者带来有吸引力的投资回报。只想从投资者手中获取资金，却不愿或无力给投资者合理报酬的企业，是对投资者极不负责的企业，这种企业注定会被投资者抛弃。企业对投资者的责任主要体现在：提高投资收益率；提高市场占有率；股票升值。

④ 企业对政府、社区的责任。企业对政府和社区的责任表现为：执行国家的法令、法规；照章纳税；提供就业机会；通过适当的方式将利润中的一部分回报给社区；资助文化、教育、体育事业；关注社会弱势群体，热心公益事业。

⑤ 企业对其他利益相关者的责任。企业对其他利益相关者的责任主要表现在：在偿还期内偿还债权人的债务、维护债权人的利益；维护中小竞争者的正当利益；和供应商、分销商、零售商公平交易。

⑥ 企业对环境的责任。企业既受环境的影响，又影响着环境。从自身的生存和发展角度来看，企业有承担保护环境和生态的责任。企业对环境的责任主要体现在：企业要在保护环境方面发挥主导作用；企业要以“绿色产品”为研究和开发的主要对象；企业要治理环境。

第四节　企业战略目标

要制定正确的企业战略，仅有使命和愿景是不够的，还必须将使命和愿景转化为具体的战略目标。确定具体的战略目标，有利于战略的制定和决策。

一、企业战略目标的概念与作用

（一）企业战略目标的含义

企业战略目标（goal）是企业在一定时期内，按照企业愿景和企业使命，通过战略期内的战略活动而想达到的结果，是对企业使命进一步具体、明确的阐述。企业战略目标为企业全体员工提供具体奋斗方向，为企业树立一个长期目标，也为员工树立一个人性化的核心价值观。

企业战略目标是对企业愿景进一步的具体化和明确化，是企业在一定时期内预期达到的理想成果。战略目标是企业战略的重要组成部分，体现着企业的战略思想和使命，是制定、选择战略方案和战略实施与控制的依据。目标可以是定性的，也可以是定量的，如企业赢利能力目标、市场份额目标等。

正确合理的战略目标，对企业的经营具有重大的引导作用，它是企业制定战略的基本依据和出发点。基于战略目标涉及时间的长短，企业的战略目标可以分为中长期目标和短期目标；基于涉及的范围，战略目标又可以分为总体战略目标和经营单位战略目标。

需要指出的是，尽管企业愿景与战略目标都是对企业未来期望的描述，但两者的差异是明显的，表现为：企业愿景是为了使企业的所有利益相关者都知晓“我们将成为什么”的前景，是对组织成员的一种承诺，使人们向往实现目标后的利益；战略目标更多地带有指令性色彩，它明确告诉成员某一项战略决策在什么时候能够达到什么样的结果。

（二）战略目标的特征

企业战略目标需要根据企业愿景选定目标参数，简要说明需要在什么时候、以怎样的代价、由哪些人员完成哪些工作并取得怎样的结果。这样才能为企业的有序经营指明方向，为业绩评估与资源配置提供标准和依据。

战略目标是企业战略意图的具体体现，因而是设定的而不是推算出来的。但是，设定并不意味着随意。为了使战略目标真正发挥应有的作用，战略目标具有三个主要特征。

1. 可度量性

为了提高战略目标的效率，在制定时应该尽量量化，并规定明确的时间限制，其时限通常为3~5年，如3年内，占领彩电行业30%的市场份额。

2. 可操作性

战略目标与企业愿景、企业使命不同，它是具体的、细化的，要从实际出发，既富有挑战性，同时也要让员工树立实现目标的信心。

3. 系统性

企业在不同阶段会有不同的战略目标，各个阶段的战略目标要能够前后衔接；企业不同管理层、部门都有自己的具体目标，但这些目标都应该围绕企业整体战略目标展开，以保证企业内各个环节的协调一致。

（三）战略目标的作用

相对于核心价值观、愿景、使命和经营目标而言，战略目标起着承上启下的作用。一方面是对核心价值观、愿景和使命的具体化、细化或量化；另一方面又指导经营目标。换言之，经营目标必须服从并体现战略目标。归纳起来，战略目标的作用具体体现为“三力”。

1. 战略目标的推动力

战略目标使企业有了明确的发展方向，通过发现企业现状与战略目标的差距，细化具体目标，逐步弥补差距，进行阶段性检查，推动企业前进。

2. 战略目标的激励力

战略目标有利于调动各级管理者和企业员工的积极性和创造性，鼓励他们为完成企业使命和任务而努力。同时，战略目标体系能统一协调企业的各种资源、各种力量，按照战略目标的要求发挥协同作用。

3. 战略目标的决策力

战略目标决定了战略方向，进而决定了战略方案和战略实施、控制的评价标准。

二、战略目标的内容

战略目标是企业使命和愿景的具体体现，其主要内容包括：在行业中的地位、企业规模、竞争能力、技术能力、市场份额、销售收入和赢利增长率、投资收益率以及企业形象等。

战略目标是多元的，既包括经济目标，也包括非经济目标。这里，非经济目标主要涉及商誉，客户满意度，员工忠诚度，对产业、民族的贡献度，与社区、行业、公众、环境、生态的和谐度，业界影响力，创新能力，核心竞争力，可持续发展能力，机会份额（而不是市场份额），战略柔性，员工生涯规划（学习与成长）等。战略目标会因企业使命的不同而不同，如从企业竞争性角度，可把战略目标分为成长性目标、效益性目标、社会性目标。

具体而言，决策者应从以下几个方面考虑企业战略目标的内容。

① 获利能力。任何企业在长期生产经营中，都追求一种满意的利润水平，企业一般都有自己明确的利润目标。企业战略的成效，首先表现为企业的赢利水平，通常以利润、资产报酬率、所有者权益报酬率、每股平均收益、销售利润率等指标来表示。

② 市场竞争地位。市场竞争地位是衡量企业绩效好坏的一个重要标准。企业在市场竞争中相对地位的提高，是企业战略追求的重要目标。常用指标有市场占有率、总销售收入、企业形象地位等。

③ 生产能力。企业在设定生产能力的目标时，可通过改进投入和产出关系，根据降低成本的要求，制定生产能力目标。提高生产效率是企业重要的战略目标。常用指标有投入产出比率、年产量、单位产品成本等。

④ 财务状况。财务状况是企业经营实力和运营能力的综合表现，通常以资本总量、资本构成、新增股份、现金流量、流动资本、红利偿付、固定资产、资金周转率等指标来表示。

⑤ 产品结构。合理的产品结构是企业生存发展的重要基础。常用指标有新产品的销售额占企业总销售收入的比率、新开发产品数、淘汰产品数等。

⑥ 技术水平。在知识经济时代，技术作为重要的生产力要素，对经济增长的贡献日益突出。企业的技术水平，关系到企业在市场中的竞争地位，进而关系到企业的战略选择。因此，许多企业把技术领先作为自己长期追求的目标。企业在战略目标中，常常规定在战略期内企业的技术水平应有哪些改善和提高。常用指标有技术集成能力、研究与开发费用占销售收入的比重、专利数量、国产化率、关键技术对外依存度等。

⑦ 人力资源开发。企业发展的推动力量来自企业的人力资源。人力资源水平的高低取决于企业职工素质的高低。因此，人力资源开发已成为企业战略必须列入的目标。常用的指标有战略期内培训费用的多少、培训人员数量、技术人员比率、高水平技术人员的增加率、职工技术水平的提高率、知识管理水平、人员流动比率等。

⑧ 企业发展。企业在战略期内的成长与发展，是企业战略的重要目标。常用指标有经济效率提高率、生产规模扩大率、生产能力增加率、生产自动化水平提高率、节能减排水平、管理创新能力、可持续发展能力等。

⑨ 职工福利。员工对企业的忠诚程度与组织承诺，是企业竞争能力的重要因素。在长期计划中，高层管理者应当尽可能地考虑员工的合理要求，尊重人、相信人、依靠人、为了人、发展人、服务人、实现人，奉行“以人为本”的核心理念，充分考虑员工的利益诉求和价值实现，积极做好员工的“职业生涯发展计划”，将改善员工生活、提高福利待遇作为企业战略目标的重要组成部分。常用指标有员工薪酬在同行业中的竞争力、人均工资水平提高率、员工健康（生理、心理）状况、员工满意度、人员流动比率等。

⑩ 社会责任。现代意义上的企业，必须认识到自己肩负的社会责任。社会责任要求企业承担有利于企业长远发展的义务，而不仅仅是履行法律和经济意义上的义务。社会责任反映企业对社会的贡献情况。常用指标有环境保护、节约能源的措施、对社会和社区各项事业的支持等。

企业并不一定在以上所有领域、所有方面都制定目标，战略目标也并不局限于以上十个方面。企业决策者应找出对本企业发展最关键的指标，作为企业的战略目标。

三、战略目标体系的构成

战略目标不止一个，而是由若干目标项目组成的多层次的目标体系。一般说来，涉及面广、综合性的企业整体目标，是企业的长期目标；而涉及面窄的部门目标，则是企业的短期目标。制定战略目标的有效方法，就是构造战略目标体系，使战略目标之间相互配合、相互制约，从而使战略目标整体优化，反映企业战略的整体要求。

从纵向上看，企业战略目标体系一般由总体战略目标和主要的职能目标组成。企业依据其使命和愿景定位，先给出总体战略目标，为保证战略目标的实现必须将其层层分解，规定保证性职能战略目标，即总体战略目标是主目标，职能战略目标是保证性的分目标或子目标。具体到公司的各管理层，企业战略目标体系如表 4-1 所示。

表 4-1 战略目标体系的纵向构成

职务	战略目标体系
最高管理层	企业使命、长期战略目标
职能部门主管	财务、营销、研发、生产、人力资源长期目标

表4-1（续）

职务	战略目标体系
职能经理	财务、营销、研发、生产、人力资源短期目标
职工个人	个人目标

从横向上看，企业的战略目标大致可以分成两类。

第一类是用来满足企业生存和发展所需要的项目目标，这些项目目标又可以分解成业绩目标和能力目标两类。业绩目标主要包括收益性、成长性和安全性指标三类定量指标。能力目标主要包括企业综合能力、研发能力指标、生产制造能力指标、市场营销能力指标、人力资源开发能力指标和财务管理能力指标等一些定性和定量指标。

第二类是企业利益相关者所要求的目标。包括社会目标和环境目标。与企业具有利益关系的主要有客户、员工、股东、债权银行、供应链上的合作伙伴、行业协会，以及其他社会群体。

横向的企业战略目标体系具体如表 4-2 所示。

表 4-2　企业战略目标体系

分类	目标项目	目标项目构成
业绩目标	收益性	资本利润率、销售利润率、资本周转率
	成长性	销售额增长率、市场占有率、利润增长率
	安全性	自有资本比率、附加值增长率、盈亏平衡点
能力目标	综合	战略决策能力、集团组织能力、企业文化、品牌商标、管理创新、知识管理
	研发能力	新产品比率、技术创新能力、专利数量
	生产制造	生产能力、质量水平、合同执行率、成本降低率
	市场营销	推销能力、市场开发能力、服务水平
	人力资源	职工安定率、职务安排合理性、直接间接人员比率
	财务能力	筹资能力、资金运用效率
社会目标	客户	提高产品质量、降低产品价格、改善服务水平
	股东	分红率、股票价格、股票收益率
	员工	工资水平、职工福利、能力开发、士气、学习与成长
	社区	公害防治程度、利益返还率、就业机会、企业形象
环境目标	生态	节能减排 、循环经济、绿色 GDP

四、战略目标的制定

（一）制定战略目标的原则

由于企业使命和任务的不同，所以不同企业制定的战略目标不会完全相同，制定战略目标的基本原则如下。

① 目标的一致性与持续性。即企业战略目标与企业愿景和企业使命保持一致，一

旦设立了战略目标，在时间期限内要尽量保持战略目标的持续性。

② 前瞻性与实践性。一方面，战略目标要体现一种理想，对企业员工起到激励和鼓舞作用；另一方面，战略目标要考虑企业现实能力，要适中，如果目标过高，根本难以实现，将给员工带来挫折感，浪费企业资源。该原则强调了战略目标的激励性和可行性。

③ 可分解性与可检验性。战略目标必须能够按照层次、时间进度细化为具体目标，使每个战略单位的成员明白自己的任务和责任，同时具体目标要有相应的衡量尺度。该原则指出了战略目标必须明确具体，力求量化。

④ 全面性与层次性。战略目标应该充分考虑利益相关者的要求，以便得到他们的理解和认同，但为了提高企业资源使用效率，目标在兼顾全面性的同时也要突出重点，并对关键目标、重点目标、一般目标有所区分。

（二）企业战略目标的制定过程

一般来说，确定战略目标需要经历调查研究、拟定目标、评价论证和目标决断这样四个具体步骤。

1. 调查研究

在制定企业战略目标之前，必须进行企业外部环境和内部条件的调查研究，在确定企业战略目标的过程中还必须对调查研究结果进行复核，进一步整理研究，把机会和威胁、优势与劣势、竞争对手、企业与环境、市场需求与企业核心竞争力、现状与未来进行对比，确定关键因素之间的关系，为确定战略目标奠定比较可靠的基础。

2. 拟定目标

经过细致周密的调查研究，便可拟定战略目标。拟定战略目标一般需要经历两个环节：拟定目标方向、拟定目标水平。首先在既定的战略经营领域，依据对外部环境、需要和资源的综合考虑，确定目标方向，通过对现有能力与手段的全面衡量，对沿着战略方向展开的活动所要达到的水平做出初步的规定，这便形成了可供选择的目标方案。在拟定战略目标时，必须注重目标结构的合理性，并列出各个目标综合排列的次序。另外，在满足实际需要的前提下，要尽可能减少目标的个数。

在拟定目标的过程中，管理者要注意充分发挥群众的智慧，要根据实际需要与可能，尽可能从多角度提出一些目标方案，以便择优评选。

3. 评价论证

战略目标拟定出来之后，要组织管理层和专家进行目标方案的评价与论证。评价论证包括以下内容。

① 目标方向的正确性。要着重研究拟定的战略目标是否符合企业使命，是否符合企业整体利益与发展要求，是否符合外部环境及未来发展的需要。

② 战略目标的可行性。主要是按照目标的要求，分析企业的实际能力，找出目标

与现状的差距，然后分析用以消除这个差距的措施。要进行恰当的运算，尽可能用数据说明。

③ 目标的完善程度。应着重考察：目标是否明确；目标的内容是否协调一致；目标有无改善的余地。

4. 目标决断

在决断选定目标时，要注意从以下三方面权衡各个目标方案：目标方向的正确程度；可望实现的程度；期望效益的大小。

对这三个方面宜做综合考虑。所选定的目标，三个方面的期望值都应该尽可能大。目标决断还必须审时度势，掌握好决策时机。在决策时间问题上，一方面要防止在机会和困难都还没有搞清楚之前就轻率决策；另一方面又不能优柔寡断，贻误时机。

从调查研究、拟定目标、评价论证到目标决断，确定战略目标这四个步骤是紧密结合、环环相扣的，并应适时进行调整。

思考题

1. 企业使命的战略作用是什么？
2. 什么是企业的核心价值观？构建企业核心价值观有什么意义？
3. 何谓客户价值？如何理解客户价值在企业战略中的重要性？
4. 何谓企业愿景、企业使命？两者之间的联系及区别是什么？
5. 如何理解企业道德？企业道德在企业中的功能是什么？
6. 什么是企业社会责任？列举企业承担社会责任的案例，并分析企业在构建和谐社会中的作用。
7. 如何确定企业的总体战略目标并构建企业的战略目标体系？
8. 请将你熟悉的某个企业使命用文字表述出来。

讨论题

在因特网上寻找五个因为部分员工不道德的行为而使公司业绩下降的事件，进而在网上搜索对这些事件的相关报道，对企业应承担的社会责任和这些公司的表现做出评述。

第五章 总体战略（公司层战略）

【学习目标】

- 认识公司层面战略的内涵
- 掌握多元化战略的内涵及种类，了解多元化战略的优势和劣势
- 掌握一体化战略的内涵与类型

企业要想赢得竞争对手，不仅需要确定企业使命、宗旨和战略目标，还必须对企业今后发展的基本方向做出正确的决策，确定指导企业整体发展的战略纲领。这一战略纲领就是公司战略。公司战略是通过企业的内外部环境分析，根据企业宗旨和战略目标，依据企业在行业内所处的地位和水平，确定其在战略规划期限内的资源分配方向及业务领域发展战略。

公司战略确定企业发展的基本态势、方向和范围。对一个制定公司战略的企业来说，由环境条件（集中体现在市场环境上）和自身资源条件（集中反映在企业产品上）决定了三个发展态势——增长、维持和紧缩。在每一态势下，又有不同的方向可供企业选择。如在增长态势下，既可以在当前市场上通过现有的产品渗透来实现增长，也可以通过扩大当前产品的市场范围，进行市场开发实现增长；既可以围绕当前产品开发一组相关产品实现多元化经营来达到增长的目的，同时也能够开发一些不相关产品来达到增长的目的。

我们可以把一个企业的公司战略分为如下三大类——增长战略、维持战略和紧缩战略，然后依据发展的基本方向和范围进一步对这三大类战略进行细分。下面对三种战略的特点、适用性以及选择时经常用到的技术和方法予以阐述。

第一节 公司战略概述

企业的战略按照战略影响的范围、内容和在企业管理中的层次可以划分为公司战略、业务单位战略和职能战略。公司战略是企业最高层次的战略，在企业战略体系和战略过程中居于首要地位。业务单位战略和职能战略都是为了实现公司战略目标而制定

的。

一、公司战略的定位

公司战略是企业整体发展的战略总纲，是企业最高层决策者指导和控制企业行为的最高纲领。它又称为企业的总体战略。我们如何理解公司战略及其定位呢?

首先，公司战略是企业对今后一段时间内的发展态势的选择，即公司战略应当决定企业在今后一段时间内是实现业务增长、维持现有的基本状况还是收缩业务，以及采取什么样的方式和途径来实现已选择的发展态势。

其次，对经营单一业务的企业而言，公司战略与经营战略是同一的。因此对单一业务的企业的公司战略分析可以等同于对经营战略，即企业的竞争战略的分析。

最后，对具有多元化经营业务的企业而言，区分公司战略与经营战略具有十分重要的意义。对多元化公司来说，公司战略主要解决企业的发展方向问题，即在今后一段时间内企业应该拥有什么样的业务组合，企业所经营的各种业务在企业中的地位应当是怎样的。同时公司战略也应该决定采取什么样的行动和措施来改善公司多元化经营的绩效。

二、公司战略的基本内容

根据上面对公司战略的定位的分析，一家多元化经营的企业是若干种经营业务的集合。与经营单一业务的企业的战略相比，多元化经营企业的公司战略的内容要广泛得多。在多元化经营的企业中，决策者必须为在分散行业的环境中进行竞争的若干不同业务制定战略行动计划，他们必须精心制定一个多行业或领域、多种经营业务的战略。具体来说公司战略包括如下一些基本内容。

(1) 根据企业外部环境条件和内部资源条件，决定企业发展的基本态势

公司战略必须决定企业在今后一段时期内是实现增长，还是维持或收缩，以及采取什么样的行动和措施来实现。明确公司的业务组合，决定公司经营的每一种业务的发展态势。

(2) 制定实现多元化经营的战略方案和实施步骤

多元化经营是公司战略的核心内容。这种战略必须确定：① 公司的总体发展方向，包括进入哪些新的产品领域、新的行业与新的地区、国家；② 通过什么样的方式来实现多元化经营；③ 在各目标行业或目标地区、目标国家的定位；④ 多元化经营的程度。

(3) 加强公司的下属经营单位的长期竞争优势

对公司的下属经营单位，如子公司、分公司进行资产重组，加强它们的长期竞争优势，改进公司的经营绩效，公司战略应集中于加强长期的竞争优势地位。

(4) 协同相关业务单元并使之转化为公司的竞争优势

当一个公司在具有相关技术、相似的价值链活动、同样的营销网络和销售渠道、共

同的顾客或存在一些其他协同联系的业务中进行多元化经营时，它就获得了竞争优势的潜力。

（5）确定投资的优先次序和重点，将公司有限的资源投入最有吸引力的业务单元

公司战略必须明确：① 确定公司在不同领域的投资的优先次序，明确公司的投资重点；② 将资源投入赢利潜力较高的领域，而远离赢利潜力较低的领域；③ 剥离运营逐渐恶化的或者处于日益缺乏吸引力行业的业务单元，这样可以抽出未发挥效益的投资，用到最有前途的业务单元中，或者用以资助新的有吸引力业务的建立。

上述五项任务是企业制定公司战略的主要内容，这些任务对一个多元化公司是非常重要的，而且要花费公司决策者大量的时间和精力，多元化公司的决策者们通常将这些经营战略的细节委托给各个经营业务单元的经理负责。图 5-1 描述了业务多元化公司战略的核心要素。

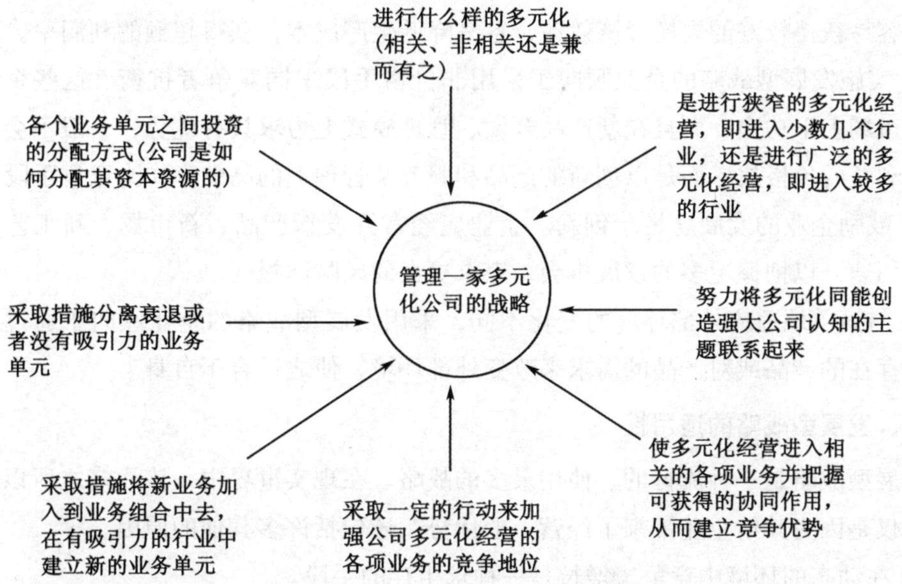

图 5-1 多元化公司战略的主要内容

第二节 发展型战略

发展型公司战略简称发展战略，又称增长战略、扩张战略、成长战略，这是最广泛的公司战略。发展型战略的核心是追求企业规模的增长，实现企业生产规模、销售额、市场占有率的扩大和市场竞争力的增强，以提高企业的赢利水平。从企业成长的角度看，任何成功的企业都会经历“发展”这样一个时期，也就是说，从本质上讲，企业

只有执行“发展战略”——无论企业是否意识到，才能由小变大、由弱变强，由缺乏竞争力逐渐成为一个实力雄厚、具有较强竞争力的大企业。

一、发展型战略的概念及特征

发展型战略是一种使企业在现有的战略基本水平上向更高一级的目标发展的战略。它以发展作为自己的核心内容，引导企业不断地开发新产品、开拓新市场、采用新的生产方式和管理方式，以便扩大企业的产销规模，提高竞争地位，增强企业的竞争实力。

与其他类型的战略态势相比，发展型战略有以下特征。

① 实施发展型战略的企业不一定比整个经济的增长速度快，但它们往往比其产品所在的市场增长快。市场占有率的增长可以说是衡量增长的一个重要指标，不仅应当有绝对市场份额的增加，更应有在市场总容量增长的基础上相对份额的增加。

② 实施发展型战略的企业取得大大超过社会平均利润率的利润水平，由于发展较快，更容易获得较好的规模经济效益，容易降低生产成本，获得超额的利润率。

③ 实施发展型战略的企业倾向于采用非价格手段来同竞争者抗衡。这些企业不仅在开发市场上下功夫，而且在新产品开发、管理模式上力求具有优势，一般不会采取损害自身利益的价格战，而是以创新的产品和服务及管理上的高效率作为竞争手段。

④ 鼓励企业的发展立足于创新。企业应经常开发新产品、新市场、新工艺和旧产品的新用途，以把握更多的发展机会，谋求更大的风险回报。

⑤ 与简单地适应外部环境的变化不同，采用发展型战略的企业倾向于通过创造以前并不存在的产品或对产品的需求来改变外部环境，使之适合于自身。

二、发展型战略的适用性

发展型战略是一种流行的、使用最多的战略。在现实世界中，该战略之所以被采用并不仅仅是因为其给企业带来了经营上的优势，还包括许多其他的原因。

① 在动态的环境中竞争，增长是一种求生存的手段。

② 扩大规模和销售可以使企业利用经济曲线或规模经济降低生产成本。

③ 许多管理者将增长等同于成功，因而追求发展型战略。

④ 增长快的企业容易掩盖其失误和低效率。

⑤ 企业发展得越快，管理者越容易得到升迁或奖励。这是由最高管理者或最高管理集体所持的价值观决定的。

从这些原因可以看到发展型战略的使用有时可能并不是单一地从经营上考虑的，而往往与经营者自身利益相关，因而发展型战略的使用确实存在一定误区，因为其使用是有相应的适用条件的。

① 企业必须分析战略规划期内宏观经济景气度和产业经济状况。良好的经济形势往往是发展型战略成功的条件之一。这是由企业发展型战略的发展公式所决定的——企

业要实施发展型战略必须从环境中取得较多的资源，如果未来阶段宏观环境和行业环境较好的话，企业比较容易获得这些资源，也就降低了实施该战略的成本。另外，从需求角度看，如果宏观经济和中观经济的走势都较乐观，消费品需求和投资品需求都将有相应幅度的增长，保证了对企业产品或服务的需求充足。

② 发展型战略必须受政府机构的政策法规和条例约束。世界上大多数国家鼓励高新技术企业发展，一般说来这类企业很自然可考虑采用一定的发展战略。

③ 公司必须有能力获得充分的资源来满足发展型战略的要求。由于采取发展型战略需要较多资源投入，企业从内部和外部获得资源的能力就显得十分重要。这里的资源是一个广泛的概念：既包括通常意义的资本、原材料，也包括人力资源、信息资源等。

④ 判断发展型战略是否合适还要分析公司文化。企业文化是一个企业在其运行和历史发展中所积淀下来的深植于员工心中的一套价值观念。不同的企业具有各异的文化特质。如果一个企业的文化氛围是以稳定为主，则发展战略的实施要克服相应的“文化阻力”。这无疑增加了战略的实施成本。当然，企业文化也并不是一成不变的事物，事实上，积极有效的企业文化培育必须以战略作为指导依据。这里强调的是企业文化可能为某种战略的实施带来一定成本，并不是认为企业文化决定企业战略。

三、发展型战略的利弊分析

发展战略具有相应的利弊，在实施前要充分地加以权衡。其优点体现在下述方面。

① 企业可能通过发展扩大自身价值。

② 企业能通过不断变革来创造更高的生产经营效率与效益。

③ 发展战略可保持企业的竞争实力，实现特定的竞争优势。

采用发展战略的弊端如下。

① 很可能导致盲目的发展和为发展而发展，从而破坏企业的资源平衡。要克服这一弊端，要求企业在做每一个战略决策之前都必须重新审视和分析企业的内外部环境，判断企业的资源状况和外部机会。

② 过快发展很可能降低企业的综合素质，使企业的应变能力虽然表面上不错，实质上出现内部危机和混乱。这主要是由于企业新增机构、设备、人员太多而未能形成一个有机的相互协调的系统所引起的。这可通过设立一个战略管理的临时性机构，负责统筹和管理扩张后的企业内部各部门，在各方面的因素都融合在一起后，再考虑取消这一机构。

③ 可能使企业管理更多地注重投资结构、收益率、市场占有率、组织结构等问题，重视宏观的发展而忽视微观的问题，因而不能使企业达到最佳状态。这一弊端的克服需要企业战略管理者对发展战略有一个正确而全面的理解，要意识到企业战略态势是企业战略体系中的一个部分，因而在实施过程中必须通盘考虑。

四、发展型战略的类型

（一）集中发展

指以快于以往的增长速度增加企业目前的产品或服务的销售额、利润和市场份额，较适合于企业的产品或服务的需求正在增长的场合。

实施这一战略的方法之一是识别一个企业的销售额、利润或市场份额下降的原因，针对该原因采取相应的措施。可能的原因有：

① 在相关市场上缺乏一个完整的产品系列（产品系列缺口）；

② 通往相关市场或相关市场内的销售渠道体系缺乏或不充分（销售缺口）；

③ 现有市场潜力没有得到充分利用（利用缺口）。

（二）同心多样化

同心多样化是一种增加与企业目前的产品或服务相类似的新产品或服务的发展战略。出发点是充分利用现有资源条件，包括技术、人才、资金、销售渠道和顾客群等。优点是与其他类型多样化相比，开发成本较低，成功的可能性较大并且较容易形成产品系列，因而是中小企业发展初期的首选方式。

同心多样化相对来说实施的风险依旧存在，尤其较易受行业衰退的影响。

（三）纵向一体化

这是一种在供产销的两种不同方向上扩大企业生产经营规模的发展模式。纵向一体化的优点明显，企业不仅能通过规模经济降低成本，而且能以某种垄断来缓解竞争。但是企业一旦走纵向一体化之路，由于投资巨大，脱身亦难，并且发展机遇也不多。

（四）横向一体化

这是一种收购企业的竞争对手的增长战略。与同心多样化类似，横向一体化新增加的产品和服务与目前的产品和服务紧密相连，但同心多样化主要通过组织内部开发来发展，而横向一体化则通过收购竞争对手企业来发展。

（五）复合多样化

这是一种增加与企业目前的产品或服务显著不同的新产品或服务的发展战略。复合多样化的最大优点是它能较有效地分散企业的经营风险，使企业能抵抗较为强烈的行业波动。此外，企业通过复合多样化能把握更多的机会，使企业能在不同的领域实现发展，使资源不断向优势行业和市场转移。其不足是：业务范围迅速膨胀将使企业内部管理趋于复杂，研究证明多角化经营会使投资效益与效率有所降低。因此企业必须对自身多样化的能力进行评估，并且最好采纳逐步推进的方案。

第三节 多元化战略

多元化战略是企业最高层为公司涉足不同产业的各业务制定的发展规划，包括进入何种领域，如何进入等。当企业拥有额外的资源、能力及核心竞争力并能在多处投入时，就应该实施多元化。同时，采用该战略的企业的经理层应具备独特的管理能力，能同时管理多项业务，并且能增强企业战略竞争能力。

一、多元化的类型

（一）按照公司各项业务的关联程度不同分类

按照公司各项业务的关联程度不同，可将多元化分为相关多元化和不相关多元化。

1. 相关多元化战略

相关多元化战略是企业为了追求战略竞争优势，增强或扩展已有的资源、能力及核心竞争力而有意识采用的一种战略。实行这种战略的企业增加新的但与原有业务相关的产品与服务，这些业务在技术、市场、经验、特长等方面相互关联。例如，我国的海尔、长虹等知名的家电企业都实行相关多元化的战略，它们经营电视机、冰箱、空调器、洗衣机等多种家电产品。

（1）相关多元化的优势

相关多元化的战略匹配关系给企业带来优势。战略匹配存在于价值链非常相似并能为公司各方面带来机会的不同经营业务之间，它主要从两个方面给相关多元化的企业带来优势。一是产生范围经济；二是增加市场力量。

以相关多元化作为公司战略的企业总是尽力利用不同业务之间的范围经济。当两种或更多的经营业务在集中管理下运作比作为独立的业务运作花费更少时，就存在范围经济。对于在多个行业或产品市场上经营的公司来说，范围经济来源很广，包括分享技术，对共同的供应商形成更强的讨价还价的力量，联合生产零件和配件，分享共同的销售力量，使用同样的销售渠道，售后服务的联合，共同使用一个知名商标，将竞争性的有价值的技术秘诀或生产能力从一种业务转移到另一种业务，合并相似的价值链活动以获得更低的成本。范围经济越大，在更低成本基础上创立竞争优势的潜力越大。

相关多元化经营也可以用获得“市场力量”。市场力量是指企业对市场的控制力或影响力。当一个企业在多个相互关联的领域内经营时，它通常比在单一领域内经营的企业更有市场力量。

（2）相关多元化战略的适用条件

① 可以将技术、生产能力从一种业务转向另一种业务。

② 可以将不同业务的相关活动合并在一起。

③ 在新的业务中可以借用公司品牌的信誉。

④ 以能够创建有价值的竞争能力的协作方式实施相关的价值链活动。

（3）相关多元化战略的实现方式

① 进入能够共享销售队伍、广告、品牌和销售机构的经营领域。

② 探求密切相关的技术和专有技能。

③ 将技术秘诀和专有技能从一种经营业务转移到另一种经营业务。

④ 将组织的品牌和在顾客中建立起的信誉转移到一种新的产品和服务。

⑤ 并购非常有助于增强公司目前经营地位的新业务。

2. 不相关多元化战略

不相关多元化就是公司进入与原有行业不相关的新业务，公司经营的各行业之间没有联系。美国通用电气公司是不相关多元化的范例，从灯泡到信用卡，从医药到有线电视，跨越多种行业。

（1）不相关多元化战略的优势

尽管相关多元化会带来战略匹配利益，很多企业却选择了不相关多元化战略，进入有着丰厚利润或美好前景的任何行业。不相关多元化主要是出于寻求有吸引力的财务经济性。其优势如下。

① 经营风险在一系列不同的行业得到分散，因为公司的投资可以分散在具有完全不同的技术、竞争力量、市场特征和消费群体的业务中。

② 通过投资于任何有最佳利润前景的产业可以使公司的财力资源发挥最大的作用。

③ 公司的获利能力更加稳定。理想的状况是公司某些业务的周期性下降与另一些业务的周期性上升相平衡。

④ 增加股东财富。当公司能非常聪明地发现并购得具有利润上升潜力的公司时，股东财富就能增加。

（2）不相关多元化战略的适用条件

① 企业所在行业逐渐失去吸引力，企业销售额和利润下降。

② 企业没有能力进入相邻产业。

③ 企业具有进入新产业所需的资金和人才。

④ 企业有机会收购一个有良好投资机会的企业。

（3）不相关多元化战略的实现方式

企业一般通过并购实现多元化。挑选被收购公司要考虑以下因素：其业务是否可以达到公司获利能力和投资回报率的目标；是否需要注入资金以更新固定资产和提供流动资金；是否处于有着重大增长潜力的产业；是否可能违反政府有关产品安全的规定；这一产业对萧条、通货膨胀、高利率或政府政策变动的敏感程度等。

如果只考虑快速获得财务收益，有三种公司是较好的选择：一是资产被低估的公司，以低于市值的价格将其收购，并以高于买价的价格将其资产和业务再次出售，从而为公司带来实际的资本利润。二是财务困难的公司，借助母公司的财力和管理方法整合公司，然后作为长期投资或将其出售。三是增长前景很好但缺少投资资本的公司。

（4）不相关多元化战略的弱点

① 管理难度很大。多元化公司涉及的领域越多，多元化程度越高，公司越难以对每个子公司进行监管以尽早发现问题，越难以形成评价每个经营行业吸引力和竞争环境的真正技能，判断各业务计划和行动的质量也更加困难。因此多元化公司要求管理者必须具备很高的洞察力和反应能力：能判断并购的效果；具备选拔管理人员的能力；能辨别何时业务经理提出的战略计划是合理的；当一个业务单元的经营出现失误时知道如何处理。总之，多元化公司经营要充分考虑不同产业中完全不同的经营特点和竞争环境，以做出科学合理的决策。

② 不存在战略匹配利益。相关多元化通过探求不同业务价值链间的联系，可以获得降低成本、转移技能和专门技术以及其他战略匹配利益，不相关多元化则无法得到这些战略匹配利益。

（二）按照多元化程度不同划分的类型

表 5-1 列示了按照多元化程度不同划分的五种类型的多元化。

表 5-1　多元化的类型

多元化程度	多元化类型	各项业务的关联程度
低层次多元化	单一事业型	超过 95% 的收入来自某一项业务
	主导事业型	70%~95% 的收入来自某一项业务
中高层次多元化	相关约束型	不到 70% 的收入来自主导业务，所有业务共享产品、技术、分销渠道
	相关型（相关和不相关的混合型）	不到 70% 的收入来自主导业务，事业部之间联系是有限的
极高层次多元化	不相关型	不到 70% 的收入来自主导业务，事业部之间通常无联系

二、多元化战略的动机

企业实施多元化战略是为了增强企业的战略竞争优势，从而使企业的整体价值得到提升。不管是相关型还是不相关型多元化战略，只要能够让企业增加收入和降低成本，就体现了多元化战略的价值。多元化能够获得比竞争对手更强的市场影响力，削弱竞争对手的市场影响力，通过业务组合降低管理者的风险等。表 5-2 列出了多元化经营的主要原因。

表 5-2　多元化经营的动因

原因的性质	原因的目的	方　法	适用于
提高企业价值的动机	获得范围经济	共享资源、品牌，合并价值链活动	相关多元化
		移植核心竞争力	
	获得市场力量	通过多点竞争阻击竞争者	
		纵向一体化	
	获得财务经济	有价值的内部资本分配	不相关多元化
		在各项业务之间降低风险	
		业务重组	
非提高企业价值的动机	规避税法		
	规避反垄断法		
	寻找新的利润生长点		
	降低企业风险		
管理者的消极动机	降低管理者的风险		
	提高管理者的报酬		

（一）为企业寻找新的利润生长点

当企业效益好时，企业倾向于集中经营。当经营状况不好且仍有资源条件时，企业就会向多元化发展，改变经营方向，以寻找新的发展机会；而多元化并不一定改善企业效益，或许使效益更差。当多元化经营状况不理想时，公司就会减缓多元化的进程，或者缩减经营领域。

（二）在各业务单位之间产生范围经济，获得协同效应

范围经济就是由于企业的经营范围扩大而带来的经济性。也就是说，企业各个业务单位放到一起共同经营的成本低于各个业务单位进行独立经营的成本之和，这时就会产生范围经济。范围经济的实质就在于多个业务单位可以在彼此之间共享资源。

通过多元化产生范围经济有两种方式：一是基于有形资源的范围经济。当有形资源横跨几项产品或业务时，就可以共享这些资源，如生产能力的共享、销售能力的共享、技术研究开发的共享。二是基于无形资源的范围经济。企业将知识、技术诀窍、商标和核心竞争力从一种业务转移到另一种业务，导致整体效益的提高。

（三）分散经营风险

多元化经营的一个重要理由是分散风险，即通过减少企业利润的波动来达到分散风险的目的，如常言所说的“不要把所有的鸡蛋都放在一个篮子里”，但是，在实践中这种效果却很难出现。绝大多数的业务受经济波动的影响很相似，没有足够的证据表明高度多元化公司的合并利润在萧条时期或经济困难阶段比多元化程度低的公司的利润更加稳定或更少受到衰退的影响。

（四）管理者的多元化动机

多元化可以降低管理风险，因而可以降低高层管理者的失业风险和减薪风险。多元化使公司规模扩大，公司规模越大，高层管理者的薪资福利就越高。因此，在一定条件下，企业经营者会引导公司经营向多元化发展。

（五）政府法规的影响

此外，企业多元化的动因也可能来自政府法规的约束。其中，反垄断法和税法的影响最为明显。我们以美国的情况为例进行简要说明。

20 世纪 60—70 年代，美国政府为了鼓励竞争，防止企业通过纵向和横向一体化获得过大的市场力量，对企业的相关多样化并购进行严格的控制。结果，在此期间发生的并购案大多是非相关业务并购。进入 80 年代，面对日本等新兴工业化国家的竞争压力和经济全球化的浪潮，美国政府放宽了对同行业竞争者并购的监管，投资银行家也为此推波助澜。结果，恶意接管膨胀。在六七十年代进行高度不相关多样化经营的企业，到 80 年代又纷纷通过重组实行“集中化经营”。

少纳税是企业多元化的一个推动因素。一些公司拥有大量的现金，应该以红利的形式分给股东，然而在六七十年代，红利税要比个人所得税高得多。于是，股东更愿意公司留有这些资金用于购买和新建业务前景好的公司。如果经过一段时期后股票升值了，股东可以获得比红利更高的回报。

三、多元化经营的条件

企业要成功地实施多元化战略，必须具备以下条件。

第一，企业要具备必要的资源。资源包括有形资源和无形资源。由于各项资源的稀缺性及流动性不同，它们创造价值的能力也不同。有的资源既不稀缺，也没有太高价值，而且很容易被模仿和替代，这类资源容易被竞争对手复制。有形资源一般缺乏柔性，如厂房和设备，多余的生产能力只能用于生产一些非常相似的产品，而且还要在生产技术上高度一致。无形资源比有形资源更具灵活性。有形资源的共享可以促进多元化，而无形资源的共享更有利于多元化。资源的灵活性越强，就越容易用于不相关多元化；灵活性差，则多用于相关多元化。

第二，资本市场和管理者市场是多元化经营的条件，特别是当企业通过并购进行多元化时，需要资本市场的支持。管理者市场也非常重要，能否获得合适的管理者常常是多元化经营的前提条件。

第三，企业应建立一套多元化投资决策管理体系和程序，使多元化经营决策科学化。

综上所述，多元化程度由市场和企业自身所具备的战略性特点（如资源）所决定，并建立在企业各种资源的优化组合基础上，需要管理者用正确的动机去推动。动机越强烈，资源的灵活性越好，多元化的程度就越高。为了不使企业盲目地、过度地多元化，需要有科学的内部决策和监控体制。正确的战略决策，加上高效的战略实施，才能获得理想的企业经营业绩。

四、多元化战略的实施

企业实施多元化的路径可以有以下几种：并购、新建、合资。

对于已经进行多元化经营的企业来说，在多元化战略实施过程中还要注意进行以下整合。

① 进行新的并购。在新的相关或不相关行业中建立竞争地位，或者强化公司在现有行业中的竞争地位。

② 剥离一些业务单元。从业务组合中去除一些运营不佳的业务，去除一些不适合本企业发展的业务。

③ 重构整个业务组合。可以有选择地出售某些业务单元。

④ 紧缩多元化的基础范围。包括去掉过时的业务，摆脱所有的非核心业务，减少核心业务。

⑤ 成为一个跨国跨行业的企业。通过跨国的多元化战略获取战略匹配利益，赢得跨国竞争优势，争取在全球竞争性核心业务上成功地超越竞争对手。

⑥ 清算或关闭那些不能出售的亏损业务。

第四节　一体化战略

一体化战略又称企业整合战略，是指企业充分利用自己在产品、技术、市场上的优势，向经营领域的深度和广度发展的战略。一体化战略主要有两种类型：一是纵向一体化（vertical integration），它又有两种子战略类型，即后向一体化（backward vertical integration）和前向一体化（forward vertical integration）；二是水平一体化（horizonal integration）。一体化战略有利于深化专业化协作，提高资源的利用程度和综合利用效率。

一、纵向一体化战略

纵向一体化也称垂直一体化，它是指在买卖投入品和产出品或具有投入、产出关系的企业之间进行合并或兼并。如一个制造公司自己生产某些零配件而不是从外部购买，该公司在本行业的价值链体系中就向前跨越了一个阶段，涉足两个业务单元。纵向一体化可以是全线一体化，即参与行业价值链的所有阶段，也可以是部分一体化，即进入行业价值链的某一个阶段。纵向一体化战略的优势是以其成本节约保证额外的投资，或产生以差别化为基础的竞争优势，增强公司的竞争地位。

（一）后向一体化战略的优势和适用性

后向一体化战略是将企业的价值链进一步反向延伸，依靠自己的力量，扩大经营规模，由自己生产原材料或配套零部件，也可以向后兼并供应商或合资办企业，使企业在内部就能够满足生产所需的大部分零部件、原材料、燃料、设备等供应。

企业采取后向一体化战略主要基于以下考虑。

1. 降低产品成本

当企业自己生产所需的原材料或零部件能够较外购降低成本时，后向一体化才是应该考虑的。只有在以下情况下，后向一体化才能降低成本。

① 企业所需的量很大，足以获得供应商所拥有的规模经济，而且在保证质量的前提下可以达到或超过供应商的生产效率。

② 供应商拥有相当可观的利润。例如，许多用电量很大的企业常自建电厂，以降低用电成本。

③ 企业所在行业迅速发展，供应商数量少而需求方数量多，供应商讨价还价能力非常强。

2. 产生以差别化为基础的竞争优势

如果通过整合进入更多的价值链阶段，可以增强公司的差别化能力，则是有利的。下列情况可以产生以差别化为基础的竞争优势。

① 自己生产供应品，能提高产品和服务的质量，改善公司对客户服务的能力，或者能够从其他的方面提高企业最终产品的性能。

② 能够更好地掌握对战略起着关键作用的技术，建立或加强公司的核心竞争力。

③ 能够增加提高客户价值的特色。例如，生产葡萄酒的企业往往要控制优质酿酒原料的产地，以使自己生产的葡萄酒独具特色。

此外，后向一体化可以排除依靠供应商提供关键零配件或支持服务所带来的不确定性，可以降低供应商提价的风险。如果供应商所供应的产品或服务在数量、质量、时间、价格上存在很大的不确定性，而企业又迫切需要稳定和有保证的供应，就应该考虑后向一体化。后向一体化还会提高行业的进入壁垒，从而控制竞争的激烈程度。

（二）前向一体化战略的优势和适用性

前向一体化将企业的价值链进一步向前延伸，进入其产品的销售行业。例如，汽车制造商不使用独立的销售代理商，而建立自己控制的分销系统。

1. 前向一体化战略的优势

前向一体化战略的优势主要如下。

① 降低产品成本。制造商可以自己投资建立一些销售机构，使企业直接进入销售渠道，能带来明显的成本节约，降低产品的价格。

② 提高产品的差异化。对于一些生产原材料或半成品的企业，它们的产品（如原油、煤炭、钢铁等）的差异性较少，很难摆脱价格竞争的不利局面。因此，在整个行业价值链中离最终消费者越近，其产品形成差异化的机会就越多，产品的附加值就越高，

有可能给企业带来更多的利益。

③ 增加生产经营的稳定性。这是因为可以自己消化部分或全部产品，就可以稳定地利用生产能力，并有助于企业直接获取顾客购买趋势及竞争发展态势等资料，提高了生产的前瞻性。

④ 提高行业的进入门槛。

2. 前向一体化战略的适用性

这种战略适用于以下情况。

① 企业现在利用的销售商或成本高昂，或不可靠，或不能满足企业销售需要。

② 企业所处的行业正在明显快速增长或预计将快速增长。

③ 企业具备进行前向经营的资金和人力资源。

④ 企业需要保持生产的稳定性。

⑤ 前向经营领域利润丰厚，属于十分值得进入的行业。

（三）纵向一体化战略的风险

不论是前向一体化战略还是后向一体化战略，它们可能存在以下风险。

① 纵向一体化会提高公司在本产业的投资，增大风险。有时甚至会使公司不能对自己的资源进行有效配置。

② 纵向一体化会迫使公司依赖自己的内部活动而不是外部供应源，而随着时间的推移，这样做有可能变得比外部寻源更昂贵，同时降低公司满足顾客产品种类方面需求的灵活性。

③ 纵向一体化有一个保持价值链的各阶段生产能力平衡的问题。价值链上每个环节最有效的生产规模可能大不一样，一般情况下，每个活动之间不可能完全达到自给自足，对于某个活动来说，如果它的内部能力不足以供应下一个阶段，差额部分就需要从外部购买；如果内部能力过剩，就必须为之寻找顾客；如果产生副产品，还要进行相应处理。

④ 纵向一体化战略的实施需要拥有完全不同的技能和业务能力。产品的生产、装配、批发分销、零售都是不同的业务，需要不同的关键成功因素。企业进入自己不擅长的领域，会给管理带来许多麻烦。

⑤ 后向一体化进入零配件的生产可能使公司降低生产的灵活性，延长对设计和模型进行调整的时间，延长公司将新产品推向市场的时间，同时经营方向的调整也会很困难。

⑥ 需要较多的资金。企业实行纵向一体化后，自制零部件或自产原材料所需的生产资金、储备资金和材料资金要比外购这些零部件和原材料增加许多，如果企业财力不够雄厚就不可能采用纵向一体化。

（四）纵向解体和外部寻源战略

近年来，一些纵向一体化的企业发现在价值链的很多阶段进行经营并不理想，因而纷纷采取纵向解体（或者叫解束）战略。解体指的是从价值链体系的某些阶段撤离出来，依靠外部供应商来供应所需的产品、支持服务或职能活动。在下列一些情况下，可以考虑对价值链中原来由厂内运作的部分从外部寻求资源。

① 某项活动由外部的专业厂商来做可能更有效或者成本更低，减少企业面临的技术变化风险和市场风险。

② 该活动对于企业获取持久竞争优势的能力并不具有至关重要的意义，反而会削弱企业的核心能力。

很多企业选择供应商的决定性因素是价格。这些企业会让供应商进行竞价，最终获得最低的价格。各企业更倾向于同多个供应商签订短期的合同，而不是同单一供应商签订长期的合同，其目的在于加剧供应商之间的竞争。

但是，很多企业摒弃了这种做法，同较少的能力较强的供应商建立合作关系，它们认为，同关键的供应商构建紧密的长期合作伙伴关系，充分利用和挖掘强大供应商的能力，可以享受纵向一体的优势，避免很多纵向一体化的缺点。

总之，纵向一体化战略既有优点，也有缺点。是否采取纵向一体化取决于以下几点考虑：第一，它是否会提高对战略起着至关重要作用活动的业绩，降低成本或者加强差别化；第二，它对与协调更多阶段之间的活动有关的投资成本、灵活性和反应时间以及管理费用所产生的影响；第三，它是否能够创造竞争优势。

二、横向一体化发展战略

横向一体化也叫水平一体化战略，是指将生产相似产品的企业置于同一所有权控制之下，兼并或与同行业的竞争者进行联合，以扩大规模、降低成本、增强企业实力和竞争优势。

当今战略管理的一个最显著的趋势便是将横向一体化作为促进公司发展的战略。竞争者之间的合并、收购和接管提高了规模经济和资源与能力的流动。横向一体化战略一般是企业面对比较激烈竞争的情况下进行的一种战略选择。采用横向一体化战略的好处是：能够吞并或减少竞争对手；能够形成更大的竞争力量去和竞争对手抗衡；能够取得规模经济效益；能够取得被吞并企业的市场、技术及管理等方面的经验。企业一般在下列情况下采用横向一体化战略。

① 希望在某一地区或市场中减少竞争，获得某种程度的垄断，以提高进入障碍。

② 企业在一个成长的行业中竞争。当竞争者因为整个行业销售量下降而经营不善时，不适于用横向一体化战略对其进行兼并。

③ 需要扩大规模经济效益来获得竞争优势。

④ 企业具有成功管理更大的组织所需要的资本和人力资源，而竞争者则由于缺乏管理经验或特定资源停滞不前。

⑤ 企业需要从购买对象那里得到某种特别的资源。

但是，横向一体化战略也会带来一些问题，其中最主要的是管理问题和政府法规限制。收购一家企业往往涉及母子公司管理上的协调问题。由于母子公司的历史背景、人员组成、业务风格、企业文化、管理体制等方面存在着较大的差异，母子公司的各方面协调工作非常困难。另外，横向一体化战略可能会使合并后的企业在行业中处于垄断地位，过度的垄断可能会招致政府干预。如在美国，政府制定了反托拉斯法，其目的就是制止一些企业的垄断行为。

第五节　稳定型战略

一、稳定型战略的概念及特征

稳定型战略指在企业的内外部环境约束下，企业准备在战略规划期使企业的资源分配和经营状况基本保持在目前状态和水平上的战略。企业遵循的经营方向、经营的产品、面向的市场领域、企业在其经营领域内所达到的产销规模和市场地位都大致不变或以较小的幅度增长或减少。

稳定型战略的经营风险相对较小，对于曾经成功地在一个处于上升趋势的行业和一个变化不大的环境中活动的企业来说会很有效。由于稳定型战略从本质上追求的是经营状况的基本稳定，它具有如下特征。

① 对过去的经营业绩表示满意，决定追求既定的或与过去相似的经营目标。

② 企业在战略规划期内追求绩效按照常规的比例递增。此时的增长是一种常规意义上的增长，而非大规模和非常规的迅猛发展。企业在市场占有率、产销规模或总体利润水平上保持现状或略有增加，从而稳定和巩固企业现有的竞争地位。

③ 以和过去相同或基本相同的产品和劳务服务于社会。这意味着企业在产品和劳务上的创新较少。

可见，稳定型战略坚持前期战略对产品和市场领域的选择，以前期战略所达到的目标作为本期希望达到的目标。因而，实行稳定型战略的前提条件是企业过去的战略是成功的。

二、稳定型战略的适用性

采取稳定型战略的企业，一般处在市场需求及行业结构稳定或者动荡较小的外部环境中，因而企业所面临的竞争挑战和发展机会都较少。但是，有些企业在市场需求以较大幅度增长或外部环境提供了较多发展机遇的情况下也会采用稳定型战略，原因是这些企业的资源不足以使其抓住新的机会而不得不采用相对保守的稳定战略。

（一）外部环境

① 宏观经济状况会影响企业所处的外部环境。如果宏观经济在总体上保持总量不

变或以低速增长，企业所处的行业的上游、下游产业往往也只能以低速增长，这会影响到该企业所处行业的发展，使其无法以较快的速度发展。这会使得该行业内的企业倾向于采用稳定型战略，以适应这一外部环境。

② 产业的技术创新度。如果企业所在的产业技术相对成熟，技术更新速度较慢的话，企业过去采用的技术和生产的产品无需经过太大调整可满足市场需求并与竞争者抗衡。这就使产品系列及其需求保持稳定，从而促使企业采用稳定型战略。

③ 消费者需求偏好的变动较稳定。这是决定产品系列稳定度的另一方面。消费者频繁的偏好转移会使得企业在产品特性和营销策略上改变过去的做法，否则会被竞争对手所击败。从这点上讲，稳定型战略适合于消费者需求偏好较稳定的企业。

④ 产品生命周期（行业生命周期）。对处于行业或产品的成熟期的企业，产品需求、市场规模趋于稳定，产品技术成熟，新产品开发和新技术开发难以取得成功。因而，以产品为对象的技术变动频率低，同时竞争对手的数目和企业的竞争地位都趋于稳定，这时提高市场占有率、改变市场地位的机会很少，因此较为适合采用稳定型战略。

⑤ 竞争格局。如某企业所处行业的进入壁垒非常高，或其他原因使该企业所处竞争格局相对稳定，竞争对手之间很难有较为悬殊的业绩改变，采用相对稳定的战略可以获得较大的收益。

（二）内部实力

当外部环境机会较好时，如果企业的资源不够充分，如可以用来投资的资金不足、研究开发力量较差或在人力资源方面无法满足发展型战略的要求，就无法采取扩大市场占有率的战略。在这种情况下，可以采用以局部市场为目标的稳定型战略，以使有限资源能集中在某些自己有竞争优势的细分市场，维护竞争地位。

当外部环境较为稳定时，资源较为充足的企业与资源相对较稀缺的企业都应当采用稳定型战略，以适应外部环境，但两者做法可以不同，前者可在更宽广的市场上选择自己战略资源的分配点；而后者则应当在相对狭窄的细分市场上集中自己的资源。

当外部环境较为不利，比如行业处于生命周期的衰退期时，则资源丰富的企业可以采用一定的稳定型战略；而对那些资源不够充足的企业来说，则应视情况而定。如果它在某个细分市场上具有独特的竞争优势，可以考虑也采用稳定型战略；但如果本身不具备相应的特殊竞争优势，不妨实施紧缩型战略，将资源转移到其他发展较好的行业。

三、稳定型战略的利弊分析

稳定型战略的主要优点如下。

① 经营风险相对较小。企业基本维持原有的产品和市场领域，从而可以利用原有的生产经营领域、渠道，避免开发新产品和新市场所必需的巨大的资金投入、激烈的竞争抗衡和开发失败的巨大风险。

② 避免因改变战略而改变资源分配的困难。不必考虑原有资源的增量或存量调整，

相对其他战略态势显然更容易成功。

③ 避免因发展过快导致的弊端。在行业发展较快时，许多企业无法清醒看到潜伏的危机而盲目发展，结果造成资源的大量浪费。

④ 给企业一个较好的休整期，使企业积累更多的“能量”，以便为今后的发展做好准备。

稳定型战略的缺陷如下。

① 稳定型战略的执行是以包括市场需求、竞争格局在内的外部环境的基本稳定为前提的。一旦企业的这一判断没有被验证，就会打破战略目标、外部环境、企业实力三者之间的平衡，使企业陷入困境。因此，如果预测有问题，稳定型战略也有很大风险。

② 特定细分市场的稳定型战略往往也隐含着较大风险。资源不足的企业会在部分市场上采用稳定型战略，这样做实际上是将资源重点配置在特定市场上，如果对这部分特定市场需求把握不准，企业可能更加被动。

③ 稳定型战略也容易使企业的风险意识减弱，甚至形成惧怕风险、回避风险的企业文化。这会降低企业对风险的敏感性、适应性和敢冒风险的勇气，也增大了风险的危害性。

稳定型战略的优点和弊端都是相对的，企业在具体的执行过程中必须权衡利弊，准确估计其收益和风险，并采取适合的风险防范措施，才能保证稳定型战略优点的发挥。

四、稳定型战略的类型

在具体实施方式上，稳定型战略又可依据其目的和资源分配方式分为不同类型。美国一些管理学者将其分为以下几种类型。

（一）无变化战略

无变化战略似乎是一种没有战略的战略。采用它的企业可能是基于以下两个原因：一是过去的经营相当成功，并且企业的内外环境没有发生重大变化；二是企业并不存在重大的经营问题或隐患，因而战略管理者没有必要进行战略调整，或者害怕战略调整会给企业带来利益分配和资源分配的困难。

上述两种情况下，企业的管理者和职工可能不希望企业进行重大的战略调整，因为这种调整可能会在一定时期内降低企业的利润总额。采用无变化战略的企业除了每年按照通货膨胀率来调整其目标外，其他都暂时保持不变。

（二）维持利润战略

这是一种以牺牲企业未来发展来维持目前利润的战略。维持利润战略注重短期效果而忽视长期利益，其根本意图是渡过暂时性难关，因而往往在经济形势不太景气时采用，以维持过去的经营状况和效益，实现稳定发展。但使用不当的话，维持利润战略可能会使企业元气大伤，影响长期发展。

（三）暂停战略

在一段较长时间的快速发展后，企业可能会遇到一些问题使得效率下降，这时可采用暂停战略，即在一段时期内降低企业的目标和发展速度。如采用并购发展的企业，往往会在新收购的企业尚未与原来的企业很好地融合在一起时，先采用一段时间的暂停战略，以便有充分时间来重新实现资源的优化配置。从这一点看，暂停战略可以让企业积聚能量，为今后发展做准备。

（四）谨慎实施战略

如果企业外部环境中的某一重要因素难以预测或变化的趋势不明显，企业有意识地采用稳定型战略，步步为营，这就是所谓谨慎实施战略。比如，某些受国家政策影响比较大的企业，在国家法规公布前，就有必要采用谨慎实施战略，一步步稳固地向前发展。

第六节　紧缩型战略

一、紧缩型战略的概念和特征

紧缩型战略是指企业从目前的战略经营领域和基础水平收缩、撤退，且偏离战略起点较大的一种经营战略。与稳定型战略和发展型战略相比，紧缩型战略是一种消极的发展战略。一般来说，企业实行紧缩型战略只是短期的，其根本目的是使企业渡过难关后转向其他的战略选择。有时，只有采取收缩和撤退的措施，才能抵御对手的进攻，避开环境的威胁，迅速地实现自身资源的最优配置。因此，紧缩型战略是一种以退为进的战略。

实行紧缩型战略的原因主要有：企业的资源有限，但扩大了业务范围，需要退出某些业务；企业的经营环境变化，有利的环境经过一段时间后变得不那么有吸引力了；原来能容纳许多企业发展的产业进入衰退期而无法为所有企业提供最低的经营报酬；为进入某个新业务领域需要大量投资和资源的转移等。这些情况的发生都会迫使企业考虑紧缩目前的经营，甚至退出目前的业务或实施公司清算。

紧缩型战略的特征如下。

① 对企业现有产品和市场份额进行收缩、调整和撤退，如放弃某些市场和某些产品系列。企业规模缩小，同时一些效益指标，如利润和市场占有率等，都会有较为明显的下降。

② 对企业资源的运用进行较为严格的控制，尽量削减各项费用支出，往往只投入最低限度的经营管理资源，并伴随着员工的裁减、一些大额资产的暂停购买等。

③ 紧缩型战略具有短期性。与稳定型、发展型战略相比，紧缩型战略具有明显的

过渡性，其根本目的是为了今后发展而积聚力量。

二、紧缩型战略的适用性

企业的资源是有限的，当企业发展到一定阶段，在外部环境发生变化的情况下，就需要采取紧缩型战略，适时退出某些业务。

① 当企业进行战略重组时，为了筹措所需资金，改善企业投资回报率，开发新的市场领域，会将整个企业的业务集中，发展有潜力的明星业务，放弃衰退业务和问题较多、前途渺茫的业务。

② 由于经济形势、行业周期、技术发展的变化，行业发展停滞及下滑，造成行业经济不景气，此时企业可采用撤退战略，缩小规模或退出该行业。

③ 由于企业内部决策失误、管理不善及经营机制等问题，削弱了企业在其业务领域的竞争优势和竞争实力，不得不采取紧缩战略。

三、紧缩型战略的作用

① 帮助企业在外部环境恶劣的情况下，节约开支和费用，顺利渡过难关。

② 能在企业经营不善的情况下最大限度地降低损失。在许多情况下，可避免由于盲目而且顽固地坚持衰退的业务给企业带来的打击。

③ 能帮助企业更好地实现资产最优组合。否则当企业面临一个新的机遇时，会因资源缺乏而错失良机。

四、实施紧缩型战略的困难

（一）对企业或业务状况的判断

紧缩型战略的效果如何，取决于对公司或业务状况判断的准确程度。这是一项难度很大的工作。汤普森于1989年提出了一个详尽的清单，对于增强对企业或业务状况的判断能力有一定帮助。

① 分析企业产品所处的寿命周期以及今后的利润和发展趋势。

② 分析产品和市场状况，以及发挥竞争优势的机会。

③ 识别剩余资源，分析如何应用。

④ 寻找一个好的买主。

⑤ 分析放弃一部分获利的业务或经营活动，为其他可能获利较大的业务提供资金是否值得。

⑥ 考虑关闭一家企业或者工厂，是否比在微利下维持运转经济。

⑦ 分析准备放弃的业务在整个公司中所起的作用和协同优势。

⑧ 分析用其他产品和服务来满足现有顾客需求的机会。

⑨ 分析企业降低分散经营的程度所带来的有形和无形的效益。

（二）退出障碍

退出障碍是指那些迫使投资收益率低甚至亏损的企业仍然留在产业中从事生产经营

活动的各种因素。

五、紧缩型战略的类别

紧缩型战略可分为三类：抽资转向战略、放弃战略和清算战略。

（一）抽资转向战略

抽资转向战略是企业在现有经营领域不能维持原有的产销规模和市场，不得不缩小产销规模和降低市场占有率，或者企业在存在新的更好的发展机遇时，对原有业务领域进行压缩投资、控制成本以改善现金流，为其他业务领域提供资金的战略方案。在企业财务状况下降时（如物价上涨导致成本上升，需求降低使资金周转不灵）也有必要采取抽资转向战略。抽资转向战略可采取下述措施来配合进行。

① 调整企业组织。如改变关键领导人，在组织内重新分配责任和权利等。调整的目的是使管理人员适应变化了的环境。

② 降低成本和投资。如压缩日常开支，实行更严格的预算管理，减少一些长期投资项目等，也可以适当减少培训、广告、研究开发、公共关系等活动。降低管理费用或缩小某些管理部门。

③ 减少资产。包括出售与企业基本生产活动关系不大的土地、建筑物和设备；关闭一些生产线或工厂；出售某些在用的资产，再以租用的方式获得使用权等。

④ 加速回收企业资产。包括加速应收账款的回收，降低企业的存货量，尽量出售库存产成品等。

抽资转向战略会使经营主方向转移，有时会涉及经营宗旨的变化，其成功的关键是管理者明晰的战略管理理念，即必须决断是对现存的业务给予关注还是重新确定企业的基本宗旨。

（二）放弃战略

在采取抽资转向战略无效时，企业可尝试放弃战略。放弃战略是指将企业的一个或几个主要部门转让、出售或者停止经营，这个部门可以是一个经营单位、一条生产线，或者一个事业部。放弃战略的关键是要找到肯出高于企业固定资产时价的买主，所以企业管理层应说服买主，购买企业的技术或资源，能使对方利润增加。

放弃战略的实施过程中通常会遇到一些阻力，包括以下内容。

① 结构上或经济上的阻力。即一个企业的技术特征及其固定资产会妨碍其退出，如一些专用性强的固定资产很难出售。

② 公司战略上的阻力。打算放弃的业务如与企业其他业务有较强的联系，则该项业务的放弃会使其他有关业务受到影响。

③ 管理上的阻力。如管理者对放弃战略往往持反对意见，因为这会使其业绩考核受到威胁。

（三）清算战略

清算是指卖掉资产或停止整个企业的运行而终止一个企业的存在。清算战略通常只有当所有其他战略都失败时才启用，在确实毫无希望的情况下，尽早地制定清算战略，企业可以有计划地逐步降低企业股票的市场价值，尽可能多地收回企业资产，从而减少全体股东的损失。因此，在特定的情况下，清算战略也是明智的选择。

思考题

1. 简述发展型战略的类型和适用条件。
2. 企业为什么会采取纵向一体化战略？这种战略可能会出现什么问题？
3. 为什么许多企业开始采取解束战略？
4. 分析相关多元化与不相关多元化的动机有什么不同。
5. 试分析大多数经理倾向于采用发展型战略的原因。
6. 多元化是企业成功的必由之路吗？
7. 稳定型战略的类型、适用条件是什么？它有什么缺点？

讨论题

1. 结合所学理论，分析一个采用紧缩型战略的案例。
2. 上网查找资料，解释为什么通用电气公司能够成为世界上最成功、规模最大的多元化公司。
3. 与通用电气公司相比，中国企业实施多元化战略的差距体现在哪些方面？

第六章　业务单位战略

【学习目标】

- 掌握业务单位战略的定义及影响业务单位战略制定的因素
- 了解一般竞争战略、进攻性战略、防御性战略以及超竞争状态下的竞争战略如何形成企业的竞争战略
- 了解新兴行业、快速发展行业、成熟行业、衰退行业以及零散行业的特点，明确上述行业的企业选择竞争战略时应注意的问题

业务单位战略又称经营战略、竞争战略或事业部战略。业务单位战略在战略结构中处于第二层次，战略的侧重点包括：建立和管理高绩效的业务组合；建立职能部门之间的协同，并将其转化为竞争优势；确定投资优化顺序，将资源导向最有吸引力的事业部；评价、改进和统一各部门负责人所建议的经营方式和行动方案。业务单位战略包括一般竞争战略、进攻性战略、防御性战略和超竞争状态下的竞争战略。

第一节　基本竞争战略

不同企业业务层面的基本竞争战略往往也不同。波特指出，各种竞争战略的重点和区别主要在于：一是市场目标；二是企业所追求的竞争优势是低成本还是差异化。波特将竞争优势的两种基本形式与企业寻求获取这种优势的活动相结合，得出在行业中创造高于平均经营业绩水平的三种基本战略：成本领先（cost leadership）战略、差异化（differentiation）战略、集中化（focus）战略。其中集中化战略分为两种类型，即成本领先集中（focused leadership）战略和差异化集中（focused differentiation）战略。这三种基本竞争战略中的每种战略的有效性取决于企业外部环境中的机遇和威胁，以及企业自身的资源、能力和核心竞争力。

一、成本领先战略

（一）成本领先战略的含义和优势

成本领先战略是通过设计一整套行动，以最低的成本生产并提供为顾客所接受的产

品和服务。

成本领先战略的有效执行能使公司在激烈的市场竞争中赚取超过平均水平的利润。低成本优势可以有效防御竞争对手的进攻，因为一旦拥有成本领导者的有利位置，竞争对手就很难在价格上与其竞争。低成本优势有利于公司在强大的买方威胁中保护自己，尽管强有力的买方可以迫使降价，但这个价格一般不会低于行业内第二有效率的竞争者可以赚到平均利润的水平。低成本也构成对强大供方威胁的防卫，因为低成本在应对卖方产品涨价中具有较高的灵活性。强有力的成本领导者还可能迫使供应商维持原价格，导致低成本的诸因素通常也以规模经济形式建立进入壁垒。新进入者不可能赚到高于平均水平的利润，直到它们获得经验达到和成本领导者同样的效率水平。与行业竞争对手相比，成本领导者在替代品方面也占有比较有利的地位。为了留住客户，成本领导者可以降低产品和服务的价格。这样，低成本可以在全部五类竞争作用力的威胁中保护公司。

（二）实施成本领先战略的途径

要获得成本优势，公司价值链上的累积成本必须低于竞争对手的累积成本。为达到这个目的有两个途径。

① 更好地管理企业价值链各种活动的成本因素，企业通过管理价值链上每一环节的活动，可以节约许多资源，降低成本。

② 改造公司的价值链，省略或跨越一些高成本的价值链活动。

采用成本领先战略时，公司要持续地把成本降到竞争对手的水平；同时，还要重视顾客认为重要的差异化的方面，如果片面追求低成本而忽视了产品的独特性，那么企业的产品与竞争对手的产品相比差距较大，在很大程度上会失去对顾客的吸引力。成本优势的主要来源见表6-1。

表6-1　成本优势的主要来源

成本驱动因素	与经营规模或经验积累有关的成本优势来源	规模经济：产能利用率；学习曲线
	与经济规模或经济积累无关的成本优势来源	投入价格：地理位置；密度经济；技术优势；时机因素；自主政策选择；政府政策
	与交易组织有关的成本优势来源	纵向一体化/外包；合作；组织效率
重组价值链	从价值最大化出发，一切从零开始重新设计活动	简化产品设计：削减附加产品或服务；采用敏捷生产流程；寻找各种途径避免使用高成本的原材料或零部件；采用更短的销售渠道；合理确定地理位置；充分满足目标客户的特殊要求；利用信息技术

（三）成功获得低成本领导地位的关键因素

如果管理者的战略意图是追求低成本，下面几点是成功的关键因素。

① 准确地把握成本驱动因素。每个行业中的关键成本驱动因素都不尽相同，如规模经济、经验和学习、生产能力的利用率、关键资源投入成本、技术创新（产品或工艺）、地理位置、与公司或行业价值链其他活动的联系、纵向一体化程度或专业化程度等。管理者必须准确地把握关键的成本驱动因素，管理价值链上的每一项活动，积极地重组价值链，再造业务流程，取消非关键的工作步骤。

② 积极投资于低成本所需的资源和能力。例如，沃尔玛在所有的经营运作中使用现代化的技术，如私人卫星通信网络，向数千个供应商传递销售数据。

③ 实现严格的成本控制管理。追求成本领先的企业必须有结构严密的组织和明确的责任、严格的成本控制制度、以目标管理为基础的激励机制等。

④ 建立倡导节约的企业文化。应使员工广泛参与成本控制，深入地审查运作费用和预算要求，制定各种不断改善成本的方案，各种设施充足但不浪费。

（四）成本领先战略的风险

成本领先战略的风险如下。

① 成本领导者的生产设备可能因竞争对手的技术创新而过时。

② 过于强调削减成本可能会导致公司忽视顾客需求。

③ 竞争对手通过成功地仿效成本领导者的战略而对其产生威胁。

（五）成本领先战略的适用性

成本领先战略适用于以下情况：市场中有很多对价格敏感的客户；实现产品差别化的途径很少；购买者不太在意品牌间的差别；卖方之间的价格竞争非常激烈。

二、差异化战略

（一）差异化战略的含义及优势

差异化战略是企业通过创造其产品和服务不同于竞争对手的顾客感知价值，而取得竞争优势的一种竞争战略。企业通过设计一整套行动，生产并提供一种顾客认为很重要的与众不同的产品或服务，并不断地使产品或服务升级以具有顾客认为有价值的差异化特征。差异化战略的重点不是成本，而是不断地投资和开发顾客认为重要的产品或服务的差异化特征。实行差异化战略的企业当其产品或服务与竞争对手之间的相似性越少，企业受竞争对手行动的影响也就越小。

差异化战略的成功使企业以更高的价格出售其产品，并通过使用户高度依赖产品的差异化特征而获得用户的忠诚。成功地采用差异化战略可以使企业在激烈的市场竞争中获得超过平均水平的利润。差异化战略利用客户对品牌的忠诚度以及由此产生对价格的敏感性下降使公司得以避免来自竞争对手的挑战。它也可以使利润增加而不必追求低成本。差异化产品或服务的独特性能降低顾客对价格提高的敏感性。产品差异化赚得的高额利润可以在一定程度上使其免受供应商的影响。因为买方对提价相对不敏感，企业可以通过提高其特有产品的价格而把供应商的额外成本转嫁给最终消费者。另外，顾客忠诚度和差异化产品的独特性成为主要的进入壁垒，有效地抵御了替代产品的威胁。

（二）实施差异化战略的途径和条件

实施差异化战略必须把创造价值所需的各种活动有机联结起来，事实上企业可做的能为顾客创造价值的一切都可以作为差异化的基础。差异化的来源见表6-2。

表6-2 差异化的来源

来源	具体内容
产品特性	外观；性能；质量；可靠性和耐用性；安装、操作难度；产品复杂性；产品组合；产品定制
服务与支持	咨询；培训；二次开发；备件供应；维修
产品销售	分销渠道；交货速度与及时性；消费信用
产品识别与认识	营销与品牌塑造；声誉
组织管理	企业内部职能部门间的联系；与其他企业的联系
其他	时机；地理位置

通过这些方式实现差异化取决于许多因素：一是公司要弄清楚顾客是谁，他们的需求是什么，认为有价值的是什么。不同的顾客有不同的需求和价值观，如果采用差异化，应以什么为基础。二是管理人员要足够接近市场，从而能对顾客的偏好和价值观十分敏感，并且能适时反应。另外要在动态的基础上通过差异化来获得竞争优势。在许多市场中顾客的价值判断是不断变化的，所以，采用差异化战略的企业要不断地更新其差异化的标准。

因此，企业成功地实施差异化战略，通常需要特殊类型的管理技能和组织结构。例如，需要具有树立产品形象、保持先进技术和建立完善分销渠道的能力。具有很强的研究开发与市场营销能力的人员对于企业非常重要。同时，在组织结构上，需要确保激励员工创造性的企业文化、管理体制和激励制度。

同时，执行差异化战略并不意味着企业可以忽视成本。

（三）差异化战略的风险

差异化战略的风险具体有以下几种。

① 企业所提供的差异化特征可能不再是顾客所需要的，顾客不愿为此多付钱。

② 顾客不断学习可能降低其对一家公司差异化价值的评价。

（四）差别化战略的适用性

① 有很多的途径创造公司与竞争对手产品之间的差异，而且购买者认为这些差异有价值。

② 对产品的需求多种多样。

③ 采用类似差别化战略的竞争对手很少。

④ 技术创新很快，竞争主要集中在不断推出新产品。

三、集中化战略

（一）集中化战略的含义和优势

集中化战略是通过设计一整套行动来生产并提供产品或服务，以满足某一特定竞争性细分市场的需求，包括某一特定的购买群体，某一特定的产品细分市场，或某一特定的地理市场。集中化战略的精髓在于比竞争对手更好地服务于目标细分市场的购买者，成为小市场中的巨人。

企业可以采用两种集中化战略：以低成本为基础的集中成本领先战略和以差异化为基础的集中差异化战略。集中成本领先战略是从某些细分市场上成本行为的差异中获取利润，企业要做到服务于某一细分市场的成本比竞争对手低，此战略取决于是否存在这样一个购买者细分市场，满足他们的要求所付出的代价要比满足整体市场其他部分的要求所付出的代价要小。集中差异化战略是从特定细分市场中客户的特殊需求中获得利润，此战略取决于是否存在这样一个购买者细分市场，他们想要得到或需要特殊的产品属性。

两种集中化战略能使公司成功应对五种竞争力量，其方式分别与成本领先战略和差异化战略相仿。它们唯一的区别在于竞争范围从整个行业变成了相对狭窄的行业细分市场。

（二）实施集中化战略的途径

集中化战略的基础在于一家企业可以比业内的其他竞争对手更好、更有效率地服务某一特定细分市场，且服务于小市场的成本比竞争对手的成本低，或者能够更好地满足用户的需求。此战略的成功需要企业去发现需求非常独特并且专业化，以至于业内一般竞争对手根本未去服务的细分市场，或者找到业内竞争者做得很差的细分市场。

采用集中化战略的公司必须能够以一种优于竞争对手的方式完成一系列主要及辅助活动，以获取战略竞争力。执行集中成本领先战略和集中差异化战略的活动特征分别与成本领先战略和差异化战略基本相同。

（三）集中化战略的风险

采用任何一种集中化战略，除面临着与在整个行业范围内采用成本领先战略或差异化战略的公司同样的一般性风险，同时还有以下风险。

① 竞争对手可能集中在一个更加狭窄的细分市场上而使本来的集中化战略不再集中。

② 竞争对手进入相同的细分市场，使原来集中战略的企业失去优势。

③ 由于技术进步、替代品的出现、价值观念更新、消费偏好变化等多方面原因，细分市场与总体市场之间在产品或服务的需求上差别变小，集中化战略的优势就会被削弱或消除。

④ 由于狭小的目标市场难以提供必要的市场规模，所以集中化战略可能带来高成

本的风险。

(四) 集中化战略的适用性

实际上，绝大多数小企业是从集中化战略起步的，只是并不一定都意识到了这一战略的意义，并采取更具战略导向的行动。企业实施集中化战略的关键是选好目标市场。一般的原则是，企业要尽可能选择竞争对手最薄弱的目标市场和最不易受替代产品冲击的目标市场。在选择之前，企业必须确认。

① 目标市场足够大，可以赢利。

② 目标市场具有很好的成长潜力。

③ 目标市场不是行业主要竞争厂商成功的关键，也没有其他竞争对手试图采取集中化战略。

④ 公司有相应的资源和能力，能够比竞争对手更好地满足目标市场。

⑤ 公司能凭借其建立的商誉来防御行业中的挑战者。

第二节 基本竞争战略的扩展

一、最优竞争战略

(一) 最优竞争战略优势

最优竞争战略是成本领先战略与差异化战略的融合。这一战略的目的是能够成功地获得成本领先与差异化战略优势，使企业处于一种更加有利的地位。它的基本思想是：满足或者超过购买者在质量、服务、特色、性能属性上的期望，但价格低于其期望，从而为购买者创造超值的价值。其目的是低成本地提供卓越的产品。

执行最优竞争战略的公司追求的是成为一家成本不断降低、产品质量越来越高的厂商，在质量、服务、特色、性能上紧跟最好的竞争对手，在成本上打败它们。

成功执行最优竞争战略的企业一般能够迅速适应环境的变化，更快地接受新技能与新科技，并且更有效地在企业各部门及产品线范围内充分利用其核心竞争力。企业之所以获得超过平均水平的利润，关键原因在于这种战略具有两方面优势：成本领先意味着低成本，与此同时，差异化可把价格定得更高。

(二) 最优竞争战略的风险

最优竞争战略具有获取超额利润的巨大潜力，但这种潜力也伴随着巨大的风险。成本领先和差异化需要企业在文化、管理、组织等方面的特殊支持，这使得既追求成本领先又追求差异化优势的企业会被困在中间，如果企业无法在其选定的竞争范围内确立自己的领导地位，它就无法成功应对五种竞争力量，也就无法获得超额利润。

实践证明，实施最优竞争战略的关键是先确立某一种竞争优势（低成本或差异化），然后在适当的时机，建立另一种竞争优势。

（三）成功实施最优竞争战略的条件

为了顺利、成功地实施最优竞争战略，企业必须在战略上保持灵活机动。提高战略灵活性可采取下列措施。

1. 灵活生产系统（FMS）

灵活生产系统是一种计算机控制程序，可在人力干预最小的情况下生产出数量适中而多样化的产品，消除传统生产工艺所固有的低成本与品种多样化之间的冲突。

2. 企业资源计划（ERP）系统

为增进公司战略灵活性，要建立一种把生产厂商与供货商、分销商、顾客连在一起的新型信息网络。ERP 系统可以使财务及运营数据在不同部门之间迅速流动。

3. 全面质量管理（TQM）系统

使用 TQM 系统的重要目标是提高企业产品质量及整个组织的生产力水平。质量提高使顾客的注意力集中在产品性能的改善以及可靠性上，使企业获得差异化，并最终提高产品售价，增加市场份额；同时，可以降低整个生产及服务成本，实现差异化与成本领先战略的结合。

二、竞争战略的选择：战略钟

波特的基本竞争战略为企业增加竞争优势提供了战略思想和方法，但当企业针对具体市场环境和企业条件进行战略选择时，面对的是复杂、多层次的问题与状况，不能简单地归结为哪一种基本竞争战略。克利夫·鲍曼（Cliff Bowman）提出了“战略钟”的思想体系，将波特的理论与实际问题进行了综合，见图 6-1。

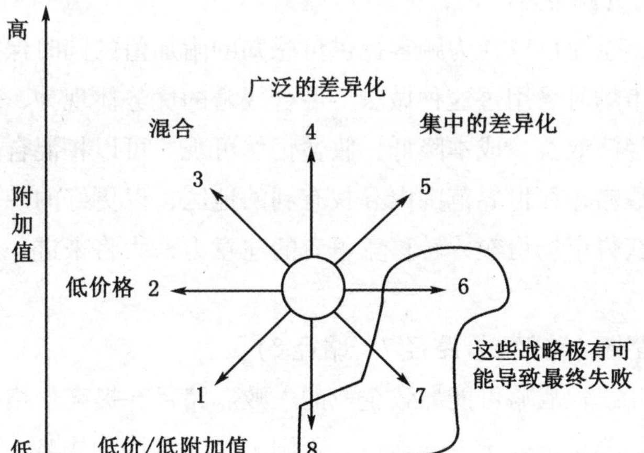

图 6-1　战略钟

（一）基于价格的战略（路径 1、路径 2）

分为两个层次：路径 1 是低价/低附加值战略，此种战略针对的是对价格较敏感的细分市场，对于收入水平较低的消费者，他们买不起或不愿意买更好质量的商品，而愿意购买质量很低且价格也很低的产品，在许多行业中都存在这样的消费群体。因此，似乎最没有竞争力的战略却很有生命力，一些企业特别是小企业或小商品批发商经营得很成功。路径 2 是企业在寻找竞争优势时采用的一种低成本战略，在降低价格的同时努力保持产品或服务的质量不变，但竞争者易对其进行模仿，因此获得竞争优势的唯一办法就是保持比其他竞争者更低的价格，即价格低到使竞争者不能承受的程度。

（二）差异化战略（路径 4、路径 5）

分为两种战略：路径 4 是广泛的差异化战略，即以相同的或略高于竞争者的价格向顾客提供他们认可的附加值，其目的是通过更好的产品和服务来获得更多的市场份额，销售更多的产品。路径 5 是集中的差异化战略，企业在特定的细分市场内以特别高的价格为顾客提供特别高的使用价值，并以此在行业内竞争，此战略体现了企业真正的竞争力。

采取此战略要注意重要的问题：一是必须在跨市场广泛的差异化和集中经营两种战略之间做出选择。二是弄清楚公司在哪个细分市场内，通过满足顾客需求进行竞争是很重要的，并且要将其转化为行动。做到这一点很困难，特别是在不同的细分市场内满足不同的需求时，而且集中战略可能与利益相关者的期望相矛盾。同时，由于市场情况可能会发生变化，必须对集中战略的优势大小进行监控。如细分市场的差别可能会消失，使组织面临更多的竞争者；或者市场可能会因为竞争者更细的差异化而被进一步细分。

（三）混合战略（路径 3）

在某些情况下，企业可以在为顾客提供可感知的附加值的同时保持低价格。许多日本公司在打开美国市场时采用过这种做法。混合战略的优势体现为，销售量远远超过竞争者，会带来规模经济效益，成本降低，收益仍然可观。可以将混合战略作为进入已存在竞争者的市场的战略，在世界范围内寻找有利的地区，以更好的产品打入，价格也定得很低，其目的是获得市场份额，转移竞争者的注意力，为将来进一步占领市场打好基础。

（四）失败的战略（路径 6、路径 7、路径 8）

一般情况下，此三种战略可能导致企业的失败。路径 6 提高价格，但不为顾客提供可感知的附加值。除非组织处于垄断地位，否则不可能维持此战略。路径 7 是路径 6 更危险的延伸，此战略是降低其产品或服务的使用价值，同时提高相应的价格。路径 8 是保持价格的同时降低价值，也非常危险。

战略钟是一个基于市场的一般战略选择模型，综合了波特的竞争战略理论。它的核心基础问题是：对用户而言，产品和服务的价值是什么？

三、时基竞争战略

时基竞争战略是指以时间为基础的竞争，《孙子兵法》就告诫：“兵贵胜，不贵久。”商场如战场，时间对企业来讲十分重要。时间，作为一种新型的竞争优势，越来越受到企业界的广泛关注。海尔集团对用户需求做出创新性的快速反应是该公司不断成功的奥秘之一。实施时基竞争战略的公司具有如下特点。

① 将时间耗费列为重要的管理和战略指标。

② 利用反应力贴近消费者，增加消费者对自己的信赖性。

③ 快速将价值交付体系转向最为有利可图的消费者。

④ 设定业内的创新步调。

时基竞争战略的核心就是“快速反应”，即比竞争对手更快地制定管理决策，开发新产品，向消费者交货。快速反应的公司通过更好地安排参与者，加速决策过程，如临时调动高级主管，组成新的团队，打破原有的假设，产生不同的互动模式；将决策权下放，以便快速做出决策，毫不拖延。快速反应的公司的成本通常比竞争对手低。此外，公司能有效地创新，因为它能在给定时间里构思和设计更多的新产品，为消费者提供更多的选择。

时基竞争战略认为，公司的创新速度越快，或者完成订单交货越早，就能获取越高的消费者忠诚度。但是关键问题是如何协调速度和质量，速度加快是否以质量的下降为代价。事实上，新产品开发速度最快的公司，往往也是以高质量产品闻名的公司。所以说，质量和时间是相辅相成的。没有高质量的作业流程，就无法取得更快的对消费者的反应速度。而发现作业流程中质量问题的最好办法，就是测量和分析时间周期。

第三节　动态竞争战略

一般来说，企业在市场中处于不同的竞争地位，有的处于行业领导者地位，有的则是中游企业和弱小企业，其规模、经营状况、竞争优势及市场竞争力决定了其在行业中的竞争地位。显然，不同竞争地位的企业应依据自身特点动态地选择竞争战略，而不是固定在某一战略上。

行业领导者已取得市场地位与竞争优势，但仍然面临众多竞争对手的挑战，因此行业领导者要依据环境状况进一步采取合适的竞争战略，防止竞争对手的攻击。

一、进攻战略

竞争优势都是通过采取成功的战略性行动来获得的，这些行动包括旨在产生成本优势的行动、旨在产生差别化优势的行动，或者旨在产生资源能力优势的行动。防御性战略可以保护竞争优势，但是不能创造竞争优势。如果已经具备了必要的资源和能力，或者所采取的行动在购买者之中产生了直接的反应（一次大幅降价、一次富有想象力的广告行动，或者一个强大的新产品），那么，竞争优势的建立阶段可能很短。最理想的情形是，采取某种进攻型行动很快建立公司的竞争优势，建立这种优势所花的时间越长，竞争对手就越有可能准确地发现所采取的行动，研究其潜在影响，最终采取反应措施。

进攻战略的实质是追求不断的改进和革新，率先推出新产品、提供更好的性能、提高质量、改善对顾客的服务以及降低成本，这可以使竞争对手的产品和生产工艺过时，始终处于被动的防守位置，同时还可扩大整个行业的需求。

二、防御战略

在一个竞争性市场上，所有的公司都会受到来自其他公司的挑战。防御型战略的目的是降低被攻击的风险，减弱任何已有的竞争性行动所产生的影响。尽管防御战略通常不会提高公司的竞争优势，但它有利于巩固公司的竞争地位，捍卫公司最有价值的资源和能力不被模仿，维护公司已有的竞争优势。

实施防御型战略可采取的措施如下。

（一）保护竞争地位的措施

① 扩大产品生产线，堵住挑战者可能进入的市场点和市场缺口。

② 推出更多的产品型号。

③ 增加个性化服务以及其他能够提高顾客忠诚度的项目，并且使产品和服务的价格合理，提供顾客满意的质量。

④ 投入足够的资本保持成本优势和技术进步。

⑤ 同最好的供应商、分销商和特约经销商签订独占性合同，增加竞争对手获取相同的零部件和销售网络的难度。

⑥ 提高公司资源和能力的灵活性，使公司可以很快地进行资源再分配，或者根据变化的市场环境进行调整。

⑦ 提高广告费用，加大研究与开发费用。

（二）阻止竞争对手采取进攻行为的措施

① 公开宣告公司的管理层将维持现有的市场份额。

② 公开宣告公司计划增加足够的生产能力来满足行业市场容量的预计增长。

③ 提前发布有关新产品、技术突破以及计划推出的重要新品牌或模型的有关信息。

④ 公开宣告公司将执行能够与竞争对手的条件或价格相匹配的政策。

⑤ 偶尔对弱小的竞争对手所采取的行动给予强烈的反击，从而树立公司的防卫者形象。

采取防御战略的条件是：公司已经获得了行业的统治地位，也不希望冒政府采取反垄断行动的风险，另外行业的成长前景不好，或者进一步扩大市场份额无利可图。要保证防御战略的成功，公司必须尽可能在任何情况下取得与行业一致的增长率，避免市场份额的下降。

（三）减少进攻诱因的措施

一般来说，利润是竞争对手发起进攻的诱因。竞争对手对产业未来前景的假设可能导致它进攻。所以应该尽量使竞争对手对行业前景的估计相对真实，比如公开真实的内部增长预测。

三、反击战略

反击就是指回应对方的行为所采取的特定的竞争反应行为。在激烈竞争的市场中企业为获取竞争优势、得到收益会不断地采取竞争行为，同时在遭受攻击时也会采取报复措施以维护其市场地位。

（一）影响反击战略执行的因素

在受到直接的竞争攻击时，不同规模的企业对反击的态度会有所不同。企业如果拥有较多的剩余资源，就有可能去反击。一般大企业通常比小企业拥有更多的剩余资源。一个企业规模越大，声誉越高，往往也越有可能在面对攻击时采取反击行动，而且反击速度较快。

在受到竞争攻击时，企业对该行为所针对的市场依赖程度越高，越有可能发动反击。主要销售额都来自一个市场的企业，通常比在多个产业同时获益的企业对该市场的攻击性行为更有可能发动反击。

（二）反击战略的措施

可以采取的反击措施有：快速削价、开展大规模的促销行动、为供应商和经销商提供更加优越的条款等。如果行业领导者不懈地对那些试图进入其业务领域的任何行动都采取反击行动，那么，它实际上就发出了一个清晰的信号：对行业领导者的地位所发起的进攻性行动会遭到行业领导者的迎头痛击，这种进攻得不到什么回报。

第四节 不同行业环境的竞争战略

企业应根据不同行业的特点、竞争状况确定其竞争战略。同一竞争战略在不同行业环境中的实施效果是不同的。

一、分散型行业的竞争战略

分散型行业是一种重要的结构环境，在这种行业中，竞争企业很多，行业集中度很低，没有任何企业占有显著的市场份额，也没有任何一个企业能对整个行业的发展具有重大的影响，如服务业、零售业、农业等，其范围很广。

（一）造成行业分散的原因

造成行业分散的原因很多，主要原因是行业本身的基本经济特性。

1. 总的进入壁垒低或存在退出障碍

低进入壁垒使大量的中小企业涌入，同时，如果行业存在退出障碍，则收入持平的企业倾向于在行业中维持。除经济性退出障碍外，还存在管理性退出障碍，因为有些竞争者的目标可能不是利润导向的，某些行业的独特吸引力使一些竞争者进入，即使是无利可图。

2. 多种市场需求使产品高度差异化

在某些行业中，顾客的需求是分散的，这种需求的多样性在大众日常消费行业中表现得非常明显，如餐饮、理发、女性时装等行业。另外，市场需求的地区差异也产生零散需求。因此，需求分散导致产品高度差异化，大企业难以发挥优势。

3. 不存在规模经济

大部分分散行业在其运营活动的每个主要环节如制造、市场、研究与开发等都不存在规模经济。有些行业即使存在规模经济，也由于各种原因难以达到经济规模，如水泥、化工行业，高运输成本限制了高效率企业的规模及生产地点，决定了其市场及服务范围，抵消了规模经济性。库存成本过高或市场销售不稳定使企业产量波动而不能实现规模经济，此时大规模企业的灵活性不如小规模的企业。另外，高度的产品差异化及快速的产品变化也可产生规模经济。

除行业的经济特性外，导致行业分散还有非经济原因。一是现有企业缺乏资源或技能。有时企业可以发展规模经济，但缺乏资金或专业技能等战略资源。二是现有企业眼光短浅或自我满足。即使企业具有促进行业集中的资源条件，也可能仍然留恋传统行业的做法，或感觉不到行业变化的机会。三是未被其他外部企业注意。尽管行业内存在集中的对象和条件，但外部企业并没有发现向行业注入资源以促进集中的机会。

（二）分散行业的战略选择

1. 克服分散，集中分散行业

克服分散的基本思想是：清除造成分散行业结构的基本经济因素。一般方法如下。

（1）创造规模经济

通过技术创新引起投资增加及机械化、自动化，形成行业集中的基础。

（2）产品标准化与多样化结合

需求多样化是分散行业的特点，使企业难以实现标准化，可以采用群组技术实现两者协调统一。

（3）特许经营或连锁经营

某些行业分散的原因主要是生产规模的不经济性或分散的顾客口味，对于此行业集中的战略思想是使这些方面与其他方面分离，采取特许经营或连锁经营，如快餐业。

2. 适应环境，建立竞争优势

在一些情况下，造成行业分散的基本经济因素是不可克服的，此时企业要通过提高在行业中的战略地位取得竞争优势。其基本思想是在分散行业环境下寻求实现成本领先、差异化、集中化。

（1）严格管理

分散行业的特点是需要严密协调，进行本地化管理，重视个人服务，近距离控制等，因此可以采用严密管理下的分散化作为重要的竞争策略。

（2）增加附加值

通过增加附加值实现差异化。

（3）产品专门化

它可以扩大企业生产规模，增加与供应商的议价能力；还可以因企业具有专门技能而提高细分市场上产品差异化程度。

（4）顾客专门化

企业专注于行业中一部分特定顾客也可以获得潜在收益。

（5）地理区域专门化

有些行业在行业范围内达不到显著的市场份额或不能实现全国性的规模经济，但在某一地区范围内可能得到重要的经济性。其方法是集中设备、市场营销活动，如在食品行业，区域覆盖战略绩效非常好。

3. 避免潜在战略陷阱

分散行业独特的环境造成了一些特殊的战略陷阱，在选择战略时要注意避免。

（1）避免寻求支配地位

分散行业的基本结构决定了寻求支配性市场份额的是无效的。企业企图在分散行业中在所有方面占优势会导致竞争力非常脆弱。

（2）避免过分集中化

许多分散行业的竞争本质在于：人员服务、当地联系、近距离控制、对波动及变化的快速反应能力等。许多情况下，集权化组织结构与生产效率背道而驰，因为它延缓反应时间，降低激励水平。同时，分散行业的经济结构，经常造成集中的生产或市场营销，不存在规模经济甚至是不经济的。

（3）避免对新产品过度反应

由于分散行业需求的多样性与缺乏规模经济，企业对新产品做出的大量投资在该产品的成熟期并不容易收回或很难获得较高收益。这样就存在着对新产品过度反应的危险，可能使成本和管理费用上升，使企业在分散行业的价格竞争中处于不利地位。

4. 分散行业竞争战略的制定

战略的制定可以遵循以下逻辑思路。

（1）行业结构和竞争者地位如何？

即分析行业状况和竞争者，识别行业中竞争力量的源泉、行业结构及重要竞争者的地位。

（2）行业为何分散？

即分析造成行业分散的原因。找出这些因素并建立其与行业经济的联系。

（3）分散是否可以被克服？

如何克服？即分析是否能克服造成行业分散的原因，是否能通过改变战略或创新实现集中，资源注入是否必需。

（4）克服分散是否有收益？

如果可以克服行业分散，企业必须评价行业未来结构是否会产生有吸引力的收益。

（5）企业怎样定位？

企业必须预测一旦集中形成后行业的新结构，并必须重新进行结构分析。

二、新兴行业的竞争战略

新兴行业是新形成的或重新形成的行业，其形成的原因是技术创新、相对成本关系的变化、新的消费需求的出现，或其他经济和社会变化将某个新产品或服务提高到一种潜在可行的商业机会的水平。如由于技术创新而产生了计算机、电信、家用电器等行业；由于新的需求促使搬家公司、快递公司、礼仪公司等行业的产生。社会、技术、文化的进步使新兴行业会在任何时候不断被创造出来。

从战略制定的观点看，新兴行业的基本特征是没有游戏规则，新兴行业的竞争问题是全部规则都必须建立，缺乏规则既是风险又是机会。

（一）新兴行业的特征

（1）技术的不确定性

新兴行业中通常存在着很高程度的技术不确定性，因为企业的生产技术还不成熟，有待于继续创新和完善；企业的生产和经营也没有形成一整套的方法和规程，什么产品结构是最好的，何种生产技术将是最有效的等问题都不能确定。

（2）战略的不确定性

与技术不确定性相联系，由于更广泛的原因，新兴行业存在战略不确定性。因为行业内的企业对于竞争对手、顾客特点和行业条件等只有较少的信息，没有企业知道所有的竞争者是谁，也没有企业能够经常得到可靠的行业销售量和市场份额的信息。所以在产品市场定位、市场营销和服务等方面不同的企业经常采用不同的战略方法，没有被行业认可的正确的战略。

（3）成本迅速变化

新兴行业存在着高初始成本，但陡峭的学习曲线会使最初的高成本以极高的比例下降。小批量和新产品常在新兴行业中共同形成相对于行业能够获得的潜在收益的较高成本。然而随着生产过程和工厂设计的改进、工作熟练程度的提高、销售额的增长导致的规模与累积产量的大幅度增加，企业生产效率会大幅度提高。如果学习收获能与行业增长时不断增加的获得规模经济的机会相结合，则成本下降会更快。

（4）萌芽企业和另立门户

新兴行业伴随着极大比例的新成立企业，因为此阶段没有成型的游戏规则和规模经济的障碍。萌芽企业是相对于已立足企业中新成立单位的新企业。另外，还存在许多另立门户企业，即从那些已立足企业中退出的雇员创立的新企业。另立门户现象源于许多因素。一是在迅速发展和充满机会的环境中，与立足企业工资相比，权益投资的收益更具有吸引力。二是由于新兴行业技术和战略的流动性，使立足企业的雇员具有良好的条件去获得新的更好的想法，并能充分利用其对行业的接近，这些想法在原有企业可能由于转换成本过大而无法实现。

（二）早期进入障碍

新兴行业的进入障碍主要有：① 专有技术；② 分销渠道；③ 成本和质量合适的原材料和其他投入；④ 经验造成的成本优势；⑤ 风险使资本的机会成本增加，因此增加了有效资本壁垒。早期壁垒很少源于需要掌握巨大资源，一般不是规模经济、资本或品牌效应，更多是源于承担风险的能力、技术上的创造性及做出前瞻性决策以获得投入物资与分销渠道的能力等。

（三）新兴行业发展障碍

新兴行业在其发展时，会不同程度地面临着限制或问题。这些障碍产生于行业的发展对经济实体以外的其他因素的依赖，以及其发展过程中需要引导潜在购买者购买其产品作为替换。

（1）原材料、零部件短缺

一个新兴行业的发展要求出现新供应商，或现存的供应商增加产出或修改原材料和零部件以满足行业需要。在这一过程中就会出现原材料和零部件短缺。另外，在行业发展早期阶段，由于行业发展的需要和原材料的供给之间存在缺口，重要原材料价格会大幅度上涨。一方面是因为供给和需求之间的作用，另一方面是由于供应商认识到原材料对于行业的价值。但当供应商扩张时，原材料的价格会迅速下降。

（2）产品、技术标准等缺乏

由于新兴行业中仍存在产品和技术水平的不确定性，产品和技术没有统一标准，加剧了原材料和互补产品的问题，并可能阻碍成本下降。同时新兴行业经常面临由于缺乏基础设施而引起的问题，如分销渠道、服务设施、专业技巧等问题。

（3）顾客困惑

新兴行业经常遇到顾客困惑问题，原因在于存在众多产品方案、技术种类及竞争者互相冲突或相反的宣传。这种混乱可能增加顾客的购买风险并限制行业销售额。同时，由于产品缺乏标准、技术不确定等原因，新兴行业的产品质量经常不稳定，即使是少数现象，也会给全行业的形象和信誉造成不利影响。这些因素又会影响新兴行业的融资能力。

（4）被替代产品的反应

在面临新产品替代威胁时，老产品生产企业会采取各种有效的方法降低替代产品的威胁。其最佳战略可能是增加投资、降低成本，这给新兴行业的发展增加了难度。

由于新兴行业的发展存在许多障碍，进入新兴行业经营的企业失败率较高，但同时新兴行业的结构环境也为企业发展带来了机遇。

（四）新兴行业中企业面临的关键问题

在新兴行业中取得竞争的胜利要求开拓精神和愿意承担风险，对购买者的需求有敏锐的感觉。新兴行业中的公司面临两个关键问题：一是在公司的销售腾飞之前怎样为业务的初始运作筹集资金；二是要获取并确保市场领导地位，企业应该瞄准哪些细分市场和竞争优势。

以低成本或者差别化为基础的竞争战略通常是可行的，集中战略应该在企业的财务资源有限以及行业中可以追求的技术层面比较多的时候考虑。由于一个新兴的行业没有既定的游戏规则，行业中参与者也运用各种各样的战略，如果企业有强大的财务资源，它就可以制定行业规则，并成为行业的领导者。

（五）新兴行业的战略选择

新兴行业的发展存在着较大的风险和不确定性，行业结构不确定、竞争规则不确定，这些特点也决定了此阶段企业战略自由度最大，战略选择的影响也最大。因此这一阶段制定战略主要是处理好风险和不确定性。

（1）塑造行业结构

新兴行业中主要的战略问题是考虑企业是否有能力促进行业结构趋于稳定而且成型。通过战略选择，企业可以在生产方针、市场营销方法和价格策略等方面制定游戏规则。

（2）注意行业发展的外在性

在新兴行业的发展阶段，企业在争取自身的市场地位时，可能损害行业发展，而行业内企业的发展也依赖于与其他企业的协调及行业的发展，因此一个重要的战略问题是在对行业的倡导和追求自身利益的努力之间做出平衡。

（3）注意行业机会与障碍的转变

新兴行业的迅速发展可能会使原有的障碍和机会发生变化。如当行业在规模上有所发展，企业也证明了自身价值时，供应商和销售渠道可能会发生变化。供应商可能会满足企业某些方面的需要，如产品规格、服务和交货期等；销售渠道可能变得更乐于作为企业的伙伴投资于广告或其他促销活动。尽早发现这些变化会给企业提供战略机会。新兴行业早期的进入障碍也可能发生变化，当行业在规模上发展、在技术上成熟时，企业不会永远依靠专有技术或独特产品种类等进入障碍保护自身行业地位，可能会出现其他障碍。同时行业的发展会吸引更有规模、资金和市场营销实力的企业进入，甚至购买者和供给者也可能以纵向一体化的方式进入。

（4）选择适当进入时机和领域

何时进入新兴行业是一个战略选择。早期进入面临的是高风险低障碍，并可获得很高收益。

① 早期进入新兴行业的环境与优势。一般说来，具有以下特征时，企业进入新行业较为适宜：企业的形象和声望对顾客至关重要，企业可因作为先驱者而发展和提高声望；行业中学习曲线很重要，经验很难模仿，并且不会因持续的技术更新换代而过时，早期进入可以较早开始在这一行业中的学习过程；顾客忠诚非常重要，那些首先对顾客销售的企业将获益；通过早期对原材料供应，分销渠道等的承诺可带来绝对成本利益。

② 早期进入的风险。早期行业竞争和细分市场建立的基础与行业发展晚期的不同，早期进入的企业建立了竞争基础后，可能面临高转换成本；开辟市场代价昂贵，包括顾客教育、法规批准、技术开拓等，而企业却不可能独自享有开辟市场的利益；行业发展后，早期建立的小企业将被更有实力的企业取代；技术变化将使早期投资过时，并使晚进入的企业因拥有最新产品和工艺而获益。

新兴行业领域选择是一个重要的战略问题。新兴行业具有许多共同特征，如发展迅速，行业内现有企业多数赢利，最终行业规模注定会很大等，这些吸引着企业进入新兴行业。但不同领域的市场发展趋势、发展速度、竞争对手与状况存在差别，因此行业整体赢利水平就存在差异。如果一个新兴行业的最终结构是与高于平均水平回报相一致的，并且企业能够在行业中建立长期防御性地位，则它很有吸引力。

三、成熟行业的竞争战略

行业从高速发展期逐渐进入稳定发展阶段，进入成熟期。在这一时期，行业竞争环境会发生根本性变化，企业要适应行业发展，做出战略性转变。

（一）成熟行业的竞争环境

（1）市场竞争更激烈

当企业原有市场饱和时，企业无法以保持其市场份额保持增长速度，此时竞争转向行业内部，去争夺其他企业的市场份额。竞争的加剧要求企业对自身市场占有率、市场地位等目标做根本性的重新定位，并重新分析评价竞争对手的反应及行动。不仅竞争者可能变得更具攻击性，而且非理性竞争也可能发生。广告、服务、促销、价格战等在成熟行业是常见的。

（2）竞争趋向成本和服务

产品在质量、性能等各方面已稳定，技术日益成熟，客户在知识和经验方面也日益丰富，已经购买或多次购买过，客户的注意力从决定是否购买产品转向在不同品牌之间进行选择。这种市场需求的变化使竞争趋向成本导向和服务导向，企业要重新评价其竞争战略的适应性。

（3）行业利润下降

成熟行业需求稳定，增长缓慢，企业面临战略转变的不确定性，这些意味着行业利润在短期内将下降。市场份额小的企业受影响最大。利润下降使现金流量减少，股票价格下跌，融资困难。

（4）生产能力过剩

当新兴行业逐渐走向成熟时，增长速度减慢，生产能力需求增长降低，企业在设备、人员等生产能力方面的发展目标应与行业状况相适应。但许多企业在行业转变阶段生产能力投入过度，加剧了成熟行业的价格、广告服务等方面的竞争。

此外，在成熟的产业中，大企业之间为了做到既保持自己的竞争优势，又维护产业和战略群体的相对稳定，采用了可能降低竞争威胁、控制竞争力度的多种手段。这些手段主要包括以下内容。

（1）市场信号

它是竞争者采用的能直接或间接地反映其意图、目标或内部情况的行动，包括提前宣告、事后宣布、公开评论等。利用市场信号传递信息，可相互了解、获得共识、防止过度竞争。

（2）价格领先

由产业中的价格领先者（通常是居于主导地位的最强大的企业）按照处于成本劣势的企业的成本来定价，作为标准，共同遵守，以保护企业，防止价格战，稳定产业关系。

（3）竞争性的产品差别化

指保护性的产品差别化，如使产品具有不同特性，采用不同的营销技术，防止竞争对手抢走自己的顾客，又减少价格竞争带来的风险。

（4）生产能力控制

生产能力过剩是影响竞争水平，导致价格竞争的一个主要因素，有时能力过剩是由需求下降所引起，如面临经济衰退，所以产业内部或战略群体内部可共同约定对生产能力进行控制；或某个企业要扩大生产能力时通过市场信号加以宣布，求得协调。

（5）竞争性定价

指产业内部取得共识，价格竞争会损害每个公司利益，只能在短时间内采用，要求公司把价格定在对自己有利可图而对侵入者来说却承受不了的水平，以防止它们的入侵。只有对新产品，可采用“撇脂定价战略”，即在产品刚上市时定价很高，夺取短期的高额利润，然后尽快大幅度降价，既扩大市场份额，又阻止可能的入侵者。

（6）控制供应和分销

这也是稳定生产规模，减少竞争力度的手段。

上述手段并不会使产业中的竞争消失，成熟产业就是在这种又竞争、又联合的形势下发展的，生产能力的控制经常失败，价格战也经常爆发。成熟阶段依然是产业寿命周期中竞争最为残酷的一个阶段，实力强大的企业力图维持其在产业中的统治地位，而对一般企业，抽资战略可能比再投资要更好。

进入成熟阶段，企业最需要的是严格的成本控制、积极的营销手段和各职能系统之间的密切协作，而不是继续实施过去谋求高速发展的那些战略。应当特别警惕以下几种情况：① 失去了低成本和差别化的竞争优势；② 在成熟市场上投入资金去争夺市场份额，或为了短期利润而轻率地放弃市场份额；③ 对价格竞争抱怨而做出不理智的反应；④ 过分强调“创造性”的新产品，而不去改进和积极推销现有产品；⑤ 忽视即将来临的生产能力过剩。

（二）竞争战略分析

成熟行业在基本结构的各主要方面较新兴阶段都发生了变化，新兴阶段行业的高速发展为多种战略的有效实施提供了条件，而到了成熟期，战略选择上的问题就显露了出来。此时，企业要重新进行战略分析与选择。

1. 提高财务意识，改进成本分析

为提高在成熟行业中的市场竞争地位，必须使产品组合合理化，正确制定产品价格，成本分析变得日益重要。在新兴阶段可以选择众多的产品系列和型号，有利于企业快速发展。但在成熟期，竞争转向成本和市场份额，因此企业要削减产品种类，将注意力集中于在技术、成本和形象等方面有利的产品，因此在产品成本计算方面的改进有利于产品组合合理化。另外定价方法也要有所变化。

2. 满足现有顾客需求增长

在成熟行业获得新客户意味着与竞争对手争夺市场份额，代价昂贵，因此增加现有顾客购买比寻求新顾客更有利，可以通过提供外围设备和服务、产品升级、扩展产品系列等方法来扩大现有顾客需求范围。这种战略可能使企业进入相关行业，而且代价低。

3. 低价购买资产

由于成熟行业发展减缓，行业内企业发展速度降低。为保持企业的发展，企业可以购买不景气企业的资产或购买破产清偿资产以改善资产和赢利状况，并且此战略可以在技术创新较少的情况下实现低成本。

4. 避免战略陷阱

（1）转变意识

企业在发展过程中不断树立自我形象及意识，这种思想意识影响战略的制定。当行业成熟时，市场环境、竞争状况发生变化，原有企业对行业、竞争对手、客户、供应商

等方面的分析判断可能不再正确，企业要重新认识评价包括自身在内的行业环境。

（2）合理投入，避免现金陷阱

在增长缓慢的行业内为建立市场地位投入现金是冒险的行为。行业成熟不利于长期提高或保持利润，因此成熟行业现金投入成功的机会很小。另外，在成熟行业应注重获利能力。

（3）注重长远利益

行业向成熟转化时发展缓慢，企业面临较大的利润压力，这是一个行业发展过程中的必然阶段。有些企业为保持已有的获利能力放弃市场份额或减少市场营销、研发活动和其他方面的投入，会影响企业长期的竞争能力和市场地位。

（4）树立正确的质量观念

追求高质量是企业的目标之一，但在成熟行业，顾客可能会在熟悉的市场中选择有质量差异但价格更低的产品，企业应注意这种需求的变化，适应市场在价格、营销方面竞争方式的改变，不是盲目地提高质量，而是积极参与竞争，以合适的产品质量、低成本获得竞争地位。

（5）正确对待过剩生产能力

行业发展初期过量的投入造成成熟期生产能力过剩。此时企业面临的压力是如何发挥其作用，不能使之闲置。而过剩生产能力的使用可能使企业再加大投入，因此最佳的战略措施是削减过剩生产能力。

四、衰退行业的竞争战略

在产品生命周期中，衰退阶段的特征是市场销售量降低、产品种类减少、研发和广告费用降低及竞争者减少。产品和市场衰退使行业衰退，衰退行业是指在持续的一段时间内产品的销量绝对下降的行业。这种衰退可能是缓慢的，也可能是迅速的。针对衰退行业一般的战略思想是：不要在增长缓慢或负增长的不利的市场投资，而应从中抽取现金。实际上此阶段行业环境使企业的战略选择较复杂，不同行业、不同企业有不同的竞争战略。

（一）衰退行业环境

1. 需求状况

① 市场需求量的变化具有不确定性。企业无法确定其发展趋势，而且不同企业对需求的变化认识也不同。企业在行业中的位置和它的退出壁垒影响它对行业需求下降可能性的认识。有些企业预计市场需求将回升或平稳而继续坚持，在销售量下降的情况下努力保持现有地位。如果大部分企业都确信市场需求肯定继续下降，企业从行业撤出的速度将加快。

② 市场剩余需求的购买力结构。当需求下降时，剩余需求购买力的性质对于决定剩余竞争者的赢利起着重要的作用。一般情况下，如果剩余需求来自对价格不敏感的客

户和一些议价能力不强的客户，则为剩余竞争者提高获利能力提供了条件。

2. 退出壁垒

任何衰退行业都存在退出壁垒，它直接影响着企业的战略选择。退出壁垒使企业在衰退行业里继续竞争，即使只能从投资中获得低于正常标准的收益。

3. 竞争的不稳定性

衰退行业的需求状况使竞争更加激烈，集中体现为价格战。其决定因素有许多，如：固定成本很高；企业被行业退出壁垒束缚；企业意识到在行业中保留位置的重要性；剩余企业的实力较为平均，少数企业不可能轻易取胜。

（二）衰退行业的战略选择

1. 衰退行业的战略

① 领导战略。即在市场份额方面争取领导地位，其目标是从衰退行业中获利，这要求行业结构特点能使剩余企业有潜力获取超出平均水平的利润，而且可以在竞争者中占有领导地位。

② 局部领导战略。即创造或捍卫在某一特定细分市场中的优势地位。这种细分市场不但保持稳定的需求，而且拥有结构特色，能带来高收益。

③ 收割战略。即有控制地撤出投资，从优势中获利。采用收割战略，企业会力图优化业务现金流，取消或大幅度削减新的投资，减少设备投资，在后续销售中从业务拥有的任何残留优势上谋取利益。

④ 撤资战略。即在衰退行业中尽早清算投资。企业只有在衰退早期出售业务才能使净投资的回收最大化。

2. 战略选择

衰退行业企业选择战略的关键问题是将企业的相对地位与留在行业中的价值相匹配，如表 6-3 所示。

表 6-3　企业在衰退行业中的战略选择

留在行业中的价值	企业相对竞争地位	
	在剩余需求上有对竞争对手的相对优势	在剩余需求上没有对竞争对手的相对优势
行业结构有利于衰退	领导 或局部领导战略	收割 或迅速撤资战略
行业结构不利于衰退	局部领导 或收割战略	迅速撤资战略

① 当行业具有低不确定性和低退出壁垒时，拥有优势的企业可以寻求领导地位或捍卫局部领导地位，这取决于在绝大部分剩余市场上竞争或选择一两个特定细分市场哪一个在结构上更有价值。而不拥有优势的企业则应该采用撤资战略。

② 当行业具有高不确定性时，企业面临高退出壁垒和竞争环境的不稳定性，此时如果企业有很强的优势地位，可以选择收缩战略保护局部市场，或运用收割战略从优势中获利。如果企业不具有相对优势，最好是尽快退出。

3. 避免陷阱

① 确认衰退。企业应客观分析行业发展的趋势，认识到行业环境的不确定性及行业的衰退，使企业能针对衰退行业的特点采用合适的战略。

② 避免消耗战。不要与具有高退出壁垒的竞争对手竞争。

③ 合理地采用收割战略。只有当行业结构对衰退阶段极为有利时，具有明显优势的企业才可以采用收割战略。

第五节　竞争地位与企业战略

除了分散型行业，一般一个行业内都会存在行业领导企业、中游企业和弱小企业，其规模、经营状况、竞争优势及市场竞争力决定了其在行业中的竞争地位。显然，不同竞争地位的企业应依据自身特点选择竞争战略。

一、市场领导者战略

绝大多数的行业有一个被公认的市场领导者企业。这个企业在相关的产品市场中占有最大的市场份额，在市场竞争中居于主导和统治地位。它通常在价格变化、新产品引进、分销覆盖和促销强度上对其他公司起着领导作用。

除非一个占统治地位的公司享有合法的独占权利，如垄断性的国有企业，否则它必须时刻警惕其他公司发起的挑战。市场领导者在行业发展过程中会很容易错过良机而下降为第二位或第三位的公司。一项革新产品的出现，可能使领导者迅速失掉其领先地位；有时，领导者可能预期前景艰难，而在支出方面较为保守，而挑战者却活力十足，大肆扩张，使领先者不得不退居第二；还有的市场领导者也可能因成本控制不善而使利润下降，被挑战者赶上。

市场领导者制定竞争战略时考虑的主要问题是，如何最好地保持企业已经取得的地位，并继续成为市场领导者。当然，成为市场领导者以及拥有很大的市场占有率本身并不是最终的目的，重要的是保持作为领导者企业所应具有的很大的市场优势。市场领导者通常可采取三个方面的竞争战略。

（一）积极的进攻型战略

主要方式如下。

① 不断进行产品创新，提高产品的质量、性能，改善对顾客的服务，降低顾客成本。

② 寻找新使用者。每一种产品都有吸引潜在购买者的潜力，而这些潜在购买者也许不知道此种产品，也可能因为价格或产品缺乏某些特性而拒绝购买。一个企业可在上述三种购买群体中寻找新使用者。

③ 寻找新用途。市场可通过发现与推广产品的新用途而进行扩张。美国杜邦公司的重要产品之一——尼龙就是一个典型的例子。最初，尼龙被用来做降落伞，然后成为长筒袜的主要原料，再后来成为衣料，经过杜邦公司不懈地开拓新用途，尼龙进入了汽车制造业，成为轮胎、坐垫的原料。

④ 扩大使用量。即说服人们在每次使用时，使用数量更多的产品。

（二）维持和防御战略

具体的措施如下。

① 通过提高广告费用，提高产品品牌市场价值，或提高顾客的服务水平，以及增加研究与开发的费用，从而尽量提高挑战者进入壁垒。

② 提高产品系列的广度、深度和密度，堵住竞争对手可能利用的空当。

③ 进一步扩大生产规模，降低产品成本。

④ 保持合理的价格和较高的产品质量，同时增加个性化服务以及其他能够提高顾客忠诚度的“额外项目”。

⑤ 在产品设计、核心生产技术方面申请专利，垄断产品生产。

⑥ 与主要供应商和顾客签订独占性的供应和销售合同。

（三）反击型战略

这种战略的特点是对敢于侵犯自己业务领域的任何竞争对手给予严厉的还击。具体包括如下几个方面。

① 对竞争对手的降价行动，做出相应的迅速降价或幅度更大的降价行动。

② 针对竞争对手扩大市场份额的广告促销活动，以更大和更猛烈的广告促销活动来进行抵制。

③ 向对手的主要顾客提供更优惠的交易条款。

④ 通过合同或战略联盟来阻挠中间商承销竞争对手的产品。

⑤ 挖走竞争对手的主要管理人员等。

二、市场挑战者战略

市场挑战者大多数是在本行业产品的销售额中处于前几名的大公司，其市场份额仅次于市场领导者，但在市场竞争中不甘现状、努力进取。它们的战略目标主要是不断增加市场份额，因此，这种战略旨在向领导者发动攻势，所以被称做市场挑战者战略。

（一）确定战略目标和竞争对手

市场挑战者首先必须确定其战略目标。大多数市场挑战者的战略目标是增加自己的市场占有率，并且认为增加市场占有率将会获得更大的利益。目标不管是击垮竞争者或降低竞争者的市场占有率，都应该考虑谁是竞争者。基本上说，一个进攻者可在下列三种类型的企业中选择一种进行攻击。

① 攻击市场领导者。这是一种具有高风险但又有潜在高报酬的策略。如果市场领导者“并非真正的领导者”，已无法为市场提供良好的服务时，则这种策略更具有意义。挑战者应了解消费者的需要或不满之处，如果有一种实质的需要尚未被满足时，就给挑战者提供了一个战略性的目标市场。

② 攻击那些与自己规模相当但经营不良且财务状况不佳的公司。攻击者必须时刻调查消费者的满意程度，以及潜在的创新机会。假如其他企业资源有限，那么即使采取正面的攻击亦能奏效。

③ 攻击地方性小企业。很多大公司之所以有今日的规模，主要是靠着夺取一些“小企业”或“小公司”的顾客而逐渐壮大的。

由此可知，选择竞争者与选择目标是相互关联的。如果攻击的对象是针对市场领导者，则其目标可能是提高市场占有率。若所攻击的对象为地方性的小企业，则其目标可以是将此小企业逐出市场。不论是在何种情况下，最重要的原则依然是：集中优势兵力，达到战略目标。

（二）选择进攻策略

在选定竞争对手和目标后，就应该考虑采取何种进攻策略了。这里特别是注意进攻中的“密集原则”，不能进行全面进攻，而是集中优势兵力在关键的时刻和地点，以达到决定性的目的。为此有五种策略可以选择。

① 空缺市场点战略。将公司的精力集中到市场领导者忽略的顾客或者终端应用。一个最理想的空缺市场点应该拥有足够的规模为公司赢得利润，有一定的成长潜力，适应公司自己的资源和能力，同时不足以激起市场领导者的兴趣。

② 专业战略。专业厂商可以将它们的竞争行动集中在一个细分市场上，如某个产品、某项特定的终端应用、需求特殊的购买者。其目的在于通过产品的独特性、特殊的专业技能或者专业化的顾客服务而建立竞争优势。

③“人有我优”战略。即在产品质量方面同时采取重点与差异化经营战略。这时的市场营销努力主要针对那些重视产品质量及性能的顾客并为其提供服务，如使用精湛的工艺、建立优良的质量形象、改进产品、让顾客参与产品开发过程等。

④ 建立独特形象战略。即指企业通过一些能让顾客知道的独特方式（如良好的顾客服务、独特的产品特性、创新的销售渠道、在开发新产品方面的领先地位、有创意的广告促销等）建立自己的企业形象。例如，软饮料品牌“七喜”在广告促销中强调它是“无咖啡因饮料”。

⑤ 通过并购实现成长的战略。即通过与比自己弱小的公司合并或者将它们并购过来，组建一个有着更多竞争强势和更大市场份额的公司，这是加强公司地位的重要途

径。

三、市场追随者战略

市场追随者是指在市场竞争中力求维持现状、随波逐流而不愿意冒着风险发动挑战的企业。市场追随者的战略目标是维护现有顾客，争取一定数量的新顾客，同时避免竞争者的报复行为。

并非所有屈居第二的企业都会向市场领导者挑战。领导者对于任何被争夺市场的行动，是不会放任不管的。因此挑战者在发动攻击之前必须三思而行。挑战者必须在产品创新或营销渠道方面有所突破，才能先发制人，否则挑战者通常宁愿追随领导者而不是去攻击领导者。但这不是说市场追随者毫无战略可言。一个市场追随者必须了解如何掌握现有的顾客，并且在新的顾客群中争取更多的顾客。每一个追随者都应该设法为其目标市场带来现实的利益，如地理位置、服务、融资等。再者，由于追随者往往是挑战者的主要攻击目标，追随者必须随时保持低制造成本及高产品品质与服务，以免遭到攻击。此外，一旦有新市场出现，追随者更应积极地进入该市场。不过，追随者并非仅是被动地模仿领导者；相反，追随者必须决定一条不会引发报复的成长途径。具体的追随战略有以下几类。

（一）寄生

追随者要努力在各个细分市场和营销组合中充分利用市场领导者的开发性投入，如在产品、广告等方面模仿领导者。它们并不进行任何创新，只是利用市场领导者的投资生存。

（二）有限模仿

有限模仿者从领导者那里借鉴一些东西，但仍然在包装、广告、定价等方面与之保持一定差异。如果有限模仿者不对领导者发起挑战，领导者是不会介意的。

（三）改进

在可能的情况下，追随者可以对领导者的产品进行学习和改进，甚至使它们有所提高。一般改进都应该选择不同的市场销售其产品，以避免与领导者正面交锋。但这种战略会迅速引起实力强大的市场领导者的注意，尤其是已趋于成熟的市场更是如此。因此，这种战略对于追随者们可能会得不偿失。

四、市场补缺者战略

市场补缺者是指那些选择大企业不太感兴趣的专业化市场进行经营的企业。几乎每一个行业都有一些较小的企业，它们只专门服务于市场的某一部分。这些小企业并不会追逐整个市场或是市场中的某个大类。这种战略对小型企业而言是特别适用的，因为它们的资源往往是很有限的。很明显，独具匠心地选择与捕捉那些对于大企业来说微不足道的专业化市场机会是补缺者战略成功的关键。

（一）市场补缺基点的寻找

市场补缺者战略的实施需要首先找一个或更多的有利可图的市场补缺基点。一个理想的市场补缺基点应具备如下条件。

① 该补缺基点有足够的规模和购买力，从而能获利。

② 该补缺基点被大竞争者所忽视。

③ 企业拥有市场需要的技能和资源，可有效地为补缺基点服务。

④ 企业能够依靠自己建立的市场信誉，保护自身地位，以对抗大企业的攻击。

（二）补缺战略的关键是专业化

市场补缺者必须在市场、顾客、产品或营销组合上实行专业化。可供补缺者采用的专业化有如下内容。

（1）最终用户专业化

补缺者可以专门为某一类型的最终用户提供服务。例如，小规模的法律事务所可以专门为刑法、民法或工商企业法等范畴的市场服务。

（2）顾客规模专业化

补缺者可以集中全力分别向小、中、大规模的顾客群进行销售。许多市场补缺者就专门为大公司不重视的小规模顾客群服务。

（3）特殊顾客专业化

补缺者可以专门向一个或几个大客户销售产品。有许多小公司就只向一家大公司提供其全部产品。

（4）地理市场专业化

这类公司只在全球某一地点、地区或范围内经营业务。

（5）产品或产品线专业化

补缺者只经营某一种产品或某一类产品线。比如在实验设备产业中，某个企业只生产显微镜，或者产品线更窄一些，只生产显微镜上的镜头等。

（6）产品特色专家

企业精于某类产品的生产或具有某种特色的产品生产。

（7）质量与价格专家

企业专在市场上的高级品或低级品中经营。

（8）服务专家

企业选择一种或多种其他企业所没有的服务提供给顾客。例如，银行开办电话贷款服务，并将贷款送达顾客手中。

由于市场补缺基点往往会枯竭，有时也会受到攻击，市场补缺的风险有时也较大。为了求得生存，有些小企业采取了多种补缺战略，在两个或更多的补缺点发展企业的实力后，企业就增加了生存的机会。

思考题

1. 举例说明成本领先战略、差异化战略和集中化战略的实施途径、适用条件及各自的风险。

2. 企业能否同时实施成本领先和差异化两种竞争战略？

3. 基本竞争战略与“战略钟”有什么联系？

4. 进攻性战略和防御性战略分别有哪些形式？公司在实施这些战略时，需要注意什么？

5. 试述分散行业战略选择的基点与途径。

6. 结合你熟悉的一个高科技产业，说明新兴行业的结构特征，并指出战略选择时要做好哪些工作。

7. 成熟行业的结构特征如何？企业可以采取哪些战略行动？应注意哪些问题？

8. 可供衰退行业中企业选择的战略有哪些？你认为应如何选择？

9. 市场领导者、挑战者、追随者和补缺者制定战略时各自应该注意哪些问题？

讨论题

1. 选择一家你感兴趣的公司。根据你所学的知识，说明这家公司采取的是哪一种业务战略？为什么？

2. 如果有人断定“一家公司根本不可能做到既有相对较低的成本，同时又有高度差异化的产品”，这种看法你认为对还是错？理由是什么？

3. 分析你熟悉的一个行业，找出领导公司、一般公司和弱小公司，评价它们正在实施的战略。

4. 根据你所学的知识，分析在超竞争状态下，除了本章介绍的企业战略外，还有哪些可能的业务战略？

第七章　职能战略

【学习目标】

- 了解职能战略在公司战略中的地位与作用
- 掌握职能战略的内容
- 掌握制定职能战略的框架
- 明确制定职能战略应注意的问题

职能战略是指运用于某个职能领域内，能使资源的产出率最大化，以实现公司和事业部的目标的战略，它涉及开发与培育独特能力，以给公司或事业部带来竞争优势。企业的总体战略和经营战略分层次地阐明了企业在战略期的宗旨、目标、产品、市场，而这些都必须通过各种专业职能活动有效地运用资源，以指导、配合和协调整个生产经营活动来实现。它的制定和协调是战略实施的一个重要步骤。

第一节　职能战略概述

一、职能战略的概念和特点

企业职能战略是为实施总体战略和经营战略，对各项关键的专业职能的目标、政策和重要活动的长期决策。它是按照总体战略和经营战略的要求，从各个专业领域来考虑战略问题的。职能战略具有以下特点。

（一）专业性

企业的职能划分是以专业为基础的。从这个意义上讲，职能战略就是企业某类专业业务的战略，因而职能战略的制定和实施，都是在具有某方面专业知识的专家参与下进行的，只有这样，才能保证职能战略制定的质量和实施的效果。

（二）动态性

相对于总体战略和经营战略的稳定性而言，职能战略具有动态性特点。这种动态性表现在三个方面：一是职能战略活动内容的动态性，即各职能战略是随着企业战略的逐步展开而开展的。一些开发性和支持性的职能（如产品和技术开发、人力资源开发和资金筹措等活动），总是先于经营性职能（如供应、生产、营销等）开展的。而且每一项职能战略的内容，也是随着时间而变化的。二是职能地位的动态性。即随着时间的变化各职能的战略地位的重要性会变化。战略实施的初期开发和支持职能是重要的，当企业战略态势形成后营销职能又相对重要了。三是职能结构的动态性。如果企业战略涉及新的领域，就会要求增加新的职能，在战略实施过程中有些职能没有存在的必要而被取消。

（三）协调性

企业总战略是制定职能战略的根本依据，它规定职能战略的方向和内容及各职能战略的关系，即职能战略必须协调一致。职能战略的专业性特点往往为协调带来困难。然而，职能战略的动态性又为协调创造了条件。职能战略在不同时间在活动内容、重要程度和结构方面的变化将会导致职能战略之间相互协调、配合。

二、职能战略的作用

（一）职能战略是贯彻实施总体战略与经营战略的工具和保障

每个职能部门通过制定本部门的职能战略目标和战略方案，具体落实企业总体战略和经营战略的宗旨和目标，统筹企业各经营环节的活动，确保各项职能协调一致，从而有效地运用企业各种资源，实现企业总体战略和经营战略目标。

（二）职能战略为战略实施的资源配置提供了可行方案

职能部门为了实现自身的职能战略目标，即经分解的企业总体目标和经营目标，就必须对各项战略性活动所需要的资源及其配置提出可行方案。这些方案经过总体的综合平衡，形成互相协调的职能战略方案体系，从而解决怎样获得支持企业长期战略所需要的关键资源、怎样确定资源的优先配置顺序、怎样确保资源发挥最大作用等问题。这些问题直接关系到战略能否成功实施，也直接关系到直线管理人员与职能管理人员能否对战略问题达成共识，并保持一致行动。

（三）职能战略有助于促进经营结构的调整和变革

企业要实现预期的战略目标，必须具有与战略相适应的经营结构，例如产品结构、市场结构、组织结构、人员结构、资金结构、技术结构等。职能战略的实施就是通过各职能活动的配合来促进原有经营结构的调整和变革，从而使其与战略相匹配，树立战略优势，确保实现预期的战略目标。

（四）职能战略为直线管理人员提供决策依据

职能部门的主要作用就是为直线管理人员提供咨询和建议。因此，由职能部门制定的职能战略为直线管理人员在贯彻企业战略、制定行动计划并付诸实施的过程中，提供了决策依据。

（五）职能战略有利于促进各职能部门的协调

职能战略的制定和实施，由职能管理人员亲自负责或参与，能够说明职能部门间相互依赖的战略关系以及潜在的矛盾，有利于促进各职能部门间的协调，也有利于增加各职能部门准备如何实施贯彻企业总体战略和经营战略的透明度。

综上所述，职能战略是为实现和贯彻企业总体战略和经营战略而针对关键职能或战略职能所制定的战略规划，是企业总体战略和经营战略从概念转化为行动的必要环节，在战略层次结构中具有重要的地位。此外，职能战略在专业性、针对性、具体性、协调性、动态性、时间期限、职权与参与等方面都具有鲜明的特征，在落实企业战略、优化资源配置、促进经营结构变革、提供决策依据、促进职能部门协调等方面具有重要作用。因此，职能战略的制定与协调是战略实施重要的、不可分割的组成部分。

第二节 生产战略

一、生产战略在企业战略中的地位

生产是将各种投入要素（原材料、零部件、人、机器设备等）结合起来，转化为一定产出的经济活动过程。生产战略决定在何地以何种方法制造产品、纵向一体化程度、有形资源配置以及与供应商的联系。

公司生产战略受产品或工艺生命周期的影响。从手工作坊（由技能高超的工人制造一种产品）到批量流水线（零件标准化，每台机器相当于一个手工作坊），再到柔性制造系统（零件按不同制造类型分组，可以实现多个品种的批量生产），须选用不同的生产战略。

在很多产业中，竞争强度不断增加，迫使公司转变传统的大规模生产方式，采用持续改进生产战略。职能团队努力改进生产工艺，既有大规模生产成本低的优点，也能显著提高质量水平，所以它很快就取代了大规模生产，成为一种运作战略。

现在也有很多公司采用大批量定制运作战略，与持续改进相比，大批量定制要求灵活性与快速响应。为了适应不断变化的环境，大批量定制要求重组人员、过程、事业部与技术，以便按照顾客的时间要求提供顾客需要的产品。

二、生产战略的制定过程

企业生产战略不能仅根据企业内部生产条件来确定，还应该考虑市场需求和企业整体战略的要求。因此，在制定生产战略时，必须遵照企业既定的总体战略和市场营销战略，采取以下步骤（见图 7-1）。

① 分析市场竞争地位，了解竞争者生产产品的特性、技术及采用的战略。

② 评估企业自身的资源、设备、人力、技术及产品战略。

③ 确定企业市场营销战略目标及销售计划。

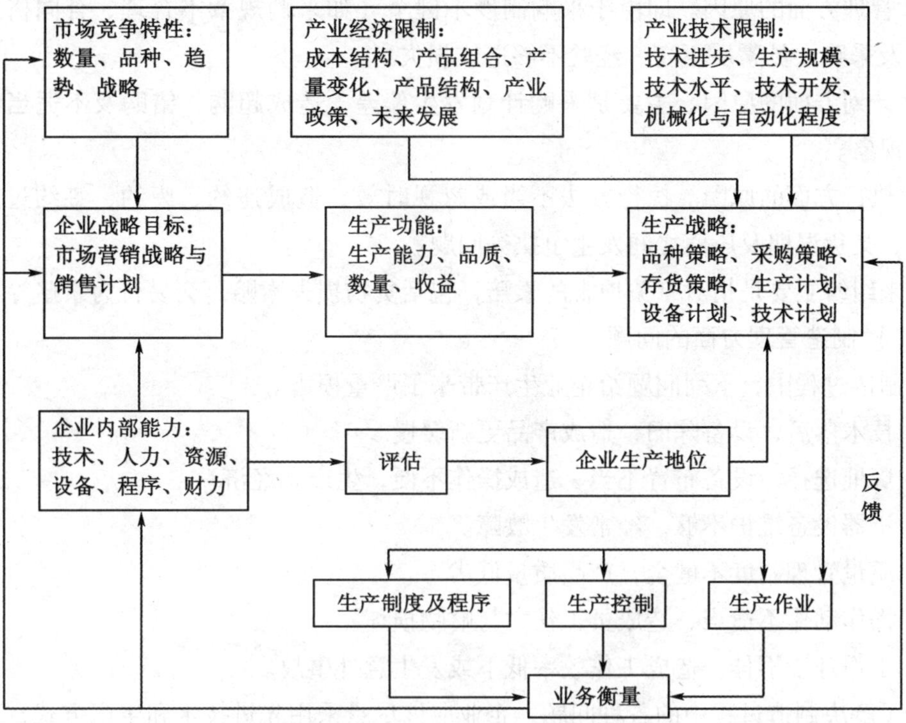

图 7-1　生产战略的制定过程

④ 决定企业应发挥的生产功能，如生产能力、质量、投资收益等。

⑤ 考虑产业的经济限制和技术限制。经济限制包括成本结构、产品组合、产业结构、产业政策及其未来发展趋势等；技术限制包括技术水平、技术开发、技术进步、机械化与自动化程度等，使企业了解自身的生产地位和技术突破的可能性。

⑥ 制定生产战略及相关的计划与制度，如品种策略、采购策略、存货策略、生产计划、设备计划、技术计划、生产控制制度等。

⑦ 执行生产战略，控制生产过程，衡量生产业绩和成效，并进行信息反馈，修改或调整生产战略内容。

三、企业生产问题及对策

在由生产经营型管理向战略型管理的转变中，要求企业实现生产与销售的最适配合，即按照市场需要，适时生产成本低而又合乎质量标准的产品。但是，由于各种原因，企业在生产经营过程中，常遇到具体的生产问题，影响到企业战略目标的实现。下面分述有关问题并提出对策。

（一）物料方面的问题及对策

在物料采购过程中，会由于内部原因和外部纠纷给企业造成损失。

企业内部原因有三个方面。

① 管理方面的原因。即由于采购制度不健全（如采购规章不合理、合同格式不适当等）及采购人员素质不高、经验不够造成损失。

② 计划方面的原因。主要是采购计划发生偏差，造成超购、错购及不适当的紧急采购等现象。

③ 执行方面的原因。执行方法不当或忽视时效，造成违约、废约、签约过迟、延期付款、交货误期及厂商之间发生争执等问题。

外来纠纷主要是指对有关损害的索赔，包括货物损失索赔、交易行为索赔等。

（二）制造管理方面的问题

在制造过程中，下列问题给企业生产带来了严重损害。

① 技术落后，设备陈旧，造成产品更新缓慢。

② 厂址选择、设备布置不当，造成操作不便，生产不经济。

③ 机器设备维护不够，经常发生故障。

④ 质量管理制度不健全，产品质量低劣。

⑤ 操作动作不适当，造成员工伤亡与财物损坏。

⑥ 工作环境不佳，造成工作效率低下或发生意外事故。

为了解决制造过程中的各种问题，企业应该尽量采用先进技术和生产方式，对生产过程进行周密计划和控制，使人力、物料、机器设备等要素有机结合，实现生产过程的简单化、标准化、专业化、合理化、自动化和现代化，发挥最大的生产能力，提供市场所需的产品。

第三节　市场营销战略

一、产品-市场组合战略分析模型

根据企业产品是现有产品（指企业正在生产的产品品种以及更新换代产品）还是未来产品（指企业目前尚未生产但考虑生产的产品品种），以及不同产品所针对的市场是现有市场（指企业已进入行业的目标市场）还是未来市场（指企业目前尚未进入但打算进入的市场），企业将有不同的产品与市场组合战略，如表 7-1 所示。

表 7-1　产品-市场选择战略

市场	产品	
	现有产品	未来产品
现有市场	市场渗透战略	产品开发战略
未来市场	市场开发战略	多样化经营战略

还可以把未来产品进一步分解为同行业其他企业针对其他细分市场生产的产品（简

称为相关产品)、其他行业正在生产的产品（简称为其他行业已有的产品）以及全新产品三类；也可把新市场进一步分解为同行业的其他细分市场（简称相关市场)、其他行业的市场以及全新市场三类。如此分解后，可以对产品开发战略、市场开发战略做进一步分析，如表7-2、表7-3所示。

表7-2　产品开发战略

	未来产品		
	相关产品	其他行业已有的产品	全新产品
现有市场	面向现有市场生产同行业其他企业为其他的细分市场生产的产品	面向现有市场生产其他行业企业正在生产的产品品种	面向现有市场开发其他企业都未生产过的产品

表7-3　市场开发战略

	未来市场		
	相关市场	其他行业的市场	全新市场
现有产品	利用现有产品进入同行业其他的细分市场	利用现有产品进入其他行业的现有市场	利用现有产品进入地域上的新市场

二、产品-市场组合战略类型

(一）市场渗透战略

市场渗透战略是指企业用现有产品系列开发现有市场的战略。这种战略的重要目标是用现有产品品种在现有市场上占据尽可能大的市场份额，从而使企业在该市场上牢牢站稳脚跟。扩大产品的销售量通常从下面五个方面着手。

（1）向潜在的顾客介绍和推销本企业的产品

即向目标市场上那些尚未使用过此类产品的新顾客推销。

（2）把竞争对手的顾客吸引过来

当产品处于成熟阶段时，扩大销量的主要方式是把竞争对手的顾客吸引过来，使之成为本企业现有产品的购买者。要做到这一点，企业必须使顾客转换产品的成本尽量小，且使产品的转换对顾客有足够的吸引力。

（3）使非使用者变为使用者

通过宣传产品能给顾客带来的价值和利益，使对本企业产品持怀疑或观望的顾客，成为本企业产品的购买者。

（4）使顾客增加对产品的使用次数和每次的使用量

（5）增加产品新的用途

通过开发现有产品的新用途，扩大产品的使用量。

(二）产品开发战略

这是针对现有目标市场，进一步提供顾客所需的其他产品。这些其他产品是本企业没有生产过的产品，故称为新产品。它们可能是同行业的其他企业针对本行业其他细分市场开发的产品（称为相关产品）、其他行业的企业正在生产的产品、同行业的其他企业以及其他行业的企业都没有生产过的全新产品等。

（1）向目标市场提供相关产品

这种战略的目的是深度开发目标市场，给目标市场更多的选择，适应目标市场需求的变化以及防止竞争对手进入本企业的目标市场，从而稳定本企业的市场份额。

（2）向目标市场提供其他行业企业正在生产的产品

这种战略的目的是向目标市场提供多方面的服务和产品，以充分开发自己的渠道优势和市场资源。这种针对企业的原有目标市场，开发多种产品，并采用原有品牌名称的战略称为品牌延伸战略，实施这种战略，要求企业有很强的技术开发能力和市场销售网络。

（3）向目标市场提供全新产品

实施这种战略，需要企业充分了解目标市场的需求，并具有很强的产品开发能力。

（三）市场开发战略

这是指企业利用现有的产品品种或服务去开拓新市场的战略。新市场可能是指本行业中的其他细分市场、其他行业或相关行业的产品市场以及全新市场。这种战略的目的是充分利用本企业的现有产品在技术、成本、生产等方面的优势，开拓新的市场，寻找新的发展，扩大产品销售和获得更多的利润。比如企业可通过广告和促销，建立起品牌知名度，促进产品销售。

（1）现有产品进入相关市场

指企业通过略微改进现有产品（如包装改进），使其进入同行业的其他细分市场。实施这种战略的目的是通过强调现有产品的特色，吸引其他细分市场的顾客来购买和使用，从而扩大本企业产品的销售量和企业的收益。这就要求企业能充分把握行业中不同细分市场需求的差异点和相同点。如果处理不好，就可能造成现有产品在顾客心目中的形象和定位模糊，反而会失去市场，因此有一定的风险性。

（2）现有产品进入相关行业或其他行业的产品市场

这种战略是指企业面向相关行业的产品市场或其他行业的产品市场来销售自己的现有产品。这种情况多半是本企业把现有产品作为相关行业或其他行业的某种产品的替代产品看待，而不是以直接竞争对手的姿态出现。实施这种战略要求企业在产品开发和市场研究上有较强实力，并在营销上努力说服其他行业的现有顾客，接受本企业产品作为替代产品使用。

（3）用现有产品去开发新市场

这种战略是指企业用现有产品打入其他企业尚未进入的市场（包括地域上的新市场），如其他企业都没有进入的外国市场，或发现现有产品的新用途，从而开拓出一个全新市场。这种战略的实施要求企业深入分析现有产品的潜在用途，深入了解市场需求，这样才能开拓出一片新天地。

（四）多样化经营战略

多样化经营战略是指企业在未来产品和未来市场的决策上，选择用新产品进入新市场的办法。这种战略的目的是去寻找企业新的增长点，而不是局限于现有产品领域或现有目标市场。实际上企业只要进入其他行业，生产与现有产品在基本功能上不同的任何产品都属于多样化经营。

（1）生产本行业中的其他产品来开拓新市场的战略

这种战略是指本企业利用自己现有的技术和生产能力来生产同行业其他厂商正在生产的产品（即相关产品）去开拓新市场。这是企业最容易做到的。企业用相关产品最可能进入的新市场是相关市场，即同行业的其他细分市场。其结果是企业在同行业中扩大经营范围和市场领域，参与本行业其他细分市场的直接竞争。

（2）生产经营其他行业的产品来开拓新市场

这是企业直接进入其他行业参与竞争的战略。这时，企业进入的是一个比较陌生或完全陌生的领域，其所需的技术、管理、市场运作方式等都有新的要求。企业进入这个行业最可能的原因是该行业的市场有吸引力，企业作为新进入者参与该行业的直接竞争。这是企业进行多样化经营的最直接方式，其应用也最普遍。

（3）用全新产品开拓新市场

这种战略是指企业开发其他企业尚未生产的新产品，以此来开拓新市场。这就要求企业有很强的技术开发能力，能充分研究各个市场的需求，特别是未来市场需求。新产品所针对新市场可能是同行业的其他细分市场，也可能是其他行业的现有市场，还可能是全新市场。

第四节 人力资源战略

一、人力资源战略的作用

阿姆斯特朗（Armstrong Michael）对人力资源管理作出如下描述：它是取得、开发、管理和激发企业关键资源的一种战略性和一贯性方法，企业借此实现可持续竞争优势的目标。

任何战略的关键成功因素就是确保在适当的时间、适当的地点有可利用的适当的人力资源。为了发挥人力资源战略的有效作用，人力资源管理应具有清晰一致的政策并鼓励所有员工为企业目标的实现付出努力。人力资源策略必须具有灵活性；能够对内外变化做出回应；能在约束条件与机遇的框架内发挥作用，为实现企业的整体目标作出贡献。

二、人力资源战略主要内容

有效的人力资源战略应包括如下事项：

① 精确识别出企业为实现短期、中期和长期的战略目标所需要的人才类型；

② 通过培训、发展和教育来激发员工潜力；

③ 尽可能地提高任职早期表现出色的员工在员工总数中所占的比重；

④ 招聘足够的、有潜力成为出色工作者的年轻新就业者；

⑤ 招聘足够的、具备一定经验和成就的人才，并使其迅速适应新的企业文化；

⑥ 确保采取一切可能的措施来防止竞争对手挖走企业的人才；

⑦ 激励有才能的人员达到更高的绩效水平，并激发其对企业的忠诚度；

⑧ 创造企业文化，使人才能在这种文化中得到培育并能够施展才华。这种文化应当能够将不同特点的人才整合在共享价值观的框架内，从而组建出一个金牌团队。

三、人力资源规划

企业人力资源规划包括人力资源总体规划和人力资源业务计划两个层次。人力资源总体规划是指在计划期内人力资源管理的总目标、总政策、实施步骤和总预算的安排。人力资源业务计划则包括人员补充计划、分配计划、提升计划、教育培训计划、工资计划、保险福利计划、劳动关系计划、退休计划等。这些业务计划是总体规划的展开和具体化，每一项业务计划都由目标、政策、步骤及预算等部分构成。这些业务计划的实施应能保证人力资源总体规划目标的实现。

人力资源规划的步骤如下。

① 调查、收集和整理涉及企业战略决策和经营环境的各种信息。

② 根据企业或部门实际确定其人力资源规划的期限、范围和性质。建立企业人力资源信息系统，为相关预测工作准备精确而翔实的资料。

③ 在分析人力资源供给和需求影响因素的基础上，采用以定量为主结合定性分析的各种科学预测方法对企业未来人力资源供求进行预测。

④ 制定人力资源供求平衡的总计划和各项业务计划。

四、招聘与选拔

招聘计划包括：说明所招募职位的准确性质；确定该工作所需的技术、态度和能力；确定该职位理想候选人的要求；确定吸引求职者的手段，如广告。

在招聘时，除了要初步确定某项工作是否需要补充人手和对该项工作做出描述和人员说明之外，还应确定是进行企业内部招聘还是企业外部招聘。这两种招聘方式各具优缺点。

1. 内部招聘

由现有员工来补充空缺职位时称为内部招聘，这种方式通常适用于具有管理或行政性质的职位。多数企业是从其底层员工中选拔主管人员。

企业采用内部招聘政策具有如下优点。

① 晋升现有员工的方式能调动员工积极性，培养员工的忠诚度，激发员工的工作热情，并且有助于鼓舞员工的整体士气。

② 通过使用管理现有员工掌握的信息和数据进行选拔，对招聘对象是否适合该工作判断更加准确。

③ 能节约大量的招聘和选拔时间及费用。

④ 如果招聘后还需要培训，内部招聘的员工能够更快适应培训的要求。

内部招聘的缺点如下。

① 未被选拔的员工容易产生负面情绪；或者员工晋升后成为前同事的主管，管理会比较困难。

② 最适合该工作的员工未必在企业内部，内部招聘可能导致人才选拔的局限性。

③ 外部招聘人员可能带来有利于企业发展的新理念和新思维，而内部招聘人员难以实现。

④ 内部招聘机制可能诱发拉关系或骄傲自满等不良习气。

2. 外部招聘

外部招聘是指由企业外部的员工来补充空缺职位。一般而言，外部招聘的优缺点与内部招聘正好相反，但是应注意以下事项。

① 当企业无法在内部找到具有特殊技术和技能的员工时，外部招聘必不可少。在某种程度上，外部招聘对于重建人员配备非常有必要。

② 企业外部的人员具有在其他企业中工作的经验，因而外部招聘通常能给企业带来新的思想和不同的工作方法。但是，也应当认识到外部招聘的人员可能难以改变其做事方式并且难以适应新技术和新方法。

五、继任计划

继任计划是指发现并追踪具有高潜质的雇员的过程。它是为首席执行官（CEO）、副总裁、职能部门和业务部门的高层经理等职位寻找并确认具有胜任能力的人员，是为组织储备核心的人力资本，其实施过程要涉及人力资源培训与开发、职业生涯管理和绩效测评等方面。

继任计划的基本要求：

① 计划应当重点关注未来的需求，特别是战略和文化上的要求；

② 计划的制定和实施应当由高级管理层主导，各级管理层也负有重要责任，不应将继任计划看作只是人力资源部门的责任；

③ 对相关管理人员的发展表现作出评估；

④ 评估应当客观，应当有一个以上的评估人对各位管理者进行评估。

六、激励和奖励机制

激励员工可以采用多种方法，比如：职业保障、给予物质激励、制定自我实现目标，以及制定企业或企业内团队的发展目标等。

激励和奖励机制的确定取决于企业的理念。企业应创造性地运用激励和奖励机制，并且使其与战略实施中的必要因素和公司目标紧密相关。领导者需要使其员工赞同公司战略并愿意为实现这一战略付出努力。激励和奖励机制的实施应着重以下几点：

① 企业在制定工作实施方面的决策时，应允许员工参与其中；

② 应当尽可能使工作变得有趣，使员工有满足感；

③ 将员工个人的努力融入团队和工作小组中，交流相互的观点并营造出相互支持的氛围；

④ 确保激励结果与战略目标的实现相关联。

七、绩效评估

绩效评估有助于公司战略目标的制定和实现。绩效评估还能发现能力差距和业绩差距，并为激励机制的实施提供相关信息。`

企业可以通过以下几个要素来计量绩效：工作的效果、目标的实现程度和达成效率，以及实现目标过程中的资源利用情况。

可以采用以下几种方法对个人进行评估。

① 员工的等级评定。即根据员工的总体绩效为员工评级。

② 评级量表。这一方法通常将个人绩效拆分成若干特征或绩效领域。

③ 核对表。采用这种方法时，提供给评分者一份与工作绩效相关的表述清单。评分者必须为每名员工选择最恰当的表述。

④ 自由报告。这一方法通常是指为每名员工完成一份与工作绩效相关的报告。这一方法可以在评估过程中给予充分的自由度。

⑤ 评估面谈。这一方法是许多评估机制的一个共同特点，并且通常与上述的评分方法之一结合使用。它能够为员工提供反馈，员工通过这些反馈能够发现自身的优缺点，并能够讨论提高其未来绩效所需采取的措施。因此，评估面谈是评估过程中的一个关键环节。

八、员工的培训和发展

1. 员工培训的概念

员工培训就是指组织为实现自身和员工个人的发展目标，有计划、系统地为员工提供学习机会或训练，使之提高、完善、改进与工作相关的知识、技能、能力以及态度等素质，以适应并胜任职位工作的战略性人力资本投资活动。

（1）员工培训的构成要素

员工培训的构成要素包括：受训学员；培训主题；培训教材；培训师资；培训活动；培训条件。

（2）员工培训的流程

员工培训的流程包括：培训需求分析；培训目标设置；培训计划设计；培训实施；培训评估。

（3）培训需求分析

培训需求分析既是确定培训目标、设计培训规划的前提，也是进行培训评估的基础，因而成为培训活动的首要环节。

① 培训需求分析的层次。包括组织分析、人员分析和任务分析。

组织分析，是指通过对组织的目标、资源、特质和环境等因素的分析，准确找出组织存在的问题与问题产生的根源。

人员分析，通过对员工的绩效进行评价来找出存在的问题。

任务分析，分析员工所要完成的工作任务以及成功完成任务所需要的技能和知识。

② 培训需求的分析方法。培训需求的分析的主要方法有：心观察法；关键人员访谈法；问卷法。此外，还包括分级讨论法、测试法、文献调查法、记录报告法、自我评价法、工作样本法等。

（4）培训计划的确定

① 进行课程描述。

② 确定培训目标。如自我意识的提高；更新知识，提高技能；使员工增加对组织的认同感和责任感；提高工作效率等。

③ 制定培训方案。包括培训内容、方法、步骤和时间安排等。

（5）培训方法的选择应遵循的原则

① 从成人特点出发；② 从学员需求出发；③ 从培训目标出发；④ 从实际效果出发；⑤ 从创新开拓出发。

（6）常用的培训模式

常用的培训模式有以下几种：① 独立办学培训模式；② 联合型培训模式；③ 全面委托型培训模式；④“学习型组织”培训模式，即以美国学者彼得-圣吉（Peter M. Senge）提出的“五项修炼”为基本原则的培训模式

（7）培训结果的评估

评估的主要方法有：员工提交培训总结；召开座谈会；征集反馈意见；检查员工行为改进情况；撰写培训结果评估报告。

第五节　财务战略

一、财务战略的概念

财务战略是主要涉及财务性质的战略，属于财务管理的范畴。财务战略主要考虑资金的使用和管理的战略问题，并以此与其他性质的战略相区别。财务战略主要考虑财务领域全局的、长期的发展方向问题，并以此与传统的财务管理相区别。

财务战略概念的出现，使得企业战略分为财务战略和非财务战略两类，并把非财务战略称为经营战略。如果说经营战略主要强调与外部环境和企业自身能力相适应，那么财务战略则主要强调必须适合企业所处的发展阶段并符合利益相关者的期望。

财务管理为企业战略提供资金支持，是为提高经营活动的价值而进行的管理。财务管理的方式是决定企业战略能否成功的关键。有效的财务管理不一定能使经营灾难转变为企业的成功，失败的财务管理却足以使成功的经营战略一无所获，甚至使优秀的企业毁于一旦。财务管理对于企业的长期生存和健康发展具有重要意义。

财务管理应支持企业的总体战略，但并不意味着没有自己的战略。重要的财务决策总是由企业最高层做出的，甚至要经过董事会决议。大多数企业以财务目标作为整个企业的主要目标，两者目标的直接一致使得财务管理不同于其他职能管理。重要的财务决策总会涉及企业的全局，带有战略的性质。

财务管理可以分为资金筹集和资金管理两大部分，相应地，财务战略也可以分为筹资战略和资金管理战略。狭义的财务战略仅指筹资战略，包括资本结构决策、筹资来源决策和股利分配决策等。资金管理涉及的实物资产的购置和使用，是由经营战略而非财务职能指导的。资金管理只是通过建议、评价、计划和控制等手段，促进经营活动创造更多的价值。资金管理的战略主要考虑如何建立和维持有利于创造价值的资金管理体系。股东价值是由企业长期的现金创造能力决定的，而现金创造能力又是由企业对各种因素（包括资金因素）进行管理的方式决定的。

二、财务战略的确立

财务战略的确立是指在追求实现企业财务目标的过程中，高层财务管理人员对筹资来源、资本结构、股利分配等方面做出决定以满足企业发展需要的过程。

1. 融资方式

一般来说，企业有四种不同的融资方式：内部融资、股权融资、债权融资和资产销售融资。

（1）内部融资

企业可以选择使用内部留存利润来进行再投资。留存利润是指企业分配给股东红利后剩余的利润。这种融资方式是企业最普遍采用的方式。但企业的一些重大事件，比如并购，仅仅依靠内部融资是远远不够的，还需要其他的资金来源。内部融资的优点在于管理层在做此融资决策时不需要听取任何企业外部组织或个人的意见，例如，并不需要像债权融资那样向银行披露自身的战略计划或者像股权融资那样向资本市场披露相关信息，从而可以节省融资成本。当然不足也是存在的，比如股东根据企业的留存利润会预期下一期或将来的红利，这就要求企业有足够的盈利能力，而对于那些陷入财务危机的企业来说资金压力是很大的，因而这些企业就没有太大内部融资的空间。

（2）股权融资

股权融资是指企业为了新的项目而向现在的股东和新股东发行股票来筹集资金。股权融资也可称为权益融资。这种融资经常面对的是企业现在的股东，按照现有股东的投票权比例进行新股发行，新股发行的成功取决于现有股东对企业前景具有较好预期。股权融资的优点在于当企业需要的资金量较大时（比如并购），股权融资就占很大优势，因为它不像债权融资那样需要定期支付利息和本金，而仅仅需要在企业盈利时向股东支付股利。这种融资方式也有其不足之处，比如股份容易被恶意收购从而引起控制权的变更，并且股权融资方式的成本也较高。

（3）债权融资

债权融资大致可以分为贷款和租赁两类。

贷款包括短期贷款与长期贷款。从银行或金融机构贷款是当今许多企业获得资金来源的普遍方式，特别是在银行业对企业的发展起主导作用的国家更是如此。年限少于一年的贷款为短期贷款，年限高于一年的贷款为长期贷款。长期贷款通常需要企业的资产作抵押。资产抵押意味着企业如不按期偿还贷款，债权人就有权处置企业所抵押的资产。企业可以选择不同的贷款合同，比如选择固定的或是浮动的利率和贷款期限。一般额度较高的贷款会附加较多的合同条款，条款的苛刻程度取决于企业对贷款的需求程度，这类贷款一般都会要求资产抵押，一旦企业违约，资产的所有权就归债权人所有。也正因为有资产作抵押，债权融资的成本一般会低于股权融资，但是无论企业的盈利状况如何，即便是亏损，企业也需要支付合同规定的利息费用，而股权融资在此时可以选择不发放股利。每个企业的贷款额度都是有限的，债权人会从风险管理的角度来评价需要贷款的企业，从而做出最优的贷款决策。例如，债权人会分析企业过去的经营业绩、未来前景、抵押资产的质量以及与企业长期培养的合作关系。债权融资方式与股权融资相比，融资成本较低、融资速度较快，并且方式也较为隐蔽。但是不足之处也很明显，当企业陷入财务危机或者企业的战略不具竞争优势时，还款的压力会增加企业的经营风险。

租赁是指企业在一段时期内租用资产的债务形式，可能拥有在期末的购买期权。比如，运输行业比较倾向于租赁运输工具而不是购买。租赁的优点在于企业可以不需要为购买运输工具进行融资，因为融资的成本是比较高的。此外，租赁很有可能使企业享有更多的税收优惠。租赁可以增加企业的资本回报率，因为它减少了总资本。不足之处在于，企业使用租赁资产的权利是有限的，因为资产的所有权不属于企业。

（4）资产销售融资

这是指企业销售其部分有价值的资产进行融资，也被证明是企业进行融资的主要战略。从资源观的角度来讲，这种融资方式显然会给企业带来许多切实的利益。销售资产的优点是简单易行，并且不用稀释股东权益。不足之处在于，这种融资方式比较激进，一旦操作就无回旋余地，而且如果销售的时机选择不准，销售的价值就会低于资产本身的价值。

2. 企业融资能力的限制

在理解了企业的几种主要融资方式后，管理层还需要了解限制企业融资能力的两个主要方面：一是企业进行债务融资面临的困境；二是企业进行股利支付面临的困境。

（1）债务融资面临的困境

债务融资要求企业按照合同进行利息支付，利率一般是固定的，并且利息的支付还有两个方面的要求：一是利息支付一定优先于股利支付；二是无论企业的盈利状况如何，企业都必须支付利息。因此，如果企业负担不起利息时，就将进入技术破产。这意味着，企业盈利波动的风险由股东承担，而不是由债权人承担。高风险通常与高回报相联系，股东会比债权人要求更高的回报率。按照这个逻辑，企业应该更偏好于选择债权融资。尽管相对于股权融资而言，债权融资的融资成本较低，但是企业不会无限制地举债，因为巨额的债务会加大企业利润的波动，表现为留存利润和红利支付的波动。而企业通常会提前对未来的留存利润进行战略规划，如果留存利润的波动较大，企业就不能很好地预期，这样就会影响到企业的战略决策。因此，举债后企业红利支付水平的波动比没有举债时更大。举债越多，红利支付水平波动越大。因此，即便是在企业加速发展时期，企业也会有限地举债。总的来说，企业会权衡债权融资的利弊做出最优的融资决策。

（2）股利支付面临的困境

企业在做出股利支付决策时同样也会遇到两难的境地。如果企业给股东分配较多的股利，那么企业留存的利润就较少，进行内部融资的空间相应缩小。从理论上讲，股利支付水平与留存利润之间应该是比较稳定的关系。然而，实际上企业经常会选择平稳增长的股利支付政策，这样会增强股东对企业的信心，从而起到稳定股价的作用。而且，留存利润也是属于股东的，只是暂时没有分配给股东而是要留存企业以继续为股东增值。但是较稳定的股利政策也有其不足之处，与前述债权融资的思路类似，如果股利支付是稳定的，那么利润的波动就完全反映在留存利润上，不稳定的留存利润不利于企业做出精准的战略决策。同样，企业也会权衡利弊做出最优的股利支付决策。

3. 融资成本

为了评价上述各种不同的融资方式，需要考察它们给企业带来的融资成本。下面将分别讨论股权融资与债权融资的资本成本，其中重点内容是估计股权融资成本。估计和计算融资成本有以下四种情况。

（1）用资本资产定价模型（CAPM）估计权益资本成本

权益资本成本是指企业通过发行普通股票获得资金而付出的代价，它等于股利收益率加资本利得收益率，也就是股东的必要收益率。资本资产定价模型是估计企业内部权益资本成本的模型，它的核心思想是企业权益资本成本等于无风险资本成本加上企业的风险溢价，因而企业的资本成本可以计算为无风险利得与企业风险溢价之和。

（2）用无风险利率估计权益资本成本

企业也通常会使用比 CAPM 简单的无风险利率方法估计权益资本成本，IT 企业就常常使用这种方法。使用这种方法时，企业首先要得到无风险债券的利率值，这在大多数国家都是容易获取的指标，然后企业再综合考虑自身企业的风险，并在此利率值的基础上加上几个百分点，最后按照这个利率值计算企业的权益资本成本。

（3）长期债务资本成本

长期债务资本成本相对权益资本的计算较为直接，它等于各种长期债务资本成本的加权平均数扣除税收效应。

（4）加权平均资本成本

加权平均资本成本（WACC）是权益资本成本与长期债务资本成本的加权平均。在实务中，企业通常使用现在的融资成本来计算，因为这样计算比使用过去的资本能更准确地反映企业使用资金的成本，从而做出合理的战略决策。

WACC=（长期债务成本×长期债务总额+权益资本成本×权益总额）/总资本

4. 最优资本结构

分析资本成本的最终目的是为企业做出最优的资本结构决策提供帮助。具体来讲，资本结构是权益资本与债务资本的比例。每个企业都有自身的情况，因此资本结构决策不可能像数学公式那样可以按照统一的模式得出。借款会增加债务固定成本而给企业带来财务风险，价格、产品需求以及成本来源的变动都将对使用负债的企业带来更多的影响。由于企业的财务杠杆增加，企业的整体风险也会增加。

代理成本对于企业的实际融资决策也有影响。如果杠杆比率高，管理层和股东的利益将会和债权人的利益发生冲突。例如，管理层可能会做出对高风险项目进行投资的决策，但是债权人可能不赞同这些决策。因此，借款人应当通过引入或增加限制性条款来限制管理层的高风险投资以保护自身的权益。这些限制可能包括：限制企业增加额外债务融资，保障可接受的营运资本数额以及其他一些比率等。但是，做出这些限制可能导致企业效率下降。

除此之外，最重要的是要认识到债务的使用对企业的影响会随着时间发生变化。当现有的长期债务得到清偿时，企业的资本结构会发生改变，除非企业又举借类型相似的新债务。这种可接受的债务目标水平，会由于金融市场的变动而改变。在企业高速发展的时期，可能更倾向于大量举债。

大多数经理倾向于内部融资而不是外部融资。在实务中，这意味着在高盈利时期，管理层会倾向于通过留存盈余而不是借债来融资。而在盈利比较低的时期，管理层倾向于借债而不是发行新股进行融资。

决定资本结构的其他考虑因素还包括：企业的举债能力、管理层对企业的控制能力、企业的资产结构、增长率、盈利能力，以及有关的税收成本。还有一些比较难以量化的因素，包括：企业未来战略的经营风险；企业对风险的态度；企业所处行业的风险；竞争对手的资本成本与资本结构（竞争对手可能有更低的融资成本以及对风险不同的态度）；影响利率的潜在因素，比如整个国家的经济状况。

虽然资本成本计算复杂且不确定，但仍有必要进行计算。这是因为企业需要让所有的利益相关者确认自己的付出得到回报，如果这些资金投资在企业外部能得到比投资在该企业更多的收益，企业的利益相关者就会改变自己的投资策略，从而影响企业的融资成本。此外，对企业来说，分析资本成本是企业做出新的战略规划的起点。如果企业即将启动项目的预算收益低于资金的融资成本，那么企业就应该放弃该项目。

5. 股利分配策略

（1）决定股利分配的因素

盈余分配和留存政策也是财务战略的重要组成部分。保留的盈余是企业一项重要的融资来源，财务经理应当考虑保留盈余和发放股利的比例。

大幅的股利波动可能降低投资者的信心，因此企业通常会通过调整盈余的变化来平衡股利支付。企业发放的股利可能被投资者看作一种信号。在决定向股东支付多少股利时，考虑的重要因素之一就是为了满足融资需要而留存的盈余数量。留存盈余和发放股利的决策通常会受到以下因素的影响。

① 留存供未来使用的利润的需要。它直接关系到企业的资产或未来业务的扩张程度。

② 分配利润的法定要求。这是指基于经济利润的分配可能反过来影响资本的分配，

股利的发放也将限制留存的盈余。

③ 债务契约中的股利约束。

④ 企业的财务杠杆。如果企业需要额外的融资，应当在权益融资和债务融资之间进行平衡。

⑤ 企业的流动性水平。因为支付现金会导致流动性资产的枯竭。相应地，未来的现金流需要根据未来支付股利的需要来进行计划。

⑥ 即将偿还债务的需要。未来需要偿还的债务越多，企业需要保留的现金就越多。

⑦ 股利对股东和整体金融市场的信号作用。股东经常把企业发放的股利看作未来成功的信号。稳定、持续的股利会被看作一个积极的信号，所有者和投资者通常将亏损期间的股利支付看作暂时亏损的信号。这一点得到了实证结果的支持，实证研究结果发现，企业的现金股利支付似乎比剩余股利理论中的股利支付更为稳定。企业平衡各个期间的股利，很可能是因为财务经理认为股利支付在资本市场中具有信号作用。

（2）实务中的股利政策

一般而言，实务中的股利政策有四大类：固定股利政策、固定股利支付率政策、零股利政策和剩余股利政策。

① 心固定股利政策。每年支付固定的或者稳定增长的股利，将为投资者提供可预测的现金流量，减少管理层将资金转移到盈利能力差的活动的机会，并为成熟的企业提供稳定的现金流。但是，盈余下降时也可能导致股利发放遇到一些困难。

② 固定股利支付率政策。股利支付率等于企业发放的每股现金股利除以企业的每股盈余。支付固定比例的股利能保持盈余、再投资率和股利现金流之间的稳定关系，但是投资者无法预测现金流，这种方法也无法表明管理层的意图或者期望，并且如果盈余下降或者出现亏损，这种方法就会出现问题。

③ 零股利政策。这种股利政策是将企业所有剩余盈余都投资回本企业中。在企业成长阶段通常会使用这种股利政策，并将其反映在股价的增长中。但是，当成长阶段已经结束，并且项目不再有正的现金净流量时，就需要积累现金和制定新的股利分配政策。

④ 剩余股利政策。这种股利政策指只有在没有现金净流量为正的项目的时候才会支付股利。这在那些处于成长阶段，不能轻松获得其他融资来源的企业中比较常见。

三、基于产品生命周期的财务战略选择

产品的生命周期理论假设产品都要经过导入期、成长期、成熟期和衰退期四个阶段。

企业在产品生命周期不同发展阶段的经营特征如表 7-4 所示。

表 7-4　企业在产品生命周期不同发展阶段的经营特征

	产品生命周期			
	导入期	成长期	成熟期	衰退期
经营风险	非常高	高	中等	低
财务风险	非常低	低	中等	高
资本结构	权益融资	主要是权益融资	权益+债务融资	权益+债务融资
资金来源	风险资本	权益投资增加	保留-盈余+债务	债务
股利	不分配	分配率很低	分配率高	全部分配
价格/盈余倍数	非常高	高	中	低
股价	迅速增长	增长并波动	稳定	下降并波动

（1）产品生命周期导入期的企业财务战略

产品生命周期的导入期是企业经营风险最高的阶段。新产品是否有销路，是否被既定客户接受，是否会受到发展和成本的制约，市场能否扩大到足够的规模……，即使所有这些方面都没有问题，企业能否获得足够的市场份额来树立其在行业中的地位，等等，以上这些都是风险。经营风险高意味着这一时期的财务风险可能较低，因此权益融资是最合适的。

对于股权资本筹资，从事导入期产品的企业通常利润微薄，收益很低，甚至有可能出现亏损，因此风险投资者在其中起很大作用。风险投资者之所以愿意将资本投资于从事导入期产品的企业，是因为预期企业未来赢利能力会出现高增长。同时，从事导入期产品的企业必须建立牢固的财务基础，建立自由现金储备，尽可能增强企业的流动性，进而提高企业的灵活度，这是保证企业生存和未来成长的重要战略措施。

从股利分配战略看，由于从事导入期产品的企业的收益较低并且波动性较大，融资渠道不畅，留存收益是很多企业唯一的资金来源，企业出于稳健考虑需要进行大量积累，因此适宜采取不分配或少分配利润的股利分配战略。若非派发股利不可，也应主要考虑股票股利方式。另外，股利回报对于期望高收益的风险投资者来说，也没有吸引力。

（2）处于产品生命周期成长期的企业财务战略

一旦新产品或服务成功进入市场，销售数量就开始快速增长。这不仅代表了产品整体业务风险的降低，而且表明需要调整企业的战略。竞争策略重点强调营销活动，以确保产品销售增长令人满意以及企业增加市场份额和扩大销售量。这些表明企业风险尽管比产品导入期时降低了，但仍然很高。因此要控制资金来源的财务风险，需要继续使用权益融资。然而，最初的风险投资家渴望实现资本收益以使他们能启动新的商业投资，这意味着需要识别新的权益投资者来替代原有的风险投资者并提供高速增长阶段所需的资金。最具吸引力的资金来源通常来自公开发行的股票。

（3）处于产品生命周期成熟期的企业财务战略

当产品进入成熟期，产业销售额很大而且相对稳定，利润也比较合理，企业的风险再次降低。在这一阶段的企业风险在于能否维持这种稳定成熟的阶段，以及企业能否保持自身在产品成长期已经获得的市场份额。此时公司的战略重点转移到提高效率、保持市场份额上来。

从筹资战略看，在产品成熟期，经营风险相对降低，从而使得公司可以承担中等财务风险。同时企业开始出现大量正现金净流量，这些变化使企业开始可以使用负债而不单单使用权益筹资。在这一时期企业可采取相对激进的筹资战略，即可采用相对较高的负债率，以有效利用财务杠杆。

从股利分配战略看，在产品成熟期，企业现金流量充足，筹资能力强，能随时筹集到经营所需资金，资金积累规模较大，具备较强的股利支付能力。这个时期企业的销售额和总利润额虽然保持较高水平，但增长速度已经趋于平稳甚至出现停滞，而且此时的股东也希望获得较高的投资回报。因此，企业可以采取稳健的高股利分红政策，提高股利支付率，并且以现金股利的方式为主。

（4）处于产品生命周期衰退期的企业财务战略

当产品进入衰退期，产品市场出现萎缩，利润空间越来越小，企业开始最大限度地转让、变卖专用设备、厂房，或另外开发新产品、新市场。此时，经营活动和投资活动都产生巨额的现金流入，而融资活动的净现金流出也达到了历史高位。企业面临的风险比先前的成熟阶段更低了，主要风险是在该产业中企业还能够生存多久。

从筹资战略看，在产品衰退期，企业仍可继续保持较高的负债率，而不必调整其激进型的资本结构。一方面，这一时期既是从事该产品企业的夕阳期，也是企业开发新产品、进入新产业的孕育期。在资本市场相对发达的情况下，如果新产业的增长性及市场潜力巨大，则理性投资者会甘愿冒险，高负债率即意味着高收益率；如果新产业并不理想，投资者会对未来投资进行自我判断，因为理性投资者及债权人完全有能力通过对企业未来前景的评价来判断其资产清算价值是否超过其债务面值。因此，这种市场环境为企业采用高负债融资创造了客观条件；另一方面，处于产品衰退期的企业具有一定的财务实力，以其现有产业作后盾，高负债筹资战略对企业自身而言是可行的。

从股利分配战略看，仍可采取现金高股利支付的股利分配战略。当产品进入衰退期后，企业通常不想扩大投资规模，折旧也不会再用来重置固定资产，企业自由现金流量可能超过披露的利润额，因此可以向股东支付很高的股利。这种股利回报既是对现有股东投资机会的补偿，也是对其在产品导入期和成长期“高风险—低报酬”的一种补偿。当然，高回报应以不损害企业未来发展所需投资为限。

第六节 研究与开发战略

一、研究与开发战略的作用

研究与开发战略是围绕企业战略所规定的产品、市场，通过科学调查与分析所制定的产品开发和工艺开发战略。它的作用是为企业树立竞争优势，在产品和工艺方面提供科学基础和技术保证。研究与开发战略和企业竞争力的关系见表 7-5。

表 7-5 研究与开发战略和竞争优势

	技术领先	技术跟随
成本优势	率先推出最低价格的产品设计，建立低成本来完成价值活动的方式	通过学习领先者的经验降低产品成本或价值活动成本，通过模仿节省研发费用
差异化	率先推出增加购买者价值的独特产品，在其他活动中创新，以增加购买者的价值	通过学习领先者的经验、改进产品或分销系统，更接近购买者的需求

二、研究与开发战略的内容

① 研究与开发战略的目标。主要包括研究与开发的技术先进性、产品研究开发的种类、专利数量、劳动生产率的提高等。

② 研究与开发政策。包括研究类型的政策、技术方向和水平的政策、科研人员的政策等。

③ 研究与开发费用预算。

④ 研究与开发活动的资源配置和时间安排。

⑤ 研究与开发战略类型的选择。主要类型有领先型战略、追随型战略、模仿型战略、混合型战略。

企业的研究与开发战略还涉及研究与开发组合的选择。研究与开发组合包括基础研究、产品开发、工程化或工艺开发。

基础研究致力于探索一些理论问题，一般由拥有良好装备的实验室的科学家承担，专利和公开发表的研究成果是衡量公司研究与开发能力的最佳指标。

产品开发需考虑市场营销，涉及产品或产品包装改进。衡量产品开发能力的最佳指标是：成功的新产品数、最近五年引入新产品的销售额与利润占总销售额和利润总额的比例。

工程化或工艺开发主要是致力于改进质量控制、工艺和生产设备。可以用单位制造成本和产品缺陷的持续下降来衡量公司的能力。

许多公司都有基础研究、产品开发与工艺开发的组合，而且随不同产业、不同公司和不同产品种类而异。

研究与开发组合就是上述三类研究与开发的平衡。该组合必须与企业战略和每个产品生命周期相适应。一般认为，产品开发主导了产品生命周期较早阶段，而工艺创新在后一阶段特别重要，这时产品设计被固定下来，强调降低成本和改进质量。但是，简单地投资于研究与开发并不意味着就会产生效益，还必须从创新技术开发和使用方面，评价公司的技术能力，对技术进行适当管理，使技术创新与日常运营相结合。

思考题

1. 什么是职能战略？
2. 公司战略、业务单位战略和职能战略之间的关系是什么？
3. 企业产品-市场组合战略的基本内容是什么？
4. 生产战略的主要内容有哪些？大批量定制如何支持事业部的竞争战略？
5. 人力资源战略的主要内容有哪些？

讨论题

1. 分析一个实施职能战略成功或失败的案例。
2. 上网收集资料，分析某一知名公司的人力资源战略及其实施情况。

第八章　国际化经营战略

【学习目标】

- 了解国际环境分析的内容以及国际经济环境的主要变化
- 掌握企业国际化经营的基本动因
- 理解国际产业竞争的类型及特征
- 掌握企业如何做出国际化战略选择
- 掌握国际市场进入方式的类型及各自的优缺点

第一节　国际环境分析与企业国际化经营动因

相对于在单一国家内经营的企业而言，经营业务跨越国界的企业可以称为国际企业。企业国际化经营是指企业在本土以外还拥有和控制生产、营销或服务的设施，进行跨国生产、销售、服务等国际性经营活动。国际企业的经营要面对更加多样的国别环境，以及影响企业跨国经营的国际环境。了解这些环境并对其变动做出评估和预测，是企业国际经营环境分析的重要内容。

一、不同国家经营环境的差异

不论企业是否跨国经营，它所使用的战略一定是环境驱动的。自然环境以及在此基础上形成的文化、人口和市场环境在世界不同国家之间的差别非常显著。文化和生活方式是国家之间差异最明显的地方，市场和人口状况紧随其后。有时，在一个国家合适的产品设计在另一个国家却不适合，例如，美国的电力系统的标准是110伏，但是在一些欧洲国家，电力系统的标准是240伏，需要使用不同的用电设计和零部件。

（一）考察不同国家所拥有的区位优势

各国所具有的能够为企业带来竞争优势的有利环境因素可称为区位优势。自然资源、工资水平、生产率、通货膨胀率、能源费用、税率、外资政策和管制措施等方面的差别，可能会造成不同国家企业在制造成本方面的巨大差别。这些因素一方面影响企业的生产运营成本，对企业而言，在低成本国家建立生产基地将拥有明显的竞争优势。另一方面，它会形成各地独特的商业氛围，如诚信与社会协作网络等，这些都会影响企业经营的风险程度。例如爱尔兰，它是世界上拥有最有利商业环境的国家之一，提供非常低的公司税率，政府积极响应行业需求，制定了一套积极吸引高技术企业和国际企业的政策。这些政策是推动爱尔兰成为20世纪90年代欧洲最有活力、增长最快的国家的巨大动力。

在各国物质资料流通日益便利的同时，因自然资源带来的区位优势有所减弱，而东道国政府的各种管制措施和政策成为影响企业经营环境的主要因素。比如，有些东道国政府对外国公司在本国生产的产品设立了本地成分要求，对出口进行限制来确保充足的本地供应，规定进口货物以及当地生产产品的价格，并对某些产品的进口征收关税和设立配额管制。此外，外来企业还可能面对一系列关于技术标准、产品认证、资金撤出等规定。这些因素影响企业国别市场的选择决策。

可以说，区位优势的差异是促使企业在全球寻找更优生产基地和市场的最原始动因。在现代，国际贸易壁垒的削弱、国际直接投资的发展、跨国并购的兴起、通信技术的数字革命和区域经济一体化的强劲趋势等正从根本上改变着国家的区位优势，为企业提供了许多新的机会，也对其提出了许多挑战。

企业进行国际化经营仍要按照PEST模型进行国别环境的分析。

（二）考察不同国家对外经济交往的状况

对国际环境的分析应超越国别范畴，分析国与国之间、地区与地区之间的联系，然后站在全球的角度对国际经营环境进行总体分析。

国与国之间的经济联系有三条纽带，即国际商务活动、国际企业、国际条约和组织。

1. 国际商务活动

企业国际化经营就是要从国际市场角度出发配置生产要素和销售商品或提供服务，因而了解国际商务活动、分析商务环境是制定国际化经营战略的重要前提。国际商务活动的内容非常广泛，主要包括国际贸易、国际金融等方面的内容。具体来说包括：①国际收支状况与国际储备；②国际外汇市场；③国际货币与资本市场；④国际投资与资本流动；⑤国际贸易与商品市场等。国际商务活动把各国的商品及要素市场互相联系起来，这种联系显然对国际经营活动有重要影响。

在当代企业国际化经营中，不得不提的是国际汇率的影响。汇率的波动使企业成本问题变得非常复杂。汇率常常每年浮动20~40个百分点，这个幅度的变化可能会完全抵消一个国家的低成本优势，还可能使原先高成本的地区转变成为一个有成本竞争力的地区。总体来说，一国货币升值对该国资本对外投资是有利的，而对该国向外出口是不利的。

2. 国际企业

国际企业实际上是国际商务活动的载体，通过其分支机构把上述商务活动的分工、协调、计划、管理等工作在组织上联系了起来。国际企业超越国家的界限，进行“无国界经营”，成为“无国界企业”。各国国际企业的发展状况、竞争优势、跨国经营的广度与深度等内容，也是企业在进行国际环境考察时需要了解的内容。

3. 国际条约和组织

国际条约和组织对国与国之间的政治、经济、社会生活等方面起着重要的协调和制约作用，对国际企业的经营管理活动有很大的影响。国际条约和组织可以按照其区域范围划分为全球性和区域性的，按照其所具有的功能可分成功能性、全面性的。

如世界贸易组织是全球性、功能性的国际组织，联合国是全球性、全面性的国际组织，欧洲联盟是区域性、全面性的国际组织。

国际企业一方面要受制于这些条约和组织，另一方面又要充分利用这些条约和组织来保护自己。例如企业可以利用世界贸易组织中的反倾销条款防止其他厂商用倾销手段来夺取自己的市场。在进入特定国家市场之前，详细考察这一地区参与的国际条约和组织的情况非常必要。

二、国际经济环境的演进与挑战

（一）国际经济环境变革的主要驱动力量

20世纪中期以来企业外部环境的变化，明显地受到了两种历史性力量的支配。一方面，全球经济的互动影响朝纵深方向发展，跨越国家和区域界限的经济活动明显增加，越来越多的企业步入了一个在共同轨道之上发展的巨大经济体系之中；另一方面，现代产业技术革命为企业提供了丰富的技术手段，使之在产品创新、生产过程创新等方面的成果日新月异。经济全球化加快了技术扩散进程，通信和运输技术的发展又促进了全球各地区经济的相互影响。这两种力量交织在一起，共同改变着企业的竞争条件。

1. 经济全球化与区域经济一体化力量

第二次世界大战以后发展起来的全球生产体系，在20世纪70年代末和80年代得以迅速发展，许多国家纷纷加入全球生产体系，促进了该体系的不断发展：首先表现为全球国际企业母、子公司的数量迅速攀升；其次，国际直接投资额大幅度增长，投资总存量急速膨胀；再次，全球国际企业海外销售额不断扩大。迄今为止，多数国际企业的资产、产值和就业主要在母国，跨越国界和地区界限的生产与经营还有很大潜力，全球化将继续发展。

自20世纪70年代以来，伴随全球经济一体化进程，区域经济一体化趋势日益明显。这突出体现在地区一体化经济体内部的经贸自由化程度大大提高，区域内贸易与合作进一步增加。不同的区域经济一体化的迅速发展，在客观上推进了各国经济的合作与融合，为企业的国际化发展创造了更好的平台，也促进了全球经济一体化。

2. 现代产业技术革命的影响

人类生产力的每次飞跃均始于生产技术的划时代发展。发端于微电子技术的现代产业技术革命已经持续了几十年，由生产的自动化逐步转为智能化、信息化、网络化，并推动其他领域科学技术的快速发展。时至今日，现代产业技术革命的范围在扩大，步伐在加快，对企业的影响也日益深远，既为企业竞争带来了更多的不确定性，也为企业带来了前所未有的机遇。

现代产业技术的一个突出特征是具有很强的结合性，来自工业领域和科研领域的技术广泛结合后凝聚成推动经济发展的巨大力量。一项新科技成果问世后，很快会在许多领域得到应用，又成为许多企业技术创新的源泉。这种技术结合和扩散机制加快了企业技术创新的步伐，导致企业的技术环境更为复杂和动荡不定。

现代交通、通信技术的快速发展，使世界各国更加紧密地联系在一起，还大大改变了企业经营的布局。计算机技术和网络技术的发展，不仅创造了一个全新的产业，同时使企业有可能穿越大洲大洋进行快速有效率的国际化组织管理；即使是中小型企业，凭借新技术带来的低成本优势也可以参与国际化经营。

在市场和技术日益复杂多变的竞争环境中，企业的经营形态与重点发生变化。企业越是要快速回应外部的变动，越要依赖企业经营中的能动因素——人力资源。同时，在企业结构方面，越来越多的企业改变原有的金字塔结构，采用更加扁平与灵活的结构。在组织管理方面，大力采用能加快组织反应速度的各种辅助技术，提高企业的灵动性和反应力。

（二）国际经济环境的主要变化

经济全球化和地区经济一体化交织发展，推进了一个更加开放的全球环境的形成，以商品和服务为内容的各种国际经济合作广泛开展。各国之间对生产要素自由流动的限制大为降低，这就为企业在全球配置资源提供可能的条件。国际经济环境的变化主要包括以下几个方面。

1. 商品贸易自由化程度提高

世界贸易组织“乌拉圭回合”谈判结束以后，发达国家的进口关税水平已经降到4%以下，发展中国家的进口关税水平也下降到15%，并且各国均不同程度对开放本国市场做出具体承诺，自由贸易浪潮席卷全球，也带动世界贸易快速发展。

贸易自由化不仅为各国企业以出口的方式开展国际化经营、开拓国际市场提供了便利条件，而且也对它们提出了新挑战，企业将面临越来越多的竞争对手，原有的某些优势如关税保护、政府扶植和某些特权都将逐渐丧失。

2. 全球化的金融大市场正在形成

金融市场全球化趋势加快，国际金融业务猛增，国际巨额资本流动迅速。1995 年全球金融服务贸易谈判的成功不仅使金融业和保险业的市场准入拓宽，而且也使全球金融市场资本流通渠道更为广阔和畅通，在很大程度上推动了全球化金融市场的形成。随着互联网络的延伸，全球外汇市场每天 24 小时都可以进行交易，人们形容全球外汇市场的资金以“光的速度”从一个地方转移到另一个地方。金融市场规模扩大、资本流速加快、金融市场的全球化都有助于在世界范围内优化资源配置，促进世界经济和贸易发展。

但是，金融市场的放大作用和快速的传导机制也使得风险越来越大，特别是金融衍生品交易正在迅猛发展，投机因素的影响越来越大，对企业经营管理能力提出了更高的要求。

3. 市场全球一体化

市场全球一体化是指在历史上互相分隔的各国国内市场正在汇合成一个巨大的全球市场。有人认为，不同国家消费者的偏好都朝着全球标准趋同，因而有助于创造一个全球市场，比如对可口可乐、李维斯牛仔裤、麦当娜的音乐的需求都是如此。这些企业通过在全球提供统一的标准产品，帮助创建全球市场，它们不仅是市场的受益者，更是市场一体化的有力推动者。

4. 生产全球一体化

生产全球一体化是指许多公司从全球不同地区寻找商品和服务来源的趋势。它们试图从各国在生产要素的成本和质量差异中得到好处。波音公司的大型喷气式民用客机777由132500个主要零部件组成，由全世界545家供应商生产，其中由8家日本供应商制造飞机机身、门和机翼，由1家新加坡供应商制造机头起落架的舱门，由3家意大利供应商制造机翼阻力板。波音公司有这么多外国供应商，部分原因是这些供应商在各自的专业领域是世界上最好的，同时，这样做还有利于获取这些国家的重要订单。生产活动分散于全球并不局限于波音公司这样的大公司。许多小公司也采取这种生产方式。

三、企业国际化经营的基本动因

从上述国际环境变动的有关内容，我们大致了解了企业进行国际化经营的背景。那么，企业进行国际化经营的基本动因是什么？企业决定向外扩张可能基于以下四个主要原因。

① 为了接近顾客和扩大市场范围。企业向海外扩张更多是为了增加收益、利润以及为获得长期增长提供潜在的可能性。当企业的国内市场已经进入成熟期，那么进入国外市场就成为一项有吸引力的选择。在各自行业中争夺全球领导地位的企业，会雄心勃勃地将各自的市场触角快速伸至世界上更广阔的地域。这样做要么有利于了解不同区域客户的需求，以便做出及时反应；要么有利于通过增加市场份额提升规模经济水平。

② 为了获取当地优势资源、降低成本和提高企业竞争能力。有效利用不同国家的区位优势是国际企业构筑竞争优势的重要原因。

③ 基于战略的考虑进行国际化扩张。企业可以通过在更多的地区利用自身核心竞争优势取得更大的利益，巩固在全球的竞争地位。有时，为了保持竞争势力的制衡，在竞争对手进入新市场的时候，企业也会采取追随的策略进入同一市场，达到制约竞争对

手的目的。

④ 为了在更广泛的市场基础上分散经营风险。许多国际政治经济因素是企业无法预测和改变的，企业通过在多个不同国家经营来分散经营风险。这样做还可以减少不同地区经济周期给企业带来的负面影响。

综上所述，我们看到，企业国际化经营是企业谋求自身发展的需要，是企业发展与经济全球化互动的结果，是各国发展本国经济、增强实力的结果。

第二节　国际产业竞争与企业国际化战略

企业开展国际经营活动就意味着要参与国际竞争，明确国际竞争的不同特征是企业采取国际化行动的重要前提，直接影响企业的国际化战略。

一、国际产业竞争的类型及特征

要明确国际产业竞争的特征，首先要了解产业市场的全球发展形态，只有这样才能正确认识企业所面对的国际竞争局势。

（一）产业市场的全球发展形态

（1）全球市场

相关产业是全球性产业，如计算机、客机、轿车等，国际企业在行业中占主导地位，主要采取直接投资和国际贸易相结合的竞争方式。这些行业一般是技术和资金密集型的，国际企业在技术和规模经济方面要求很高，这必然导致企业走出国界，在全世界范围内生产和销售。企业的国际竞争是全方位的、激烈的，不但争市场，而且争资金、技术、战略伙伴。

（2）多国市场

相关行业的企业多为国际企业，但与全球市场相比，企业间的国际竞争在竞争范围和竞争焦点上均不同。这些行业的产销难以分离，只能在当地市场生产并直接销售，竞争形式一般采取直接投资形式，竞争范围只限于区域市场而非全球市场，如软饮料、快餐、银行业等。另外，从竞争焦点来看，这些行业的关键环节是销售而非制造，如产品形象、广告宣传、渠道策略、促销手段等。

（3）大宗贸易市场

大多数原材料和农产品属于这一类型。这些行业主要包括一些中小企业或从事进出口业务的外贸公司。这些行业的生产技术含量较低，只是粗加工，也不需要设立复杂的营销和服务机构。竞争方式主要是价格竞争，其优势取决于丰富的自然资源和廉价的劳动力。

（4）纯国内市场

这样的一些行业往往很难开展国际经营活动，只能是由特定的人为特定的消费者提供特定的服务，如理发、家政等个人服务业。

（二）国际产业竞争的不同类型

不同行业的国际竞争模式是有着重要差别的。一个极端是多国竞争，另一个极端是全球竞争。

（1）多国竞争

不同国家市场的竞争状况和特点经常没有什么密切的联系，而且企业在不同国家市场面对的环境以及取得优势地位的方式有很大不同。以多国竞争为特征的行业包括无线通信和电视广播、消费信贷、人寿保险、服装、食品和零售业等。

多国竞争的显著特点是：① 不同国家的购买者有不同的产品认知偏好；② 不同国家的经销网络各有差别；③ 在不同国家的市场中，行业环境和竞争力存在重大差别。因此，在多国竞争中，能够在某个国家市场获得领导地位的企业不一定就能在其他国家同样获得成功，而且，公司在某个国家取得的任何竞争优势很大程度上被局限在那个国家，对其他国家的溢出效应可以小到忽略不计。

（2）全球竞争

具有这一竞争特征的行业通常是全球行业，即便在不同的国家中，竞争环境也有比较紧密的关系。处于全球竞争行业的企业与许多竞争对手在不同国家为赢得世界范围的领导地位而竞争。因此，在全球竞争的条件下，全球化企业在一个国家的竞争地位与它在其他国家的地位是相互影响的。全球竞争中，企业在不同国家的经营成果相互补充和影响，企业的整体竞争优势来自世界范围内的经营成果。全球竞争一般存在于汽车、电视机、轮胎、移动电话、个人电脑、复印机、手表、数码相机、自行车以及商业飞机等行业领域中。

当然，现实情况会更复杂一些，一个行业中可能只有一部分竞争具有全球或多国竞争特征。比如在酒店和汽车旅馆业，中低价位的市场竞争以多国竞争为特征——竞争者主要在同一个国家服务旅客；在商务和高档市场中，竞争则更加全球化。如万豪国际、喜来登和希尔顿这样的全球酒店巨头，在世界许多地方都有酒店，使用世界范围的预订系统，并且建立统一的质量和服务标准，在服务商务人士和其他经常进行国际旅行的游客中具有营销优势。

一个行业能够从多国竞争向全球竞争转变，认识到这一点很重要。当今许多行业，如啤酒和大型家用电器，主要的国内竞争者已经开始扩张进入越来越多的国外市场，它们常常收购当地的企业或品牌，并将这些企业和品牌整合到自己的业务中去。这主要是由于全球消费者在许多重要产品上的偏好越来越表现出趋同化。消费者的偏好差异变小，为公司创建全球化品牌，并在世界大多数地区销售本质上相同的产品提供了可能。

即使是在消费者偏好相当多样化的行业中，越来越多的企业也正在学习使用大规模生产，以较低的成本生产同一产品的不同版本，来满足不同国家人们的需求。

企业在分析国际竞争环境时，除了要注意对国别环境差别的分析以外，还要根据所处的行业是否具有多国竞争、全球竞争特征以及市场竞争的变动方向，来制定国外市场的竞争战略。通过分析国际竞争的类型和特征，可以更加明确本企业所在行业的竞争特点及其变动方向，明确企业及其相关者在其中的地位，这是企业制定国际化战略的基础。

二、国际化经营企业的名称及其战略

国际化经营企业是在西方经济发达国家产生和发展起来的一种企业实体。在这些国家，有关国际企业的研究已有几十年历史。然而，迄今为止尚未形成统一名称。在英文文献中，有关国际企业的名称多种多样，其中最常见的有四种：国际公司（international corporation）、多国公司（multinational corporation）、全球公司（global corporation）和跨国公司（transnational corporation）。不同名称虽然都表示从事国际化经营活动的企业，但其内涵却存在较大差别。这种差别产生于国际企业的演变历史，以及不同的企业跨国经营战略。

（一）国际公司

在国际企业发展的早期阶段，国外业务在企业的全部业务中所占比重较小，企业基本以母公司在母国的业务为主，国外子公司和分公司通常围绕如何增强母公司的竞争实力组织生产经营活动，如保证原材料供应，提供低成本零部件，增加母公司产品的国外销售，等等。与业务完全局限于一国的公司相比，这种从事有限跨国生产经营活动的企业被称作国际公司。

国际公司的国际化生产经营可以用产品寿命周期理论来解释。企业根据国内市场需求研制新产品，开拓新产品的国内市场。当产品的国内市场趋于饱和时，企业便转向开拓产品的国际市场，由产品出口到出售产品技术或专利，直至对外直接投资。母公司把技术和设备转移到国外子公司，通过国外生产降低成本，再将产品返销母国或其他国家市场。这种以产品寿命周期为基础、立足于国内市场开展跨国经营业务的思想，形成了国际公司的跨国经营战略，或称国际战略。

实施这种战略，要求企业具备较强的新产品开发能力，能成功地将产品打入国际市场，有效控制和管理产品技术向国外子公司的转移。

（二）多国公司

以母国市场为基础开展跨国经营活动的国际公司，在东道国面临的重大挑战是如何适应当地市场需求的变化，以及母国与东道国在文化、经济发展水平、商业惯例或社会制度等方面存在的差异。当企业意识到仅靠出口在国内市场将被淘汰的产品，向国外转移已落后的技术或设备会失去发展良机时，就会扩大对外直接投资规模。这时，如何增强在东道国的适应能力，成为企业开展跨国经营活动必须考虑的一个问题。为了保证跨国经营活动的成功，企业需要根据不同东道国的具体特点制定发展战略，调整产品结构、产品性能或产品包装，甚至在不同东道国的子公司中采用不同的管理方法。这种根据不同东道国特有环境开展跨国经营活动的企业通常被称作多国公司。

多国公司的突出特点是在不同东道国中具有很强的灵活性和适应能力。这类公司采取的跨国经营战略，或称多国战略（multinational strategy），侧重于东道国之间的差异。当地化（localization）是多国战略的核心内容。每个东道国的子公司需要根据当地市场需求改进母公司提供的产品技术，或开发新产品，并尽可能多地利用当地资源满足当地市场的需求。欧洲的许多大型公司，如联合利华（Unilever）、飞利浦和雀巢公司在发展的早期阶段均采用多国战略。多国公司在20世纪50—60年代发展迅速，因为这一时期各国普遍采用高关税政策，而多国战略是避开关税的一种有效战略。

（三）全球公司

多国公司为了增强跨国经营的适应能力，通常需要在每个东道国建立一套完整的生产经营系统，包括产品研制与开发、原材料和零部件采购、生产和装配、仓储、运输、市场营销以及售后服务等所有生产经营环节。如果东道国市场规模小，则国外子公司很难实现规模经济效益。要想在跨国经营中提高效率，企业必须把世界上不同国家的市场看作一个整体，即从全球市场角度制定跨国经营战略。这种以全球市场为目标开展跨国经营活动的企业通常被称作全球公司。

全球公司致力于全球性产品的生产经营。这类产品的市场是全球性市场，其市场需求产生于各国消费者类似或趋同的偏好。因此，企业可以在母国或少数几个东道国设置生产基地，通过大规模生产，满足全球市场的需求。全球公司的跨国经营战略是全球战略，其战略目标是通过以全球性协调为基础的大规模生产经营活动提高效率，从而有效建立绝对成本优势，占领全球市场。日本的许多大型公司，如丰田、佳能、松下等，在跨国经营活动中采取的战略基本都是全球战略。这些公司在20世纪70年代向国外市场发展时，许多国家降低了关税或其他进口壁垒，而且运输效率提高、成本降低，使得企业经营的全球化成为一种主要趋势。

（四）跨国公司

全球公司的发展在20世纪70—80年代获得了巨大成功。在经济全球化环境中，全球公司不仅在竞争中战胜了各东道国的当地企业，而且战胜了采用国际战略和多国战略开展跨国经营活动的公司。然而，进入20世纪90年代，全球公司的进一步发展却遇到了日趋增加的阻力。各国消费者对不考虑各国需求差异的全球性产品产生厌倦，重新强调体现本国文化的特有偏好。许多东道国政府因全球公司对民族工业发展的影响和贸易逆差的扩大，也加强了对全球公司的限制。国际政治经济环境中不稳定因素的增加，尤其是汇率的快速变化，都对全球公司的发展产生了不利影响。

跨国经营的整体效率和对各东道国市场变化的适应能力，是很难同时兼顾的两个重要目标。理论上，真正的跨国公司应该通过建立世界范围内的竞争优势，既能达到较高的整体跨国经营效率，又具备较大的灵活性和较强的适应能力。从全球经济角度着眼，从每个东道国的特定环境入手开展跨国经营活动，是跨国公司经营战略的主导思想。跨国公司的母公司与子公司之间不是简单的集权与分权关系，而是在一体化世界性经营网络中相互依存的不同决策实体，通过复杂的组织管理与协调系统保证跨国经营活动的有效运转。20 世纪 90 年代以来，越来越多的企业在制定和实施跨国经营战略过程中考虑到同时兼顾效率和适应能力两个目标的问题，力求发展成为真正的跨国公司。

三、国际化经营战略的选择

由于国际经营环境的复杂性，企业进行国际化设计时必须明确国际化经营中有可能面临哪些约束，明确参与国际经营的程度和类型，确定相应的战略。在制定国际化战略时有两个维度是至关重要的，分别是降低成本的压力和因地制宜的压力。如果以这两个维度为一个坐标系的横轴和纵轴，就会产生一个矩阵，可供企业选择的四个基本的国际化战略就在该矩阵的四个方格里，如图 8-1 所示。

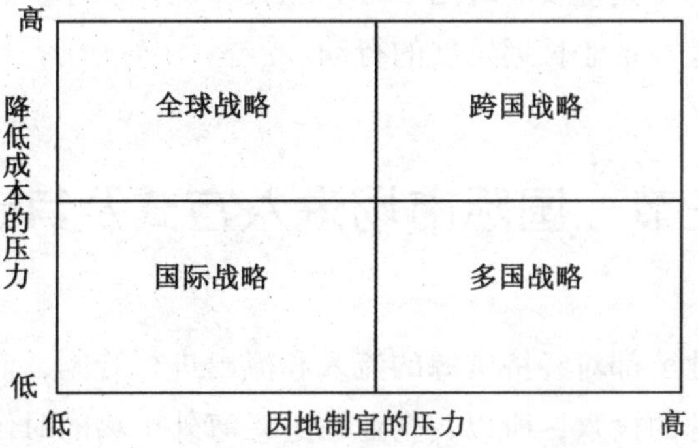

图 8-1　降低成本的压力与因地制宜的压力矩阵

资料来源：王永贵. 加拿大企业全球竞争战略探析［J］. 南开管理评论，2001（2）：28-35.

在图 8-1 中，左上角表示降低成本的压力很高而因地制宜的压力很低的情况。也就是说，企业可以通过在需求趋于相同的全球市场上以同样的方式提供同种产品，从而获得规模经济带来的好处，实现低成本。因此，这一部分对应的是实施完全的标准化的全球战略。右下角表示降低成本的压力很低而因地制宜的压力很高的情况。此时，不同地区市场上存在的异质的需求要求企业在不同市场上以不同的方式提供差异化的产品，但作为回报，企业可以适当地收取高价，这一部分对应的是多国战略。右上角表示因地制宜的压力和降低成本的压力都很高的情况。此时，一方面企业必须努力以不同的产品和营销来满足不同市场，另一方面又必须保持较低的成本，故其只能折中，选择对各地区市场划分大类并针对不同大类供应不同产品和采取不同营销方式的策略——跨国战略。左下角表示降低成本的压力和因地制宜的压力都很低的情况。企业往往采取出口或向外国市场转移独特竞争能力的方式开展国际经营活动，即实施国际战略。表 8-1 总结了这四种战略的主要优势与劣势，供读者参考。

表 8-1　不同国际化战略的优势与劣势

战略类型	优势	劣势
国际战略	向外国市场转移独特竞争能力	缺乏因地制宜性，无法实现区位经济、不能充分利用经验曲线效应
多国战略	因地制宜实现产品和营销本地化，快速反应	无法实现区位经济，无法开发和利用经验曲线效应，无法向海外转移独特竞争能力
全球战略	充分开发和利用经验曲线效应与区位经济	缺乏本地化适应性和灵活性
跨国战略	充分开发和利用经验曲线效应与区位经济，具有本地化适应性和灵活反应的能力，获得全球学习的好处	对管理能力要求高、协调复杂，实施困难

企业的国际化经营不仅是个战略问题，它还涉及企业经营视角的变更。为适应国际化经营，企业要从组织管理入手，以结构为保证，建立新的资源分配和利用体系，建立良好的国际协调机制，建立持续的跨国学习和经验知识共享体系。如果做不到这些，那么国际化有可能成为危害企业长远发展的行动。

第三节　国际市场进入方式及其选择

由于不同国家和地区都对经济资源的流入和流出进行管制，而且企业进入新的地区经营往往涉及大量资源的投入，所以，企业在进入海外市场的时候必然要考虑进入方式的问题。不同的进入方式对资源的需求特点、进入的内容和进入程度、企业分享成果的多少以及在海外经营的风险都有根本影响。

所谓国际市场进入方式是指企业使其产品、技术、工艺、管理及其他资源进入其他国家和地区市场的一种规范化的部署。企业选定目标市场之后，市场进入方式主要回答两大问题：一是产销活动的布局问题，也就是“在哪里生产，在哪里销售”；二是产销活动的控制问题，也就是“谁来组织，谁来协调”目标市场的产销活动。

一、国际市场进入方式

从经济学的角度看，企业进入国外市场有三条道路。第一，在目标国家以外的地区生产产品向目标国家出口。第二，通过达成契约的形式，向目标国家输送技术、资金、工艺，达到开展资源外输、扩展海外市场的目的。第三，企业通过投资直接或间接参与到设立在东道国的企业组织的经营运作中去，取得该企业的经营所得。从经营管理的角度看，上述三条道路各自可以具体划分成若干种具体的进入方式。每一种进入方式都有自己的优势和劣势，企业可以根据自身的条件选择最符合产品特性、企业实力和目标市场环境要求的方式。国际市场进入方式具体内容如下。

（一）出口进入方式

企业的商品出口可分为间接出口和直接出口。

1. 间接出口

间接出口是指企业通过中间商或其他国内代理机构来经营商品出口业务，其主要渠道包括以下几种。

① 生产企业将产品卖给或委托给专业国际贸易公司，由其自行出口销售。

② 一个企业利用另一个出口企业已经建立的国外渠道和经营能力“搭便车”出口。目前，中国大型企业或企业集团以及中外合资企业中，已有相当一部分获得了外贸自主经营权，中小企业可借助这些企业的力量将本企业的产品打入国际市场。

③ 出口管理公司。这是一种专门为生产企业从事出口贸易的公司，是中小企业进行间接出口的一种重要形式。这种机构与专业性国际贸易公司的主要区别在于，其业务是以代理的形式进行的，即出口管理公司以生产企业的名义从事产品的外销活动，并收取一定的佣金。这种出口渠道在我国尚不多见，但在欧美比较普遍，美国制造业产品出口的 10%是利用出口管理公司完成的。

④ 外国企业驻本国的机构。这主要是指外国的大型批发商、零售商、原材料采购商和国际贸易公司在东道国设立的采购处，它们主要帮助东道国将商品出口到自己的国家或其他国家。

间接出口有几个优点：① 投资少，企业不需要建立出口部门，也不需要在国外设立销售机构，甚至不需要签订国外合同；② 风险低，由熟悉国际营销特点和规律的中间商负责销售，降低了企业直接出口可能因对国际市场不熟悉而给企业带来的风险；③ 通过中间商这一中介，可以了解国际市场行情，积累直接出口所需的营销知识和经验。

实施间接出口一般比较容易，在选择了合适的中间商之后，企业与外商打交道所涉及的许多复杂的法律问题、税收问题等，均留给中间商去处理，企业只需按照中间商提供的产品包装、标志、质量等方面的要求去组织生产。

间接出口在企业进入国际市场的初期，不失为一种合适的“起步模式”。然而，随着间接出口业务的增加，其缺点也会逐渐显露。比如，产品生产企业不能迅速准确地掌握国际市场信息；不能获得国际市场上的直接经营经验，国际化水平不能得到提高；商品的市场份额和价格无法控制；企业的信誉很难提高等。此外，还存在运输和保险成本高、易发生交货延误等缺点，这些都会直接影响生产企业的经济效益和发展速度。随着生产规模和出口业务范围的扩大，生产企业都有一种向直接出口过渡的愿望。

2. 直接出口

直接出口是指企业把生产的产品直接卖给国外的客户或最终用户，而不是通过中间机构转卖给国外的顾客。可供选择的直接出口渠道类型包括以下几种。

① 企业驻外办事处，直接负责本企业产品的销售，并兼有收集市场信息、提供维修服务等职能。海外办事处一般都设在市场潜力较大并有希望向更高经营阶段过渡的国家和地区。

② 建立国外销售子公司，销售子公司与驻外办事处的区别是其在法律上和税收方面具有相对独立性，企业能更深入地介入国际化经营活动。

③ 直接卖给最终用户，这往往适用于大型设备或专有技术的出口，如航空航天设备、大型成套水利电力设备、高技术产品等。

④ 国内出口部门，它是国内销售部门的分支机构，专门从事国际营销活动。按照专业化分工，企业的出口活动全部由出口部门承担，这种部门往往可发展为专营进出口业务的分公司或子公司。

直接出口的优点比较明显：① 利润率一般比较高；② 市场信息准确可靠，便于企业对国外市场进行选择；③ 主动权在出口企业，企业可以有效实施企业发展战略；④ 便于建立自己较为稳定的销售渠道，巩固并扩大市场占有率；⑤ 为本企业培养一批既熟悉国际市场，又熟悉企业及产品生产工艺、技术性能的全能型营销人才，非常有利于国际市场的拓展。

但是，无论选择何种直接出口的渠道，一般来说都需要企业有较大的投入，而且需要自己承担各种风险；同时因为营销活动由企业来完成，销售成本高，对企业营销人员的素质要求也较高。由此可见，间接出口与直接出口，很难简单判断哪一种更具有优势。企业选择哪一种出口方式和具体渠道，应在分析比较各自优缺点的基础上，根据商品的特点以及企业自身的条件加以综合考虑。

（二）契约式进入方式

契约式进入方式是指国际企业与东道国企业通过签订不涉及股权投资的各种合同进行国际经济技术合作的方法。契约式安排有很多形式，具体内容如下。

1. 许可证协议（又叫许可证合同）

这是技术贸易最基本、最主要的形式。许可证协议是企业通过协议把技术专利、专门技术或商标的使用权转让给其他国家企业的一种形式。国际企业作为技术供应方，转让的技术大体上分三类。一是工业产权的技术，包括发明专利、实用新型专利、外观设计专利等；二是非工业产权技术，主要是未经专利程序的技术诀窍，包括设计方案、设计图纸、技术说明书、技术示范和具体指导等；三是提供技术服务。许可证合同中规定了授权范围，允许国际企业对其转移的技术的使用进行控制，保护自己的竞争地位和利益。

在服务业中，许可证贸易方式一般表现为特许经营方式，即企业授予被特许经营企业有限权利，可以使用企业的商标品牌，收取一次付清的费用和被特许经营企业利润的一部分，被特许经营企业要严格遵守许可方的经营规定。国际企业通常就特许权的转移和使用进行控制，如定期考察代理商的设施，对重大特许经营决策和人员招聘施加影响。例如，美国麦当劳在国外以特许经营方式建立的快餐连锁店必须一丝不苟地遵守公司制作和销售汉堡包的35道程序。

（1）许可证协议的分类

按照受让方取得使用许可项目的权限，许可证协议可以分为以下几种。

① 独占许可证。即在规定的地区内，受让方对引进的技术在协议有效期内享有独占的使用权，出让方不得在该地区使用该项技术制造和销售产品，也不得把同样的技术出让给该地区的任何第三方。

② 排他许可证。即在给定地区内，出让方和受让方在协议有效期内，对许可证协议项目的技术都享有使用权，但许可方不得将该项技术在该地区的使用权授予第三方。

③ 普通许可证。即受让方对引进的技术没有任何限制，出让方保留对该项技术的使用权和再转让的权利。

④ 双方许可。即协议双方将各自所有的技术在限定的时间、地区内相互交换使用，这种转让一般都不收取费用。

（2）许可证协议的基本内容和主要条款

① 序言。说明当事人双方签约的目的、签约的基本前提、双方责任的基础以及应遵守的基本准则。

② 定义条款。严格界定合同中使用的关键名词、术语，如“专利”“商标”“专有技术”“技术资料”“第三方”“净销售价”等，以避免双方因语言障碍、法律差异而产生解释上的分歧和争议。

③ 许可内容和范围的有关条款。包括转让技术的名称、内容和范围、技术资料的详细内容和清单、技术培训、专家指导、技术服务、科研协作、销售范围等具体内容和安排措施。还要明确许可证协议的种类，如是独占的、可以转让的，还是排他的、不可转让的。许可证这一条款是出让方的义务和受让方的权利所在，往往是日后双方发生争议的根源，所以必须详尽、明确地予以规定。

④ 价格与支付条款。即就转让技术的价格和费用的支付方式、货币种类、付款办法等内容进行详细约定。

（3）许可证贸易的优点

① 经营风险小。从经营风险的角度来看，许可证贸易比直接对外投资风险小，因而许多国际企业在向海外市场扩张的过程中，常常将其作为从出口到海外投资的一种过渡性的进入方式；许多资金不足或缺乏国外投资经验的企业，也往往选择这种方式来进入国外市场以避免直接投资的风险。

② 带动企业产品的出口。通过许可证贸易，被许可方往往被允许使用许可方的商

标、名称或规范化的服务模式等，这样就提高了许可方在当地市场上的知名度，有利于许可方的系列产品向当地市场的直接出口。有时在许可合同中还规定许可方提供必要的零部件和机器设备等，这就使许可方企业产品的出口有了稳定的市场。

③ 保护专利和商标。通过许可证贸易不但可以有效地保护专利和商标的所有权免遭可能的侵害，而且还可以增加一定的收益。

④ 分摊研究与开发成本。许可证贸易具有投资少、见效快的特点，从而受到被许可方的欢迎；同时许可方利用这种方式增加了收益，可用来分摊其研究与开发成本，并可积累进一步开发与研究的资金，使企业继续保持其技术优势。

此外，当东道国的市场容量小，就地生产不能实现规模经济时，尤其是对于一些服务性行业的企业，比起设立分公司或子公司，许可证贸易或特许经营更能节省成本、避免风险。

（4）许可证贸易的缺点

① 控制程度低。许可方总是力求在许可合同的有效期内，保持对被许可方某种程度的控制，因而在合同中往往规定许可方的某些监督权利；或者通过提供必要的零部件和基础设备，保证许可方对被许可方企业一定程度的控制。但总的来说，许可证贸易进入模式的控制程度远远低于直接投资，而且如果被许可方产品质量不稳定，会影响到许可方产品和技术的声誉。

② 培养了潜在的竞争对手。许可证协议都是有一定的期限的，协议终止后被许可方完全有可能独立地运用被授权的技术从事产品的生产和营销，并占领本国甚至外国的市场，成为许可方强有力的竞争对手。

2. 管理合同

这是以转移管理技能和诀窍为主的跨国非股权合作形式。在实践中，这种合作很少，只局限于管理技能。例如，在国际宾馆行业，管理合同的内容可能包括注入特定公司理念、提供管理和人际关系技能、疏通融资渠道、培训当地员工、参与制定全球性营销网络的发展战略。管理合同是国际管理咨询业普遍采用的业务形式。管理技能的提供者有时参与管理技能接受企业的经营决策，包括任命高层管理人员，但不承担经营风险。

3. 交钥匙合同和提供成套设备合同

前者是指国际企业为东道国承担某项工程或工厂建设，包括设计、提供一切生产要素、施工和装配，直到建成能投入使用才交给买方。后者是指国际企业仅向东道国企业提供技术和全套工厂设备，不承担施工建厂任务。在某些方面，交钥匙合同类似于承包合同，合同中的项目说明由东道国企业提出。在另一些方面，交钥匙合同综合了许可证合同与管理合同的一些特征，因为国际企业除进行项目建设外，还提供技术和管理技能。国际企业通常承担项目建设中的风险。项目完工交付使用后，进一步的合作是很有限的。

契约式进入方式种类多样，其他还有来料加工、合作生产、补偿贸易、融资租赁、联合研究与开发等。

（三）投资式进入方式

总体而言，投资式进入方式可以分成两大类：一类是以取得所投资资产的所有权并参与企业经营管理为目的的直接投资进入方式，另一类是只以获取所投资资产的相应收益为目的的投资进入方式。后一类与金融投资没有根本区别，又叫作间接投资。它并不会对企业经营产生大的影响，因此不作为企业国际化经营进入方式的主要研究对象。直接投资进入方式对企业国际化有主要影响。

通过直接投资进入其他国家后，根据企业股权的分配可以把这种投资经营划分为两大类：合资经营和独资经营。

1. 合资经营

合资经营是指协议共同投资的各方按照一定比例的股份出资，共同组成一家具有法人地位、在经济上独立核算、在业务上独立经营的企业。合资经营有利于发挥合资各方的优势，在资金、技术、管理、资源等方面可相互弥补和借鉴。这种方式对于产品开发、降低成本、提高质量具有明显的促进作用，在产品销售方面，还可利用外国合资者的国外销售渠道销售产品。因此，选择适当的国外投资者，到国外合资办厂，是使企业以较快的速度进入国际市场的有效途径。

企业进行海外合资经营的原因主要有以下几方面。

（1）各国政府的支持

发达国家的企业急于扩大对外投资，为其过剩的资本、设备和技术寻找出路；发展中国家则需要利用外资以解决资金不足和技术短缺的问题。

（2）绕过壁垒

有些企业为了绕过关税壁垒，取得东道国的支持与合作，愿意采取与当地企业合资的形式。

（3）分担风险

企业往往从战略角度出发，在不同国家、地区以及行业进行投资经营，分散风险。

（4）增强竞争能力

许多中小企业的实力相对弱小，通过合资经营可以增强实力，取得规模经济效益。

与技术授权等介入国际市场程度较低的方式相比，合资经营的潜在利润更高一些，对生产和经营的控制更严一些，可以更多、更快地获得当地的市场信息，更直接地获得国际营销经验。但合资经营的缺点也比较明显，它需要更多的资金和管理资源，而且风险较大。

2. 独资经营

在海外建立独资企业是指企业在海外投资并完全控制所投资企业活动的方式。如果国外市场需求潜力很大，企业又具有国际化经营的经验和能力，企业可以考虑采用这种进入方式。

独资经营与其他进入方式相比有许多益处：企业可以在国外市场获得便宜的劳动力和原料，或者得到外国政府的投资鼓励、节省运费等有利条件，因而可降低产品成本；企业可与东道国政府、顾客、当地供应商、经销商等保持密切的联系，使产品更适合当地的市场环境；企业能完全控制投资的使用，使企业制定和执行一个完全符合自身长远发展的国际战略，使子公司的目标与母公司的目标保持一致。

独资经营的主要缺点是：企业要承担巨额投资，这对企业财务来说是一个很大的压力；独资公司常被东道国政府以及当地社会视为外国企业，易遭排斥，面临的国家风险比较大；由于对东道国的社会政治经济环境不够熟悉，在争取东道国各方面的理解与合作，处理与东道国各方面的纠纷时常常比较困难；某些东道国对独资企业与合资企业实行差别待遇，往往对独资企业只给予较少的优惠而限制却比较多。

二、企业国际化进入方式的选择

并不存在一种对任何企业都适合的所谓“最佳”进入方式。企业要根据行业发展特点、自身的实力、总体发展战略、目标市场的发育状况及其未来变化趋势等做出国际市场开发方式的选择。事实上，为某一给定的产品及目标国家组合选择合适的国际化方式，需要考虑几种相互矛盾的力量，各种力量的多变性和难以衡量性注定了选择国际化方式是一个复杂的过程。

（一）影响国际化方式选择的外部因素

目标国和母国的市场、生产和环境因素存在于公司之外，很少受公司管理决策的影响，这些因素可以看成国际化方式决策的参数。没有任何一个单一的外部因素能对公司的国际化方式起到决定性的影响，只能说这些因素有利于或不利于某种国际化方式。

1. 目标国家的市场因素

目标国市场容量的现状或预期的增长极大地影响着国际化方式的选择。容量较小的市场一般采用保本销售量较低的国际化方式，如网上销售、间接出口、代理/分销商出口、许可证经营等；相反，销售增长潜力大的市场则应选择保本销售量高的国际化方式，如销售办事处、子公司等形式。另一个影响国际化方式选择的目标国市场因素是目标市场的竞争结构，如自由竞争、垄断竞争和寡头垄断。自由竞争的市场则适合采取出口国际化方式；而对于垄断竞争或寡头垄断的市场则应采用投资的国际化方式，在当地建立生产基地，使公司有能力与当地占支配地位的公司竞争。如果目标国的竞争十分激烈，不适合采用出口或投资的模式，则公司应考虑采取许可证经营或其他契约国际化方式。还应注意当地营销机构的可利用程度和质量。如果当地一些好的代理商或分销商已被其他公司聘用或根本就不存在，公司就应该考虑建立海外办事处或子公司去开拓海外市场。

2. 目标国家的生产因素

在国际化方式决策中，另一个需要考虑的因素就是目标国的生产因素。换句话说，就是必须考虑目标国的原材料、劳动力、能源和其他生产机构的数量、质量、成本以及经济基础设施（如交通、通信等）的质量和使用成本。如果目标国的生产成本较低，采用在当地生产的形式如契约模式或投资模式可能比出口模式更加适宜；相反，如果在当地的生产成本过高，则不宜在当地进行生产，可考虑采用出口模式，将国内生产的产品销往海外目标市场。比如，我国的劳动力资源比较丰富，劳动力成本也比较低，许多国际企业看中这一优势，纷纷在中国投资建厂，把中国作为生产基地，然后再将生产的产品运往其他国家销售。

3. 目标国家的环境因素

目标国的政治、经济和社会文化因素也影响着国际化方式的选择，其中目标国政府的政策和法规对选择国际化方式的影响最为直接，限制性进口政策（高关税、严配额）显然不利于出口国际化方式。比如作为对美国限制进口的反应，日本的几家汽车公司纷纷在美国投资建厂，以当地生产取代出口。同样，限制性外资政策也不利于投资国际化方式。即使允许外资进入，也可能是有利于合资而不利于独资，有利于收购而不利于兴建。相反，目标国可以通过提供税收优惠等方式鼓励外资进入。另一个环境因素是地理距离。如果距离遥远，运输成本高，出口的商品与目标国当地产品相比没有竞争力，则不利于出口国际化方式。在这种情况下，采用投资的方式可能更有竞争力。还有其他许多因素也影响着国际化方式的选择，如目标国的国内生产总值、人均国内生产总值、各产业在国内生产总值中所占比例等因素与公司产品在目标国的市场大小直接相关；其他一些动态指标如投资回报率、国内生产总值增长率、个人收入增长率、就业增长率等也影响着国际化方式的选择。此外，还必须考虑目标国的外部经济关系，如对外贸易方向和构成、国际收支状况、外债水平、汇率等，这些经济关系的变化预示将来目标国政府在贸易和国际收支等方面可能发生的政策变化。如一国持续的国际收支逆差可能导致进口和支付限制，甚至是货币贬值。社会文化因素也影响着公司的国际化方式选择，其中最明显的是母国与目标国之间的文化差异，如语言、文化价值观、社会结构以及生活方式等方面的差异。巨大的文化差异增加了企业的经营管理成本，不利于采用投资国际化方式。公司一般愿意进入那些与母国文化比较相似的国家，在这样的国家经营，公司会更有信心，因而更愿意采用投入较多的国际化方式，如美国公司把加拿大作为投资的首选目标国。此外，目标国的政治风险也影响着国际化方式的选择，如果经营者感觉目标国政治风险很高，则更倾向于采取投入较少的国际化方式，如出口等。

4. 母国因素

母国的市场、生产和环境因素也影响着公司国际化方式的选择。如果国内市场容量巨大，可以给公司一个充分成长的空间，企业可以等到成长壮大后再进入海外市场。相反，市场容量较小的国家的公司则倾向于采用出口的方式进入海外市场，以实现规模经济。母国市场的竞争结构也影响着国际化方式的选择。处于寡头垄断行业的公司倾向于模仿国内竞争对手的行动，避免在竞争中处于不利地位，维持竞争均衡态势，因此，如果一家公司投资海外，其竞争对手也会纷纷追随。此外，母国较高的生产成本也可能鼓励采用当地生产的模式，如许可证经营、合同加工和投资。母国的政策也影响着国际化方式的选择，如果母国政府对出口提供税收或其他方面的鼓励，而对海外投资采取中立甚至限制性政策，则有利于出口、许可证经营或其他契约模式，而对海外投资不利。

（二）影响国际化方式选择的内部因素

1. 产品因素

如果公司的产品与竞争对手的产品相比拥有更多优势，差别化程度高，则公司拥有更大的自由定价权。这样的产品更能承受高额的运输成本和关税，能在海外目标市场保持竞争优势。相反，差别化程度较低的产品，在目标市场必须根据一定的价格基础展开竞争。因此，更应该采取在当地生产的国际化方式。

如果产品对售前和售后服务要求高，则不适合远距离销售。因此服务密集型产品一般不采用间接出口、代理商/分销商出口等方式，而倾向于采用销售办事处/子公司出口、当地生产的国际化方式。如果公司的产品本身就是服务，如工程设计、广告、计算机服务、旅游、管理咨询、金融、快餐等，服务的适时性决定了服务不可能在一国生产，再出口到另一个国家，因此公司应寻求一种能够在目标国提供服务的形式。对于技术密集型产品，公司一般采用许可证经营的方式进入国外目标市场。一般来说，工业产品的技术密集程度高于消费品，因此，工业品企业更倾向于采用许可证经营的方式进入海外市场，而消费品企业也可以在拥有一定的国际声望后，将本企业的商标许可给海外公司使用。

2. 资源/投入因素

公司在资本、技术、生产技能和管理技能等方面的资源越充足，可选的国际化方式种类就越多；反之，资源有限的公司就只能选择那些对资源投入要求不高的国际化方式。因此，公司资源的强弱是选择国际化方式时要考虑的重要因素。虽然资源是影响国际化方式选择的一个重要因素，但必须与公司愿意投入目标市场的资源数量结合起来考虑。拟投入的资源越多，经营者就越谨慎，考虑的备选方案就越多。事实上，公司在国际化过程中资源投入的程度取决于海外市场在公司战略中的地位及经营者的态度。对于大多数公司来讲，国际资源投入量是伴随着国际经验的增加而增加的，海外市场经营的成功将鼓励更多的国际资源投入，反过来又带来更大的成功。

第四节　企业国际化经营战略控制

有效地实施战略必须有良好的控制措施。国际化经营战略的控制比国内经营难得多。世界各地的文化差异、通信延误以及复杂的国际经营环境使得对国际化经营战略控制的要求要高于传统的国内经营控制。

各国政府对外资企业的各种管理和约束政策，当然会影响到企业的国际化战略控制，在此不多讨论。实际经营中，企业可以综合使用多种方法进行战略控制。这些方法从不同的管理层面实施控制，各有作用，互相补充。

一、所有权控制

一般说来，对子公司的所有权多少就意味着对子公司的控制程度的大小，如美国就信奉“所有权即控制”，在其他国家的子公司中倾向于全部或多数控股。控股使母公司在董事会成员中占绝对多数，从而控制了企业重要事项的决策，使子公司的运作更能符合母公司的意图。但是所有权也是东道国政府敏感的问题，东道国政府可能会采取各种手段进行干预。有些国家对某些行业限制股权比例。之所以如此，是因为东道国担心企业被外资控制，本国企业因而得不到发展。而母公司则害怕东道国偷窃技术秘密或产生很多管理冲突并影响企业经营。因此，所有权控制虽然是很强硬的控制手段，但并不都能实施。企业要考虑东道国的法规政策以及人们对外国企业的态度。

二、组织控制

企业的组织结构与制度是为企业战略目标服务的。对于国际化经营的企业而言，明确一个与本企业从事的业务特质相适应、与自身国际化经营阶段相配合的组织结构是实现企业战略并进行有效控制的必要手段。表 8-2 显示了国际企业组织结构演变的几个阶段，以及各个阶段典型的组织结构。

表 8-2　国际企业组织结构演变的几个阶段

阶段	企业活动	负责国际经营的组织	负责的经理职位
一	间接或直接出口，出口占次要地位	出口部门	出口部门经理，向国内销售经理汇报工作
二	出口地位日益重要	出口子公司	出口子公司经理
三	开始进行技术转让和对外直接投资	国际子公司/国际事业部	国际子公司经理，通常也是母公司副总经理
四	跨国投资增加	国际子公司/总部	总经理，通常也是母公司副总经理

表8-2(续)

阶段	企业活动	负责国际经营的组织	负责的经理职位
五	大量的跨国投资，国际经营活动分散化	按照地区、产品、功能或上述组合划分全球组织结构，在全球范围内选聘人员	不再由单独的一名经理负责，每名经理都要负责国内和国外经营

国际企业组织结构设计的另一个问题是集权与分权，这一问题经常会影响国际化经营企业的组织结构与制度选择。国际企业一方面要建立一个强有力的控制系统以获取协同效应，另一方面又有必要适当分权，各子公司能根据当地市场情况做出决策。为了处理好这个矛盾，国际企业倾向于按照产品或地区进行组织架构。

三、特别约定权力控制

在海外建立合资企业时，企业可以依据当地的法律要求在章程等法律文件中与合作方约定具体的投票权、特别决策权等事项。章程一经生效就具有法律效力。即便在企业股权没有达到绝对或相对控股的情况下，也可以借由这些特别约定的权力对企业决策进行约束和控制。

四、人员控制

国际企业可通过培养子公司忠实的经营者，加强与子公司经理人员的感情交流，并通过“文化熏陶”来实现对海外子公司的控制。人员控制主要有两种形式：个人控制和私访控制。个人控制是指国际企业让海外子公司的关键人员参与母公司的正式或非正式的组织活动，从而达到控制子公司的目的。这些管理人员一般来自东道国，他们能把母公司的战略与政策更有效地同当地实际情况结合，有利于战略的实施，有利于信息的沟通和交流。私访控制则是通过旅行、考察、个人接触等私访活动使企业内的人感到同处一个和睦的大家庭，从感情上维系与子公司的关系。目前许多国际企业采用这种方法，因为它不仅有利于海外子公司与母公司之间的感情联络，而且也有利于母公司对海外子公司业务活动有更全面和更客观的了解，从而有利于对海外子公司的监督和控制。

五、财务控制

国际企业一般使用转移定价进行财务控制。转移定价主要用于使税收最小化，它在国际贸易中尤其重要，因为现代发达国家之间的贸易有56%是国际企业内部贸易，转移定价是转移利润到母公司的重要方式。其他转移利润的方式还有红利、股东权益和管理费用等。

对海外子公司的控制策略因国际企业的不同性质而异。多国公司对海外子公司采取松散式的控制，因此国际企业总部主要是通过预算和非财务业绩指标来控制，如市场占有率、生产能力、公共形象、雇员素质以及与东道国政府的关系。而全球公司必须对海外子公司进行较严格的控制。为了谋取全球竞争优势，国际企业努力将一些标准化的生产和营销设施分散到世界各地，因而一些关键的经营决策必须集中化。

思考题

1. 企业国际化的动因主要有哪些？

2. 企业进行国际化经营与进行国内经营有什么区别？前者的风险是否大于后者？为什么？

3. 在国际化过程中，进入东道国的方式主要有哪些？

4. 企业国际化经营战略有哪些？它们各自的特点和区别是什么？

5. 试比较三大类国际市场进入方式的特点及其优缺点。

6. 许可证协议进入方式在企业国际化经营时有哪些优势和劣势？在什么条件下适用？

7. 企业在做进入方式决策时应综合考虑哪些因素？

8. 面对复杂的国际竞争环境，企业可以运用哪些手段来控制国际化战略的实施？

讨论题

1. 试述中国公司进入中东地区存在的风险。

2. 跨国公司在进行跨国知识转移过程中，遇到的困难与在本国转移知识有哪些不同？

3. 中小企业在进行国际化的过程中，与大企业相比会遇到哪些困难？

第九章　并购与战略联盟

【学习目标】

- 掌握并购的概念、分类、功能
- 了解五次全球并购浪潮的发生过程及其特点
- 了解企业并购的一般程序
- 了解并购整合中的文化风险、文化整合的阶段与模式
- 掌握战略联盟的定义及其基本功能

近百年来并购浪潮一浪高过一浪，并购成为企业实现战略发展的重要途径和方法。近年来，随着我国经济的快速发展，越来越多的企业选择并购这样一种方式来进行迅速的规模扩张。在速度制胜的网络时代，并购对于企业发展的战略价值更加突出。

第一节　企业并购概述

一、企业并购的概念

企业并购是企业收购与兼并的简称。在国际上，兼并与收购通常被称为“merger and acquisition”，缩写为“M&A”，泛指在市场机制下，企业为了获得其他企业的控制权而进行的产权交易活动。

（一）兼并

兼并（merger）是指一个公司被另一个公司所吸收，后者保留其名称及独立性并获得前者的财产、责任、特权和其他权利，而前者将不再保留法人地位。兼并各方分别处于主动和被动地位，兼并企业通过产权交易拥有被兼并企业的产权，使这些企业丧失法人资格，并获得它们的控制权。我国《公司法》将其定义为吸收合并。人们通常对兼并和合并（consolidation）的概念不加区分，但两者是有区别的。合并指两家或多家公司依照法律程序重新组合，最后形成一家新的公司，原先参与合并的所有公司被解散，只有新的实体继续运作。合并各方一般处于相对平等地位，我国的《公司法》将其定义为新设合并。

（二）收购

收购（acquisition）是指并购企业购买目标企业的资产、营业部门或股票，从而控制目标企业的交易行为。收购的结果可能是拥有目标公司几乎全部的股份或资产，从而将其兼并；也可能是获得企业较大一部分股份或资产，从而控制该企业；还有可能是仅拥有较少一部分股份或资产而作为该企业股东中的一个。

收购可以分成资产收购和股份收购两种形式。

资产收购（assets acquisition）是指一家企业购买另一家企业的部分或全部资产（包括资产和营业部门）的行为。

股份收购（stock acquisition）是指并购企业直接或间接购买目标企业的部分或全部股票，并根据持股比例与其他股东共同承担目标企业的所有权利与义务。按照收购方所获得的股权数量（比例），股份收购又可分为以下三种情况。① 参股收购，即并购企业仅购得目标企业的部分股权。在这种情况下，并购企业通常仅以进入目标企业的董事会为目的。② 控股收购，即并购企业购得目标企业达到控股比例的股权。控股股份在理论上是指持有投票权的股票（普通股）的 51%，但在目标企业规模相当大，且股权比较分散的情况下，往往持有一个较小比例的股权就足以有效地控制整个企业，达到控股的目的。③ 全面收购，即并购企业购得目标企业的全部股份，目标企业成为并购企业的全资子公司。

收购与兼并的区别主要表现如下。

① 在企业兼并中，被兼并企业的整体财产已并入兼并企业；而在企业收购中，除全面收购以外，一般是收购企业通过购买被收购企业的部分股票而实现参股或控股，是部分财产被收购。

② 在企业兼并中，被兼并企业的法人地位已不复存在；而在企业收购中，若是部分财产被收购，则被收购企业的法人地位仍然存在。

③ 在企业兼并中，被兼并企业的资产、债权债务一并转移至兼并企业；而在企业收购中，收购企业仅以所持有被收购企业股份份额承担有限责任，对被收购企业债务不负连带责任。

④ 在企业兼并中，被兼并企业的经营状况已经恶化，甚至已经停产，兼并企业往往对被兼并企业的资产重新进行调整；而在企业收购中，被收购企业一般仍照常运行，只是其经营方向、经营决策要按照新的董事会的决议来执行。

二、兼并与收购的分类

按照不同的划分标准，兼并与收购可分为不同的类型。

（一）按照并购企业与目标企业从事行业的关联程度分类

按照并购企业与目标企业从事行业的关联程度不同，兼并与收购可以分为横向并购、纵向并购和混合并购三种类型。

1. 横向并购

横向并购出现在19世纪后期20世纪初期，是资本主义市场经济生产集中和生产社会化过程中最早出现的一种并购形式，也是全球企业第一次并购浪潮的主要形式。横向并购是指生产同类产品，或生产工艺相近的企业之间的并购，它一般涉及从事同种商业活动的两家企业。横向并购的目的主要是获得更大的市场力量，迅速扩大生产规模，实现规模效益。具体表现在：可以在更大范围内和更高层次上实现专业化分工和协作，采用更先进的技术、设备，提高企业竞争力。

2. 纵向并购

纵向并购在20世纪上半期逐渐成为企业并购的主要形式。纵向并购是指在生产过程或经营环节相互衔接、密切联系的企业之间，或者具有纵向协作关系的企业之间发生的并购，是企业并购其某一种或多种产品和服务的供应商或分销商以及配送渠道的行为。通过纵向并购，企业可以实现整合其他业务、控制价值链上重要环节的目的。纵向并购也分为“向前并购”和“向后并购”。前者指生产原材料的企业通过并购向经营第二次加工阶段的业务扩展，或者一般制造业通过并购向流通领域进行业务扩展。后者指装配或制造企业通过并购向零件或原材料生产等业务扩展。纵向并购的优点除了扩大生产规模、实现规模效益外，主要是可以使生产过程各环节密切配合，加速生产流通，缩短生产周期，减少运输、仓储，节约资源和能源。

3. 混合并购

混合并购是指业务类型不相关的企业间的并购。并购双方既非竞争对手又非现实中或潜在的客户或供应商。混合并购又有三种类型。产品扩张型并购是产品生产技术或工艺相似的企业间的并购，目的是利用本身的技术优势，扩大产品门类，拓宽企业的生产线，这种并购又称为“同心圆式并购”。市场扩张型并购是指在具有相同产品销售市场的企业之间的并购，其目的是利用本身或者目标企业的市场优势，扩大销售额。纯粹混合型并购是指在产品和市场都没有关联的企业间的并购。混合并购的规模一般较大，它不仅兼有横向并购和纵向并购的优点，而且有利于经营多元化和减轻危机对企业的影响，在资金和生产集中达到相当程度后，从20世纪50年代前后开始成为企业并购的主要形式。

（二）按照并购企业对并购的态度分类

按照这个标准，兼并与收购可以分为主动式并购和被动式并购两种类型。

1. 主动式并购

主动式并购是指并购企业在整体发展战略中，由于本行业发展前景有限，积极主动地采取兼并与收购跨入其他产业，寻求另一发展空间。在主动式并购下，并购企业可根据并购的目标，明确订出并购标准，并根据此标准主动寻找几家目标企业，进而个别洽谈兼并与收购的可能性。这些标准与条件一般包括产业差别、规模、财务状况、地理位置、技术水平、市场地位等。目标企业的选择应与并购企业的总体发展战略相符合。

2. 被动式并购

被动式并购是指并购企业由于在短时期内面临某项内部问题或外在威胁，而欲通过兼并与收购来解决问题或解除威胁。如市场需求增加，企业生产能力不足，因而打算并购邻近市场的现有厂房与设备；或竞争者开发出某一新产品，掌握某种新技术，企业自行开发有难度，因而打算并购拥有此项技术的公司等，都可称为被动式并购。在被动式并购下，并购企业并没有进行并购的特别规划，只是偶然了解到某企业欲出售，再根据目标企业与本身的战略是否匹配，决定是否进行兼并与收购。

（三）按照兼并与收购的支付方式分类

按照这个标准，兼并与收购可以分为现金并购、股票并购和混合并购三种类型。

1. 现金并购

现金并购是指并购企业以现金作为支付方式进行的并购。具体来说，可以分成现金购买资产和现金购买股份两种。现金购买资产是指并购企业使用现金一次性或分期购买目标企业部分或全部资产，以实现对目标企业的控制。现金购买股份是指并购企业用现金购买目标企业的部分或全部股票，以实现对目标企业的控制。

2. 股票并购

股票并购是指并购企业以股票作为支付方式进行的并购，有股票购买资产和股票交换股票两种形式。股票购买资产是指并购企业向目标企业发行自己的股票，以获取目标企业的部分或全部资产，实现对目标企业的控制。股票交换股票是指并购企业直接向目标企业的股东发行股票以交换目标企业的部分或全部股票。

3. 混合并购

混合并购是指将现金、股票或者其他支付工具（如认股权证、可转换债券、优先股等）混合在一起作为支付手段进行的并购。目前的并购，一般要支付一定数量的现金给目标公司的股东，然后再辅以其他各种支付手段。

（四）按照并购企业对目标企业进行并购的态度分类

按照这个标准，兼并与收购可以分为善意并购和敌意并购两种类型。

1. 善意并购（friendly merger）

是指并购企业以比较合理的价格，提供较好的条件，与目标企业进行协商，取得理解和配合后进行的兼并与收购。在这种并购下，目标企业的经营者通常会提供必要的资料给并购企业，双方在认可、满意的基础上制定出并购协议。

2. 敌意并购（hostile menger）

是指并购企业事先未与目标企业进行协商而秘密地收购目标企业分散在外的股票，对其形成包围之势，使目标企业不得不接受条件，将企业出售，从而实现产权的转移。在敌意并购下，并购企业通常得不到目标企业的充分资料，而且目标企业还会制造各种壁垒阻挠兼并与收购的实现。

善意并购与敌意并购其实只有一线之隔。并购企业提出条件后，被并购企业如接受条件，即为善意并购。相反，如果被并购企业拒绝接受条件，并购企业只有强行并购，则成为敌意并购。一般认为，在企业并购的各种手段中，如果并购企业绕过目标企业董事会，以高于市场价格的报价直接向目标企业股东购买股票，在市场外收集股权常被视为敌意并购。

三、企业并购的功能

企业每一个战略的实施，都是为了使企业有效地利用所拥有的资源、能力以及核心竞争力去创造价值。企业的并购战略也不例外，它是与企业的战略紧密联系的。不同的企业在决定实施并购战略时通常都是出于对企业总体战略的全盘考虑。企业的战略是一个总体规划，而企业的并购战略则是在总体战略下的一个分战略。从公司战略的角度来看，企业并购战略是实现企业多元化战略的一个重要途径，它可以使企业快速地进入一个产业领域或者获得某种资源和能力。从大公司的成长史来看，企业并购是企业扩大规模、增强市场能力、进入新行业的有效方式。美国的大公司绝大部分是通过某种程度的并购成长起来的，几乎没有一家大公司是主要靠内部扩张成长起来的。企业并购的功能具体表现如下。

（一）实现规模经济

并购对企业效率最明显的作用表现为规模经济效益的取得。企业规模经济效益由工厂规模经济效益和企业规模经济效益两个层次组成。

1. 工厂规模经济效益

工厂规模经济效益的获得表现为两个方面：一是通过横向并购使工厂生产的专业化程度更高，达到最佳经济规模的要求，以降低单位产品的生产成本；二是通过纵向并购有效地解决专业化引起的生产流程分离，将它们纳入同一工厂后，可减少同一生产过程的环节间隔，以降低生产成本和运输成本。

2. 企业规模经济效益

企业规模经济效益的取得表现在以下方面：一是节约管理费用；二是节约销售费用；三是提高技术开发能力；四是获得得财务效益，这种效益的取得，不是由于生产效率的提高而引起的，而是由于税法、会计处理惯例以及证券交易等规定产生的一种纯资金上的收益，如大规模的企业集团筹资和借贷都比较容易；五是优化人力资源，兼并与收购使企业获得高级技术人才和管理人才。此外，通过兼并与收购，企业还能附带取得目标企业的专利和技术秘密，如果能和企业的科研成果相结合，将发挥更大的技术优势，使企业处于更加有利的竞争地位。

（二）实现协同效应

协同是企业创造价值的一种途径，包括战略协同、业务协同以及能力与资源的协同等。为保证这种创造价值的方式发挥作用，企业各下属业务单位之间必须具有足够的相关性。要做到这一点，有时必须进行重组或重新界定公司的业务重点。通过并购获得协同的业务或者资源是实现协同效应的重要途径。

（三）降低市场进入壁垒，实施多元化发展战略

市场进入壁垒是指市场中现有企业的业务活动给试图进入该市场的新公司带来困难或增加其进入成本。进入壁垒主要表现在：经营规模的要求和新进入企业的成本劣势、最低资金要求的壁垒、获得有效可靠销售渠道的壁垒、企业地理位置的劣势等。面对具有较高进入壁垒的市场，对新进入者来说，并购市场中已有的公司迅速进入该市场要比以挑战者的身份进入更有效率。一个行业的市场进入壁垒越高，新进入者采用并购战略进入的可能性就越大。这是因为企业通过并购方式进入一个全新的生产经营领域或市场时，可以比投资新建方式大幅度降低风险与成本，加快进入市场的速度。

四、企业并购的风险

作为资本扩张的重要手段，企业并购在世界产业发展史上掀起了一次又一次的浪潮，至今仍然长盛不衰。从理论上来看，企业并购能够带来诸多优势，如可以发挥经营协同效应，扩大产品市场份额，提高企业竞争能力，有效降低进入新行业的障碍等。在强大的理论支持下，并购成为备受推崇的一种投资行为，世界上出现了愈演愈烈的并购态势，我国也不例外。但从并购的历史数据来看，成功的企业并购并未如人们所期望的那么多，有的企业甚至因不成功的并购而陷入困境。由此可见，企业并购其实是一种风险很高的投资活动。

（一）并购战略风险

并购战略的制定是一个企业进行并购的准备阶段，如果并购战略没有制定好，会危及整个并购过程，甚至关系到整个并购企业的生死存亡。错误的并购策略和收购标准、市场信息的不完整性和不对称性等都会造成并购企业的失误，这些因素使得并购方在对目标公司进行可行性分析时，过高地估计了并购收益，而对企业并购成本估计过低，没有充分认识到并购的整合成本、机会成本，由此造成了收益-成本分析的失误，产生了风险。

（二）目标企业的信息风险

并购方选择并购对象必须对其历史和现状以及资产状况、财务状况、市场状况等方面的情况进行详细的调查和研究。在并购过程中，并购方与目标企业处于信息不对称地位，并购方对目标企业资产价值和赢利能力的判断往往难以做到非常准确，从而使其难以合理的交易成本得到目标企业。具体来讲包括以下内容。

（1）目标企业的合同与法律诉讼风险

合同与法律诉讼风险是指由于并购方无法了解被并购方与他人订立合同的具体情况，尤其是被并购方以信誉或资产为他人设定了担保而没有档案资料反映，只有到了被

并购方要履行担保责任时才会被发现；或由于被并购方没有全面披露正在进行或潜在的诉讼的具体情况，由于诉讼结果无法预料，其结果可能会改变被并购方的资产状况，这些将直接影响并购方的并购价值。也就是说，如果在签订并购合同之前不能将这部分风险考虑在内，在潜在的风险变为现实后将毫无疑问地降低被并购企业的资产，从而影响整个并购活动的价值。

（2）目标企业的财务信息风险

① 财务报表风险。财务报表是并购中进行评估和确定交易价格的重要依据，其真实性对整个并购交易至关重要。虚假的报表美化目标企业的财务、经营状况，甚至把濒临倒闭的企业包装得完美无缺。报表不实主要表现在虚增资产和隐瞒负债方面。

② 资产风险。如果目标企业的账目没有问题，并购方仍然面临目标企业报表所列资产是否属实的风险。实际上，目标企业资产账实是否相符，存货可变现程度有多大，资产评估是否准确可靠，无形资产的权属是否有争议，交割前的资产处置等都有可能使并购方得到的资产大大少于账面价值，同时并购资产质量的不确定性，也会影响并购方对其的利用，给并购方带来风险。

（三）法律制度风险

并购过程的法律制度风险对于并购方来说非常重要：并购方如果违反法律并且被追究法律责任，则造成的经济损失及其社会影响，远远超过并购方在并购活动实施后所能获取的商业利润与企业形象。因此并购计划法律部分的内容及其重要性，已越来越被并购方所重视。

并购方的法律责任主要是两大方面。一是并购方面的若干法律规定，如并购程序中的数额限制、公告义务、关联机构的直接间接并购行为、连续购买的时间限制、收购要约的规范、收购价格等。一旦违反这些规定，不仅可能受到行政处罚，还可能导致该并购无效，甚至承担各种民事赔偿责任，并陷入旷日持久的诉讼，不但因此浪费了时间与资金，更影响了并购企业的形象。二是市场管理方面的若干法律规定，如在运作过程中有无违反信息披露制度，实施误导行为；有无参与联手造市获取市场差价；有无利用内幕消息进行交易；等等，一旦违反这些管理规定，轻者要被警告、没收非法所得或罚款等，重者还要额外承担民事赔偿乃至被追究刑事责任。

（四）政府行政干预风险

根据我国的实际状况，在并购中政府的适度参与有助于加快并购速度，降低交易成本。但是政府的过度介入极易导致市场机制的严重扭曲和并购效益低下，给并购活动带来巨大的风险。政府对企业并购行为的行政干预使企业并购不是完全按照市场原则去操作，而是受权力信号所引导。特别是在地方保护主义严重的区域，政府的行政干预很可能使一个成功的并购行为趋于失败。因此，在进行并购活动时，特别是跨国并购活动时，一定要考虑当地政府对企业并购行为的反应，从而规避政府行政干预风险。

（五）并购欺诈风险

由于并购法律不健全、并购操作不规范，一些不法之徒趁机欺诈牟利。在司法实践中，以企业并购之名行骗的方式有：以分期付款为条件，先签订并购协议，办理资产的产权转移手续，然后再将资产抵押获得贷款，而后拒不支付余款，甚至远走高飞，致使被并购方债权悬空，这是并购方惯用的欺骗伎俩之一。有个别企业本已负债累累，资不抵债，但经过一番乔装打扮，使其俨然变为实力雄厚、前景辉煌的企业。它们利用企业急欲寻找并购走出困境的心理进行收购而攫取其资产。

（六）反并购风险

从被并购方来看，企业被并购意味着控制权的丧失，收益权的缩小，被并购企业的管理者可能会强烈抵抗。即使并购方为此付出的代价非常高，他们也不会放弃这种抵抗，这可能使得并购无法进行，或者并购的成本猛升甚至并购完成后根本无法获得目标公司的实际控制权。

（七）财务风险

在并购过程中，财务风险一般有以下两种。

（1）融资风险

并购的融资风险主要是指能否按时足额地筹集到资金，保证并购顺利进行。如何利用企业内部和外部的资金渠道在短期内筹集到所需的资金，是并购活动能否成功的关键。

（2）流动性风险

指企业并购完成后由于债务负担过重，缺乏短期融资，导致支付困难的可能性。流动性风险在采用现金支付方式的并购企业表现尤为突出。

财务风险在企业并购风险中处于非常重要的地位，小到支付困难，大到企业破产，都和财务安排不当有关。企业并购中较高的债务结构往往使并购方债务负担沉重，导致其在并购“成功”完成后，却由于没有相应的收益来支付本息而破产。所以企业在并购时，一定要考虑自身的财务能力。

（八）并购后的整合风险

整合既包括生产要素的重新组合，也包括企业管理机制、企业文化、人力资源的融合。

① 被并购企业的原有人员可能对并购方进行抵制。比如并购方派驻的人员无法进入被并购方企业的核心层，或者即便是进入了核心层也无法起决定作用。

② 被并购企业的生产要素常是一些不良的生产要素，如果并购企业不能进行成功的资产重整、合理有效地加以运用，常会使并购企业遭受被并购企业不良资产负债的拖累，从而无法取得规模经济效应、财务协同效应和资源共享效应。

由于不同企业的管理机制和企业文化有一定的稳定性、独立性和差异性，常存在企业间管理机制和企业文化难以相融、互相冲突的现象，致使并购完成后企业运行效率低下，难以取得预期效果。另外，完成并购的企业为了适应新的运行机制需要，往往需对原企业签订的劳动合同进行清理、规范、变更或重新签订，对员工的安置问题一定要充分考虑，否则会导致很严重的社会震荡，影响并购效果。

五、西方国家并购概况

企业并购作为市场经济的伴生物，是随着市场经济的产生而产生，随着市场经济的发展而发展的。19 世纪末至今，西方企业已经经历了五次大规模的并购浪潮，并购对世界经济的发展作出了巨大贡献，其中并购活动最活跃的国家当属美国。五次全球并购浪潮在发展过程中也呈现出不同的特征。

（一）第一次并购浪潮

第一次并购浪潮发生在 18 世纪与 19 世纪之交。当时，西方国家科学技术突飞猛进的发展促进了生产力发展、生产社会化程度的提高。企业对资本的要求极为强烈，企业并购应运而生。这次并购浪潮的特点是：

① 以减少同行业间竞争程度为目的的横向兼并为主；

② 并购主要发生在制造业和加工业；

③ 追求垄断力、规模经济以及企业的利润，是并购重要的动因；

④ 金融业起了重要的中介作用。

（二）第二次并购浪潮

20 世纪 20 年代，是资本主义国家经济的相对稳定增长期。科学理论上的突破产生了新的工业技术，导致汽车工业、化学工业、电子工业、化纤工业等一系列新行业的产生。这些行业的产生促进了社会产业结构的调整，使工业从以轻工业为主转向以重工业为主的结构。这些大工业的发展需要大量资本补充，要求资本进一步集中，导致了第二次并购浪潮的发生。这次并购浪潮的主要特点是：

① 投资银行起了主要作用；

② 以纵向兼并形式为主；

③ 并购管理技术和并购形式的改进，大大提高了并购的成功率。

（三）第三次并购浪潮

第二次世界大战后，随着第三次科技变革的兴起，一系列新兴科技如微电子、新材料、新能源、宇航、激光等的应用，推动着生产力的迅猛发展。这次并购浪潮的主要特点如下。

① 部门集中垄断程度进一步扩大。1970 年美国资本在 10 亿美元以上的公司占有的总资产占全国制造业资产总额的比重达到 48%，利润额达 53%。

② 以跨行业、跨部门的混合并购为主，企业通过采取多样化战略进入以前未曾涉足的活动领域从而降低企业的风险，如航天航空业、汽车配件业、铁路设备业、纺织

业、烟草业等行业。

(四) 第四次并购浪潮

20 世纪 80 年代中期至 80 年代末，以信息技术为中心的新技术革命在美国发生，信息技术的运用对经济产生了重要影响。为适应新的市场竞争，围绕掌握先进的科学技术，不断向市场提供新产品和新业务而展开的各类竞争，直接导致了并购的发生。这次并购浪潮主要集中在商业、投资银行业、金融业、保险业、批发业、零售业等服务行业，兼并资产达到了空前的规模。这次并购浪潮的主要特点如下。

① 金融机构积极介入企业并购，金融工具不断创新。

② 并购资产规模空前，单项企业并购规模巨大，10 亿美元以上的企业并购层出不穷。

③ 杠杆收购是这次并购浪潮中的主要手段。

(五) 第五次并购浪潮

从 20 世纪最后 10 年开始，西方国家的企业并购又掀起了一个新的高潮。在这十几年中，光美国国内企业并购交易总额就达到了 6.5 万亿美元，超过前十年（20 世纪 80 年代）并购交易总额的 4 倍。这次并购浪潮的主要特征如下。

① 并购以获取新市场、新技术和人才为目的。

② 越是发展迅速的行业，并购的规模越大，频率越高。

③ 并购着眼于信息革命和开拓网上市场。

④ 跨国并购成为一种趋势。

第二节 企业并购的程序及实施

西方产业发展史上，兼并、收购活动早已出现，并逐步形成了一套较规范的操作程序。并购在中国是最近十几年开展起来的，并购的途径、程序、文件制作等尚在摸索当中，与并购有关的法律、法规还相当不健全。鉴于此，本节先介绍西方国家一些相关的并购操作程序，同时也介绍中国目前并购的操作程序。

一、企业并购的一般程序

一般程序主要是非上市企业之间并购时采用的，具体步骤如下。

(一) 准备工作

西方企业在并购前一般都要做好以下几方面的工作。

① 聘请财务公司、律师和会计师等成立并购小组，共同策划并购事宜。

② 确定目标公司并与之初步协商，以了解被并购公司有关资料。

③ 调查。调查的内容主要包括：一是审查目标企业出售的动机，有助于并购方制

定谈判策略，确定并购价格；二是法律方面的调查，主要包括国家对产业的一些相关规定、标准、目标企业的章程、合同契约等；三是业务方面的调查，主要了解目标企业业务发展的潜力、能为本公司带来哪些利益等；四是财务调查。

（二）并购的合同安排

1. 并购双方形成并购决议

当并购是吸收并购时，并购决议必须载明以下内容：

① 并购双方的公司名称，谁消失、谁存续，存续公司的名称；

② 并购的条款和条件，把消失公司的股份转换为存续公司或任何其他公司的股份、债务或者其他证券，或者全部或部分地转换为现金或者其他财产的方式和基础；

③ 由于并购而引起存续公司的公司章程的任何更改的声明；

④ 选择何种并购途径；

⑤ 有关并购所必需的或适合的其他条件。

当并购是新设合同时，并购决议必须载明以下内容：

① 合并双方的公司名称，新设公司的公司名称；

② 合并的条款和条件；

③ 把原公司的股份转换成新设公司的股份、债务或者其他证券，或者全部或部分地转换为现金或者其他财产的方式和基础；

④ 新设公司的公司章程和其他条款；

⑤ 对于合并所必需的或合适的其他条款。

2. 并购决议的批准

美国大多数州法律规定，并购不需要得到目标公司或者其股东的一致同意。有限公司的并购决议，需有表决权的股东的四分之三以上通过方为有效。

（三）并购各方签订并购合同

西方企业的并购交易一般都有一个并购合同或契约。此合同需经过各方董事会和股东大会的批准，一般将载明如下事项。

1. 吸收并购合同内容

① 存续公司增加股份总数、种类和数量；

② 存续公司对消失公司的股东如何分配新股的规定；

③ 存续公司应增加的资本额和公积金的规定；

④ 存续公司应支付现金给消失公司的股东的具体规定；

⑤ 合并各方召开股东大会批准该合同的时间；

⑥ 进行并购的具体时间。

2. 新设合并合同内容

① 新设公司发行股票的种类和数量；

② 新设公司的总部所在地；

③ 新设公司的资本额和公积金的规定；

④ 合并各方召开股东大会批准该合同的时间及新设公司的成立时间。

（四）并购合同签订后的事项

并购合同一经股东大会批准，应在规定时间内到政府有关部门登记。同时，存续公司应当进行变更登记，新设公司应进行设立登记，被解散的公司应当进行解散登记。只有在政府有关部门登记注册后，并购才正式生效。并购一经管理机构登记，因并购合同而解散或消失的公司的一切资产和债务，一概由存续公司或新设公司承担。

二、企业并购的实施策略

企业并购活动要想成功实施，需要在以下三个方面采取适当的策略。

（一）并购战略的制定

并购战略制定的好坏直接关系到整个并购过程的成败，因此，在制定企业并购战略时，需要考虑三个因素，依其重要性大小排列如下。

① 安全性。即通过考察目标公司的生产经营活动来衡量投资的安全性。

② 产业发展前景。即考虑目标公司所在产业的发展前景和产生协同作用的可能性。

③ 公司发展前景。即考虑目标公司的发展前景。

并购方应该以上述三个因素为框架提出一系列问题，并给予相应的权数，然后给上述三个因素评分。

（二）目标企业的信息调查

要保证并购的成功，必须对目标企业进行必要的调查，以便确定该项并购业务是否恰当，从而减少并购可能带来的风险。

一般来说，并购调查主要应包括目标企业的营运状况、规章制度及有关契约、财务状况等。

1. 对目标企业营运状况的调查

对目标企业营运状况的调查，主要依据并购方的动机和策略的需要，调查并衡量目标企业是否符合并购的标准。

如果并购方想利用目标企业的现有营销渠道来扩展市场，则应了解其现有的营销组织及网络、主要客户及分布状况、客户的满意程度和购买力、主要竞争对手的市场占有率等状况；在产品方面则应了解产品质量、产品竞争力大小、新产品开发能力等状况；还要查明并购后原有的供应商及主要客户是否会流失。

如果并购的目的是想利用目标企业现有的生产设备及其他生产设施，则应注意了解这些生产设施是目标企业自己的还是租赁的、其账面价值和重置价值、目前的使用情况、是否有其他用途等，还可以将自己设立同类工厂与并购现有企业相比较，看一看在资金上、时间上的损失有多大，能够从并购对象那里得到哪些由自己设立同类工厂所得不到的好处。

2. 对目标企业的规章制度、有关契约及法律方面的调查

这部分调查主要包括以下一些内容。

① 必须调查目标企业公司章程中的各项条款，尤其是重要的决定。如合并或资产出售须经百分之几以上股权的同意才能进行的规定，要予以充分注意，以避免并购过程中受到阻碍。

② 应对目标企业的主要财务清单进行审查，了解其所有权归属、使用价格及重置价格，并了解其对外投资情况及企业财产投保范围。

③ 应对目标企业的全部对外书面契约进行审查，如租赁、代理、借贷、技术授权等重要契约。

④ 应对目标企业过去所涉及的诉讼案件加以了解，弄清这些诉讼案件是否会影响到目前和将来的利益。

3. 对目标企业财务和会计问题的调查

对目标企业财务和会计问题的调查，可以聘请会计事务所协助完成。调查的目的在于确定目标企业所提供的财务报表是否准确地反映了该企业的真实状况。若发现报表有误，则应要求目标企业对财务报表做必要的调整。通过这一调查还可以发现目标企业的一些未披露的情况，如通过目标企业的律师费支出，可能发现未曾披露的法律诉讼案件。

4. 目标企业未来收益预测

在调查的基础上，有必要对公司的未来（特别是企业的未来收益）进行预测。

（三）融资方式的选择

企业在进行并购的时候，要选择恰当的融资渠道和融资方式。

1. 常用融资方式

根据资金的来源可分为内部融资和外部融资。

① 内部融资方式

这部分资金包括：自有资金、未使用或未分配的专项基金、企业应付税利和利息。

② 外部融资方式

这部分融资包括以下内容。

① 债务融资。一是优先债务融资（senior debt），是指在受偿顺序上享有优先权的债务，在并购融资中主要是由商业银行等金融机构提供的并购贷款。二是从属债务融资（subordinated debt），一般不像优先债务那样具有抵押担保，并且受偿顺序也位于优先债务之后。从属债务融资按照受偿的保障程度又包括过渡贷款（或称桥式贷款）和从属债券等，而从属债券又包括企业债券、垃圾债券等。

② 权益融资。在西方企业并购中最常用的权益融资方式即股票融资。一是普通股

融资。普通股对于能发行股票的企业来说是其资本结构中最主要、最基本的股份，同时也是风险最大的一种股份。普通股融资的特点是其投资收益不是在购买时约定，而是事后根据股票发行企业的经营业绩来确定。持有普通股的股东，享有参与经营权、收益分配权、资产分配权、优先购股权和股份转让权等。二是优先股融资。优先股又称特别股，是企业专为某些获得优先特权的投资者设计的一种股票。它的主要特点是：一般预先定明股息收益率；优先股股东一般无选举权和投票权；优先股有优先索偿权，能优先领取股息，优先分配剩余资产。

③ 混合融资工具。一是可转换证券。可转换证券分为可转换债券和可转换优先股两种。由于可转换证券发行之初可为投资者提供固定报酬，这等于投资于单纯企业债券或优先股；当企业资本报酬率上升、企业普通股收益上升时，投资者又获得了自由转换为普通股的权利。二是认股权证。所谓认股权证是由企业发行的长期选择权证，它允许持有人按照某一特定价格买进既定数量的股票，通常是随企业的长期债券一起发行。就其实质而言，认股权证和可转换债券有某些相似之处。

2. 特殊融资方式

（1）杠杆收购融资（leverage buy-out，LBO）

这是指通过增加并购方的财务杠杆完成并购交易的一种并购方式。这种并购方式的实质是并购企业主要以借债方式购买目标企业的产权，继而以被收购企业的资产或现金流来偿还债务。杠杆收购通过精心的财务结构设计，使企业并购中的资本投资可以降低到收购价格的5%或5%以下。也就是说，杠杆收购中的债务融资可以高达交易成本的95%。

（2）卖方融资（seller financing）

企业并购中一般都是买方融资，但当买方没有条件从贷款机构获得抵押贷款时，或市场利率太高，买方不愿意按照市场利率获得贷款时，卖方为了出售资产也可能愿意以低于市场利率的条件为买方提供所需资金。买方在完全付清贷款以后才能得到该资产的全部产权，如果买方无力支付贷款，则卖方可以收回该资产。

总之，企业在为并购活动进行融资时，最重要的是按照各类融资的特征正确选择适合自己的融资方式。

三、反并购的防范策略

进行并购，通常意味着一个法人的消亡，一个公司的终结。上至被并购公司的总经理，下至普通员工都会对与自己切身利益息息相关的问题非常关注，如：我是否失业，我的薪金是否受影响，我的新老板是谁等。由于前景的不明朗，对自身利益的危机感，以及由此产生的不信任感，是被并购企业产生敌意的根本原因，也是反并购的根本原因。如何化解被并购方的敌意，进而化解反并购风险呢？具体有如下方法。

① 有针对性地向被并购方宣传并购完成后新公司的有关政策，并购方要就被并购

方关注的事项，向其介绍并购完成后新公司的各种有关政策，如新公司的生产、营销、管理、财务等方面的策略；新公司对被并购公司员工的留用及其薪酬福利政策等。宣传这些政策可以稳定目标企业的人心，减少被并购方因对未来的不确定而产生的危机感和对并购企业的不信任感。

② 向被并购企业介绍已被公司并购的其他企业状况。通过向被并购企业介绍已被公司并购的其他企业状况，被并购企业可以预期并购完成后的情况，从而大大增加对并购企业的信任感。

③ 邀请被并购方参观本企业。通过邀请被并购方参观本企业，一方面可以增进被并购方对并购企业的了解，拉近目标企业与并购企业的距离；另一方面可以显示出并购企业对并购的诚意，从而使被并购方对并购方产生信任感。

第三节　并购后整合策略

并购是企业为了实现长期发展目标，追求利润最大化而采取的向外扩张行为。因此，并购方取得被并购企业的控制权只是实现了并购目标的第一步。并购后如何整合被并购企业，使被并购企业尽快地运营起来或使其在经营中与并购方协调起来是每个并购企业面临的问题。通过并购后过渡与整合阶段的管理获得最大利润，这才是企业并购所追求的目标。许多企业并购的研究结果表明，如果整合不顺利，或阻力很大，也可能使整个并购归于失败。为此，我们可以引入项目管理的方法，将并购后的整合阶段当作一个特别的项目来对待，并专门设计一个整合项目管理的组织结构。

一、整合项目管理

对于整合项目管理者来说，一种有效且实用的组织结构包含三个层次。

① 指导委员会（steering committee）：一般由2~4人组成，全部是高层管理人士或资深战略专家。指导委员会的工作重点是给整合工作提供战略与政策方面的指导，保证整合的目标与并购的目的相一致。其成员并不将全部时间都用于整合工作，所以应当定期开会，以审批整合计划和检查进展情况。

② 并购管理小组（merger team）：并购管理小组是真正负责推动整合工作向前发展，并保证以专业化的方式进行有效项目管理的部门，由3~5名专职人员组成，其主要甚至全部时间都投入到整合项目的管理工作中，以保持管理工作的整体性和连续性。这个小组应有一名高级管理人员作为整合项目的领导人，对项目的进展负总责。从总体上讲，并购管理小组的宗旨是：为使整合工作按照既定的日程向前发展提供指导，进行日常决策，并且建立根据预期成果对执行情况进行衡量的框架，以此进行监督与敦促。

③ 职能工作小组（task-force team）：这是若干个不同的职能小组，通常为3~5人，

任务是解决并购整合工作中的一些需要注意的具体问题。有的小组可能专门解决某些资源问题，如财务、人力、信息技术等方面的问题；有的可能解决某些经营中的作业问题，如某一经营单位、生产线或地区业务方面的问题。

各职能工作小组执行并购管理小组的指令，并向其负责；并购管理小组对指导委员会负责。在整合项目领导人的日常指导下，并购管理小组负责协调各职能工作小组提出的对策建议，并付诸实施。

二、企业并购后整合的任务

并购后整合的任务就是要通过对并购后企业之间的资源、能力等方面的整合，实现协同效应。协同是公司整体价值大于公司各独立组成部分价值的简单总和，是为了实现有形利益和无形利益的潜在机会以及这种潜在机会与公司能力之间的匹配关系。一个公司通过收购另一家公司，应使得公司的整体业绩好于两个公司原来业绩的总和。并购后整合的协同效应具体表现在以下几方面。

① 投资协同，即在投资方面进行资源共享。

② 组织协同，其目标是在整合阶段形成有序统一的组织机构、规章制度体系，以尽快实现企业的稳定运营。

③ 管理协同，即管理者在战略、组织及运营等方面针对新收购企业进行协调。

④ 运营协同。这种效应主要源自对人员和设备更充分的使用、对日常管理费用的分摊、学习发展周期的同步性以及大批量采购等方面。

⑤ 销售协同。当使用相同的销售渠道、营销队伍或仓储方式时，就有可能实现销售协同。如果一个产品系列中的各种产品彼此相关，公司就有机会进行联合销售，销售队伍的生产效率也就可以得到提高。共同的广告宣传、产品促销活动，都可以使每一单位的投入产生更多的回报。

⑥ 财务协同。主要任务是提供充足的资金以实现企业内的调整目标，建立起支持并购后企业不断发展的财务能力，进而使企业长期保持良好的财务状况。

三、战略整合模式

战略整合的根本目标是保护企业的核心竞争力、保证企业的长远发展，其任务是在新的外部环境和内部条件下制定企业战略。这并不意味着对原有战略的否定，而是一种调整。也就是在追求长期发展的前提下，客观地评价企业内部的优势和劣势以及外部的机遇和挑战，对企业现有业务进行战略上的重新组合，对企业资源做战略性的调整和分配。根据并购企业双方之间战略资源、能力相互依赖性的高低以及被并购企业自治程度的高低，可以把并购后整合战略分为保留型、共生型、控股型、吸收型等四种类型，见图 9-1。

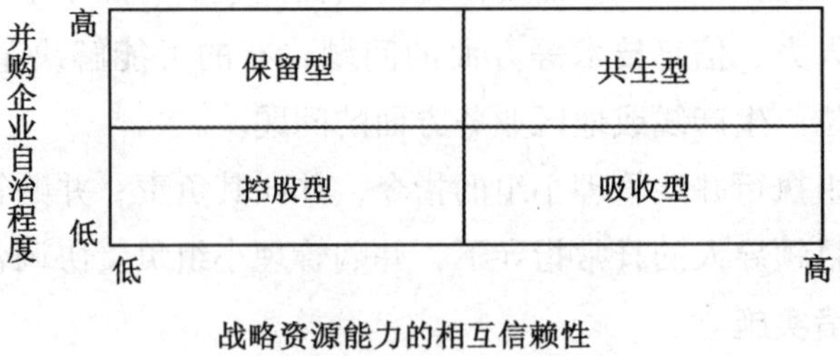

图 9-1　企业并购后整合的四种战略

（一）保留型整合战略

保留型整合战略是指并购企业通过有限的干预来培养被并购企业的能力，被并购企业在战略、经营上有很大的自治权力。在这种整合战略中，并购双方之间转移的往往是一般的管理技能。

（二）共生型整合战略

共生型整合战略是指并购企业双方之间在资源、能力方面存在很大的互补性和信赖性。在并购活动发生后，两个企业的边界将被打破，但是会保留各方的核心竞争力。这一整合过程中，在企业间转移和扩散的主要是一些功能性的资源，如产品设计、技术研发等，而不涉及经营性资源，如销售、品牌、营销等的转移。

（三）吸收型整合战略

吸收型整合战略要求两个企业达到完美的融合，真正成为一个统一的整体，所以在战略整合上就涉及各个方面，对各种资源进行统一规划与调配。

（四）控股型整合战略

在控股型整合战略中，虽然被并购企业因被控股而失去很大的自主权，但是在并购双方之间的战略依赖性不一定高，企业并购的目的可能不是通过并购来增强核心优势，而是通过控股来获得利润或降低整体经营风险。因而，控股型整合战略的整合程度往往比较低。

四、并购整合的内容

企业并购整合的内容主要有以下几方面。

（一）调整产业结构和经营结构，培育企业核心竞争力

根据迈克尔·波特的竞争战略理论，产业结构是决定企业赢利能力的关键因素，企业可以通过选择和执行一定的竞争战略（总成本领先、产品差异化）影响产业结构，改善和加强企业的相对市场地位，获得竞争优势。被并购方多是产业结构不合理、经营不善的公司，并购后首先在对目标企业拥有的各项资源进行科学的评估的基础上在符合国家产业政策和整个企业发展战略的前提下，进行市场定位和细分、产业结构调整和改善，使整个企业中各个业务单位之间形成一个相互联系、互相配合的战略体系，从而达

到企业并购的最终目的。经营结构调整指在对目标公司进行战略整合的基础上进行的具体业务整合。通过对企业的价值链进行研究，明确哪些优势会进一步得到维持或者加以改善，在优势战略环节进行整合，以提高企业整体的赢利能力和核心竞争力。

（二）进行企业经营机制的转换，完善法人治理结构

公司治理结构从经济学角度看是一套制度安排，它用以支配在企业中有重大利益关系的团体投资者（股东和贷款人）、经理人员、职工之间的关系。有效的公司治理目标，从微观看是实现股东价值的最大化，从而实现代理人及利益相关者的利益；从宏观看则是维持社会经济的健康运行和促进生产力的发展。公司治理结构决定了企业的管理和运作模式。资产整合成功与否，很大程度上取决于公司治理结构的整合结果。公司治理结构的整合是否符合本公司的实际情况也决定了并购后整个公司的生存与发展。

（三）整合组织文化

一个组织的文化，包括集体价值观、信仰、行为规范、理想等。这是激励人们产生效率和动力的源泉。企业文化的形成是慢慢积累起来的，但在兼并时是作为一个整体被接收，而合并起来的公司可能会有截然不同的信息决策程序和激励机制，并购公司与目标公司只有在企业文化上达到有效融合，才意味着双方真正地融合，并购后整个企业才能真正协调运作。

表 9-1 列举了四种不同类型的企业文化，不同组织文化的企业之间的整合存在着整合风险。表 9-2 说明了不同企业文化之间融合的情况。

表 9-1　组织文化类型

类型	主要特征
力量	基本上是独裁者，对挑战者进行压制，强调个人决策比组织决策更重要
角色	管僚的和等级森严的，强调正式规则和程序，重视迅速、有效和标准的消费者服务
任务	强调团队精神，任务决定工作的组织，具有灵活性和自主性，需要创造性的氛围
个人	强调平等，重视个体成员个性的培养

表 9-2　在文化融合基础上的公司并购

并购者的文化	被并购者的文化		
	美满的	有问题的	灾难的
力量	—	力量、角色	任务、个人
角色	力量、角色	任务	个人
任务	力量、角色、任务	个人	—
个人	所有类型	—	—

第四节 战略联盟

一、战略联盟的概念

战略联盟（strategic alliance）的概念最早是由美国DEC公司总裁霍普兰德和管理学家内格尔在20世纪90年代提出的，随即在理论界和商业界得到普遍赞同。战略联盟的称谓目前还不统一，有人称作企业联盟、虚拟企业、战略同盟、企业联合或战略合作，还有人称作关联企业、策略联盟、战略营销联盟等。

战略联盟的定义目前还有很大的分歧。目前最具有代表性的有两种观点。

一种观点认为，战略联盟是由实力强大的、平时是竞争对手的公司组成的企业或伙伴关系，是竞争性联盟。该观点强调战略联盟是规模实力相当的竞争公司之间的合作。

另一种观点如波特认为，联盟是超越了正常的市场交易但并非直接合并的长期协议。它的一般做法是通过与一家独立的企业签订协议来进行价值活动（如供应协定）或与一家独立的企业合作共同开展一些活动（如营销方面的活动）。我国经济学家张维迎教授同样认为，企业联盟是企业间在研发、生产、销售等方面相对稳定、长期的契约关系。这种观点强调战略联盟是一种长期的契约关系。

综合以上观点，本书把战略联盟定义为：战略联盟是指两个或两个以上具有一定优势的企业为实现自己在某个时期的战略目标，在保持自身独立性的同时，通过股权参与或合作协议方式结成长期的、动态的联合体，以达到资源互补、风险共担、利益共享的目的。这个定义包含四个内容。

① 战略联盟是具有一定优势的企业之间的合作，这种合作包括互补性公司之间的合作、实力相当公司间的合作，没有任何竞争优势的公司是没有公司与之合作的。

② 战略联盟是为了实现某种战略目的，公司之间日常交往中的互助协作和其他形式的企业或组织间非正式的合作不是战略联盟，战略联盟必须是联盟双方站在公司整体战略的高度，审视公司及伙伴现在及未来的发展，而达成的具有战略意义的联盟。

③ 战略联盟是一种长期的合作，短则3~5年，长则几十年，几个月就结束的合作不是战略联盟。

④ 战略联盟是一个动态的联合体，它不同于一体化的企业联合体，各个合作的公司仍是独立的、具备法人资格的经营实体；也不同于组织与组织之间的市场交易关系，而是在相互信任、资源共享、优势互补的基础上结成的一种平等关系，是一种较为动态的组织形式。

二、战略联盟的特征

（一）经营协同性

战略联盟是企业出于战略目的而采取的一种长期合作形式，是合作各企业为获得竞争优势而采取的一种战略性举措，是对企业未来竞争环境的长期谋划。联合行为也注重从战略的高度改善联盟共有的经营环境和经营条件，其最大的着眼点是在经营活动中积极地利用外部经济资源。战略联盟必须是企业站在战略性的、整体的和长远的发展高度，与合作伙伴达成的具有战略意义的长期合作形式。实践也证明，通过战略联盟，可以聚集各方的优势和资源，避免重复开发研究，加快研发速度，降低开发风险，打开新市场，从而使各方的竞争力迅速增强，实现战略性的胜利。

（二）平等合作性

联盟各方地位平等、实力相当，经济上互惠互利，合作关系才会和谐一致，双方才会相互信赖、相互依存、相互承诺，才有可能建立长期稳固的关系。若合作各方地位悬殊，实力差别过大，它们就不能相互提供发展所需的技能，因而导致难以增强竞争力，所以强弱联盟很少成功。联盟各方互惠互利也是成功的关键，若一方总想从对方获得较多利益，自己不想付出，这种联盟也不会长久，所以从一开始，联盟各方就要认识到，为了最终各方都获利，在必要的时候要做出一些让步。

（三）边界模糊性

企业战略联盟不具备独立的法人资格，也不像卡特尔、康采恩等传统的企业联合体具有明确的边界。战略联盟是多个企业为了某种共同利益而结合在一起的战略共同体，合作者既可能是供销关系，也可能是竞争对手关系，甚至没有任何关系，但为了某个共同的目的，也都有可能合作。在联盟中，一个企业既通过市场机制配置资源，又通过联盟协议利用合作企业的资源，一种产品从研究开发到生产销售，均可打破企业界限，使一个企业能将属于其他企业的资源纳入自我发展的轨道，仿佛这些企业就是一个整体，资源配置不受空间的约束，联盟内企业之间边界非常模糊。

（四）灵活性

战略联盟以共同占领市场、合作开发技术为基本目标，其所建立的不一定是独立的公司实体，联盟成员间的关系也并不正式。如果机会来临，各成员就联合起来作战；一旦机会丧失，各成员又为了各自的目标与其他企业结成新的联盟。因此，战略联盟本身是一个动态的、开放的系统。无论合作各方是建立合资企业，还是签订合作协议，联盟成员的合作关系都仅限于某一个或某几个特定领域。在这个领域内大家是合作关系，在此之外的领域仍保持经营上的独立性，甚至是竞争对手。战略联盟是一种灵活的、不断发展的关系，存续时间有长有短，参与者可以灵活地变动，主要看合作的性质与合作的好坏而定。由于战略联盟是以协议方式组成的，与并购或内部投资新建相比，所需时间较短，组建过程相对简单，同时也不需要大量的投资。现代信息技术和通信手段的发展使得沟通更加便利，即使相距遥远的企业也能通过先进的通信手段迅速达成各种合作关系，使参与者都能共享设计、生产以及营销的相关信息，产生单个企业无法达到的竞争优势和效果。

三、战略联盟动因分析

企业进行战略联盟的动因主要包括以下几点。

（一）减少风险

合作企业可以通过下列方法减少一方或双方的风险：同合作伙伴共同分担风险、产品组合多元化、更快进入市场和获取收益、减少投资成本等。联盟的风险分担功能对高科技行业特别重要。在这些行业，开发新一代技术的成本越来越大，而产品的周期却越来越短，分摊成本的时间越来越少。通过与当地企业合作，还可能减少政治风险。当地公司可能有足够的影响力使合资企业免受当地政府的干预，或者合资企业本身就是政府产业政策的结果。在后一种情况下，由于政府认为合资企业有助于当地经济的发展而支持它，从而使政治风险进一步降低。

（二）获取规模经济和生产合理化

如果在不同地方生产某些零部件存在成本差异，那么，公司通过联盟的方式将生产集中到成本最低的地方进行，就可以降低成本。此外，一个产业可能存在过度的生产能力，尤其是在成熟的产业里，这时公司需要产业重组，比较可行的重组手段是组建合资企业。通过合资企业合理调整双方生产，可减少生产总量，克服较高的退出障碍。

（三）交换互补性技术和专利

合资企业、伙伴关系和许可证转让等方法可使双方共享彼此的互补性技术。如医药和生物技术领域的一些联盟就是因此而建立的。每个伙伴贡献其有优势的一门技术，通过共享技术和专利生产出更好的产品。此外，如果一方把部分完成的技术交给另一家企业，让该企业进一步开发，开发成果在合资企业中共享，往往可以加快产品上市的时间和克服技术、资金的不足。这是大企业和小企业合作的典型模式。

（四）增强同价值链上的互补性伙伴的联系

半纵向一体化是生产商同销售商或生产商同供应商的联盟。这种联盟彼此交换的是互补性资源而不是同类的资源。生产商同供应商的联盟可使生产商得到稳定的原材料供应，供应商得到稳定的市场。而销售型联盟的潜在好处包括迅速得到现有的推销设施，加强同关键买主的联系，获得有关当地市场和文化的知识，利用对方的著名品牌，等等。

四、战略联盟的分类

（一）按照合作的领域分类

按照合作的领域可以划分为生产型战略联盟（生产联盟）、市场型战略联盟（市场联盟）和知识型战略联盟（知识联盟）。

生产联盟是指通过生产联盟协议，企业共同生产制造某种产品，以实现单个企业无法达到的规模经济。其核心是每个企业都发挥自己的生产优势。各联盟生产企业的组织结构、资产和管理并不发生变化，仅仅通过协议来规定合作项目、完成的时间等问题。具体形式主要有“分包制”企业联盟、业务外包、特许生产经营联盟和合作生产联盟。英、德、法、西班牙四国将各自的国有航空制造企业生产优势结合组建“空中客车”，成立战略联盟，由德国企业生产机身，英国企业生产机翼，西班牙企业生产尾翼，然后在法国组装，从而壮大了欧洲民用航空制造业的实力。

市场联盟是指企业合作的基础和目的是为了扩大自己的产品市场，其核心是市场占有率。企业必须根据消费者的偏好进行营销策划，以提高销售量。由于各国甚至各地区市场保护政策以及风俗文化的不同，要想进入一个市场障碍重重，市场联盟就为突破这些障碍提供了一个捷径。市场联盟通过对各企业占有市场的研究与预测，分析各市场动态，对联盟企业营销网络进行管理，充分利用合作企业的营销渠道，扩大了市场范围。具体形式主要有营销联盟、连锁经营、价格联盟等。

知识联盟是随着知识的作用越来越重要而逐渐兴起的。由于知识产生的巨大生产力是其他因素无法比拟的，知识联盟日益成为企业联盟中的主要形式，它比产品联盟有更大的战略潜能。知识联盟的含义是指合作的企业以知识为纽带，包含知识传递、知识共享、知识整合及知识管理等多维互动过程在内的跨学科、跨部门、跨区域的合作创新组织形式。联盟企业共同研究开发新技术，把共同的新技术推向市场，或共同设计、生产新产品。知识联盟最重要的特征就是在合作中知识、技术因素是一切活动的出发点及核心，即引起联盟的产生及合作的核心都是知识和技术因素。这里的知识包括信息、技术、专利、技能等对企业生产活动产生巨大影响的各种智力因素。技术因素主要指企业的核心技术、技术积累、技术创新和技术引进、吸收、消化、改进能力等。在联盟中，企业考虑的是如何有效地进行技术开发和创新，如何聚集各企业的核心技术以提高各企业技术开发能力和水平，如何推出一代又一代档次更高、质量更好的新产品。在技术进步日新月异、市场竞争日趋激烈的形势下，以技术创新为核心的知识联盟成为企业取胜的有力武器。

（二）按照合作对象分类

企业战略联盟潜在的合作对象主要有两类：一类是纵向的合作对象，即买方和卖方的联盟，这类联盟可以稳定市场供求关系，减少交易成本；另一类是横向的合作对象，包括与竞争对手、政府部门、科研机构和配套产品生产商等的合作。具体有以下几类。

1. 与买方联盟

有时称产销联盟。识别并满足买方需求是一切经营战略成功的基础，也是技术创新的出发点和最终归宿。与买方实现互惠互利的联合，不仅有利于企业及时、准确地捕捉市场信息，同时也可维护企业与顾客良好的关系，降低市场营销成本。这是一种上游联盟模式或称前向联盟模式，较适合以零部件生产为主的企业或以批发零售业为主的企业。

2. 与卖方联盟

有时称供应联盟，即与原料供应商的联盟。这是一种下游联盟模式或称后向联盟模式。后向联盟可以使企业与供应厂商之间的专业化协作关系协调和稳固，可以降低供应成本，建立稳定的原材料供应渠道，减少运输和仓储量，有利于加速生产流程，缩短生产周期，提高劳动生产率。尤其在关键零部件价格上涨、稀缺时，可以保证原材料的供应。卖方联盟对于那些原材料来源比较单一的大型企业尤为重要。

3. 与竞争对手联盟

在战略联盟中应把竞争对手看作一个潜在的联盟对象来加以考虑。由于竞争对手生产的产品与自己相同或类似，与之联盟可以使相关企业在更大空间范围和生产深度上建立协作分工关系，产生规模经济和规模优势，通过取长补短，减少某些重复的投入和研究，提高效率。与竞争者结盟，关键是要识别二者之间最主要的差异，在战略联盟规划和实际操作中应以这种差异为基础，否则企业将丧失自己的竞争优势。而且，还要谨慎地进行战略定位，确定合作的范围和程度。与竞争对手联盟，如果战略目标定位不当，则很容易导致失败。

4. 与科研机构联盟

企业与科研机构联合所产生的利益是显而易见的。科研机构一般具有巨大的人才、技术优势，但由于受到资金及生产条件的限制，其技术成果往往很难转化为现实生产力，而企业能较好地弥补这些不足，同时企业需要不断进行技术创新来维持生存和发展，这样就在企业和科研机构之间产生了合作的动机。在联盟中，科研机构可以按照企业的要求，及时开发适销对路的新品，使科研成果迅速转化为生产力，从而增强企业的技术水平与发展能力。

5. 与政府部门联盟

这是战略联盟模式中出现的一种新趋势。美国电报电话公司开发高清晰度电视（HDTV）就是一个典型的例子。早在1987年，日本经过多年的研究终于取得了HDTV技术的重大突破，而美国当时尚无一家企业从事这项高科技的研究开发。然而，就在日本将美国从HDTV竞争对手的名单上删去之际，美国电报电话公司和联邦贸易委员会达成了HDTV开发合作协议，由于有联邦政府提供的雄厚的资金、技术作后盾，美国电报电话公司仅用了5年时间就完成了HDTV从研究到试制的过程，令日本人大为惊讶。可见，与政府部门联盟是企业缩短技术开发周期、提高研发效果的有效途径。在当今社会经济形势变化加剧的情况下，企业应积极主动地争取与政府结成同盟。

（三）按照合作的参与程度分类

按照合作的参与程度可以分为股权式联盟和契约式联盟。

股权式联盟是指合作方相互持有对方的一定股份，这是一种比较深入的合作方式。这种合作方式由于涉及各方利益，对联盟各方的责、权、利都有明确规定，违约要承担相应的法律责任，这种联盟比较牢固长久，常见的如合资企业与相互持股。

契约式联盟是合作双方在某一个领域或某几个领域通过协议方式而进行的合作，这是一种比较松散的合作方式，合作方不涉及股权的参与，只在利益结合点（如合作开发）有紧密的合作，从性质上说，其具有准市场特征。契约式联盟经过一段时间的磨合，随着合作各方的了解与信任的增加，合作很有可能从契约式联盟往深层次股权式联盟演进。契约式联盟具体可分为技术合作开发协议、合作生产协议、合作营销协议及供应合作协议、培训合作协议、特许经营等。

（四）按照合作企业的地域划分

按照合作企业的地域可以分为国内战略联盟和跨国战略联盟。

国内战略联盟是一国企业为了扩大自己在本国市场上的占有率，加快新产品开发，提高自己的技术水平和利润，与本国的同行业竞争对手或供应商、销售商所达成的一种战略联盟。

跨国战略联盟又称国际战略联盟，它是企业与国外的竞争对手或供销商结成的战略联盟，以互相交换相应的进入市场的机会，或共享资本、信息、技术和利润，以及共同分担风险和成本。

五、战略联盟伙伴的选择原则

合作伙伴是决定战略联盟成败的一个关键因素。企业必须要根据自己的战略目标，选择能帮助自己实现战略意图，具备自己所缺乏的某种竞争优势，能带来互补性技能、生产能力与市场的合作伙伴。这是一项艰巨的任务。它需要管理层了解双方在一定时间里的目标和战略，并且双方文化相容、能共同承担风险。若选择合作伙伴恰当，就可能实现“双赢”，联盟就能持久。若选择的合作伙伴缺乏全心投入的精神，或只在意自己的得失，那么这种合作必败；若一方试图控制、领导另一方，那么合作也不会长久。力量相当、优势互补、地位平等、互相尊重是保证战略联盟成功的首要条件。许多跨国公司组建战略联盟的实践表明，衡量一个企业是否能成为合作伙伴，主要从三个方面来衡量。

（一）兼容性

兼容性是企业组建战略联盟的第一个要求，因为彼此兼容才能使不同的企业能在一起工作，才能使彼此的差异得到缓解和缩小，战略联盟才可能得到巩固与发展。考察潜在合作对象是否具有兼容性可以从硬件因素和软件因素两个方面来考察。

硬件因素主要从以下方面考察。

第一，考察潜在对象的公司规模和能力与本公司是否具有兼容性。研究资料表明，规模、能力相当的企业组成战略联盟的成功性要大得多。只有能力相当，双方才会真正平等，联盟才有真正坚实的基础。

第二，考察潜在对象战略目标与本公司是否兼容。战略目标是联盟各方合作的动机和目的，要考察潜在对象战略动机是什么，与本企业的战略目标或市场策略是否相似，若战略目标存在差距，就要设法进行协调。虽然合作双方目标不一定要求完全一致，但双方一定要朝着一个共同的方向努力。联盟各方都应明确战略联盟不是短期行为，而是为保持核心竞争力而做出的战略决定。

第三，考察潜在对象的组织管理和实践与本公司是否兼容。例如，合作双方是集权管理方式还是分权管理方式？是民主参与管理方式还是独断专行管理方式？

第四，考察潜在对象的生产方式与本公司是否兼容。例如，若双方合作生产，对方的厂房设备能否满足生产的要求？双方对质量控制是否有相似的态度？双方的用人政策和工资待遇是否相容？

企业组建联盟时，除了考虑硬件因素外，还要考虑软件因素，软件因素主要从以下方面考察。

第一，考察潜在对象过去合作的历史记录。没有合作历史的企业未必不是好合作伙伴，而有恶劣合作历史的企业可能会很危险。

第二，考察潜在对象目前的关系网络。关系网络是指企业在长期经营过程中与外部有关机构、人员之间及与内部雇员之间所形成的、有助于企业发展经营的关系。重点考察它是否有利于企业发展。

第三，考察潜在对象企业文化与本企业是否兼容。每个企业都有着不同的历史、信仰和价值观，有着不同的人力资源管理传统和实践以及不同的行政管理作风，在进行合作时，企业文化能否兼容也是关系到合作能否成功的一个重要因素。

第四，考察合作企业高层领导者之间个人关系是否融洽。高层领导者之间能友好相处，联盟未来的发展就有了重要的保证。实践证明，领导者之间相互信任和支持，可以帮助联盟企业度过困难时期。

第五，考察潜在对象的信誉状况。由于合作中信息总是不对称的、契约总是不完备的，若企业没有信誉，不能相互信任，则联盟难以达成和维持。

（二）能力

合作者有能力，合作才有价值。能力，是指企业拥有的关键技能和隐性知识，是企业拥有的一种智力资本，它是企业决策和企业创新的源泉。能力无法模仿，也无法收购，只有通过企业对人力资源的长期投资、组织学习和信息交流，缓慢地积累起来。企业组建战略联盟时不仅要看潜在对象是否与己兼容，更关键的是要看这个企业是否有能力，以及该能力是否正是我方所需要或所欠缺的，与之联盟能否提高我方的能力。因为战略联盟的本质就是要求实现优势互补，达到 1+1>2 的效果，这就意味着，企业必须具有一定的竞争优势或者能力，否则企业战略联盟将成为无源之水，没有存在的意义。

评价潜在对象能力高低的因素如下。

第一，潜在对象的基本素质。企业的基本素质包括企业的管理理念和经验、企业的管理流程、企业的团队合作精神、企业文化、企业办事效率、管理层的能力和态度、行政费用比及信息系统等。

第二，潜在对象的市场实力。这是评价企业营销系统的实力，包括企业商标品牌的知名度和信誉度、企业产品覆盖的主要地区和客户群体、企业的知名度、企业提供的售后服务、客户对该产品的评价和信赖度等。

第三，潜在对象的技术水平。企业的技术水平包括企业拥有的专利、商业秘密、专业技能、技术方法等。

第四，潜在对象的人力资源。企业的人力资源包括潜在对象员工的教育水平、工作能力、专业知识等。

第五，潜在对象的客户资源。企业的客户资源包括市场占有率、顾客忠诚度、新增与流失客户比、客户平均销售额，以及客户平均服务费等。

第六，潜在对象的创新能力。可以从企业研发费用比、产品更新周期、新产品商品化周期、员工培训费等方面来考察。企业应有能力对研究开发和生产进行持续的投资。

（三）投入

合作伙伴具有全力以赴的精神和投入热情也是保证战略联盟成功的重要因素。如果合作者缺乏投入时间、精力和资源的热情，那么，无论它多么有能力、与我方多么相容，联盟也很难成功。所以在决定与潜在合作对象建立联盟之前，必须考察对方是否有投入热情。这主要从以下两个方面来考察。

第一，联盟业务是不是潜在对象的核心业务？是不是它必须从事的且关系到其生存和发展的业务？如果联盟的业务范围对合作者来说不属于它的核心业务，那么，该合作者很有可能不愿意投入过多的时间和精力。

第二，潜在合作伙伴退出联盟的难度。战略联盟面临的一个重大风险就是当合作的一方把联盟纳入其发展战略，并为之投入了大量的时间和资源，另一方却要退出。所以就要求企业在组建战略联盟时，必须充分评估潜在对象退出联盟难度的大小。

思考题

1. 什么是企业并购？收购与兼并的区别是什么？
2. 简要说明企业并购的风险。
3. 对目标企业的信息调查包括哪些方面的内容？
4. 企业并购的一般程序有哪些？与上市公司的收购程序又有何区别？
5. 并购整合的内容有哪些？
6. 什么是战略联盟？战略联盟的特征有哪些？

7. 企业选择战略联盟伙伴的原则有哪些？

讨论题

1. 分析最近发生的一次并购案例，指出此次并购的主要原因是什么？这是一个横向、纵向还是混合并购？

2. 所有影响成功收购的障碍中，你认为哪一个最关键？为什么？

第十章　战略实施

【学习目标】

- 掌握战略实施与控制的过程与模式
- 认识战略与组织结构协调与配合的重要性
- 了解在战略实施与控制过程中资源配置的特点
- 认识企业战略控制的过程及方法

从战略管理过程的角度来看，战略管理最后阶段的任务就是要通过有效的组织和领导，将制定好的企业战略付诸实施并对其进行必要的控制，离开了有效的战略实施和必要的战略控制，战略管理只会是一纸空谈。从战略实施的内容上来看，企业战略主要是通过计划的编制、组织结构的调整、资源的分配、强有力的领导来实施的。

由于环境的变化，企业战略在实施过程中往往会与预定的战略目标相偏离，为确保战略目标的实现和战略计划的完成，除需要增强战略的应变能力外，还必须通过战略控制来确保战略实施的效果。战略控制就是将战略实施过程中的信息反馈的实际成效与预期的战略目标进行比较，检测两者之间的偏离程度，通过采取有效的措施进行修正，从而达到预期的战略目标。

第一节　战略实施与控制的基本问题

战略实施与控制是密不可分、相互交叉的两个方面。实施过程中需要控制手段的配合，控制的目的是保障实施的顺利进行。因此，战略实施可以广义地理解为：通过战略性变革，辅以严密的控制手段将战略计划转化为具体行动，达到战略计划所要求的各项目标，最终达到全局制胜的动态过程。

一、战略实施的内容

战略实施几乎涉及组织运作与管理的所有方面。每一项战略的实施对于组织结构、资源、文化、控制手段等方面都可能有不同的要求，因而组织应适时调整、满足战略实施的条件。战略实施的具体内容，即组织要完成的任务包括以下几个方面。

（一）计划

在战略实施中，首先需要战略制定者编制战略实施计划，从而清晰明确地向组织内其他成员传达战略指令。战略计划就是将战略分解为重大方案和项目、政策和预算、职能层战略等。组织的各个层面都必须根据上一层制定的计划提炼成适合本层及以下层面的计划。

（二）建立适当的组织结构

为了保证战略计划的顺利实施，要建立适应战略要求的组织结构，或调整原有组织结构。实施战略所需要的活动、方案和项目的职权及责任应该在组织单位和相应的人员之间进行分配，同时使这些活动和职责在协调的基础上得到适当的控制，从而形成有机的整体。

（三）编制预算，配置资源

预算是对战略可行性的最后一次检验，它直接关系到战略实施的进度和效果。在编制预算中需要把握一个基本的原则，即以战略目标为重点配置资源。资源的有限性决定了资源配置工作具有重要意义。要保证优势资源向具备竞争优势的战略目标合理倾斜。

（四）营造有利于战略实施的公司文化

组织文化是组织成员对所属组织的认同，它对组织成员的行为具有无形而强烈的影响。恰当的文化能够在组织内统一认识，有助于加强和支持战略的实施。文化也可以作为组织实施控制的一种手段。每个公司都应该通过调整文化或重塑文化来寻求战略与文化的一致。

（五）适当激励，发挥战略领导的作用

在任何管理活动中，中高层管理者作为决策者都发挥着极其重要的作用。在战略实施过程中，组织的管理者就变成了战略领导者，他们的观念、品德和能力等是决定战略能否成功的重要因素。为此，在战略实施时，有必要对管理者进行动员和激励，使他们能够准确地向下属传达组织的战略意图，并且以身作则，不遗余力地推行战略计划。

（六）控制

为了防止战略实施效果偏离预期战略目标，必须利用控制机制来评估战略活动的实施进度和效果。战略控制是战略实施的重要环节，不仅要关注组织内部资源的变化，还要考虑外部环境的变化，并据此及时调整战略实施方案，使企业朝着预定目标前进。

战略实施中，除了要做好以上六方面的工作外，还需要注意学习其他组织战略实施的经验和教训，取长补短，灵活机动地处理实施过程中的各种问题。

二、战略实施的基本原则

战略管理各阶段的工作虽然事实上存在密不可分的联系，但各阶段又都具有相对的独立性。在战略实施的具体过程中，难免会遇到一些事先没有估计到的情况。企业的高层管理者不仅应将战略实施看作一个解决问题而促进战略执行的过程，同时还应将战略实施视作通过发现问题而重新审查战略的一个重要阶段，只有亲自参与到战略管理的每一个环节的具体工作中去，才能真正了解战略的可行性与正确性。因此在战略实施过程中，掌握战略实施的基本原则是十分必要的。战略实施的基本原则主要有以下内容。

（一）适应环境

成功的企业战略管理重视企业与环境的互动关系，目的是使企业能够适应、利用甚至影响环境的变化，战略管理要求企业随时监视和扫描内外部环境的动态变化，细致分析机会与挑战的存在方式和影响程度，以便正确制定恰当的战略或及时修订现行的战略。

（二）整体最优

成功的企业战略管理将企业看作一个不可分割的整体，以整体和全局的观点来管理企业，目的是提高企业整体的优化程度。战略管理不是强调企业某个战略经营单位或某个职能部门的重要性，而是强调通过制定企业的宗旨、目标、战略来协调、统一各部门、单位的活动，使之形成合力。

（三）全程管理

成功的战略管理要求将战略的制定、实施、控制和修订作为一个完整、一体的过程来加以管理，不可忽视其中任一阶段，以保证战略的权威性、一贯性和高效性，确保整个过程的有效性和效率。

（四）全员参与

战略管理要求企业高层管理者的英明决策，也要求企业中下层管理者及全体员工的广泛参与和全力支持。战略规划主要依靠高层管理者的慎重抉择，而战略实施主要依赖中下层管理者及全体员工全心全意地投入工作。

（五）反馈修正

企业战略管理关心的是企业生长期、稳定的发展，企业战略管理的时间一般在 3 年以上，由于环境是不断变化的，在战略的实施过程中，只有不断地跟踪反馈才能确保企业战略的适应性。从某种意义上说，对现行战略管理的评价和控制又是新一轮企业战略管理的开始。从具体实施细节来说，在战略实施过程中还必须注意以下几点。

① 企业的主要领导人必须参与战略规划的制定并领导战略规划的实施。

② 战略实施要求有合适的组织结构予以保证。

③ 要用明确具体、相互配合的实施计划来推进战略执行。

④ 必须根据企业总体战略的要求来分配使用内部资源，保证能将有限的资源用于支持关键性的战略重点。

⑤ 必须建立一种与战略实施绩效相挂钩的奖励制度，引导内部职工按战略规定的方向努力。

⑥ 注意发挥企业文化在战略实施过程中不可低估的作用。

三、战略实施的模式

在企业的战略实施中，通常有以下四种模式可供选择。

（一）指挥型

在这种模式里，企业管理人员运用严密的逻辑分析方法考虑战略制定问题。市场管理人员或者自己制定战略，或者指示战略计划人员去决定企业所要采取的战略行动。一旦企业制定出满意的战略，高层管理人员便让下层管理人员去执行战略，而自己并不介入战略实施。

这种模式的决策时间短、效率高。在原有战略或者常规战略变化的条件下，实施效果比较明显，对于稳定行业里的小型企业比较有效。缺陷是由于企业员工没有参加战略制定过程，有时候可能存在战略计划与企业实际相脱节的情况。员工在战略实施过程中处于被动执行的状态，不利于企业战略目标的实现。

（二）变革型

与指挥型模式相反，在变革型模式中，企业管理人员重点研究如何在企业里实施战略，其角色是为有效实施战略而设计适当的管理系统。为此，在管理人员的主导下，组织将进行一系列变革，如建立新的组织结构、改变企业文化、重新进行资源配置等，增加战略成功的可能性。

这种模式由于高层管理者的亲自推动，实施效果明显并且可以实施比较困难的战略。但是，它的局限性在于只适用于稳定行业中的小型企业。如果企业环境变化太快，企业来不及改变内部状态，这种模式就发挥不出应有的作用。同时，这种模式也是自上而下地实施战略，同样也不利于调动员工的积极性。

（三）合作型

在这种模式里，负责制定战略的高层管理人员启发其他的管理人员运用头脑风暴法等方法考虑战略制定与实施问题，最终形成的战略将是集思广益的成果。高层管理人员充当了协调员的角色，力求采纳各种合理建议，并将这些意见加以综合分析，保证了决策信息的准确性和决策的科学性。在这个基础上，企业可以提高战略实施的针对性和有效性。

在实践中，对合作型模式也有不同看法。首先，这样制定的战略可能会过于中庸，缺少创造性。其次，在战略实施方案的讨论中，可能会由于某些职能部门善于表达或高层管理人员对某些部门的偏爱，导致战略实施方案带有一定的倾向性。再次，多人参与讨论会影响到决策的效率，并丧失机会。最后，由于高层管理人员享有最终决策权，集体决策可能流于形式。

（四）文化型

文化型模式扩大了合作型模式的范围，将企业基层员工也包括进来。在这种模式里，高层管理人员的角色就是指引总方向，而战略实施则充分授权，充分依靠每一名员工。战略实施的方法有很多，但总体上是利用企业文化的力量来影响和改变员工的价值观，最终使组织上下形成共同的道德规范和价值观，使员工在设计自己的工作活动时不会偏离企业的战略目标。

文化型模式实际上打破了战略制定和实施中存在的只想不做和只做不想之间的障碍，使每一名员工都能参与到战略制定与实施中，但是，这种模式也有自己的局限性。它要求企业员工具有较好的素质，受过较好的教育，否则很难制定出符合总体战略目标的工作活动。同时，这种模式主要是通过企业文化发挥作用，而企业文化不是一朝一夕形成的，一旦形成又很难改变。在企业做出战略改变或调整时，企业文化的变化将是滞后的，可能会延误战略实施的进程，甚至成为新战略的绊脚石。

上述四种模式的选择与企业的管理实践是分不开的。当管理者需要拥有绝对权威的时候，指挥型模式是必要的。需要有效地实施战略，进行组织变革的时候，变革型将是有利的战略实施模式。合作型和文化型模式表明在战略实施的过程中，企业管理人员必须调动各种积极因素，才能使战略成功。从原则上讲，每一种模式都有相对适宜的环境和条件，实际中往往多种模式交叉或混合使用。

第二节 组织结构与战略实施

一、战略与组织结构的关系

战略的有效实施必须有适当的组织结构与之相匹配，战略与组织结构的匹配程度直接影响战略实施的效果和效率。

（一）结构追随战略

钱德勒通过研究大公司的战略与组织结构的演变情况，得出了这样的结论：组织结构追随组织战略，即组织结构随着战略变化而变化。钱德勒认为，新战略的实施在管理中会引发一些问题，这可能导致组织绩效水平的下降。此时，有必要建立新的、适应战略要求的组织结构。在新的组织结构中，绩效水平将得到提高，战略计划将得到有效实施，如图 10-1 所示。

（二）结构影响战略

结构追随战略的观点得到了理论界和实践界的普遍认同，同时，越来越多的人认识到，结构不仅追随战略，还会影响战略。环境、战略和结构三者之间总是不断作用的。当环境发生变化时，组织战略就应做出调整，随之组织结构也要相应调整。另一方面，受组织内、外条件的制约，组织结构不能毫无限制地任意选择。因此，在制定战略时，就要事先考虑到组织结构变更的可能性问题。

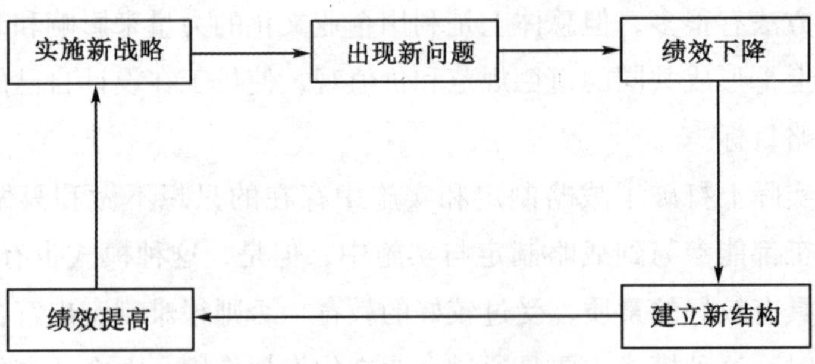

图 10-1　结构追随战略

（三）结构随战略调整的必要性

企业作为一个开放系统，总是处于不断变化的环境中。相对于企业外部环境的变化而言，战略与组织结构做出反应的时间是有差别的。钱德勒认为，战略首先对环境变化做出反应，而后组织结构才在战略的推动下对环境变化做出反应。这样就形成了战略的先导性和组织结构的滞后性。

（1）战略的先导性

企业战略的变化要快于组织结构的变化。这是因为，企业一旦意识到外部环境和内部环境的变化提供了新的机会和需求时，就会在战略上做出反应，以求经济效益的增长。当然，新的战略需要新的组织结构来支持，至少要在一定程度上调整原来的组织结构。如果组织结构不进行相应的调整，新战略将不能实现预计效果。

（2）组织结构的滞后性

组织结构的变化常常慢于企业战略的变化速度，特别是在经济快速发展时期尤其如此。新的战略制定出来以后，原有的组织结构还有一定的惯性，管理人员仍喜欢运用旧方式来进行管理；当管理人员感觉到新的组织结构变化将威胁他们个人的地位、权力时，心理上的不安全感往往会促使他们运用行政手段阻挠变革。

从战略的先导性和组织结构的滞后性可以看出，基于环境变化的战略转变过程中，总有一个利用旧结构推动新战略的阶段，即新旧交替时期。因此，当开始实施新战略时，要正确认识组织结构有反应滞后的特性，在组织变革上不能操之过急，但又要尽量努力来缩短组织结构的滞后时间，缩短交替时期。

二、业务层次战略的组织结构

（一）成本领先战略的组织结构

成本领先战略的核心是要在同业竞争者中建立单位产品成本最低的竞争优势。其主要途径是通过学习曲线和规模经济，提高市场占有率以获得规模经济优势。因此，在组织结构上，成本领先战略突出强调专业化、正规化和集权化。

专业化是使具有相同专长的人力资源集中到一个部门，以便他们尽其所长对本部门的问题进行深入细致的研究。这些研究成果就成为企业竞争力的宝贵财富。为了使这些成果能够在今后的工作中发挥作用，就需要程式化，使之成为员工工作行为和部门之间工作流程的正式规则。通常情况下，各部门之间的工作流程和例外事件要由上一级部门来制定和协调。这就需要权力的向上集中。这些特征决定了实施成本领先战略的企业通常采用机械式的职能结构（见图 10-2），而且将重点放在生产职能上。为了提高生产效率，非常重视生产工艺和设备的开发研究，而对新产品开发则不太看重。因为如果产品变动比较频繁，就会降低生产过程的效率。

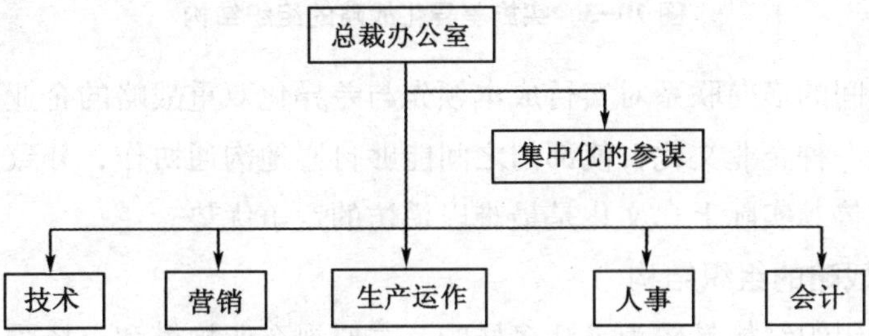

图 10-2 实施成本领先战略的组织结构

（二）差异化战略的组织结构

差异化战略的核心是要使自己的产品（包括品牌形象、服务、企业形象等）与众不同。为此，差异化战略要求企业必须具有较强的市场营销能力，对市场需求必须具有高度敏感性，能够及时发现市场机会，同时也要求企业必须通过广告等方式建立企业的独特形象，它还要求企业在服务等方面能给顾客提供更大的价值。为了实现差异化，企业还必须强调创新，尤其是产品创新，这就要求企业格外重视研究与开发职能。

在决策与控制的权力上，由于差异化战略需要对市场进行快速反应，相对地分散权力就成为差异化战略组织结构的一个主要特征。差异化战略需要企业更具有创造力，不断进行营销和产品的创新，并对各种问题和机会做出迅速的应对和反应。因此，规章制度、业务流程等只做较宽泛的程式化规定，而不能像采取成本领先战略的企业那样进行详细的硬性规定。与上述特点相联系，差异化战略要求企业的部门之间进行更多的沟通和协作。由各部门参加的“项目攻关小组”是实施差别化战略的企业常用的组织方式。因此，差异化战略的企业专业化程度也比较低。实施差异化战略的组织结构见图 10-3。

（三）成本领先与差异化战略相结合的组织结构

一般而言，成本领先战略与差异化战略有较大的内在矛盾。成本领先战略通常强调生产制造，有产品改良，但很少有产品创新。而差异化战略注重市场营销和研究与开发，产品变化很快，以建立产品独特性的形象。因此，将两种战略结合起来通常会非常困难。但随着柔性制造系统的产生，生产制造部分的刚性瓶颈问题得到了部分解决，因变换产品品种而引起的成本上升已不像过去那么严重，再辅以横向跨部门的协调（如跨部门的团队），有些企业已经能够有效地实施成本领先与差异化相结合的战略。

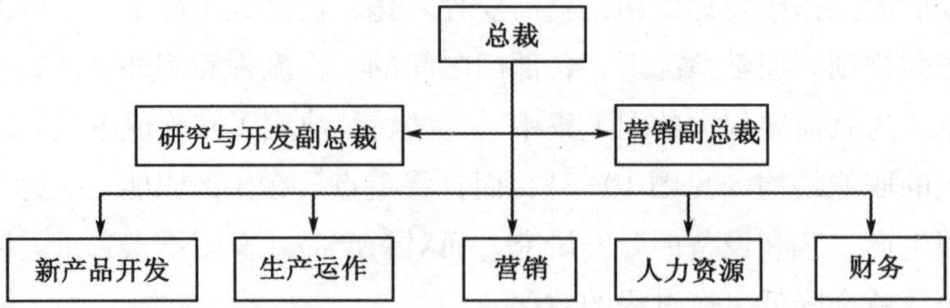

图 10-3　实施差异化战略的组织结构

建立部门之间的横向联系对实行成本领先与差异化双重战略的企业非常重要，但更重要的是要创造一种企业文化，使部门之间能够自愿地沟通协作，并致力于创造成本和差异化两方面优势。实际上，文化是最难以模仿的竞争优势。

（四）集中战略的组织结构

集中战略的组织结构是较为灵活多样的，主要视企业规模和市场覆盖的地理范围而定。如果企业的规模较小，有机式的简单结构是最佳选择；如果企业规模较大，那么就需要考虑职能式结构。

三、企业总体战略的组织结构

当企业由单一业务或主导业务型走向多样化经营时，企业就需要从总体战略的层次考虑采用分部式组织结构以适应多样化战略。通常，分部是按照产品或市场来构建的，它接受总部的领导并拥有一定的自主权。总的来说，分部式结构有共同的特点，但对于不同的多样化企业来说，其具体的组织结构要求仍有很大差别。

（一）相关约束多样化战略的组织结构

相关约束多样化的企业在各业务之间共享产品、技术和分销渠道，因此各业务之间的联系非常重要。为了使各业务之间能够更有效地实现活动共享、范围经济或转让技能，高层管理者必须鼓励在各业务之间进行合作。相应地，为了协调各业务之间的关系，某些活动的集中也非常必要，通常承担各业务部门协调职能的部门应当具有较高的地位和权威，由企业最高领导者直接领导。

除了集中，在相关约束多样化的企业中，一些其他的结构整合机制非常必要，例如，部门之间的直接沟通、在各部门之间建立联络员制度、建立临时团队和联合攻关小组等。在这种相关约束多样化的企业中可能会形成将职能和业务（或项目）两者结合起来的矩阵式组织结构。

对相关约束多样化企业，采用如图 10-4 所示的合作型组织结构可能是一种较好的选择。在这种组织结构中，可以共享的职能和需要在各业务之间进行协调的主要职能集中在上一层，下面的各个业务分部在接受总部领导的同时，在业务分部之间建立广泛的联系。

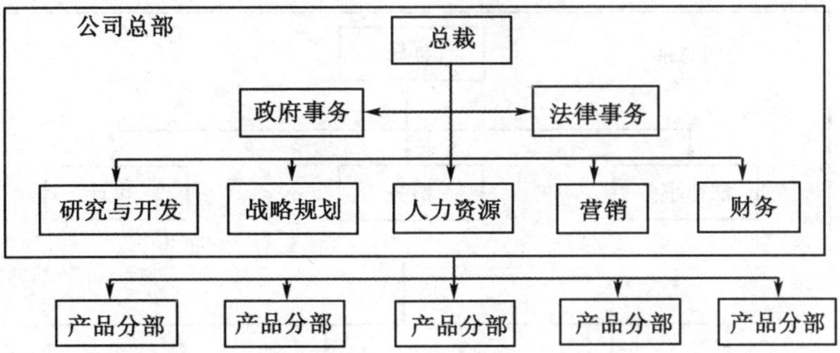

图 10-4 实施相关约束多样化战略的合作型组织结构

（二）相关联系多样化战略的组织结构

在相关联系多样化企业，某些业务是相关的，而另一些业务则是不相关的。对这种类型的多样化企业，超事业部（战略经营单位）的结构是较好的选择（见图 10-5）。这种结构分为三层：总部、战略经营单位和分部。首先，企业根据各项业务之间的相关性或联系较为密切的业务部门归并为一个战略经营单位，然后再通过总部将各个战略业务单位组织起来。这里，每个战略经营单位都是利润中心，它们拥有较大的自主权，以便对市场做出及时的反应。

由于总部与各分部之间增加了战略经营单位，总部在全面、准确、及时地掌握业务变化的信息方面的能力有所削弱。为此，企业需要恰当地制定信息沟通制度，以便及时地汇集重要信息。

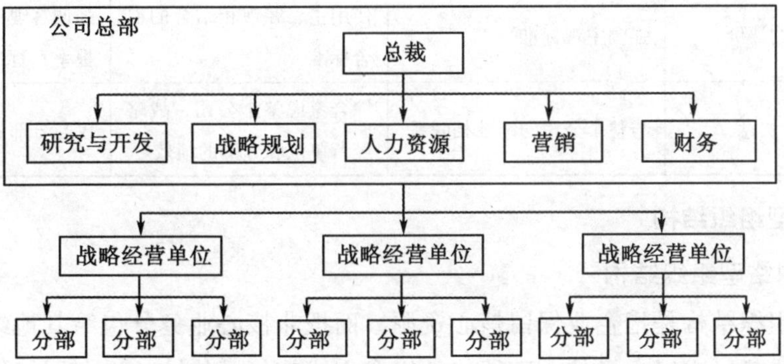

图 10-5 实施相关联系多样化战略的合作型组织结构

（三）不相关多样化战略的组织结构

不相关多样化企业适于采用竞争型组织结构。在竞争型组织结构中，企业强调各个不相关业务部门相互竞争，通过竞争优胜劣汰，如图 10-6 所示。

总部为了保持其中立性，通常与各业务部门保持一定距离，除了对业务部门进行必要的监管和对主要管理者建立规范严密的考核管理制度以外，对业务部门的经营管理采取不干预政策。考核目标主要是投资报酬率。企业对各个业务单位的资源分配也主要是

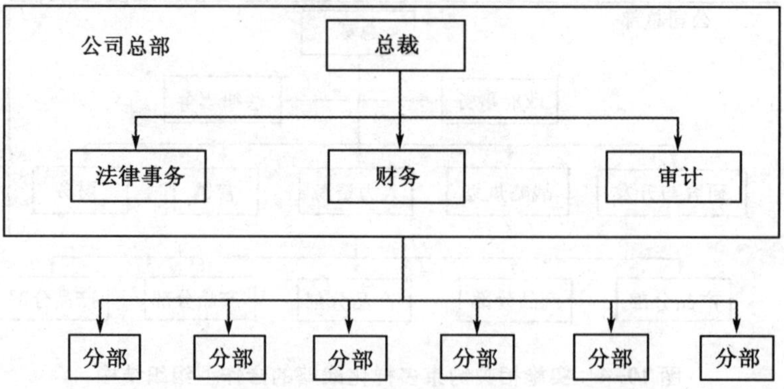

图 10-6　实施不相关多样化战略的竞争型组织结构

根据这项考核目标。

最后，我们对主要的多样化组织结构做出总结（见表 10-1）。

表 10-1　各种多样化战略组织结构的特点

结构特点	结构形式		
	相关约束战略（合作型分部结构）	相关联系战略（战略经营单位结构）	不相关战略（竞争型分部结构）
运作的集中	集中在公司总部	部分集中在战略经营单位	向分部放权
整合机制的使用	广泛使用整合机制	适当使用整合机制	不用整合机制
分部绩效的评价	强调主观标准	使用主、客观相结合的混合标准	强调客观（财务或投资回报率）标准
对分部的奖惩	与整个公司的绩效相联系	综合考虑整个公司、战略经营单位和分部的绩效	仅与分部的绩效相联系

四、新型组织结构

（一）网络型组织结构

网络型组织结构是指企业保留核心资源，而把非核心业务分包给其他组织完成，从而创造竞争优势。它以市场的、契约式的组合方式替代了传统的纵向层级组织，实现了企业内的核心优势与市场资源优势的有机结合，因而更具敏捷性和快速应变能力，可视为组织结构扁平化趋势的一个极端例子。但是网络型组织结构也有缺点，主要是对公司的主要职能活动缺乏有力的控制。

网络型组织有时也被称为“虚拟组织”，即组织中的许多部门是虚拟存在的，管理者最主要的任务是集中精力协调和控制好组织的外部关系。为了获得持续的竞争优势，组织往往需要通过建立广泛的战略联盟来保持相对稳定的联合经营。近年来，随着电子商务的发展以及外部合作竞争的加强，更多的知识型企业依靠因特网等信息技术手段，以代为加工（OEM）、代为设计（ODM）等网络合作方式取得了快速响应市场变化的经营绩效。

（二）团队结构

团队结构是指企业采用团队来完成工作的结构模式。这种结构的主要特点是：打破部门界限，并把决策权下放到团队成员手中。

在实践中，有三种类型的团队结构，即解决问题型团队、自我管理型团队和多功能型团队。解决问题型团队一般由5～12人组成，重点解决组织活动中的重大问题。这种结构可以提高产品质量、生产效率以及改善工作环境。自我管理型团队是真正独立自主的团队，一般由10～15人组成。其不仅要解决问题，而且执行解决的方案，并对工作结果承担全部责任。多功能型团队由来自同一等级、不同工作领域的员工组成。其目的是通过彼此之间交换信息，激发出新的观点，解决面临的问题，协调复杂的项目。

（三）无边界组织

无边界组织是指企业取消组织结构中的垂直界限，组织趋向于扁平化。无边界组织所追求的是减少命令链，不限制控制幅度，取消各种职能部门，用经过授权的团队来代替。其目的是打破组织与客户之间的外在界限和地理障碍。

五、组织发展与战略变迁

组织生命周期这一概念为探讨组织结构和战略变化提供了一条有益的思路。所谓组织生命周期，就是指一个组织从诞生、成长直至最后消亡的过程。随着组织向生命周期的下一个阶段演进，战略、组织结构、文化和领导风格等都应该遵循一种相对可以预见的规律演进。

（一）创业阶段

在组织诞生之初的创业阶段，经营重点是创造一种产品，并力求生存下来。组织的创建者即企业家，他们在生产、销售等各方面具有无上的权威。这里的组织结构是非正规的，依靠企业家的个人力量决策和监督。创业阶段的危机在于对规范化、结构化组织和管理人才的需要，以使企业家能够有足够的精力投入到企业的长期发展规划中。

（二）聚合阶段

聚合阶段是指组织开始有了明确的经营目标和方向，组织的目标就是寻求持续的成长。组织设置了职能部门，划分了管理层次和管理幅度，从而有了初步的劳动分工。此时尽管组织出现了一些正规制度，但组织中的沟通和控制大多是非正式的。这一阶段的危机在于组织对分权的需要。随着员工对自己工作领域的熟悉，他们开始要求更多的自主权。

（三）规范化阶段

在规范化阶段，组织的目标是保持内部的稳定和实现市场扩张。规范化阶段涉及规则、程序和控制系统的建立和使用。组织的沟通和控制更加正规化，高层管理者将注意力集中到企业战略这样的宏观问题，而对下级充分授权。但这时容易出现授权过度问题，造成组织成员各自为政。因此协调与控制是这一阶段的一大难题。

（四）协作阶段

步入协作阶段的组织通常规模较大，有大量的规章制度，行政控制手段严密。为了克服协调与控制的危机，企业应简化正规的制度，而引入团队意识，实行社会化控制。在这一阶段，企业内部常常会组建一些跨职能部门或跨事业部的团队；或者将原有组织分解为若干事业部，保持小企业经营的特色。需要注意的是，当组织成熟后，可能会暂时步入衰退，组织需要新的活力和创造力，为此要进行变革。

组织在生命周期的不同阶段具有不同的战略特点，如表 10-2 所示。

表 10-2　组织生命周期与组织结构

生命周期阶段	创业阶段	聚合阶段	规范化阶段	协作阶段
目标	生存	成长	内部稳定，市场扩张	巩固声誉、品牌、完善组织
组织结构特征	非正规的，一人全权指挥	基本非正规的，有一些程序	规范化的管理，合理分工	团队工作，小企业式的思维
组织结构阶段	简单结构	职能型结构	职能型结构	事业部结构
产品或服务	单一产品或服务	以某一产品为主，开始寻求差异化	形成一个系列的产品或服务	多个产品或服务系列
战略特征	目标集聚	成本领先、差异化	一体化	多元化

从表 10-2 可看出，组织的各个时期都需要不断在战略和结构方面进行变革。从宏观环境来讲，过去的环境相对稳定，外部压力小，公司变革的压力小，幅度也小；现在知识和信息在全球范围内的快速传播加剧了公司的竞争压力，这就需要更大程度的战略和结构重组。从公司的微观环境来讲，在公司初创和成长的阶段，一些小的渐进式的变革可能解决问题；而到了成熟期以后，企业往往要进行剧烈变革，甚至彻底革命。这时候业务层战略的变革已经不能给企业带来新的活力，高层管理者需要为企业重新定位、制定新的、更远大的总体战略。需要指出的是，组织发展是一个复杂过程，各阶段的界限往往比较模糊，所用战略也可能不是单一的。即使在同一阶段，不同的组织也可能采用不同的结构和战略。所以，符合组织实际的战略与合适的组织结构相匹配，才是最有效的组合。

第三节　公司治理与战略实施

公司治理是伴随着以产权分离为特征的现代股份制公司的出现而产生的。这种现代企业组织形式克服了“自然人企业”妨碍社会分工和规模扩大的先天不足，在企业组织制度上创造了真正独立于自然人的法人企业。与古典的“自然人企业”相比，现代公司制企业有着泾渭分明的特点：一是企业与出资人人格的分离，企业的身份不再与出资人重合，而是以法律所赋予的“法人”身份独立存在，并具有法律意义上的独立人格；二是出资人的财产所有权与企业法人财产权相分离，出资人只对其出资所形成的非实物资产——股份拥有财产所有权，企业则对企业所有资产，包括有形资产和无形资产拥有法人财产权，或称企业所有权；三是出资人按照其出资额对企业持有股份，并以其出资为限对企业经营所形成的债务承担有限责任，而无须像“自然人企业”那样以出资人全部财产对企业债务承担无限责任。

一、公司治理的内涵和特征

公司治理有广义与狭义之分。狭义的公司治理主要指公司董事会的结构与功能、董事会与经理的权利与义务以及相应的聘任、激励与监督方面的制度安排等内容，主要解决公司股东与高层管理人员之间的关系问题。而广义的公司治理是用于处理不同利益相关者即股东、贷款人、管理人员和普通职工之间的关系，以及实现企业经济目标的一整套制度安排。

公司治理的目标和实现手段决定了公司治理具有以下特征。

① 公司治理是一个动态的持续的过程，在这一过程中，各利益相关者关系不断协调，权力配置和利益分配不断调整，利益集团或个人的利益不断得以实现。

② 公司治理是一套制度安排。舒尔茨（Schultz）将制度定义为一种行为规则，他认为这些规则涉及社会、政治及经济行为。可见，制度是一个非常广泛的概念，既包括规则和秩序，也包括组织本身；既有政治、经济、文化、技术等方面的制度，也有道德、意识形态等方面的制度等。制度安排则是支配组织之间或内部合作或竞争方式的一种安排。公司治理作为一种制度安排决定了公司的目标、行为，决定了公司的利益相关者在什么状态下由谁来实施控制、如何控制、风险和收益如何分配等有关公司生存和发展的一系列重大问题。

③ 公司治理是一种契约关系。公司治理以公司法和公司章程为依据，以契约的方式规范公司各利益相关者之间的关系，管理他们之间的交易，以实现公司节约交易费用的比较优势。公司治理这种契约形式，使出资者与董事会之间的信托契约关系、董事会与经理人之间的委托代理契约关系均有明确的权力边界，实现各方责、权、利的和谐统一和均衡协调。

④ 公司治理是一个体系或系统。这一系统或体系应该包括以下内容：一套治理机构或治理结构，如股东大会、董事会、监事会、经理层等；一组市场约束机制，如经理人市场、控制权市场、债权市场、产品市场等；一系列治理制度，如《公司法》、《证券法》、公司章程、规章制度等；以及道德、理念等。

因此，公司治理是一套制度安排或体系，它通过一系列治理结构和治理机制，协调利益冲突集团或个人之间的关系，防范和制约经营者履行职责过程中的越权和违规行为，以提高公司决策质量和效能，降低或控制交易成本和代理成本，保护投资者及其他相关利益者的利益，实现公司的最大价值。

二、公司治理对战略实施的作用

从战略角度来看，公司是一种资源集合体，也是环境中的一种有机组织。外部环境的不确定性需要公司的管理者们及时做出适应环境的资源配置决策，积累有利于核心竞争力形成的战略资源，并且使战略的实施有足够的激励和监督，确保组织在应对环境变化时，保持统一性和一致性。这样，公司治理结构就是公司资源的决策权与控制权在决定和控制公司战略方向与绩效的相互利益相关者之间的配置，其核心是寻找各种配置结构以保证战略的有效性。公司治理结构的重要意义就是制定各利益相关者在利益争夺过程中的规则，而这一规则会直接或间接地影响到战略的制定、实施和控制。

（一）股权结构对战略目标的制定有直接影响

董事会和高层管理者对战略目标的选择受到其利益关系的制约，而这种制约正是公司治理结构所制衡的。比如在股权非常分散的美国，单个投资者没有动力去直接监督经理层，只能根据股票价格决定是否持股。所以美国公司一般非常重视公司股票的价格，管理层在制定战略时更追求短期利益。相对而言，在所有权集中的日本和德国，银行一般都持有公司大部分的股权，成为公司治理的主体。股东与上市公司形成了非常密切的合作关系。股东持股的目的不只是为了获取股息或红利，也是为了维持一种有利于企业经营的互利互惠、互相支持和配合的关系。因此，公司的决策层更专心于公司的长期发展战略。

（二）决策结构对战略领导者的参与程度具有重要影响

战略管理的主体主要是内外环境的分析者、企业战略的制定者、战略实施的领导者和组织者、事业部经理、职能部门管理者及专职计划人员。其中，董事会和高层管理者在战略的选择、实施和控制上的目标及作用由于治理结构的不同具有较大差异。积极的董事会在建立、修改公司战略中起领导作用。

（三）监督结构对战略实施过程有监督作用

公司治理结构的另一核心问题是关于组织监督和制衡机制的安排，战略实施过程同样受到这种安排的影响。外部制衡机制的缺乏，使战略选择失误的可能性大大增加，同时对董事会的约束不足难免造成董事会的利己行为。当外部具有较为完善的市场机制和法律环境，经理人市场发育也比较充分时，虽然董事会的监督和约束能力较弱，但成熟的外部环境可以弥补这一不足，使“内部人控制”概率降至最小。

三、公司治理结构与战略过程的作用结点

公司治理结构对组织战略实施过程有重要作用，但不能直接作用于组织战略，需要

通过董事会、经理层、经理人市场等治理机制来实现与战略的联结。

（一）结点一：公司目标

从战略管理的角度讲，公司治理结构是约束和引导公司形成、调整和实施适宜的战略决策，从而在不断适应环境的过程中，提高公司创造价值能力的机制。其作用不但体现在对偏离公司最终目标的行为进行控制，而且也体现在对公司战略过程的直接参与。

（二）结点二：外部治理机制——公司控制权市场

经理人员如果因追求个人利益导致公司市值下降，公司就会成为接管的目标，而接管必然伴随着经理职位的丧失。公司控制权市场体现了股东对于经理人员强有力的事后约束。公司治理越依赖于这方面的力量，经理人员的战略决策越可能以股东的目标为准绳。

（三）结点三：利益相关者

利益相关者是指那些能够影响企业目标的实现或被企业目标的实现所影响的个人或群体，如债权人、供应商、顾客和内部员工等。由于其与公司有着共生和依赖关系，他们对公司的管理给予必要的重视，希望在公司治理结构和战略过程中发挥必要的作用。同时，公司战略的实现取决于公司与周围环境的协同关系，公司能否实现战略目标在一定程度上也取决于能否在经营中妥善处理好与利益相关者的关系，因此在公司的治理结构中也必须考虑并体现他们的利益。在公司治理中逐渐引入除股东、经理层和部分董事会成员以外的其他利益相关者，使他们更深入地参与战略过程，可以增强公司与环境的适应能力，有利于公司的长远发展。

（四）结点四：董事会

公司治理结构与战略过程的联系主要体现在相关主体权力的分配，以及相应的激励与约束制度的建立。在公司的治理与管理主体中，董事会一般被描述为公司股东与处理公司日常事务的经理人员之间的联结，这一特殊地位决定了它是降低公司战略实施与公司目标偏差的主要力量。

董事会对战略实施的作用主要可以概括为两个方面：控制与服务。所谓控制，从公司治理角度，有学者将之定义为董事会代表股东监督管理层的行为。从企业管理的角度，这种监督是对公司战略实施的控制。所谓服务，是指董事会为经理们提供建议，积极参与战略制定过程。在战略制定过程中，董事会虽然不参与实施战略或者参与日常的行政管理，但会与经理人员一起，通过信息收集、分析和整理来帮助进行战略决策。很多研究结果发现，董事会组成的不同对公司战略的有效期、战略变革、资源重整、经理人员的连任等产生重大影响。例如，外部董事多的董事会比较追求以创新为主的战略，而内部董事多的董事会比较追求短期获利能力。

总之，在战略过程中，董事会具有把握全局与参与决策的作用，这种作用的效果又取决于董事会的独立性和董事会成员结构。董事会的独立性越大，在对公司战略过程进行控制和协调时，就越能减少公司行为与公司目标的偏差；董事会成员的知识结构越多元化和合理化，就越有利于公司制定出符合环境的战略。

（五）结点五：管理者

从公司战略管理的实践来看，管理者不仅要亲自参与公司战略的制定、实施、控制和修订，还要负责协调战略过程各环节。对于整个公司而言，他们不仅是战略过程的参与者，更是领导者、推动者。更为重要的，作为公司资源配置权的直接拥有人，他们的战略决策成为公司经营成败的最终决定因素。

由于经营权和所有权分离，经营者可能会利用信息优势采取一些机会主义行为（如偷懒、渎职、谋取私利等），并因此给所有者或投资人带来利益损害，这一问题被称为代理问题，由此给投资者带来的损失称为代理成本。为治理代理问题、降低代理成本、保护投资者的利益，公司有治理的必要。公司治理的所有安排，最终都是为了保证管理者能够按照股东与利益相关者利益最大化进行决策，这与管理者在公司战略过程中的地位和作用是紧密联系的。

第四节　企业文化与战略实施

一、企业文化的内涵

企业文化是以企业哲学为主导，以企业核心价值观为核心，以企业精神为灵魂，以企业理念为基础，以企业道德为准则，以企业环境为保证，以企业形象为重点，以企业创新为动力，以实现企业价值最大化为目标的一套系统的企业管理思想。从企业文化的本质看，企业文化是从事经济活动的组织中形成的组织文化。它所包含的价值观念、行为准则等意识形态均为该组织成员所共同认可。因此，从某种意义上说，企业文化可以称为“企业宗教”。

二、企业文化的结构

在理论界，一般把企业文化从里向外、从高到低分为精神文化、制度文化、行为文化、物质文化等四个层次。在企业文化的这四个层次中，精神文化为企业的制度文化、行为文化和物质文化提供思想基础，是企业文化的核心；制度文化约束和规范精神文化、行为文化和物质文化的建设；而行为文化和物质文化则为制度文化和精神文化提供物质基础，是企业文化的外在表现和载体。企业文化的这四个层次互相作用、互相影响，共同构成企业文化的全部内容。

三、企业文化的功能

理论研究和实践证明，企业文化对企业经营的成败关系极大。优秀的企业之所以优秀，一个很重要的原因是它们具有独特的企业文化，使得企业文化的功能得到充分的发挥，并通过一系列作用机制促进企业的工作效率和经济效益的提高。事实表明，企业文化通过导向功能、凝聚功能、约束功能、激励功能，对企业的生存和发展发挥着重要作用。

（一）导向功能

企业文化反映企业整体的共同追求、共同利益，企业文化的核心是全体员工的核心价值观。企业文化一旦形成，就会建立起自身一套系统的价值和规范标准，能够对企业整体和企业每个员工的价值取向和行为取向起到重要的导向作用。企业文化这种内在的号召力，能够使员工对企业有一种归属感和认同感，促使人们的思想、观念、信念和追求与企业的目标相一致，引导全体员工把个人的目标和理想聚焦在企业的目标和理想上，使企业员工稳定地、执着地为共同利益、共同目标的实现而努力奋斗。

（二）凝聚功能

良好的企业文化能够吸引、聚合、同化企业内的各种力量，使其成为企业生产力中的有生力量；还能减少企业内部的摩擦和内耗，构建和谐、宽松的人际关系，通过强化员工对企业的认同感和使命感，产生强烈的向心力和凝聚力，使全体员工团结一心，产生“同心同德、众志成城”的团队效应。

（三）约束功能

企业所倡导的理念和行为方式一旦达成普遍的共识，就会成为企业的文化，因此，这些理念和行为方式必将得到广大员工的自觉遵循。因此，企业文化对员工行为具有无形的约束力。在长期的潜移默化中形成的道德规范和行为准则，对那些违背企业文化的言行起着一种“软约束”作用，为企业提供免疫功能。

（四）激励功能

企业的价值观与个人价值观的和谐统一，会使员工产生一种奋发进取的力量。优秀的企业文化会营造一种人人奋发向上的企业氛围，在这种氛围中，每个人都会被尊重、被承认，人人都希望能最大限度地发挥自己的才干与智慧，希望在企业当中找到属于自己的位置，员工会将企业的生存发展和自己的人生规划联系在一起，由此而产生神圣的使命感，这将最大限度地激发企业员工的积极性、创造性，他们会为自己是企业的一员而自豪，会自觉地为企业的成长壮大而奋斗。

四、企业文化与战略

企业文化对企业的作用是巨大的。曾有人总结：三流的企业靠产品，二流的企业靠服务，一流的企业靠文化。企业文化能够渗透企业的每一个角落、每一个细节、每一种行为，说到底它是人的主观意识的反映。企业文化与战略又有什么关系呢？

（一）战略的制定需要企业文化来引导

企业战略是企业文化的重要组成部分，是企业文化的一种反映，有什么样的企业文化便会产生什么样的企业战略。企业通过实施战略管理来实现使命和达成愿景。企业战略是企业宗旨和核心价值观的反映，具有深刻的企业文化烙印。而优秀的企业文化可以指导企业形成有效的战略并成为推动企业实现战略的驱动力。

（二）战略实施的关键是企业文化

企业文化应该为企业战略服务，即要创建有利于企业战略实现的优秀的企业文化。企业文化在指导企业制定战略的同时又是调动企业全体员工实施战略的保证，是“软”管理的核心。企业要实现战略目标，必须有优秀的企业文化来支撑和引领，用文化树立企业信誉，用文化传播企业形象，用文化打造企业品牌，最终实现提升企业竞争力的目的。

（三）企业战略必须与企业文化相互适应和协调

企业文化具有连续性的特点，一旦形成便很难改变，因此，一方面，它对企业战略的制定和实施具有引导和制约的作用。另一方面，企业战略也要求企业文化与之相适应、相协调。如果企业根据外部环境和内部条件的变化制定了新战略，但原有文化的变革速度却非常慢，很难马上对新战略做出反应时，那么原有的企业文化就可能成为实施新战略的阻碍力量。因此，在战略管理过程中，企业内部新旧文化的协调和更替是战略实施获得成功的重要保证。

（四）企业文化与战略的关系

1. 以企业使命为基础

企业实施一个新战略时，重要的组织要素会发生很大的变化，但这些变化大多与企业目前的文化有潜在的一致性。企业可以根据自己的实力，寻找可以利用的重大机会，或者谋划改变自己的主要产品和市场，以适应新的要求。在这种情况下，企业处理战略与文化关系的重点在于以下几点。

① 企业进行重大变革时，必须考虑与企业基本使命的关系。在企业中，企业使命是企业文化的正式基础。高层管理人员一定要注意变革与企业使命内在的不可分割的联系。

② 要发挥企业现有人员的作用。现有人员之间具有共同的价值观念和行为准则，可以保证企业在文化一致的条件下实施变革。

③ 在调整企业的奖励系统时，必须注意与企业组织目前的奖励行为保持一致。

④ 要考虑进行与企业组织目前的文化相适应的变革，不要破坏企业已有的行为准则。

2. 加强协同作用

协同作用是一种合力的作用，可以产生“2+2>4”的效应。实施一个新战略时，组织要素发生的变化不大，又多与企业目前的文化相一致，处在这种情况下的企业主要应考虑两个问题：一是利用目前的有利条件，巩固和加强企业文化；二是利用文化相对稳定的时机，解决企业生产经营中的问题。

3. 根据文化的要求进行管理

企业实施一个新战略，主要的组织要素变化不大，但多与企业组织目前的文化不大一致。这时，企业需要研究这些变化是否能给企业带来成功的机会。企业可以根据经营的需要，在不大影响企业总体文化一致性的前提下，对某种经营业务实行不同的文化管理。同时，企业在对企业结构这一与企业文化密切相关的因素进行变革时，也需要根据企业文化进行管理。

4. 重新制定战略

企业在实施一个新战略时，组织的要素会发生重大的变化，又多与企业现有的文化很不一致，或受到现有文化的抵制。对企业来讲，这是个两难的问题。

在这种情况下，企业首先要考虑是否有必要推行这个新战略。如果没有必要，企业需要考虑重新制定战略。这就是说，企业在现实中能够实施的战略是与企业现有行为准则和实践相一致的战略。反之，在企业外部环境发生重大变化，企业的文化也需要相应做出重大变化的情况下，企业考虑到自身长远利益，不能为了迎合企业现有的文化，而将企业新的战略修订成与现行文化标准相一致，这是不符合企业利益的。

第五节　资源配置与战略实施

企业战略的实施必须依托各种资源，包括有形资源，如机器、厂房、资金、人员等；无形资源，如知识、信息、企业文化等。然而，仅仅拥有这些资源是远远不够的，资源的有效集聚和合理配置是企业战略实施的基础，这是战略领导者的重要任务之一。

一、企业战略资源的特点

当企业的资源作为企业制定战略计划、构建竞争优势、实现战略任务及战略目标的手段时，企业的资源就具有战略意义，成为战略资源。战略资源有不同于普通经营性资源的特点。

（一）独享性

资源独享性是指该项资源的价值被企业完全掌控，由企业独享。

（二）稀缺性

资源的独享性决定了资源的稀缺性。企业拥有这种稀缺性资源的时间越长、数量越多，其竞争优势也就可能保持得越久，其保持高于竞争对手利润水平的能力也越强。

（三）耐久性与成长性

战略资源的耐久性是指战略资源作为利润来源的持久性，即战略资源能够持续地提升、发展与完善。战略资源是企业长期积累学习的成果，往往体现了企业隐性知识的聚集。它虽然不像一般资产那样损耗，但随着时间的推移其价值也会流失，因而需要不断提升与完善。

（四）价值性

一个企业往往有一系列的经营活动，每一项活动都会占用一定的资源。有的活动能够给企业带来超过竞争对手的收益，为企业的整体价值最大化作出卓越贡献。这样的活动占用的资源往往是企业的战略性资源。因此，可以说战略性资源是企业的价值源泉，是企业价值链中不可或缺的要素。

（五）难以模仿

企业的竞争优势源于企业的独特战略资源，不拥有这种资源的竞争者势必会努力学习与模仿。然而，企业的内部情况往往是高度复杂的，不能轻易地识别出战略资源所在，因此，模仿者的观察成本会很高，高昂的学习成本也会使许多企业放弃模仿。

二、企业战略资源配置的特点

按照资源基础论的观点，企业是有形资源和无形资源的复合体，资源构成了企业战略行为的基础和对象，企业资源配置的不同是竞争优势产生的基础，而竞争优势又是构成企业核心竞争力的基础。战略资源的配置具有不同于一般经营性资源配置的特点，更能体现出战略管理与经营管理的差别。

（一）以企业的战略任务与战略目标为核心

企业战略资源的配置服从于企业的战略任务、战略目标，并最终以战略任务和战略目标的实现为核心。战略资源的流动方向与速度都需要根据企业的战略计划来确定。

（二）以培育竞争优势为导向

战略资源不仅是实现战略目标的资源基础，更是企业在激烈的竞争中获得可持续竞争优势的资源基础，因此，企业战略资源的配置应该具有竞争优势导向，即战略资源应配置到形成企业竞争优势或核心竞争力的关键部门。

（三）战略资源配置周期长，不确定因素多

企业资源的战略配置往往要贯穿于整个战略实施过程，因此相对于一般经营性资源，其配置周期更长。在企业战略实施的阶段内，企业可支配的资源数量和结构都可能因为内外部环境变化而变化，资源的稀缺性及价格也可能变化。因此，战略资源的配置就有较大的不确定性。

三、战略资源配置的动态组合

企业在发展过程中，在不同的阶段将其战略不断推陈出新，战略资源也在不断地积累。企业在制定现行战略时，应该充分预测将来的环境、资源的变化，并对资源进行合理的配置。应当注意，资源的配置应该与战略联成一体加以考虑，形成密不可分的关系。因此，我们说战略资源的配置、动态组合实际上也就是指战略与资源的动态组合。

伴随着战略的展开，资源被不断储备，新的资源与现有资源的储备交织在一起，形成了将来的资源储备。企业以这些新的储备为基石，将来再进一步展开战略。因此，处于现在战略和将来战略中间的新资源储备，也就成为连接这两个战略的媒介。当现有战略为将来的战略展开有效的积累资源时，将来的战略也能够有效地利用这些资源，这就形成了企业中战略与资源的动态组合过程。资源在这个过程中将具有动态相辅和动态相乘两个效果。

（一）动态相辅效果

动态相辅效果可以划分为物的动态相辅效果和资金的动态相辅效果两大部分。

（1）物的动态相辅效果

这是指企业的现有战略与将来的战略能在多大程度上共同利用物的资源，或者是现在战略运行中储备的战略资源能在多大程度上作用于将来的战略。从这个意义上讲，有转化可能的物的资源储备是很好的。企业在选择现有产品和市场战略等基本战略时，应预先设定使这种转化成为可能的某个相关的未来的战略，这时采取与将来联系较多的战略是很有必要的。

（2）资金的动态相辅效果

这里，资金指的是流动资金，因为流动资金对于企业的日常经营是至关重要的，其影响面会更大。企业必须在战略上明确资金的投入与回收这两方面的相辅效果。

企业在现在的战略与将来的战略之间，首先应该确定资金的组合。企业这时候应该做好现有战略发展后的资金储备，以应不时之需。另外，流动资金在时间序列上会表现出不同的形式。在某个时期需要投入资金，另一时期资金又会回到企业。这要求企业能在某一领域内实现资金的动态权衡。决定流动资金变化形式的因素有四个：产品的生命周期阶段、企业的竞争战略、市场规模和成长速度、竞争优势。

（二）动态相乘效果

这是指企业将来的战略能有效地使用现在的战略运行中产生的资源的效果。

企业在现实的市场角逐中，如果努力开展活动，则会为将来积累更多的资源。企业战略资源的动态配置见图 10-7。

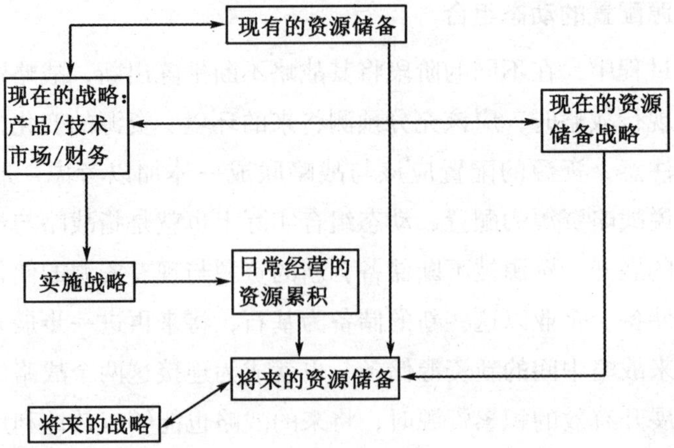

图 10-7　企业战略资源的动态配置

第六节　战略控制

战略制定的有效性并不代表战略的有效实施，也并不必然导致企业组织的高效运行。外部环境的变化及战略方案局部或整体与内部条件不符等各种不确定因素的存在，使得企业战略的实施面临诸多问题。为保证企业战略目标的实现，使企业能够在既定的战略轨道上顺利运行，战略控制也就成为企业能否取得成功的重要一环。

一、企业战略控制的特点

战略控制是测量和纠正组织成员所进行的各项活动，以保证战略实施进程与战略目标和方案动态相适应的管理活动。具体来说，就是将每一阶段、每一层次、每一方面的战略实施结果与预期目标进行比较，以便及时发现偏差，适时采取措施进行调整，以确保战略方案的顺利实施。如果在战略实施过程中，企业外部环境或内部条件发生了重大变化，则控制系统会要求对原战略目标或方案做出相应的调整。企业的战略控制是一个动态的过程。这个过程有如下特征。

（一）交互性

因为现代企业面临的环境因素多种多样并且相互依赖，所以企业必须与外界信息源进行高度适应性的相互交流，并利用所获得信息的有力刺激。

由于许多复杂因素的影响，必须进行适当的检验、反馈和动态发展，注重信息的收集、分析、检验。

（二）系统性

有效的战略一般是从一系列制定战略的子系统中产生的。子系统指的是主要为实现某一重要的战略目标而相互作用的一组活动或决策。每一子系统均有各自的与其相关的时间和信息要求，但它又在某些重要方面依赖于其他子系统。

由于各子系统的进度千差万别，除了概括的原则外，不可能马上提出同时能顾及所有领域的企业整体战略。整体战略在细节上永远不可能真正完整。实际上，认为应当先制定出详细的战略，然后再加以执行的想法是很危险的。

（三）渐进性

企业面对复杂多变的环境做出了一系列决策，这些决策在和外部事件的交互作用下产生结果。认识到这一点后，经理人员就有意识地用渐进的方式来进行战略控制。他们制定的很多战略方案带有试验性质，随时准备在适当的时候进行修正。实践证明，为了改善战略控制过程，最好谨慎地、有意识地以渐进法加以处理，以便决策能够与新的信息相吻合。

二、企业战略控制的类型

（一）活动控制

活动控制是保证企业职工能够按照企业的预期目标进行活动的一种控制手段，其具体做法主要有以下三种。

（1）行为限制

这种方式可以通过两种方法来实现：一种是利用物质设施来限制员工的行为；另一种是利用行政管理上的限制，员工必须按照各自的职责进行工作。

（2）工作责任制

实行工作责任制一般要求确定企业允许的行为界限，让职工按照一定的规章制度工作，经常检查职工在实际工作中的行为，根据所定的标准惩罚或者奖励职工的行为。这种系统主要是为了检查与考核职工的行为，同时，激励职工、充分发挥他们的积极性。

（3）事前审查

这种审查主要是指职工工作完成前所作的审查，可以纠正潜在的有害行为，达到有效的控制。

（二）回避控制

在许多情况下，管理人员可以采取一些适当的手段，避免不合适的情况发生，从而达到控制的目的。具体方式如下。

（1）自动化

计算机等高效自动化手段通常可以按照企业预期的目标恰当地工作，保证工作的稳定性，使控制得到改善。对于企业来讲，企业可以采用计算机或者其他高效自动化手段来减少控制的问题。

（2）集中管理

集中管理是指把各个管理层次的权力集中在少数高层管理人员的手中，从而避免分层控制造成的矛盾。

（3）共担风险

这是指企业可以将内部的一些风险与企业外的一些组织共同分担，如保险公司等。

（4）转移或放弃某些经营活动

当企业的管理人员对于企业的某些生产经营活动感到很难控制时，可以考虑采取发包或完全放弃的方式来处理该项经营活动，从而将潜在的风险转移出去。

（三）人员控制

人员控制是指依靠涉及的人员为企业进行控制。人员控制系统还可以为某些人员提供一定的帮助。当该控制系统出现问题时，一般可以采用以下方式加以解决。

① 实施职工培训计划，改善工作分配，提高关键岗位上人员的能力。

② 改进上下级的沟通，使企业职工更清楚地知道与理解自己的作用，将自己的工作与企业中其他群体的工作很好地加以协调。

③ 建立具有内在凝聚力的目标和高效合作的工作团队，促成同事间的互相控制。

（四）绩效控制

这种控制形式以企业的绩效为中心，通过绩效责任制来达到有效的控制。绩效控制系统一般要求确定预期的绩效范围，根据绩效范围衡量效益，根据效益对那些实现绩效的人员给以奖励，对没有实现绩效的人员给以惩罚。

绩效责任制与工作责任制在某种程度上有一定的相似性，即都是面向企业的未来使职工的行为符合企业的预期。这种控制系统只有在职工充分认识到它的好处时才会发挥更大的效应。

三、战略控制的影响因素

管理人员在选择一种或多种控制方式时，一般应考虑三种控制因素，即控制的要求、控制量以及控制的成本。

（一）控制的要求

在一个企业里，管理人员往往要控制某些特定行为或作业运行。控制的根据就是这些行为或作业运行对整个企业效益的影响程度。因此，企业控制的重点应放在有战略意义的重要行为和要求上，而不应放在那些较容易控制的细节上。

（二）控制量

每一种控制方式所提供的控制量既取决于最初的控制设计，也取决于该手段对企业环境适应的程度。一般来讲，人员控制可以提供某种程度的控制，但这种控制很少或根本不能提供警告。一旦管理的要求、机会或需求发生变化，人员控制很快会失效。活动控制与绩效控制所提供的控制量可以有很大的变动范围。在一般情况下，控制需要做到以下三点。

① 详细规定每个人的工作内容。

② 防止意外活动，经常有效地监控各项活动或绩效。

③ 有一定的奖惩制度。在具体活动责任制系统里，如果改变一个或几个因素，就会影响该控制手段的控制量。同样，成果责任系统也有类似的变化。企业如能明确预期成果的工作方式以及成果标准，就可以收到好的控制效果。

（三）控制的成本

控制成本受到两方面因素的影响，一是控制系统的价格成本，二是各种控制系统的副作用对实际成本的影响。

从控制系统的实际价格来看，人们掌握的技能越熟练，成本费用就越低。控制系统副作用的影响应该引起注意，尽量在工作中避免。

四、战略控制的过程

战略控制的目标就是使企业战略的实际实施效果尽量符合战略的预期目标。为了达到这一点，战略控制过程可以分为四个步骤，如图 10-8 所示。

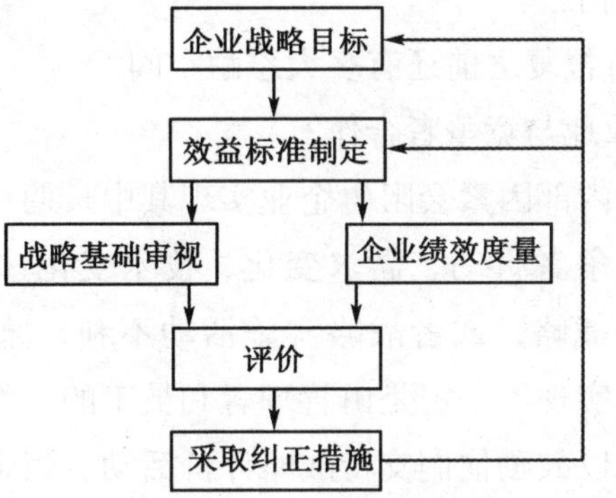

图 10-8　战略控制的过程

（一）效益标准制定

战略控制的第一个步骤就是根据预期的战略目标和战略方案制定出应当实现的战略效益标准。在这之前，企业需要评价已经制定的计划，找出企业目前需要努力的方向，明确实现目标所需要完成的工作任务。这种评价的重点应放在那些可以确保战略实施成功的领域，如组织结构、企业文化和控制系统等。经过一系列的评价，运用相关的方法，企业可以找出关键的成功因素，并据此作为企业实际效益的衡量标准。企业常用的衡量标准有销售额、销售增长、净利润、资产、销售成本、市场占有率、价值增值和产品质量等。

（二）战略基础审视

企业战略是在研究外部环境和内部条件的基础上制定出来的，对于构成现有战略基础的外部机会与威胁和内部优势与劣势，企业应当连续监测其变化。以下是审视中需要注意的一些关键问题。

（1）外部环境的变化

① 机会是否仍为机会？是加强还是减弱？有无新的机会出现？② 威胁是否仍为威胁？是加强还是减弱？有无新的威胁出现？

（2）内部条件的变化

① 优势是否仍是优势？是否有所加强或减弱？体现在哪些方面？

② 劣势是否仍为劣势？是否又有了新的弱点？体现在何处？

（3）竞争者的分析

① 竞争者对企业战略做出了何种反应？

② 竞争者的战略已经发生了哪些变化？

③ 主要竞争者的优势和劣势是否已经改变？

④ 竞争者为何在进行战略调整？

⑤ 为什么有些竞争者的战略比其他竞争者更为成功？主要竞争者对其现有的市场地位和业绩的满意程度如何？

⑥ 主要竞争者在进行报复之前还有多大忍耐空间？

⑦ 企业如何才能有效地与竞争者合作？

有众多的外部因素及内部因素会阻碍企业实现其中长期目标。从外部看，阻碍企业实现目标的因素包括：竞争者行动、需求变化、技术变化、经济状况变化等。从内部看，可能是采取了无效的战略，或者战略实施活动不利，原目标也可能制定得过于乐观。因此，企业目标未能实现不一定是由管理者和员工的工作不善而造成的。应使所有企业成员都明白这一点，以鼓励他们支持战略评价活动。当企业的战略失效时，企业领导需要尽快地知道。有时候，工作在第一线的管理者和员工会比战略制定者们更早得知这一点。

（三）企业绩效度量

另一项战略评价活动是企业绩效的度量，考察企业是否在令人满意地朝着既定的目标前进。这一活动主要是将预期结果与实际结果进行比较，确定两者之间的差距。

有了偏差之后，首先要分析偏差的性质，即偏差是否可以接受，如果偏差不大，或偏差无关大局，或纠正它要花太大的成本，这时最佳的选择是什么也不做。

实际情况与预期标准之间存在的差异及造成差异的原因，是拟定纠偏措施并将其付诸行动的依据。如果在原因不明的情况下，拟定和实施纠正措施，常常事倍功半，或者即使纠正了还会再次出现此类偏差。偏差出现的原因是多方面的，需要认真加以分析。

偏差的出现有可能是战略目标和战略本身的问题，主要有下列几种情况：一是战略目标、战略控制标准定得过高或过低，在执行中发现了问题；二是由于客观环境发生了意想不到的变化，原来被认为正确的目标、战略或实施计划不再适应新形势的需要。偏差的出现也可能是战略实施中的问题，这时就要把负有关键责任的部门找出来。总之，必须把战略本身的问题与战略实施中的问题区分清楚。属于战略或实施计划本身的原因造成的偏差，则需要通过调整战略和修改标准加以纠正。

(四) 采取纠正措施

在战略控制的最后一个步骤，企业应考虑采取纠正偏差的措施或实施权变计划。针对偏差产生的主要原因，管理者在战略控制中可以采取的处理措施有三种：第一，对于因工作失误造成的问题，控制的办法主要是通过加强管理和监督，确保工作与目标接近或吻合；第二，目标或战略不切合实际，控制工作则主要是按照实际情况修改目标或战略；第三，若环境出现了重大的变化，致使战略或计划失去了客观的依据，那么相应的控制措施就是制定新的计划。

企业在采取纠正措施时有三种选择方式。

① 常规模式。企业按照常规的方式去解决所出现的差距。这种模式花费的时间较多。

② 专题解决模式。企业就目前所出现的问题进行专题重点解决，这种措施反应较快，节约时间。

③ 预先计划模式。企业事先对可能出现的问题制定权变计划，从而减少反应的时间，增强处理战略意外事件的能力。

五、战略控制的方法

为了实施有效的控制，人们在战略控制系统中使用了许多控制方法。下面介绍几种常用的控制方法。

(一) 随时控制

企业高层领导者要控制企业战略实施中关键性的过程或环节，随时掌握实施情况，纠正实施中产生的偏差，引导企业沿着战略的方向进行经营。

(二) 事后控制

事后控制又称反馈控制，其原理是：在战略实施过程中，将行动的结果与期望的标准进行比较，然后根据差异大小及发生的原因，采取措施，对今后的活动进行纠正。审计是战略控制中的事后控制最常用的方法。

(三) 事前控制

事前控制又称前馈控制，其原理是：在战略实施过程中，通过对那些实施系统的输入量和主要影响因素进行观察分析，对战略行动将产生的实际效果进行预测，将预测值与既定的标准进行比较分析，发现可能出现的偏差，从而提前采取纠正措施，使战略推进行动始终保持在正确的轨道上，最终保证战略目标的实现。

事前控制所要监控的因素主要有三种。

① 投入的资源。各种资源的数量和质量将影响产出成果。常用方法有预算（包括投资预算、经营预算和财务预算）、重要人员的选聘和培养、重大合同的审批等。

② 工作过程。为了使重要工作的过程不失控，应预先制定各种政策、规程等，使过程标准化和技能标准化。

③ 早期成果。依据战略活动的早期成果，可以对未来的结果进行预测。

六、战略控制的系统设计

（一）战略实施的控制系统的组成

在战略实施的控制系统中，有三个基本的控制系统，即战略控制系统、业务控制系统和作业控制系统。战略控制系统关注的是与外部环境有关的因素和企业内部绩效，是针对总体战略和经营战略的控制。业务控制系统关注的是构成企业战略的各部分策略及中期计划目标的工作绩效，检查是否达到了企业战略为它们规定的目标，是对在时间和空间上分解了的战略计划的控制。作业控制是对具体负责作业的工作人员日常活动的控制，作业控制系统关注的是作业人员履行规定的职责及完成作业性目标任务的绩效，作业控制由各基层主管人员进行。

应当注意，战略控制系统与业务控制系统有四点基本区别。

① 战略控制是开放性的，业务控制是封闭性的。战略控制既要考虑外部环境因素，又要考虑企业内部因素，而业务控制主要考虑企业内部因素。

② 执行的主体不同。战略控制主要由高层管理者执行，包括公司级和战略经营单位两级高层管理者；业务控制主要由中层管理者进行。

③ 战略控制主要解决企业的效能问题，业务控制主要解决企业的效率问题。

④ 战略控制的目标比较定性，不确定、不具体；业务控制的目标比较定量，确定、具体。

（二）战略控制系统的要求

① 激励与控制相结合。一般说来，当人们的行为取得符合战略需要的绩效时会得到激励，但在平时人们的行为期望目标是不十分清楚的，而有效的战略实施控制提供了人们的行为期望与战略目标之间的联系，这时的控制与评价就具有激励性的特点，这对有效地实施战略十分有用。

② 控制系统需要有“预警系统”。该系统可以告知管理者在战略实施中存在的潜在问题或偏差，使管理者能及早警觉，尽早纠正偏差。

③ 控制标准必须与整个企业的长远目标和年度目标相联系。有效的战略实施控制必须将控制目标与各特定系统的绩效标准相联系，与资源的分配导向相联系，与外部环境的关键因素相联系，这样做有利于明确战略计划和人们的行为目标之间的联系。

（三）实施战略控制的条件

实施战略控制有五个条件。

① 要有完整的企业经营战略规划。战略控制是以企业经营战略规划为依据的，战略规划越明确、全面和完整，其控制的效果就可能越好。

② 要有健全的组织结构。组织结构是战略实施的载体，它能够具体执行战略、衡量绩效、评估及纠正偏差、监测外部环境的变化，因此组织结构越合理、完善，控制的效果可能越好。

③ 要有得力的领导者。高层领导者是执行战略控制的主体，又是战略控制的对象，因此要选择和培养得力的企业领导人。

④ 要有优良的企业文化。企业文化的影响根深蒂固，如果有优良的企业文化加以诱导和规范，对于战略控制的实施是最为理想的。

⑤ 要有高效的信息系统。全面、准确、及时的信息使组织成员可以监督战略控制状况并迅速采取纠正行动。

思考题

1. 请结合实际，详细分析企业组织结构与战略实施之间的关系。
2. 组织结构应如何与组织生命周期及战略相匹配？
3. 如何理解公司治理结构在战略实施中的作用？
4. 请结合实际，谈谈企业文化是如何影响企业发展的？
5. 在战略管理中，如何处理企业文化与战略的关系？
6. 简述战略控制的过程和条件。

讨论题

1. 说明一家你熟悉的企业的组织结构，并指出这种组织结构是如何适应该企业战略的。

2. 描述一家你熟悉的企业的企业文化，并指出这种企业文化是如何适应该企业战略的。

第十一章　风险与风险管理的基本概念

【学习目标】

- 风险的含义和构成
- 风险的分类
- 风险管理的概念
- 风险管理的过程
- 风险管理的局限性

第一节　风险的含义与构成

一、风险的定义

风险是什么？最简单的定义是："风险是发生财务损失的可能性"。发生损失的可能性越大，风险越大。这个定义主要强调风险可能带来的损失。在对风险进行深入分析以后人们发现，风险不仅可以带来超出预期的损失，也可能带来超过预期的收益。于是，出现了一个更正式的定义："风险就是预期结果的不确定性"。某个事情或某项经营活动在无法准确估计其收益和损失时，这种不确定性所带来预期结果的波动就是风险。风险不仅包括负面效应的不确定性，还包括正面效应的不确定性。到目前为止，对风险的定义国内学术界众说纷纭，尚未形成一个大家一致认同的界定。一般来说，有如下几种观点。

1. 狭义说

早期研究风险的学者从风险的负面效应来考察风险，将风险定义为："发生损失的可能性"。这样强调了风险的两个特征。第一，风险的结果是负面的，即某一事项或者经营活动给企业带来损失。第二，损失的发生是一种可能性，即概率介于 0 和 1 之间。概率为 0 的无损失和概率为 1 的确定损失都不是风险。这种定义可以称之为狭义的风险定义。

2. 广义说

之后有学者将风险可能产生的正面效应也考虑进来，认为风险带来的可能是收益，也可能是损失，但到底是哪种结果及正负效应的程度是不确定的。这种风险定义将与风险伴随的机会也考虑进来，较之前的狭义风险更具全面性，可称之为广义的风险定义。

3. 客观说

随着概率理论与统计学的发展，有学者又用统计学的理念来定义风险。主要有两种观点：其一认为风险是实际结果与预期结果的偏离程度，类似于统计学中的标准差的概念；另一种将风险定义为实际结果偏离预期结果的概率。这两者都强调的是风险的客观性，认为运用统计手段和历史数据是可以对风险发生的概率进行描述的。

4. 主观说

与客观说对应，有学者提出风险不仅具有客观性，同时具有主观性。一方面，人们对客观事物的认知过程本身就存在一定偏差，而对于不确定性的认知偏差程度更大，受心理因素的影响更多。另一方面，“一千个读者，就有一千个哈姆雷特”，不同的人对相同的事物会有不同的判断，因此对于风险的认识和判断也会见仁见智，由各人的知识、经验、能力、状态等因素的差异产生判断的差异。所以，风险不仅由客观因素产生，也会受主观的因素干扰。

二、风险的特性

风险具有客观性、普遍性、损失性和可变性四种特征。

1. 风险具有客观性

风险是不以企业的意志为转移，独立于企业意志之外的客观存在。企业只能采取风险管理办法降低风险发生的频率和损失幅度，但不能彻底消除风险。

2. 风险具有普遍性

在现代社会，风险无处不在、无时不有。随着经济和科学技术的发展，还会不断产生新的风险，且风险事故造成的损失也越来越大。

3. 风险具有损失性

只要风险存在，就一定有发生损失的可能性。风险的存在，不仅会造成人员的伤亡，而且会导致生产力的破坏、社会财富的损失和经济价值的减少，因此才使得个体或企业寻求应对风险的方法。

4. 风险具有可变性

风险的可变性是指在一定条件下风险具有转化的可能性。世界上任何事物都是相互联系的，而任何事物都处于运动和变化之中，这些运动和变化必然会引起风险的变化。

三、风险的构成

风险的构成即风险的要素。一般认为，风险由风险因素、风险事故和损失构成，这三个要素的共同作用和影响，决定了风险的存在、发展和发生。

1. 风险因素

风险因素是指引起或增加风险发生的机会或扩大损失程度的原因和条件，它是导致风险发生的潜在原因。风险因素的存在只是风险事故发生的先决条件，并不一定导致风险事故的发生；而风险事故的发生，必定有相应的风险因素存在。用数学语言来说，风险因素是风险事故发生的必要条件。

风险因素一般可以分为物质风险因素、道德风险因素和心理风险因素。

（1）物质风险因素

物质风险因素是指有形的，并能直接影响事物物理功能变化的因素，即某一标的本身所具有的足以引起或增加风险发生的机会和损失幅度的客观原因。例如汽车的制动系统质量不高，轮胎摩擦系数过低，安全气囊数量不足，启动不及时，等等，都属于车祸的实质性风险因素，前两个因素增加了发生车祸的概率，第三个因素在发生车祸的时候会造成损失加剧。

（2）道德风险因素

道德风险因素是指与人的道德品质有关的无形因素，即由于个人的不良企图和恶意行为促使风险事故发生和损失扩大的原因或条件。如贪污、造假、盗窃等。这些不道德的行为必然促使风险发生的频率增加和损失幅度的扩大。

（3）心理风险因素

心理风险因素是指与人的心理状态有关的无形的因素，即由于人的疏忽大意和侥幸心理，以致增加风险事故发生的概率和损失幅度的因素。例如，企业或个人由于投保财产保险，就放松了对财物的保护，购买了车险之后放松了驾车时的警惕等。

上述风险因素中，由于道德风险因素和心理风险因素都是无形的，都与个人自身行为方式相联系，而在实践中又难以界定，所以通常将两者统称为人为因素。这样风险因素就被分为两类：物质性因素和人为因素。通俗地讲，就是“天灾”和“人祸”。

2. 风险事故

风险事故是造成生命财产损害的偶发事件，通常是显性的、外露的，是人们看得见、摸得着的风险事件。例如火灾、车祸、盗窃等。风险事故意味着风险的可能性转化为现实性，并直接导致损失的发生。

3. 损失

损失是指非计划、非故意和非预期的经济价值减少或人身伤害。与其他的造成经济价值减少的行为相区别，这里强调“非计划、非故意和非预期”，这是风险损失独有的特征。比如固定资产折旧，或者捐赠这样的行为都会导致经济价值的减少，但这不是损失，因为它们是有计划的、故意的和预期的。

损失又分为直接损失和间接损失。直接损失是风险事故本身直接造成的有形的、实质性的损失，比如厂房失火造成建筑物、机器、原料等的损失。间接损失是由于直接损失而引起的损失，包括利润的减少和后果损失等，例如厂房失火后停产造成的收入损失，为了修复厂房和机器而发生的额外费用损失等。

第二节 风险的分类和应对态度

一、风险的分类

对风险分类一方面可以加深我们对风险的了解，另一方面可以针对不同的风险实施不同的管理措施，提高风险管理的适用性。风险的分类方法比较多，依据不同的标准以及针对不同的领域，可以产生不同的划分方式。本书只集中介绍与企业风险管理结合紧密的几种风险分类方式，如图 11-1 所示。

- 风险
  - 根据风险来源划分
    - 外部风险
    - 内部风险
  - 根据经营活动划分
    - 人力资源风险
    - 财务风险
    - 市场风险
    - 审计风险
    - 信息披露风险
  - 根据是否可以分散化
    - 系统风险
    - 非系统风险

图 11-1 风险的分类

1. 根据风险的来源划分

根据风险的来源，大致可以将风险分为外部风险和内部风险。继续划分，就可以衍生出许多具体的类别，如表 11-1 所示。这种具体的划分方式在风险管理中具有很大的实用性，方便企业进行风险识别。

表 11-1 风险分类

外部风险				
经济风险	法律风险	社会风险	科技风险	自然风险
● 经济形势 ● 产业政策 ● 资源供给 ● 利率调整 ● 汇率变动 ● 融资环境 ● 市场竞争	● 法律法规 ● 监管要求	● 文化传统 ● 社会信用 ● 教育基础 ● 消费者行为	● 技术进步 ● 工艺改进 ● 电子商务	● 自然灾害 ● 环境状况

表 11-1（续）

内部风险				
人员风险	管理风险	经营风险	技术风险	安全环保风险
● 高管操守 ● 员工能力 ● 团队精神 ● 人才流动	● 经营方式 ● 资产管理 ● 业务流程 ● 财务报告 ● 信息披露	● 财务状况 ● 盈利情况 ● 现金流量	● 研究开发 ● 技术投入 ● 信息技术运用	● 营运安全 ● 员工健康 ● 环境污染

2. *根据经营活动划分*

根据企业经营活动的模块，可以将风险按照各部门的运作来归类，分为人力资源风险、财务风险、市场风险、审计风险、信息披露风险等。这种分类方法有利于企业各部门针对自身实际情况进行风险识别和评估。

人力资源风险与前一种分类中的人员风险基本一致，主要包含以下几个方面：企业高层管理人员及核心岗位人员的道德水平和职业操守；企业员工对工作的胜任能力；员工团队合作的状况及企业文化环境；人才的流动对企业经营活动的冲击；等等。

财务风险主要包含四个方面的内容：① 筹资风险，即企业由于借入资金而增加的收益的不确定性和偿债能力丧失的可能性；② 投资风险，即企业投资于项目或证券的收益偏离其目标的可能性；③ 信用风险，即交易对方在账款到期时不予支付的风险；④ 收益分配风险，即公司在分配实现的净利润时，存在分配给投资者或者留存企业内部这两种此消彼长的方式，这种分配的选择和权衡可能会对企业未来的经营活动产生一定的不利影响。

市场风险主要指企业面对的产品市场和要素市场上，供需状况和价格的变化给企业经营活动带来的不确定性。企业需要管理的主要市场风险是利率风险、汇率风险、商品价格风险和股票价格风险。

审计风险。财务报表是企业经营活动的记录和反映，对于财务报表的审计相当于对企业经营活动的最后一道把关和审查，而这道把关的过程本身也是有风险的，即审计风险。对于审计风险，中国注册会计师协会的定义为："所谓审计风险是指会计报表存在重大错误或漏报，而注册会计师审计后发表不恰当审计意见的可能性。"

信息披露风险是企业在信息披露过程中因操作不当而给企业带来不利影响的可能性。比如应当披露的信息没有披露，或者应当保密的信息反而传播出去，这样的事件对于企业的声誉会产生极大的损害。对于上市公司，信息披露与股价息息相关，不当的信息流传更容易使公司的股价大幅震荡。

3. *根据是否可以分散划分*

根据风险是否可以分散化从而将风险分为系统风险和非系统风险。

现代投资学认为，造成股价波动有两大原因：一是与整个股市有关的系统风险，二是与企业有关的非系统风险。

系统风险是整个股票市场本身所固有的风险，它是指由于某种因素使市场上所有的股票都出现价格变动的现象，它在不同程度上影响所有股票的收益。例如经济政策的变化、有关法规的颁布。股票的系统风险主要有股市价格风险、利率风险、购买力风险和政策风险等。20 世纪 30 年代美国经济大萧条时期，整个股市一落千丈，1986 年经济回升时，整个股市扶摇直上，就是系统风险的典型反映。

非系统风险也叫公司特有风险，是指某一企业或行业特有的风险，它影响个别股票的收益。一个公司的股票不但受市场、国民经济和消费者信心的影响，同时还受到所在行业和这个公司特有因素的影响。例如产品市场占有率、管理水平、技术开发、竞争对手、成本费用等。换句话说，即使整个市场风平浪静，这个公司的股票价格也会因这种非系统风险而波动。对于非系统风险，在实务中主要考虑企业经营风险和财务风险。

一般来说，系统风险对投资者来说是无法通过技术操作避免的风险，所以是不可分散风险，而非系统风险则可以通过科学合理的投资组合得以规避。

二、应对风险的态度

经济学将人们对待风险的态度分为三种：风险厌恶、风险中性、风险偏好。

如果投资者当前的投资选择有：

选择 1：无风险投资，期末有确定性收益 10 万元；

选择 2：风险性投资，期末有 50%的概率获得 20 万元收益，有 50%的概率什么都得不到。

两种选择的期望收益是相等的，都是 10 万元。若投资者选择了 1，则叫作风险厌恶。若两选择对投资者来讲没有差异，则叫做风险中性。若投资者选择了 2，则叫作风险偏好。

大多数人都会选择 1，即是风险厌恶者，因为如果现实生活中的人是理性的，他所拥有的财富的边际效用是递减的，即随着财富的增加，等额财富带来的边际效用会越来越小。当“理性经济人”在金融市场上进行投资时，可以直观地认定是“稳健、保守”的，是厌恶风险的。经济学中的“理性经济人”在金融经济学中就是“风险厌恶型”的投资者，对这样的投资者而言，在未来预期财富额等值的情况下，无风险财富的效用显然要大于风险性财富的效用。

第三节　风险管理的概念与过程

一、风险管理的概念

我们对风险进行详细的分析，并了解了人们对风险的态度后，下一步就是对风险进行管理。

关于风险管理的概念，目前还没有一个较为统一的定义。在风险管理的研究过程中，不同时代的学者们由于研究的出发点、侧重点不同，因而对风险管理的定义也不同。

早期比较有影响的风险管理定义是由美国学者威廉姆斯和汉斯作出的，1964 年在他们的著作《风险管理和保险》中指出："风险管理是通过对风险的识别、衡量和控制，以最小的成本，使风险损失达到最低程度的管理方法"。

另外一个著名的定义是 1998 年由美国学者斯凯伯给出的，在其著作《国际风险与保险》中给出了这样的定义："风险管理是指各个经济单位通过对风险的识别、估测、评价和处理，以最小的成本获得最大安全保障的一种管理活动"。

2004 年，美国著名的 COSO 机构发布了《企业风险管理——整合框架》的报告，其中对风险管理给出了一个较为全面的定义："企业风险管理是一个过程，它由一个主体的董事会、管理当局和其他人员实施，应用于战略制定并贯穿于企业之中，旨在识别可能会影响主体的潜在事项，管理风险以使其在该主体的风险容量之内，并为主体目标的实现提供合理保证。"

综合以上定义，我们可以得出风险管理的几个原则。

① 风险管理不是一个静态的制度，而是一个动态的循环的过程，贯穿于企业的整个经营活动之中，渗透于每一个员工的思想和行动之中，风险管理是每一个员工的工作。

② 风险管理的目的是将风险程度和风险损失降低到企业可以承受的范围之内，为企业提供安全保障，提高管理的质量和水平。

③ 风险管理所针对的风险不仅仅是只会带来损失的纯粹风险，也包括损失和收益并存的机会风险。

④ 风险管理的过程也要遵循成本效益原则，力争用最小的成本来达到降低风险的目标。

企业风险管理的功能是识别可能对公司运作产生影响的潜在事件，通过制定应对风险的策略，将不可避免的风险降至最低水平，使损失最小化。风险管理会占用公司一部分资源，所以降低了运用于其他投资活动的资源的数量，所以风险管理要考虑机会成本的问题，理想的风险管理期望用最少的资源去防范和化解最大的风险危机，但现实中风险管理更为复杂，而且风险管理的效果也不明显，常常被其他活动所掩盖。所以一旦有突发事件给企业造成不可挽回的损失，企业才会意识到自身风险管理的重要性。

二、风险管理的过程

企业风险管理的过程分为四个部分：目标设定、风险识别、风险分析、风险应对。四个步骤循环相接，形成一个完整的、动态的、循环的风险管理过程，如图 11-2 所示。

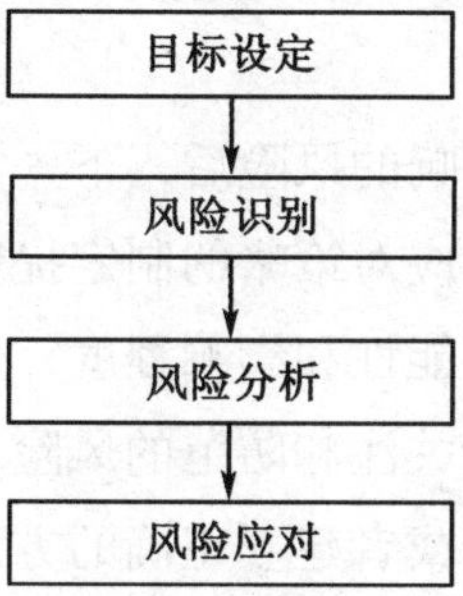

图 11-2　风险管理过程

1. 目标设定

这一步骤是风险管理的开端，是风险识别、风险分析和风险应对的前提。在这一阶段一定要明确企业希望风险管理来做什么，达到什么样的目的，以及为此要付出多少代价。风险管理与企业的经营活动是相辅相成、紧密联系的，同样，风险管理的目标也是与企业经营的目标紧密结合的。可以说，风险管理的目标是在风险层上为企业的经营目标服务的，通过控制风险来帮助企业实现股东价值最大化这一根本的目标。因此，要在企业经营目标的基础上，确定企业的整体风险承受能力，并在具体业务层次上确定各自的可接受风险水平。

2. 风险识别

这一阶段在风险管理工作中承前启后，位于“咽喉”位置，是风险管理中非常重要的一个环节。风险识别从企业所面临的内部和外部环境中，寻找影响企业经营目标的、容易引起风险事故和损失的风险因素。在进行风险识别时，往往根据风险类别，结合企业情况一项一项地具体研究，争取做到算无遗策。在风险识别阶段，重要的是全面，即尽可能地寻找和发现影响企业目标的所有风险因素，贵多不贵精。所以，管理层要充分了解企业所面临的风险。风险管理中最大的问题是没有认识到潜在的障碍威胁。

风险识别方法很多，常见的方法有生产流程分析法、财务报表分析法和保险调查法。生产流程分析法是对企业整个生产经营过程进行全面分析，对其中各个环节逐项分析可能遭遇的风险，找出各种潜在的风险因素。生产流程分析法可分为风险列举法和流程图法。风险列举法指风险管理部门根据本企业的生产流程，列举出各个生产环节的所有风险。流程图法指企业风险管理部门将整个企业生产过程一切环节系统化、顺序化，制成流程图，从而便于发现企业面临的风险。财务报表分析法是通过对企业的资产负债表、损益表、营业报告书及其他有关资料进行分析，从而识别和发现企业现有的财产、责任等面临的风险。采用保险调查法进行风险识别可以利用两种形式。一是根据保险公司或者专门保险刊物的保险险种一览表，选择适合本企业需要的险种。这种方法仅对可保风险进行识别，对不可保风险则无能为力。二是委托保险人或者保险咨询服务机构对本企业的风险管理进行调查设计，找出各种财产和责任存在的风险。

3. 风险分析

识别出对企业的各个层级有影响的风险后，下一步是对各种风险因素可能带来的风险影响程度进行充分评估，为风险应对策略的制定提供依据。风险分析的重点是确定各种风险因素所引起的风险发生的可能性和影响程度，依据这两个维度的标准，将风险进行排序和分级，确定企业应当重点关注和防范的风险。在风险分析阶段，存在着许多种评估的定性和定量方法，如何选择或者建立正确的方法来对风险进行准确的评估，是企业风险管理中的关键问题。当风险本身无法量化时，或者量化评估所要求的充足可靠的数据实际不可获得或数据获得和分析不符合成本效益原则时，管理者通常会采用定性的分析技术。定量的分析技术更加精确，一般用于复杂多变的活动，作为定性分析的补充。一个企业不需要在每个业务部门都使用同样的评估技术，而对评估技术的选择应反映出对精确性的需要和该业务部门的文化。在任何情况下，该业务部门所使用的评估技术应有利于在整个企业范围内对风险的评估。

用以评估风险影响的常见的定性方法是制作风险评估系图。风险评估系图识别某一风险是否会对企业产生重大影响，并将此结论与风险发生的可能性联系起来。这种方法能够为确定业务风险的优先次序提供框架。如图 11-3 所示，与影响较小且发生可能性较低的风险（图中点 A）相比，具有重大影响且发生可能性较高的风险（图中点 B）更加值得关注。

此外，还有大量的工具可用来确定风险对企业的影响，比如情景设计、敏感分析、决策树、计算机模拟、软件包和对现有数据的分析。

① 情景设计。通常借助企业内部的讨论，形成关于未来情况的各种可能的看法。

② 敏感性分析。该分析从改变可能影响分析结果的不同因素的数值入手，估计结果对这些变量的变动的敏感程度。

③ 决策树。常用于目标管理中，以证实每个阶段存在的不确定性，根据每种结果出现的可能性及包含的现金流量，评估项目的期望值。

④ 计算机模拟。利用概率分布，并重复运行，为某项目识别可能的情景和结果。

⑤ 软件包。旨在协助风险识别和分析程序。

⑥ 对现有数据的分析。对现有数据做出分析能够有效地掌握过去风险的影响。

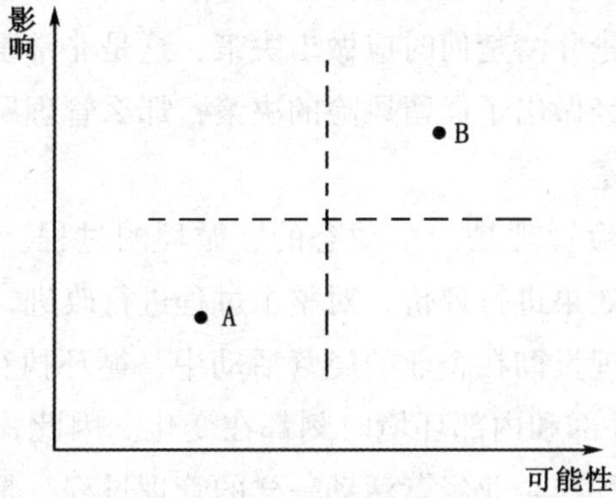

图 11-3　风险评估系图

4. 风险应对

在风险识别和分析的基础上，针对不同的风险，结合企业的风险管理目标和风险承受能力，制定风险应对策略和应对方法。一般而言，风险应对策略分为四种类型：风险降低、风险消除、风险转移和风险保留。风险应对方法有两大类：其一是改变风险的措施，另一类是风险发生后进行补偿的措施。在确定风险应对策略和应对方法之后，通过对决策和计划的实施和执行，来达到降低风险的目的。然后，对实施风险管理措施之后仍然存在的剩余风险，要进行评估并采取相应的应对措施。

① 风险降低，也称风险缓解。不同的实际情况适用不同的风险降低方法。常用的一种形式是风险分散，即通过分散的形式来降低风险，比如在多种股票而非单一股票上投资。不愿将“所有鸡蛋放在一个篮子里”的企业会采用风险分散策略。

② 风险消除策略包括风险规避、风险化解、风险排斥和风险终止。采用风险消除的目的是预期出现不利后果时，一并化解风险。

③ 风险转移。采用风险转移的目的是将风险转移给另一家企业、公司或机构。合同及财务协议是转移风险的主要方式。转移风险并不会降低其造成损失可能的严重程度，只是从一方转嫁给另一方。

转移风险时，管理层应考虑各方的目标、转移的能力、存在风险的情景以及成本效益。其中一种转移风险的方式是购买保险，购买保险具体来说就是企业向非关联的第三方付款，让其代为承担风险。接受被转移风险的一方，通常要收取保费。要权衡的关键是所支付的保费是否低于风险发生时吸收风险的可能成本。

④ 风险保留。风险保留的策略包括风险接受、风险吸收和风险容忍。采取风险保留的策略，或者是因为比较经济，或者是因为没有其他备选方法（比如降低、消除和转移方法）。采用风险保留时，管理层需考虑所有的方案，并确定已对所有可能的消除、降低或转移方法进行分析，没有其他备选方案。此外，商业环境不是一成不变的，因

此，企业在短期内可能出现新的备选方案，比如保险合同、外包或开发其他市场。通过定期风险复核控制风险情景并清楚何时应做出决策，这是非常重要的。要确保不会与备选措施失之交臂。如果已经做出了保留风险的决策，那么管理层应对付诸实施的影响及风险发生的可能性十分清楚。

此外，必须强调，风险管理是一个动态的、循环的过程。在风险应对办法实施之后，还应该对风险管理的效果进行评价，对整个过程进行改进，借助风险管理信息系统等信息化手段，将风险管理贯彻在企业的经营活动中，循环执行。“唯一不变的就是变化本身”，企业所面临的外部和内部环境时刻都在变化。因此，风险管理不是一个一劳永逸的制度设计，而是一种与企业经营活动一样的管理过程，是手段而非目的。

对风险管理的效果的评价可以参考成本收益原则，也就是将在风险管理过程中为了降低风险所付出的代价，与风险管理措施所降低的风险损失进行比较，计算如下效益比率：

$$效益比率=\frac{风险管理措施所降低的风险损失}{实施风险管理措施所付出的直接成本和机会成本}$$

如果该比率的值小于1，那么这样的风险管理方案是失败的。有效的风险管理方案应当使该比率大于1，并且比率越大，该方案的经济性越强，效率越高。

三、风险管理的局限性

尽管风险管理为企业起到了保驾护航的作用，可以帮助管理者实现企业目标，但进行风险管理的时候，必须认识到风险管理也是有局限性的。无论企业风险管理设计得如何完善、运行得如何有效，它并不能完全消除风险，只是能够降低风险和减少风险所带来的损失。这就是风险管理的局限性，其产生的原因如下。

① 成本。对风险进行管理是有成本的，要耗费企业的人力、物力和财力。风险管理的设计必须反映企业资源稀缺的现实，而风险管理的收益必须对应风险管理的成本，风险管理必然会遵循成本收益原则。这样，就不可能也没必要对所有的风险都进行深入分析，企业也不能把所有的风险都降低到一个严格的标准。因此，进行风险管理后必定会有部分剩余风险存在。

② 主观性。风险是客观存在的，但是对风险的评估是主观的。对风险的分析和评估是对未来的判断，其基础是人们的知识和经验，主观性很强。另外，风险分析量化的工具和方法也是建立在主观估计的基础上的。主观性的存在使得对风险进行精确评估不太现实。另外，风险评估还可能发生人为干扰，如简单失误或错误所造成的故障随时可能发生，两个或两个以上的人串通可以规避控制，并且管理层能凌驾于企业风险管理决策之上。这些局限性使得董事会和管理层不可能绝对保证实现企业的目标。

以上可见，风险管理不是万能的，也是有一定局限的。但是，决不能因此否认风险管理，风险管理是不可替代的。

第四节　风险管理委员会及其运行流程

根据国情和公司文化的不同，风险管理业务的归属也会相应变化。有的公司倾向于将风险管理业务分散于各个部门之中，有的公司倾向于将风险管理业务集中于独立的部门。经验表明，设立独立的风险管理机构——风险管理委员会，由专职人员负责风险管理可以节约风险管理成本。

一、风险管理委员会工作模式

一般来讲，风险管理委员会是企业中风险管理实施的主要负责部门。风险管理实施的时候，一个常用的模式是“几上几下”，见图 11-4。

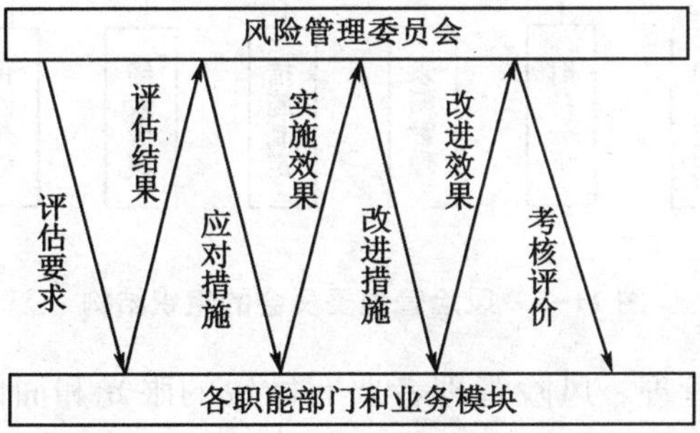

图 11-4　风险管理的运行

① 由风险管理委员会牵头和推动，由各个职能部门和业务单元对其面临的风险因素进行自我识别和评估，将结果上传至风险管理委员会。

② 风险管理委员会综合各部门的因素，进行整体考虑和分析，补充各部门遗漏的风险和企业整体的风险，并据此制定风险应对策略、建立风险管理流程，将应对措施落实到各部门的业务流程中。然后将此结果传递给各职能部门。

③ 各职能部门得到应对策略和流程控制指导后，结合部门实际，将风险管理流程融入业务流程中，落实风险管理的措施。并且对风险管理的效果进行评估，将评估结果反映给风险管理委员会。

④ 风险管理委员会对各部门实施的结果进行评价，据此对各责任人进行考核，然后根据实施的效果对风险管理进行改进，再将制定的改进措施传递到各部门，如此不断循环。

二、风险管理委员会机构设置与成员素质要求

风险管理的运行需要企业全体员工的认同和参与。因此，风险管理委员会应当在企业组织中处于一个较高的层次，并赋予适当考核权力，才有利于其开展工作。通常风险

管理委员会设置在董事会下，直接对董事会负责，委员会委员为公司的董事或高管，如图 11-5。

风险管理委员会对建立和发展公司的风险管理体系负有整体责任，对其组成人员的素质要求比较高。具体内容如下。

① 责任感。风险管理责任重大，在某种程度上类似于人体的健康。平时没有什么特别的体现，好像没有产生什么业绩，而一旦出现问题，就有可能是致命的危险。风险管理人员的工作关乎企业命运，因而责任感是对任职人员素质的第一要求。

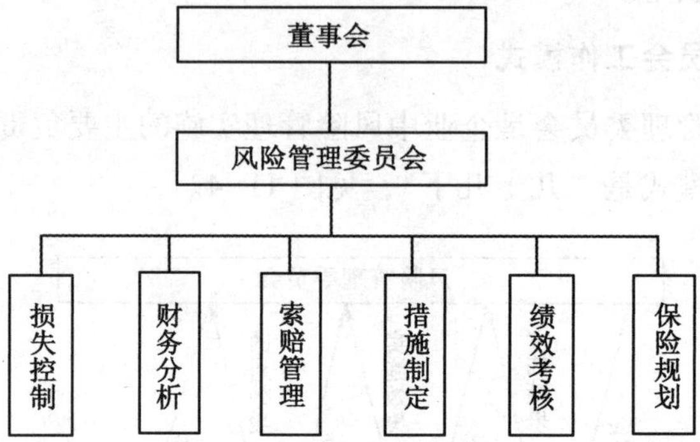

图 11-5　风险管理委员会的组织结构

② 懂得风险和风险管理。风险管理者要有敏锐的眼光和面向未来的观念，能够对即将发生的风险进行识别，并且能够恰当地衡量分析风险，据此提出解决办法和控制措施。

③ 富有专长和工作经验。对企业商业模式和业务流程的了解是进行风险识别的基础。风险管理者应该在公司中具有丰富的工作经验，熟知企业的内外环境和工作流程。

④ 沟通能力。风险识别离不开企业工作人员的配合，而且风险管理措施也需要企业所有工作人员来落实和执行。风险识别的调查、风险措施的传达、风险理念的灌输、实施效果的考核等，都需要风险管理人员与各部门工作人员的沟通和交流来实现，因此，良好的沟通能力在这一过程中不可或缺。

三、风险管理委员会职责与权力

风险管理委员会的职责主要有六个方面。

① 识别并营造风险管理的内部环境。内部环境是风险管理的基础要素。COSO 的《企业风险管理框架》提出的风险管理八要素的第一个要素就是内部环境。内部环境包括风险管理哲学、风险偏好、风险文化、组织结构、职业操守、价值观、管理哲学、经营风格、人力资源等方面。风险管理委员会应识别、分析企业的内部环境，并致力于内部环境的营造，将环境塑造为有利于风险管理的氛围。

② 引导企业文化建设，加入风险理念。风险管理过程包含着许多与企业各职能部

门的沟通和互动，包括前期的收集信息、中期的措施实施以及后期的评价考核等。一个有效的风险管理体系离不开公司内部纵向和横向的沟通，甚至需要与公司外部关系人进行沟通。风险管理的每个环节，都深受企业文化的影响。不言而喻，开放、合作的企业氛围与办公室政治的企业氛围相比较，前者风险管理的开展条件与后者比有巨大的优势。

企业员工对风险的重视程度直接影响着风险管理的实施及效果。毕竟风险管理不只是风险管理委员会的工作，而是全部职能部门和员工都要参与的管理活动。要通过对企业文化建设的引导，使员工真正理解风险管理的重要性，明确风险管理的目标，最终要达到“管理风险是每个人的工作”这一理念被公司大多数员工所认同。

因此，塑造良好的公司文化氛围，在公司文化中植入风险理念，可以为风险管理的开展打下坚实的基础。协助企业文化的建立，并加入风险导向，这也是风险管理委员会的职责所在。

③ 建立风险管理制度，制定并明确风险负责人的职责。风险管理不应仅仅是风险管理委员会的职责，而应是企业每一名员工的工作。风险管理涉及企业的方方面面：资金和资产保全部门、高级管理层、运营人员、法律顾问、内部审计部门等。因此，在风险管理过程中，各部门的协同合作尤为重要。风险管理委员会要通过制度建设，促成这种沟通和协作，最终使其变为企业文化的一部分。

此外，要制定并明确每个风险险管理参与人员的职责，通过责任制和考核体系来调动员工参与风险管理的积极性，降低推行的阻力。

④ 合理分配风险管理资源，为风险管理过程提供保障。根据风险管理的实施活动，合理分配企业资源，确保风险管理的资金和人员到位。同时，要合理规划时间安排，将时间进度与工作强度和难度匹配，避免出现为了短时间赶工期而不得不牺牲工作质量的无奈情况。

⑤ 制定风险管理措施，将风险控制在可接受的水平之内；建立风险管理流程，将风险管理活动整合到企业的经营业务流程之中。风险管理的流程和活动应该与企业的经营业务活动形成一个有机的整体，而不是作为日常工作的附属流程。特别是风险应对中的内部控制措施，控制运营风险的产生，则更是公司业务流程中不可或缺的一部分。

⑥ 监督风险管理的具体实施，并进行考核和评价，形成透明有效的监督机制和信息反馈机制。风险管理进行的过程本身存在不确定性，也就存在风险。对这部分风险的控制就要靠对风险管理的监督来完成。监督的目的是为了确保风险管理过程高质量地完成，防止偏差的发生。

思考题

1. 企业风险管理与内部控制有何联系？
2. 为什么说风险管理是企业内每一个人的责任？
3. 有哪些风险分析和评价的方法？
4. 造成风险管理固有局限性的原因是什么？

第十二章　风险管理的目标设定与风险识别

【学习目标】

- 企业经营层面的目标
- 风险层面的目标
- 风险识别工具
- 风险识别方法

第一节　企业经营活动层目标

企业经营活动层目标共分为四类：战略目标、经营目标、报告目标、合规目标。

战略目标立足于公司的使命，是具备高度的、长远的目标，反映了公司的定位特征以及为股东创造价值的观念取向。

其他三个目标——经营目标、报告目标、合规目标——统称为相关目标，它们更加细化，将战略目标落实到各个业务部门，使公司各个单元认识战略目标的构成要素。相关目标是战略目标的具体化表现，通过完成相关目标促使战略目标的达成。三个相关目标中，报告目标和合规目标往往是企业可以控制的，而经营目标的实现则容易受到不可控因素的影响。

一、战略目标

企业的战略目标，实质上就是基于企业目前在环境中的位置分析，提出企业将要达到的位置。

（一）波特五作用力模型

五作用力模型是进行产业结构分析的有力工具，一个产业内部的竞争状态取决于五种基本的竞争作用力，这些力量汇集起来决定了该产业的最终利润潜力。这五种竞争作用力分别是：进入威胁、替代威胁、买方砍价能力、供方砍价能力和现有竞争对手的竞争（图 12-1）。

以上五种作用力共同决定了一个产业的利润性质，即它是暴利行业还是微利行业。经济学中将其称为垄断市场和完全竞争市场，现在又出现了新的名词将其称为蓝海和红

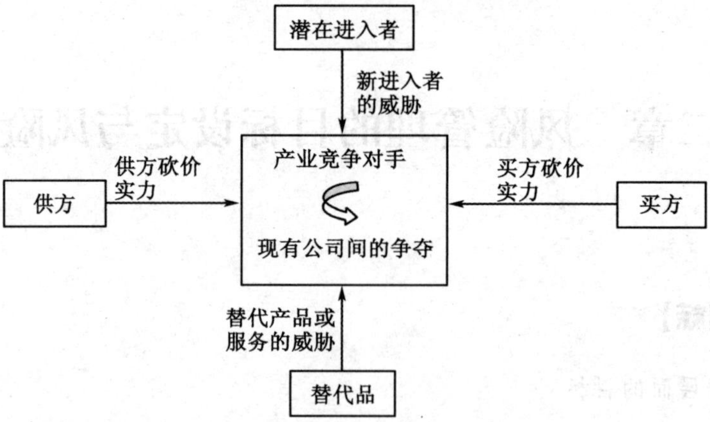

图 12-1　波特竞争战略模型

海。通过对五种竞争压力来源的深入分析，企业就可以认清所处产业的性质以及自己在产业中的定位，明确自己的强项和弱项，从而制定正确的竞争战略，抗击五种竞争力。

1. 进入威胁

经济学理论中，在完全竞争的情况下，如果某一行业的利润率高，那必然会吸引新的竞争对手进入，最终激烈的竞争将把经济利润压为零。而现实中许多暴利行业还是一直存在的，其原因就是存在进入壁垒，使得市场无法呈现完全竞争的状态。除进入壁垒外，新进入者还要面对原有企业的防守和报复措施。

进入壁垒主要有以下几种。

（1）规模经济

大规模生产的经济性集中表现为单位产品的成本随着产量的增加而降低。面对规模经济的产业，新进入者只有两个选择：要么斥巨资投入以大规模生产从而承担巨大的风险；要么以小规模生产试水从而承担成本过高的劣势。

（2）产品歧异

产品歧异是指原有企业由于产品特色、服务质量、广告宣传积累等获得的商誉以及顾客忠诚度。新进入者只有通过重新投资打造一个新的品牌来争夺顾客忠诚度，这无疑使初始阶段非常容易亏损。

（3）资本需求

有些产业需要大量的投资，尤其是高风险、不可回收的前期投资，如广告、研发等。资本的高门槛本身就拦截了一大部分潜在进入者。

（4）转换成本

对于顾客而言，从一个供应商转换到另外一个供应商是有成本的，这就是转换成本。其中包括雇员重新培训成本、新的配件成本、学习新技术的成本、中断老关系的心理成本等。新进入者要想让顾客克服转换成本选择自己，就必须在产品和服务方面有重大的改进，相应的投入也必然增加。

（5）获得分销渠道

新进入者的产品也需要分销渠道才能到达消费者手中，在寻找分销渠道的过程中也会遇到壁垒。因为许多理想的分销渠道已经被原有企业占有，新进入者必须付出更多的成本才能挤进渠道。

（6）与规模无关的成本劣势

除了规模外，原有企业在其他方面也有许多成本优势，如专有的产品技术、原材料来源优势、地点优势、政府补贴、学习曲线，以及无法模仿和复制的经验等。

（7）政府政策

有些产业，政府会限制甚至封锁新企业的进入，比如通过许可证、行业政策等。此外，对污染标准、产品的安全性、食品的健康性的检验标准也对部分新进入者构成壁垒。

2. 替代威胁

替代品的存在为该产业所有企业产品的价格设置了上限，从而压制了该产业的利润水平。替代品的威胁往往不只针对一个企业，而是对整个产业都有影响。较大的替代品具有这样的特征：

① 它们有更好的性价比，从而比原产业产品有优势；

② 替代的产品其行业利润率高。

3. 买方砍价能力

买方往往会压低价格，要求更高的产品质量，索取更多的服务，并且从多个企业彼此竞争的状态中获利。这样的行为模式也压低了产业的利润。买方砍价实力在下面的情况中往往较强。

① 相对于卖方的销售量，购买是大批量的、集中的。

② 买方购买的产品占据其自身成本或购买数额的很大部分，这使得买方为了压价不惜耗费大量精力。

③ 买方购买的产品是标准的、非歧异的，因此有多个供应商可以选择。

④ 买方的转换成本低。

⑤ 买方的利润水平低。

⑥ 买方采取了后向整合或部分后向整合。

⑦ 购买的产品对买方自身产品和服务的质量没有重大影响。

⑧ 买方掌握了充分的信息，包括需求、市场价格、成本等方面。

4. 供方砍价能力

供方企业可以提价、降低其供应的产品或服务的质量，从而对产业中的企业造成压力。具备下述特点的供方往往具有较强的砍价实力。

① 供方产业垄断程度高，由少数几个公司支配。

② 供方的替代品少。

③ 该产业并非供方的主要客户，在供方的销售比重中份额不大。

④ 供方产品是该产业的主要投入品。

⑤ 供方产品歧异化，或者已经建立起转换成本。

⑥ 供方采取了前向整合。

5. 现有竞争对手的竞争

产业内企业竞争的激烈程度集中反映了该产业的性质。竞争往往以人们熟悉的形式展开，如价格战、广告战、推出新产品等。当一个产业具有如下特征时，其业内竞争往往比较激烈。

① 存在众多的或势均力敌的竞争对手，这样秩序不容易建立，容易陷入价格战的泥沼。

② 产业增长缓慢，扩张有限，因而竞争的目的是瓜分有限的市场份额。

③ 存在高额的固定成本或库存成本，逼迫企业加大销售量才能赢利。

④ 产品歧异或者转换成本欠缺，顾客忠诚度低。

⑤ 竞争对手形形色色，多角化和多元化强。

⑥ 在产业中立足对于某企业具有高额战略利益，因而它将不计代价地占领市场份额。

⑦ 产业的退出壁垒大。退出壁垒包括：专用性资产、退出的固定成本、内部战略联系、感情障碍和政府及社会约束。

(二) 战略选择

波特在提出上述五作用力模型的同时，也总结了三种提供成功机会的基本战略：成本领先战略（overall cost leadership）、差异化战略（differentiation）和目标集聚战略（focus）。

1. 成本领先战略

成本领先战略要求企业建立起具备规模的生产设施，组织具备规模经济的大批量生产，在经验的基础上全力降低成本，控制研发、服务、营销、广告、管理等各方面的费用，以达到成本优势。具有成本优势的企业在市场上处于“进可攻、退可守”的不败之地。

采用成本领先战略的风险在于维持这一地位的沉重负担，因此对于许多风险极为敏感。

① 技术进步的风险。技术上的变化有可能使公司原有的生产技术和规模不具优势。

② 新进入者的风险。新进入者有可能采用全新的设备和技术进行大规模生产，以此拉低单件成本。

③ 市场风险。公司的注意力集中在成本上，因而忽视了市场的变化，没有及时跟进。

④ 品牌风险。低成本战略在塑造品牌上存在先天的劣势。

2. 差异化战略

差异化战略就是将企业的产品或服务标新立异，在某方面形成独特性，例如品牌形象、技术特点、外观独特、客户服务、营销网络等。具有独特性的方面越多，公司的差异化战略就越成功。差异化战略的实质是造成了某种程度的垄断，避开了竞争，因而可以为企业带来不同程度的超额利润。

实行差异化战略也面临一系列的风险。

① 低成本的竞争对手其产品价格与本企业差距过大，以至于差异化带来的好处不足以弥补价格上的差距，无法笼络顾客。

② 顾客对差异化的需求下降。

③ 竞争对手的模仿使得差异化不再显著。

3. 目标集聚战略

目标集聚战略就是公司集中资源主攻某个特定的顾客群、某个细分产品或者某个地区市场。围绕这一特定的目标，公司全力以更高的效率和更好的效果为其提供产品和服务，或是实现差异化，或是实现低成本，也可能二者兼有。最终公司在这一狭窄的市场上获得优势地位。

目标集聚战略的风险如下。

① 采用成本领先战略的对手，其价格与目标集聚的企业差距过大，使得目标市场的优势被价格的差距所抵消。

② 目标市场对产品和服务的需求的差异化变小，与整体市场趋同。

③ 竞争对手也使用目标集聚战略，并成功地从本公司的目标市场中划出一块比对手更具优势的细分市场。

二、经营目标

经营目标具体可分为绩效目标、利润目标、资产安全目标等。

绩效目标，例如：提高产品质量，使产品合格率上升到98%；开辟二线城市市场，使公司产品进入省会及各中型城市；在目标市场消费者中将品牌知名度提高10%；等等。

利润目标，例如：设定今年完成利润7 000万；比去年利润增长20%；等等。

资产安全目标有些类似于“守成”的目标，例如：实现金融资产的保值增值；确保厂房、仓库、原材料及半成品等实物资产不受火灾等灾害的损毁、不因盗窃等蒙受损失。

经营目标要反映两个“E”——工作有效（effective）和有效率（efficient）。经营目标的设定可以采用外推的方法，即依据历史业绩和增长速度外推得到本期的目标。在确定经营目标的时候，要注重立足实际、着眼市场，整合公司内外资源。

1. 立足实际

根据公司的现实情况，脚踏实地，制定合适的目标。目标制定得太高和太低都起不到激励的作用，反而对企业有害。好高骛远，目标制定得太高，基本不可能实现，对企业尤其有害。此种情况下，如果公司上层利用薪酬等手段，极力压迫员工去实现这一“不可能完成的任务”，这时候公司员工就很容易出现抵触心理，站在公司目标的对立面上。反之，如果目标制定得过低，太容易实现，也失去了制定目标的价值和作用。员工轻松地完成了目标之后，就容易出现守成的心理，不再积极进取，只等着拿年终奖了。好的目标应当是高标准的，同时通过积极的努力又可以完成。

2. 着眼市场

市场是变化的，但在不断地变化中会出现一定的潮流和趋势。能否准确地认清并抓住这种潮流和趋势，这就是企业将市场变化转变为机会还是风险的区别所在。在企业发展的不同阶段，对潮流和趋势的把握和利用也是不同的。

① 第一阶段：在发展的初期，刚进入市场的企业往往缺乏经验，未必能够准确地识别市场的走向，因而往往采用被动的模仿策略，即模仿和跟随同行业企业的做法，知其然而不知其所以然。

② 第二阶段：等到企业有了一定时间和经验的积累，对该市场的认识加深，对消费者行为模式也有了一定的掌握，这时就应该能够从细微的变化中感知潮流的来临，提前部署，借着趋势的东风扩大生产和规模。

③ 第三阶段：企业发展壮大之后，在行业中居于领跑者的方阵，对市场有了一定的话语权，对消费者的行为能够产生一定的影响，这时候就可以“唯恐天下不乱”地主动地制造变化，创造对自己最有利的潮流，通过引领时尚、重塑文化等策略来给企业重新定位、对市场重新洗牌。更强势的公司甚至可以制定行业标准，将公司的优势格局定死，长期保持龙头的地位。

3. 整合公司内外资源

资源的形式多种多样，有资金、人员、技术、资产、商誉、销售渠道、媒体网络、社会资本等。商场如战场，公司的资源就是一支军队。指挥官必须善于用兵，将不同的力量部署到相应的地方，将它们各自的作用发挥到极致，尽可能为胜利创造一切条件。“君子性非异也，善假于物也”。这一过程贵在整合，将原本零散的资源融会贯通，有机结合，穿成一线，打造成企业的一段价值链，为实现公司的目标服务。

三、报告目标

公司报告按照受众来划分可以分为内部报告和外部报告；按照内容划分可分为财务报告和非财务报告。内部报告向管理层及时准确地传递完整的信息，帮助管理层制定公司决策、监控企业运营状态。外部报告向公司外部传递信息，例如：上市公司对外披露的公告、财务报表及附注；向监管部门送交的报告；等等。

报告目标就是要保证报告的真实性、可靠性、准确性、有效性、完整性和及时性，无论是内部报告还是外部报告。内部报告没有达到目标规范，会导致管理层不能及时得到企业经营信息，错失商机或导致错误决策。外部报告没有达到目标规范，则有可能导致企业受到监管部门的处罚和商誉的损害。

四、合规目标

合规目标就是要保证公司的经营活动符合法律及规范。包括符合法律、环保、健康、安全、税收、行业规范、国际贸易规则，以及各种管理办法等。如果经营活动不符合法规，不仅会使企业丧失法规的保护，而且会导致企业受到法律和监管部门的惩罚。

第二节　风险层目标

风险管理的总体目标在于通过使风险成本最小化实现企业价值最大化。具体而言，企业的风险管理目标必须和企业的目标相一致，为实现企业的目标服务。

风险管理的具体目标是要在损失发生前提供经济有效的保证，在损失发生后能够达成令人满意的复原。

一、风险成本

风险成本主要分为三类：损失成本、风险控制成本、剩余风险成本。

损失成本指的是风险构成三要素中的损失要素，包括直接损失和间接损失。例如，当公司由于产品质量问题而遭受诉讼时，其损失成本包括：对当事人赔偿的损失，诉讼的费用，由于诉讼导致的销售减少的损失，对同批次产品进行回收的损失，挽回声誉花费的公关费用，以及如果金额巨大导致公司不得不借贷渡过难关的筹资成本。

风险控制成本主要包括两部分，其一是为了降低风险发生的概率和损失程度而付出的努力的成本，例如对产品质量进行安全测试等；其二是为了将风险对冲、规避或转移而付出的成本，例如采用期货来对冲价格风险，分散化的成本，以及保险费用等。

风险管理并不能完全消除风险，只能将风险水平降低到可接受的范围之内。在进行了风险管理之后仍然会有剩余风险，还是有可能造成潜在损失，这部分成本就是剩余风险成本。

这三种风险成本存在着互相替代的关系。例如，加大风险控制成本的投入，可以有效地降低损失成本以及部分降低剩余风险成本。风险管理的目标就是权衡风险控制成本的投入，使得总的风险成本最小化，从而达成企业价值最大化。

二、损失发生前和发生后目标

风险管理要在损失发生前提供经济的、有效的保证，在损失发生后能够达成令人满意的复原。

（一）损失发生前目标

1. 经济性目标

经济性是风险管理的首要目标。风险管理者要权衡风险损失成本和风险控制成本，分析比较各种风险控制工具和方法，谋求以最经济的投入来提供风险总成本最小的保证。

2. 减少恐惧和担忧

有时候风险事故可能带来严重的后果，使人们心理产生恐惧和担忧。这种心理障碍对内会影响员工的工作积极性和满意度，对外会影响顾客的行为。例如飞机失事风险就容易使人们产生恐惧和担忧。风险管理通过对风险的识别、评价和控制，要尽量减少人们的心理负担，创造一个具有安全感的环境。

3. 社会责任目标

风险往往不只是对企业造成损失，也会危及社会。企业投入成本来控制风险、降低损失，也是企业社会责任的一部分。因为这样会产生正的外部性，在企业受益的同时，也使社会得益。并且，这也有助于提升企业的社会形象，增加声誉。

（二）损失发生后目标

1. 维持生存

风险事件发生后，风险管理最基本、最首要的目标就是维持企业的生存，防止企业一蹶不振、在危机面前倒下。维持生存是一切发展的前提。

2. 使经营活动迅速恢复正常

维持了企业的存续后，下一步目标是尽快使企业的经营活动恢复正常，继续创造收益来补偿风险的损失。

3. 实现收益稳定和持续增长

企业恢复元气之后，应该继续向前发展，保持原有的增长势头，消除风险的负面影响。

4. 履行社会责任

风险的发生不仅仅对企业造成损失，也可能给社会的相关方面造成损失。企业从风险事件中恢复后，应当履行其社会责任，对之前造成损失的社会各方给予补偿。

三、风险偏好

每个企业对风险的偏好程度是不同的。往往由企业所处的行业、企业的发展阶段、企业目前的基础实力以及管理层的风格来确定企业的风险偏好。例如，对于时刻变化的电子消费品行业，很难想象其中的企业对风险持一种很保守的态度。只有不断地加入新技术、推出新产品，站在时尚的风口浪尖上的企业，才能在竞争激烈且变化多端的电子消费品行业中立足。而这种主动去追寻变化的态度，必然决定了其对风险不能持过于保守的态度。

风险偏好往往调整着企业战略的制定，影响着企业决策的风格。特别是对于诸如新市场的开拓、新产品的研发等业务环节的决策上，风险偏好的影响就更大。公司制定战略目标时，一定要使战略目标的风格与公司的风险偏好一致。相对于风险偏好而言，过于激进或者过于保守的战略，在实际执行中都会自觉不自觉地受到风险偏好的调整。

四、企业整体风险承受力

如果说风险偏好是企业主动承担风险的主观意愿，风险承受力就是企业能够承担多大风险的客观能力。企业整体风险承受力与许多因素有关，最主要的是企业的基础实力因素，其他因素还有所处行业、人员、业务流程、资金、负债、收入的持续性等。风险偏好与风险承受力，是企业在制定战略时不得不仔细考虑的影响因素。

“没有金刚钻，别揽瓷器活。”一般来讲，公司的风险偏好应该绝对低于风险承受能力，否则会“力不从心”，容易陷入财务困难或是危机的泥沼中。

五、各业务模块可接受的风险水平

可接受的风险水平，又称风险容忍度，是指企业可接受的目标偏离程度。例如：企业对产品质量的目标是合格率99%，同时确定了风险容忍度为1%，也就是说最终实现的合格率在98%~100%都是可以接受的。这里的偏离程度1%，就是风险容忍度。

风险容忍度和风险偏好一起，决定了企业对不同风险的应对策略：对什么样的风险是可以承担的，而什么样的风险是必须回避的。

第三节 企业风险识别

企业风险识别是企业风险管理中最为关键，同时也是最为困难的一环，它是一个连续的、动态的过程，与时俱进，持续不断。只要企业还在经营，风险管理活动就不会停止。

风险识别对参与人员的素质和经验要求较高，具体有以下几方面。

① 熟悉风险管理的相关知识和工具。

② 对公司的业务流程有深入的了解，最好是业务骨干，在企业有过多年工作经验。

③ 沟通能力强，能够组织各职能部门员工进行交流。

④ 对公司所处行业有较深入的理解，对经济形势、行业趋势等具有前瞻性的敏感。

一、风险识别的基础

风险识别的基础是对企业自身及所处位置的认识和评估。“知人者智，自知者明”，认清自己往往并不是一件容易的事。在认识自己的基础上进行风险评估，才能有的放矢。并且，自身评估所形成的结果，如组织结构图、业务流程图等，就是对风险识别最好的指引，使风险识别水到渠成。

对企业自身的认识，要涵盖以下几方面：

① 公司治理结构；

② 组织机构设置；

③ 企业文化；

④ 人力资源政策；

⑤ 内部控制制度；

⑥ 内部审计机制；

⑦ 公司业务流程和盈利模式。

对企业处境的认识，可以采用 SWOT 分析法，即从优势、劣势、机会和威胁（strength，weakness，opportunity and threat）四个方面来对企业的处境进行评估。这种方法在确定企业战略的过程中得到了广泛应用。

企业的优势的体现，往往是在市场或者细分市场上能够形成某种形式的垄断，一般有以下几个方面。

① 技术优势。技术先进，工艺复杂，竞争对手无法模仿，或者技术独特，受专利保护。

② 质量优势。产品质量高于竞争对手，形成差异化，可以走高端路线。

③ 成本优势。同样的产品成本低于对手，具有价格优势。

④ 资本优势。资金雄厚，拥有自然资源存储、现代化车间厂房和设备、地产资源等。

⑤ 商誉优势。良好的品牌形象，累积的商业信用，领先的市场份额。

⑥ 人员优势。拥有关键的技术人才，积极上进的员工，进取的公司文化。

⑦ 管理优势。完善的管理信息系统，健全的质量和成本控制体系，快速的市场反应能力，较短的新产品开发周期，强大的营销网络。

企业的劣势。一般来讲，一个企业不太可能同时拥有上述所有的优势，只会拥有部分的优势。相对竞争对手而言，本身优势的缺失就是企业的劣势。自然，在激烈的市场竞争中，如何扬长避短，寻找属于自己的蓝海，这是每个企业都要面对的问题。另外，需要强调，对优势和劣势的分析，其立足点应该是站在用户或者是客户的角度上的，而不是站在企业本身的角度。对客户形成利益的因素才是企业的优势。

机会和威胁。这两者与环境的变化有关，变化的趋势和方向往往决定了是机会还是威胁。与机会和威胁有关的环境变化如下：

① 人口结构的变化导致客户群的变化；

② 技术的更新换代；

③ 纵向或横向并购；

④ 企业前向或后向整合；

⑤ 对竞争对手的并购；

⑥ 市场进入壁垒变化；

⑦ 市场需求、消费者观念和行为的变化；

⑧ 替代品进入或退出市场；

⑨ 汇率或外贸政策的变化；

⑩ 供应商的变化；

⑪ 竞争对手的动向，如推出新产品等。

另外，对于 SWOT 四个方面的分析也是动态的，要在评估过程中要加入时间因素，即估计每种优势建立的时间，能够持续的时间，竞争对手做出反应需要的时间等。这样才会对企业自身及其处境有一个正确的认识，从而为风险识别打下坚实的基础。

二、风险识别的要点

尽量全面，力争找出所有可能的风险因素。

1. 风险识别贵在全面

风险识别是对风险进行分析、采取应对措施的前提条件。风险识别是否全面，直接影响着企业风险管理的质量。特别是有可能对企业造成重大损失的风险因素的遗漏，更容易对企业形成致命伤害。如果说风险管理是扫除“地雷”的过程，风险识别就是要对影响企业发展的“地雷”进行定位，关键是要发现所有的“地雷”，确保不留下未识别的风险隐患。

2. 风险事件是相互依赖的

一方面，一个事件往往会引发其他事件的发生；另一方面，多个事件有可能同时发生，共同影响企业的风险。因此，风险识别的过程中要注意风险事件之间的关联，联系地看问题而不是将各个风险因素孤立。例如 2007 年我国经济的“流动性过剩”现象，其中利率、汇率、股票价格、消费价格、房地产价格等在货币流动性过剩的刺激下发生联动，因此将个别风险因素孤立地对待是不可取的。

3. 将风险因素进行分类

分类是处理问题的好方法，能够起到提纲挈领、纲举目张的效果。按照内部外部、业务模块、部门单位等条件将各类风险因素进行分类汇总，有助于管理层更好地理解因素之间的关系，从整体上把握风险和机会，并且有助于各职能部门更好地认识和关注与其直接相关的风险。

三、风险识别的工具——商业风险模型

商业风险模型将风险分为三大类。

① 环境风险（environmental risk），是指外部因素引起的、影响公司目标实现或使公司发生损失的风险。

② 流程风险（process risk），是指由于公司内部业务流程没有得到有效实施、资产未得到有效保护等因素而产生的风险。

③ 决策信息风险（information for decision making risk），是指由于战略决策、经营决策和财务决策所使用的信息不恰当、不可靠或未被正确使用而产生的风险。

在前述三大类的基础上继续细分，可得到更多的风险因素，它们共同构成了商业风险模型，具有较广的适用范围。最初的商业风险模型有 73 种细化风险。表 12-1 所示为经过补充后的商业风险模型，共有 77 种细化风险。

表 12-1　商业风险模型

环境风险		
竞争对手　顾客需求　技术进步　敏感性　股东关系		
资金　政治　法律　监管　行业　金融市场　灾害损失		
流程风险		
经营风险	**授权风险**	**财务风险**
顾客满意度	领导能力	价格
人力资源	权力/限制	利率
产品开发	外包	货币
效率	业绩激励	权益
生产能力	变化应对	商品
性能差距	沟通	金融工具
周期	**信息处理/技术风险**	流动性
货源	相关性	现金流量
渠道有效性	系统整体性	机会成本
合作伙伴	接触途径	集中
陈旧/跌价	可获得性	信用
合规性	基础设施	违约
经营中断	**诚信风险**	集中
产品/服务失败	管理层舞弊	清偿
环保	雇员/第三方舞弊	担保
健康与安全	违法行为	
商标价值损失	未经授权的使用	
	声誉	

表 12-1（续）

决策信息风险		
经营决策	**财务决策**	**战略决策**
定价	预算和计划	环境监控
合同承诺	会计信息	经营种类组合
考核（经营层）	财务报告评估	估价
一致性	税务	组织结构
报告合规	养老金	考核（战略层）
	投资评估	资源分配
	报告合规	计划
		生命周期

（一）环境风险

环境风险列示了影响公司目标和战略的外部因素，共有 12 项细化风险。

1. 竞争对手风险（competitor risk）

竞争对手、市场新的进入者的行为，对公司都是某种程度的威胁。最为常见的是竞争对手的价格战。此外还有竞争对手提高产品质量、推出新产品、对自己产品的仿效、大幅提高广告投入、结合热点等媒体关注题材进行整合营销等。特别是竞争对手的某些营销策略会削弱自己耗费巨资的营销计划的效果。

2. 顾客需求风险（customer wants risk）

顾客需求总是在不断变化的，有些变化对企业而言可能意味着增加成本，如顾客对质量的要求提高、对快速邮递的要求更严格等；有些变化对企业来说可能并不需要增加成本，而是需要进行技巧性的改进，如顾客对时尚潮流的偏爱、顾客口味的变化、顾客健康观念和意识的增强等。无论哪种变化，企业必须实时地对变化进行监控，掌握其趋势并做出反应。落后者在竞争中是没有希望的。

此外，顾客本身也在不断地变化。社会在发展，人口结构也在变换，如老龄化趋势、中国的男多女少趋势、丁克家庭趋势等。这些变化影响公司目标客户群的数量，从根本上改变着对公司产品和服务的需求。

3. 技术进步风险（technological innovation risk）

技术进步的风险对企业的影响是巨大的。因为技术进步往往意味着更好的质量、更强的性能和更低的成本。如果企业落后于技术进步的大潮，其结果绝对是致命的。IT 行业就是这样的典型，整个行业的发展可以看作一部科技进步的历史。甚至在行业中广为流传着一个定律：摩尔定律，大意是说微处理器的性能每 18 个月就翻一倍，而价格下降一半。

4. 敏感性风险（sensitivity risk）

当公司过分投入公司资源或者对未来经营活动产生的现金流过分依赖时，就可能产生敏感性风险，这时公司的价值链紧绷，对外界的风吹草动都极为敏感，对环境变化的应对能力很弱。

另外，公司对外界的变化极不敏感、反应迟钝，不能根据环境的变化来调整自身的经营活动，这种因迟钝不敏感产生的风险也归入敏感性风险。

5. 股东关系风险（shareholder relation risk）

投资者信心的减弱会直接影响公司的筹资能力。现有的和潜在的投资者，如果对公司的赢利模式、战略等缺乏了解，或者怀疑公司赢利和实现战略目标的能力，进而怀疑公司给他们带来投资回报的能力，这样公司股权融资的通道就会堵塞，对公司无疑是巨大的威胁。

此外股价过低除了融资受阻外，还会产生其他恶果，例如影响公司形象，无法对管理层实施股权激励，甚至更严重的——吸引恶意收购者。

6. 资金风险（capital availability risk）

资金风险是指公司缺乏有效的筹资渠道，从而威胁其成长能力、实现赢利模式的能力以及产生未来回报的能力。在企业的发展过程中缺乏资金的支持、引发资金链断裂的后果是不可想象的，有时候甚至会“一分钱难倒英雄汉”，短时间的资金匮乏就可能把企业逼到绝路。

7. 政治风险（sovereign/political risk）

如果公司在某个国家进行了重大投资，那么该国的政治动向、相关政策法规的出台等就会对公司产生重大影响。影响程度与公司在该国的业务量、签订的合同是否受法律保护等因素有关。政治风险一旦发生，其损失往往是巨大且难以挽回的，例如可能的国有化措施、外汇管制、外贸壁垒设置等。

8. 法律风险（legal risk）

法律风险主要在以下几种情况下发生：法律的变化，新的立法出现，公司的经营活动违反法律，合同协议有法律漏洞、公司遭受诉讼；等等。尤其是旷日持久的诉讼风险，不仅有损公司名誉，还会分散公司注意力和资源，败诉后还会发生惩罚性损失。

9. 监管风险（regulatory risk）

国家、地方或行业监管者变更法规条例，改变市场规则会对企业发生直接影响。法规条例的改变往往意味着市场环境的改变，或者对公司业务某些方面的限制，这都容易造成公司的竞争压力增大。

10. 行业风险（industry risk）

行业风险指的是该行业失去吸引力和价值的可能性，这种风险与公司战略目标的制定和实现息息相关，如行业的生命周期、行业的进入和退出壁垒强度等，这些往往会对公司的长期业绩产生决定性影响。行业风险是系统性风险，对该行业的所有企业都会产生影响。

11. 金融市场风险（financial market risk）

金融市场风险是指由于金融市场价格的变动（如汇率、利率、股价等），或者是金融市场本身的变动（如交易规则等），影响公司的收入、费用、资产、负债、股价等的计量价值，从而影响公司的筹资成本、筹资能力、盈利能力和公司价值。

对上市公司而言，金融市场风险有两方面的含义。一方面，企业的资产、负债、收入、费用等相关项目，可能与金融市场关系密切，甚至以金融资产的形式体现。此时，这些项目就有金融市场的风险敞口。另一方面，公司的股票本身就是一种金融资产，自然要面临金融市场的风险。

对于前一类金融市场风险，商业风险模型在财务风险模块中有详细的细分阐述。对于后一类风险，也就是公司股票本身的风险，在此要尤其注意。主要需要防范两种情况。一是公司股价剧烈波动。股价无论是如火箭发射还是高台跳水，对于公司都不是好现象。二是防止公司股价过低。因为一旦股价过分地低于其价值，公司就会面临被恶意收购的危险。

12. 灾害损失风险（catastrophic loss risk）

意外灾害也威胁着公司的生存，有可能导致公司丧失持续经营的能力，无法提供产品和服务，不能收回运营成本等。灾害根据其可控程度，往往可以分为两类。

一类为不可抗力灾害。属于“天灾”，非公司的能力所及。例如风暴、地震、洪水、战争、恐怖活动等。虽然它们的发生是不可控制的，但是对于其可能造成的损失却是可控的。一方面，大多数商业合同中都包含着发生不可抗力事件时的免责条款，损失由双方共同承担。另一方面，通过保险的手段，可以将潜在的损失大大降低。

二类为可控灾害。这种灾害其源头是公司可以控制的，例如：对环境的污染，公司所提供产品的安全事故（如汽车），公司所提供食物的缺陷，顾客在接受服务时的安全事故（如客运公司），等等。此类事故一旦发生，不仅会直接对公司造成金钱上的损失，而且很有可能使公司名誉遭受损害。对于这类灾害，就要通过公司内部控制来消灭源头的隐患。

（二）流程风险

流程风险细分为五个大的类别。

经营风险（operations risk）：经营运作效率低、效果差，无法顺利完成公司的盈利模式，满足客户需求，实现公司在质量、成本和耗时方面的目标。

授权风险（empowerment risk）：管理者和员工之间可能由以下情况产生的风险。例如：没有正确地引导，不知道做什么、怎样做以及何时做，做事超越了其权限，有做错事的动机等。

信息处理/技术风险（information processing/technology risk）：公司的信息技术使用不当带来的风险。例如：信息技术没有按照计划运行，数据和信息的完整性和可信性存在问题，把公司的重要资产暴露于潜在损失或滥用的风险，暴露公司核心业务能力的风险。

诚信风险（credit risk）：诚信风险是典型的“人祸”，表现为公司管理层或员工的舞弊，非法的行为，未授权的举动等，这些都有可能使公司遭受财务损失或名誉降低。

财务风险（financial risk）：公司的现金流和财务风险未被有效地管理，没有达成成本效益原则，从而无法完成下列目标：保持足够的现金可得性；减少货币、利率、信用及其他金融风险；在需要的时候快速而无损地转移资金。

1. 经营风险

（1）顾客满意度风险（customer satisfaction risk）

顾客满意度=公司产品和服务的质量-顾客的期望

当公司产品和服务的质量低于顾客的期望时，就会导致顾客的不满意。在我国，可以说目前企业的顾客满意度管理水平普遍较低。

① 顾客流失风险。与其他风险不同，这部分风险是“暗”的，没有明确的体现。因为你很难知道到底流失了多少顾客。顾客流失可能由多种原因引发，例如公司名誉受损、口碑不佳等。

② 公司口碑风险。口碑的重要性目前还未被我国的多数企业所重视。例如，一个最基本的原则，很多企业都做不到：公司与客户是一体的。

（2）人力资源风险（human resource risk）

公司业务的某些核心职位往往对任职人员的素质要求较高，需要具备相应的知识、技能和经验。缺乏核心职位人员或者该人员不称职都会影响企业目标的实现。此外，在找到称职的员工后，还要注意其离职的风险。最坏的一种情况是该人才跳槽到企业的竞争对手处。这对公司的打击无疑是巨大的。因此，需要采取各种激励手段来加强员工的忠诚度，尤其是对于核心岗位。

（3）产品开发风险（production development risk）

产品开发面临的主要风险在于与市场需求脱节，开发出的产品不符合消费者的需求。可能有以下几种情况。

① 该产品消费者不喜欢或者不需要。

② 该产品成本过高，导致价格过高，高于消费者的期望或承受能力。

③ 该产品进入市场的时机不对，与消费习惯相比太早或太晚，或者比竞争对手晚。

④ 该产品未能成功地形成差异化形象。

⑤ 该产品在性能、成本方面未能超越竞争对手，卖点少。

（4）效率风险（efficiency risk）

公司业务的低效率运作，会导致为顾客提供产品和服务时的高成本和高耗时。而这两者无疑会大大降低顾客满意度，使公司在竞争中丧失优势。效率风险是所有企业都要面对的考验。

在某些行业，效率就直接代表着公司形象。例如物流、快递行业，将物品快速、准确地送达目的地的能力，就是公司的核心竞争力。在这一过程中，效率至关重要。高效的公司不仅能够占领巨大的市场份额，还可能因为快速的服务而收取更高的价格，因而比竞争对手赚取更高的利润。

（5）生产能力风险（capacity risk）

生产能力风险产生于企业的生产能力与需求不匹配，即生产能力低于或者高于企业产品的需求。生产能力过低，即使全部人员循环开工也无法满足需求，这不仅直接导致需求的流失、利润的减少，更重要的是，企业会错失扩大规模和市场份额的良机。生产能力过高，企业开工不足，无法利用所有的生产能力，这样会导致固定成本在少量产品中分摊，单位产品成本过高，从而降低利润甚至引起亏损。

（6）性能差距风险（performance gap risk）

性能差距是指公司的生产和提供服务的能力不强，生产流程管理不完善，从而使得产品性能与竞争对手存在明显差距，从而在竞争中处于不利地位。

（7）周期风险（cycle time risk）

公司业务流程中，不需要的和不相关的活动会增加业务流程的总体时间，从而使得公司业务周期的时间过长。一个完整的业务周期包括产品开发、订购、生产、运输等环节。

（8）货源风险（sourcing risk）

货源风险是指与供应商有关的风险，公司可能需要从供应商处采购原材料、零件、成品等，而货源的价格、质量、及时性等方面的变动对公司生产和销售会产生巨大影响。所以，一般的企业都会同时跟进多个供应商，一来增加谈判能力，二来可以通过分散化降低货源风险。

（9）渠道有效性风险（channel effectiveness risk）

有效的渠道应该能够使公司的产品及产品信息顺利地、准确地接触到产品的目标客户。如果渠道所接触的顾客并不具备或者超越了该产品的购买能力，这样的渠道就很难为企业创造利润。产品的渠道主要是指公司的营销和物流渠道。产品信息的渠道主要指广告。广告投放的效果不太容易衡量，更应该注意与目标客户群体的匹配。

（10）合作伙伴风险（partner risk）

无效率、无效果的外部伙伴关系，如合作、联盟、会员、合资公司等，会损害公司的竞争力。这部分风险的发生可能产生于：选择了错误的合作伙伴或无效的执行过程，索取比付出多因而失去合作伙伴，未抓住合作时机，联盟缺乏有效的约束机制，等等。

（11）陈旧/跌价风险（obsolescence/shrinkage risk）

公司的存货和其他实物资产随着时间的推移，会面临陈旧过时、跌价以及损毁的风险，使公司损失。这一概念我们并不陌生，会计中需要对实物资产进行折旧和计提准备，针对的就是这类风险。

（12）合规性风险（compliance risk）

合规性风险，又称遵守风险，是指公司对外未能符合客户要求、没有遵守法律法规，内部未能按照规定的政策和程序来进行业务流程等，导致低质量、高成本、收益损失和不必要的延迟等。

（13）经营中断风险（business interruption risk）

当企业进行生产的必要元素，如原材料、有经验的技术工人、信息、机器设备等不能得到及时供给时，就会产生经营中断，陷入不能持续经营的困境。经营中断不仅会直接给企业带来损失，也有可能引发合同无法完成、造成赔偿的潜在损失。

（14）产品/服务失败风险（product/service failure risk）

公司的产品质量不合格、服务出现问题，会导致顾客的投诉、索赔、维修、退货、换货、折扣、责任追究甚至诉讼。这类风险危害巨大，不仅会直接带来损失，而且会影响公司声誉、降低市场份额。

（15）环保风险（environmental risk）

公司的生产和经营活动可能对环境产生危害时，就涉及环保风险。对环境的污染会给企业带来潜在的责任，如导致第三方人身伤害、财产损失的赔偿责任，支付给第三方清除污染的成本，支付给政府的相应罚款等。当企业对环境的污染巨大，破坏严重时，还面临着被强制关停的风险。

（16）健康与安全风险（health and safety risk）

企业未能给员工提供一个安全的工作环境，致使员工的健康和安全受到损害，这样的后果是严重的。企业将面临支付医疗费用的责任和赔偿责任，同时公司的名誉也会受损。

（17）商标价值损失风险（trademark/brand erosion risk）

随着时间的推移，企业商标或品牌的价值可能会逐渐减少甚至消失，这将极大削弱公司保持其产品和服务的需求的能力，以及保持未来收入增长的能力。

商标价值的损失可能由于多种原因，如产品质量低、服务质量差、提供产品或服务的过程产生事故、很长时间未进行宣传、假冒商品的出现等。

2. 授权风险

（1）领导能力风险（leadership risk）

公司的管理层领导能力有限，员工缺乏有效的领导。俗话说：“兵熊熊一个，将熊熊一窝”。拙劣的领导所引起的后果尤为严重：使员工缺乏方向感，缺乏以顾客为中心的意识，没有足够的激励使员工努力工作，员工对管理层缺乏信任，员工不被理解和关注因而缺乏工作热情等。

管理以人为本。很多时候，员工需要的不仅仅是薪水、福利等硬件的激励，也需要理解、亲和、尊重、成就感等软性的因素。领导者的个人能力和人格魅力在打造一个经营团队的过程中也是必不可少的。

(2) 权力/限制风险（authority/limit risk）

在管理中，授权是一个很具有艺术性的问题，往往不太容易把握，并且受人的因素影响很大。在授权的同时，又需要对下放的权力进行限制和制衡，并且与责任捆绑，做到责、权、利三者的统一。授权中，责、权、利三者的大小要统一。权力、责任和利益三者是矛盾的统一体，共同存在，相互制约。三者的大小务必统一，否则会出现以权谋利或者消极怠工等结果，使授权机制扭曲。

(3) 外包风险（outsourcing risk）

承接外包的第三方服务提供者，其动机和行为可能与公司的战略目标不一致，因而其行为有可能超越了商定的界限，或者提供的服务质量不足影响公司的价值链实现，或者外包方在市场上与本公司形成竞争等。

(4) 业绩激励风险（performance incentives risk）

公司经理和员工的工作最终要通过绩效考核来评价。业绩激励风险指的是绩效考核的方法不切实际、被误解、过于主观或者不具操作性等，致使经理和员工的行为与公司的目标、战略、道德标准或者谨慎的商业行为不一致。简言之，就是业绩激励的方向与公司的目标方向偏离。

(5) 变化应对风险（change readiness risk）

对于外界市场的变化，公司人员无法实施有力的产品和服务流程改造，无法赶上市场变化的速度，使企业的产品和服务面临被淘汰的风险。

(6) 沟通风险（communication risk）

企业内部无效的沟通无疑是捆住了自己的手脚。纵向沟通无效，会导致：高层无法及时得到信息，不能及时了解业务实际的进展情况，无法迅速地做出决策；低层员工无法及时接到上级的决策、指导或建议，感到孤立无援，或者行为超出授权的界限等。横向沟通无效，会导致：各职能部门各自为政，出现问题互相扯皮，企业的价值链环节断裂，无法改善公司业务流程等。

3. 信息处理/技术风险

(1) 相关性风险（relevance risk）

相关性风险是指公司的信息收集与汇总系统所产生的信息与信息的使用目的不相关。不相关信息的使用有可能会对决策产生负面的影响。

(2) 系统整体性风险（integrity risk）

这一风险涉及信息系统中各项业务的授权、完整性和准确性，以及各项业务在信息系统中处理、汇总和报告的各环节。信息系统对公司业务的整合过程本身就存在风险。

（3）接触途径风险（access risk）

接触途径风险指的是人员与信息的接触途径和限制不当所引起的风险。一方面，信息接触限制不足会导致不应当接触信息的人接触到机密信息，从而给公司造成损失。尤其是如今网络木马的盛行更是给黑客窃取信息提供了方便。另一方面，信息接触限制过于严格也对公司不利，使得员工无法及时利用信息来完成工作责任，降低了工作效率。

（4）可获得性风险（availability risk）

可获得性风险是指重要的信息在需要的时候却无法得到的风险。这可能是由通信中断、电脑设备故障等造成的信息系统无法持续工作。

（5）基础设施风险（infrastructure risk）

公司缺乏实现信息技术的基础设施，例如硬件、网络、软件、人员和流程，这些基础设施用来支持现在或未来公司的信息需求，使信息系统以高效率、低成本和控制良好的方式运行。

4. 诚信风险

（1）管理层舞弊风险（management fraud risk）

公司治理的首要问题就是企业的经营权和所有权分离，以及由此带来的委托代理问题。股东是委托人，管理层是代理人。股东的目标是实现其股权价值的最大化，而管理层的目标是实现自身价值的最大化。因此，管理层存在舞弊的动机，通过牺牲股东的价值来增加自身的利益。例如管理层粉饰财务报表以得到业绩奖励，从事行贿、收取回扣等其他损害公司价值的行为。

（2）雇员/第三方舞弊风险（employee/third-party fraud risk）

雇员、客户、供应商、代理人、经纪人或第三方管理者的舞弊，也会损害公司的利益，例如对公司实物资产、财务资产和信息资产的占用或挪用等。

（3）违法行为风险（illegal acts risk）

公司经理或员工的违法行为，会导致公司或相关人员罚款、入狱、制裁等，并且失去顾客、利润和公司名誉。

（4）未经授权的使用风险（unauthorized use risk）

公司的实物资产、财务资产和信息资产被未经授权的员工或其他人使用，会使公司资源浪费和遭受财务损失。更严重的，信息资产（如专利技术、流程设计、顾客名单或其他商业机密）有可能泄露，从而丧失竞争优势。

（5）声誉风险（reputation risk）

不良声誉会使公司失去顾客、核心人才和竞争力，最终丧失收益。不良声誉可能有许多原因产生，如对待顾客的态度不好，大规模拖欠供应商货款，产品质量问题引发公众的信任危机等。出现问题或危机的时候，务必秉承这样的原则：公司的声誉是第一位的，暂时的利益得失是次要的。

5. 财务风险

财务风险与公司的财务报表关系紧密，是人们比较熟悉的一类风险，它包含三种类型：价格风险、流动性风险和信用风险。金融理论和金融市场的发展也为人们规避财务风险提供了许多有力的工具。

（1）价格风险（price risk）

价格风险是指市场要素价格的变化导致公司的收入或净价值的变化，从而影响公司的收入、费用以及资产负债表各项的价值。价格风险是一种典型的机会风险，价格向一个方向变化可能会给公司带来损失，但是反向变化就可能给公司带来收益。价格风险分为五类。

① 利率风险（interest risk）。利率是资本的价格。利率的升高可能会使公司筹资成本增加，投资收益降低或者某些资产（如国债）价值减少。反之，利率的降低也可能会给公司带来某些好处。

② 货币风险（currency risk）。货币风险即汇率风险。当公司在国外市场上有经营业务、证券产品，在国外金融市场融资时，就会存在汇率风险的敞口。

③ 权益风险（equity risk）。权益风险产生于上市公司。当公司投资于上市公司的权益类证券（如股票、基金、可转换债券、股票期权等）时，该权益类证券价格的变动就有可能给公司带来财务损失。此外，公司本身就是上市公司时，也会面临权益风险，当公司的股价过低时，就会面临恶意收购的危险。

④ 商品风险（commodity risk）。公司需要从商品市场购买原材料或者进货，生产出的产品又要进入商品市场，因而公司会在两个方面面临商品的价格风险。商品价格的变动直接影响公司的利润。

⑤ 金融工具风险（financial instrument risk）。常见的金融工具有：债券、外汇、股票、基金、期货、期权等。品种多样的金融工具为公司提供了套期保值和规避风险的工具，同时，对金融工具组合的复杂性管理不善也可能导致公司付出额外的管理成本或者损失。

（2）流动性风险（liquidity risk）。

流动性风险是指无法及时地、低成本地满足公司现金流的需求而造成损失的风险。其中也包括由于市场缺乏足够交易者或者买卖极度不均衡，公司的资产或交易头寸不能以合理的价格在短时间内变现或成交的风险。流动性风险包括三类。

① 现金流量风险（cash flow risk）。流动性风险的发生，往往是由于公司的现金流入与现金流出没有匹配造成的。由于运营需求、偿还债务、资本支出等，企业面临一项必需的现金流出时，如果没有足够的现金存量和一笔足额的现金流入，企业将不得不提前变现资产或者增加额外负债，这都会导致收益的减少和筹资成本的增加。更严重的，企业需要钱而无处筹资时，就面临资金链断裂的危机。

② 机会成本风险（opportunity risk）。机会成本是一个经济学概念，指的是从事一项业务而放弃另一项的业务的机会。资金的使用方式不当，没有选择最佳途径，有可能导致其收益小于机会成本。这样，虽然在会计上是盈利的，但其经济价值却是亏损的。在考虑资金的机会成本时，尤其要考虑资金的时间价值和交易成本因素。

③ 集中风险（concentration risk）。公司的融资渠道过窄，过于集中于少数几个资金来源，使公司不得不接受掠夺性的高额融资成本；或者参与一个狭窄的并且参与者不多、流动性不强的金融市场，使公司无法以合理的价格在合理的时间期限内完成交易。

（3）信用风险（credit risk）

信用风险是在以信用关系为纽带的交易过程中，与公司有商务关系的经济实体或法人无法履行其承诺的义务而给公司造成损失的风险。信用风险分为四类。

① 违约风险（default risk）。违约风险是信用风险最常见的表现形式，即公司的交易对手无法履行义务。

② 集中风险（concentration risk）。指公司的客户或交易对手过分地集中于一家或者一群相近的公司，这些公司容易受同样的事件影响，因而有可能出现同时违约的风险。

③ 清偿风险（settlement risk）。当公司的投资或业务涉及多个地区的金融市场时，就会产生清偿风险，又称为交割风险。不同地区的金融市场开放的时间不同，首先支付的一方就面临后支付的一方拖欠、违约或者因系统故障等原因不能履行义务的风险。这是一种短期风险，一般在 24 小时内比较突出。

④ 担保风险（collateral risk）。由于担保，公司间接用于筹资的资产价值可能会部分或全部损失，尤其是这种担保所对应的筹资并非公司所得，而是为了其他关系实体的时候。

（三）决策信息风险

决策信息风险与公司价值创造过程的各个环节有关，分为三个大类：经营决策风险、财务决策风险和战略决策风险。

1. 经营决策风险（operational decision making risk）

（1）定价风险（pricing risk）

定价决策时，缺乏相关的和准确可信的信息，就容易造成定价不当。

缺乏系统的市场调研结果或顾客需求信息，容易造成定价过高的风险，致使定价超出了顾客所愿意支付的价格，造成需求不足。

缺乏研发、生产、运输、销售渠道等信息，容易造成定价过低的风险，以至于该价格没有涵盖所有的生产环节的成本，或者没有对汇率风险等销售渠道风险的补偿。

（2）合同承诺风险（contract commitment risk）

缺乏相关信息，可能导致在订立合同时增加某些不利于公司总体最佳利益的承诺。例如合同中往往会详细划分各种风险的承担责任，如果对于这些风险及通常的避险做法和责任分担方法不熟悉，就有可能使公司做出过多的合同承诺，承担不必要的风险。

（3）考核（经营层）风险［measurement（operations）risk］

财务指标的考核比较容易控制，比较容易实现信息的准确反映。但是经营过程中非财务指标的考核控制难度较大，有可能考核体系与经营业绩不相关、不能准确反映绩效等。

（4）一致性风险（alignment risk）

一致性风险是指公司业务流程的目标和绩效考核方式与公司层面和业务单元层面的目标不一致，因而在公司内部产生矛盾冲突或者是不合作的行为。

（5）报告合规风险（regulatory reporting risk）

企业的经营信息报告应该符合监管机构的要求，做到完全、准确、及时，否则将会面临罚款等制裁。

2. 财务决策风险（financial decision making risk）

（1）预算和计划风险（budget and planning risk）

预算和计划不存在、不符合实际，没有基于准确的数据，没有被管理者接受，流于形式等，都容易造成不恰当的结论，做出错误的财务决策。

（2）会计信息风险（accounting information risk）

将会计信息用于管理业务流程时，过于强调财务信息的重要性和绩效导向，而没有把财务信息与经营业务有机地结合。这样容易导致员工操纵业务成果已达到财务目标，而丧失了对顾客满意度、质量检测、工作效率等非财务目标的关注和实现。

（3）财务报告评估风险（financial report evaluation risk）

由于缺乏公司外部和内部的相关可信的信息，致使无法评估财务报表是否需要调整或者某些事项是否需要披露，造成财务报表不能公允地反映公司经营状况。

（4）税务风险（taxation risk）

税务风险有两个方面：一是由于信息不足，对税务法律法规的了解不足，没有遵循税收的法律法规，从而遭受罚款等处罚；二是由于信息不足和经验不够，以致原本可以合法避税的事项没有避税，给公司造成损失。

（5）养老金风险（pension fund risk）

企业的养老金制度不完全、不健全，不足以确保及时地完成对员工的福利责任，这样会导致道德和声誉受损、士气不振、工作停歇、诉讼和额外资金需求的风险。

（6）投资评估风险（investment evaluation risk）

投资项目的相关信息不足，决策者无法准确地评估该项投资的收益和风险，从而造成决策失误，给公司带来损失。

（7）报告合规风险（regulatory reporting risk）

公司的财务报告要符合规定，及时、准确地反映公司信息，以便管理层及时掌握公司状况。对上市公司而言，还需要及时向公众披露，否则会受到处罚并丧失名誉。

3. 战略决策风险（strategy decision making risk）

（1）环境监控风险（environmental scan risk）

公司没有有效地监控外界环境的变化，或者对外界环境变化的理解基于错误的假设或理论上，这都可能会使公司的战略过时，在变化的竞争中处于劣势。

（2）经营种类组合风险（business portfolio risk）

经营种类组合风险是对具有多种产品和业务部门的多元化公司而言的。对于决策者来说，各部门的信息汇总后往往呈现多元性和复杂性，甚至大量信息与决策不相关。这就容易造成对经营组合的管理失效，没有有效地确定各产品的优先次序或者平衡各产品的比重，从而使公司资源在各产品的配置上没有达到最优。

（3）估价风险（valuation risk）

信息的缺乏使得管理层无法准确地衡量某一业务或某一部门对公司的价值，从而影响公司对自身业务的评估和做出正确的战略调整决策。

（4）组织结构风险（organization structure risk）

公司的组织结构不支持公司战略目标的实施，或者管理层缺乏评估组织结构有效性的信息，从而无法对组织结构实施有效的变革。

（5）考核（战略层）风险［measurement（strategy）risk］

这一风险主要是指公司的考核体系没有体现公司的战略目标，激励的方向不对，从而影响目标的实现。

（6）资源分配风险（resource allocation risk）

公司缺乏资源分配的流程以及支持资源分配的信息，阻碍公司将资源用于建立竞争优势上。

（7）计划风险（planning risk）

公司的计划流程不完善，基于不准确的历史数据，没有根据环境变化及时更新，对自身竞争力没有准确的认识，计划不具可操作性，等等，都会阻碍公司形成有效的战略。

（8）生命周期风险（life cycle risk）

缺乏足够的数据和信息，造成企业对行业和产品生命周期的认识不充分、不准确，从而采取了错误的战略来对应当时的生命周期阶段。

四、风险识别方法

风险识别方法共有七种，分别是现场调查法、列表检查法、财务报表分析法、触发器法、流程图法、座谈讨论法和问卷调查法。

（一）现场调查法

现场调查法是最为常用的方法之一，其优点是可以获得第一手的资料，减少了对中间报告人的依赖性。同时，现场调查的过程本身也是一种沟通过程，可以与现场工作人员建立良好的关系，宣传风险理念，为之后风险管理措施的落实做铺垫。

现场调查法的缺点是耗时长、成本高。因此，往往只能在某些重要环节的识别上采取现场调查法。此外，现场调查过程中如果沟通处理不好，或者现场工作人员的风险意识不强，现场调查容易导致工作人员的反感，给风险识别工作增加阻力。

现场调查往往采用相关表格来记录调查结果，如表 12-2 所示。

表 12-2　风险现场调查表

编号		调查人		调查时间	
项目名称		涉及部门		负责人	
项目状况	潜在损失列示	影响程度和范围	作用时间	已有的控制措施	控制措施是否有效

（二）列表检查法

将企业可能面临的风险及潜在损失分类，并按照一定的顺序进行排列，就得到了风险识别用表。对照风险列表的各项，逐项检查，可以避免遗漏风险。风险识别用表可以采用保险业及风险管理协会等公布的、通用的潜在损失一览表，也可以根据企业的实际情况自行制作风险识别用表。

表 12-3 列示了美国风险管理与保险协会制定的一份潜在损失一览表。

表 12-3　风险列表

直接损失风险	无法控制和无法预测的损失	1. 电力中断：雷电、火灾及各种损坏 2. 物体下落：飞机失事、树、建筑材料 3. 地壳运动：火山、地震、滑坡 4. 声音及震动波：飞机、震动 5. 战争、暴力、武装冲突、恐怖活动 6. 水损：洪灾、水位提高、管道破裂等 7. 冰、雪损害 8. 风暴：台风、飓风、龙卷风、冰雹 9. 土地下沉、倒塌、腐蚀

表12-3(续)

<table>
<tr><td rowspan="2">直接损失风险</td><td>可控制和可预测的损失</td><td>1. 玻璃或其他易碎物品的破裂
2. 毁坏：工厂设施的毁坏
3. 起始或降落时的碰撞：飞机碰撞、船舶碰撞
4. 污染：流体、固体、气体、放射污染
5. 腐蚀
6. 雇员疏忽或大意
7. 爆炸事故
8. 环境控制失败所致损失：气候、温度、气压
9. 咬伤：昆虫等动物
10. 火损
11. 建筑物损坏：倒塌
12. 国际性的毁坏
13. 航海风险
14. 物体变化所致损失：收缩、蒸汽变色、变质、膨胀
15. 邮箱或管道破裂
16. 烟损、污点
17. 物体溢出、漏出
18. 电梯升降事故
19. 交通事故：翻车、碰撞
20. 无意识过错
21. 故意破坏与恶作剧
22. 欺骗、伪造、偷窃、抢劫</td></tr>
<tr><td>与财务有关的主要损失</td><td>1. 雇员不诚实：伪造、贪污
2. 没收：国有化、逮捕、充公
3. 欺诈、偷窃、抢劫
4. 事实、专利、版权、公证的无效
5. 库存短缺：无故消失、乱放丢失
6. 作废</td></tr>
<tr><td>间接损失或因果损失</td><td colspan="2">1. 所有直接损失的影响：供给、顾客财产、人身或财产转移、雇员
2. 附加费用增加
3. 资产集中损失
4. 样式、品味和需求的变化
5. 破产
6. 营业中断损失</td></tr>
</table>

表12-3(续)

间接损失或因果损失	7. 经济波动 8. 疾病、流行病、瘟疫 9. 技术革命：折旧费增加 10. 版权侵权 11. 管理失误：市场、价格、产品投资等
责任损失	1. 航空损失 2. 运动责任 3. 出版商责任 4. 汽车责任 5. 契约责任 6. 雇主责任 7. 产品责任 8. 职业责任

（三）财务报表分析法

1. 按照财务报表逐项检查

财务报表是企业资产状况和经营活动的集中体现和汇总，企业的盈利和损失最终都要在财务报表上体现。因此，通过对企业财务报表的分析来发现企业经营活动中的潜在损失，是风险识别的一种有力手段。尤其是对于财务风险的分析，财务报表就是一份最好的风险清单。

2. 财务比率分析

财务比率分析是评估公司经营情况的利器。财务报表显示的是绝对值，而财务比率分析通过将一项财务指标与另外一项做比较，得出相对值，消除规模的影响，从而更有利于人们的解读和判断。

在财务比率分析中，经常被关注的是反映企业三个方面能力的财务比率：盈利能力、营运能力和偿债能力。盈利能力反映企业获取利润的能力；营运能力反映企业利用资源的效率；偿债能力反映企业偿还到期债务的能力。对于上市公司而言，还有投资收益的指标也需要关注。

（1）反映盈利能力的财务比率

盈利是企业的终极目标，是企业的生命线所在，也是企业的管理层、投资者和债权人等最为关注的能力。分析盈利能力要抓住公司的主营业务，关注主营业务收入的持续性、稳健性和增长性，并且要剔除非主营业务和暂时性收入的影响。

毛利率=（销售收入-销售成本）/销售收入。

这是公司主营业务获利能力的最直接反映。

净利率=净利润/主营业务收入

总资产收益率=净利润/总资产平均值

净资产收益率=净利润/所有者权益平均值

经营指数=经营现金流量/净利润

主营业务收入收现比率=销售商品提供劳务所收到的现金/主营业务收入

其中，后两个财务比率反映的是盈利中能收到现金的比例。毕竟收到现金方可落袋为安，实现收入。前者反映了公司净利润中收到现金的比例，后者反映了主营业务收入中现金收取的比例。

（2）反映营运能力的财务比率

应收账款周转率=净销售额/平均应收账款

存货周转率=产品销售成本/平均存货

流动资产周转率=主营业务收入/流动资产平均值

固定资产周转率=主营业务收入/固定资产平均值

总资产周转率=主营业务收入/总资产平均值

（3）反映偿债能力的财务比率

反映短期偿债能力：

流动比率=流动资产/流动负债

速动比率=（流动资产-存货-待摊费用）/流动负债

现金比率=（货币资金+短期投资）/流动负债

反映长期偿债能力：

资产负债率=总负债/总资产

利息保障比率=营业利润/年度利息费用

（4）上市公司投资收益比率

市盈率=普通股每股市价/普通股每股收益

每股收益=（净利润-优先股股利）/普通股数

每股净资产=所有者权益/普通股股数

3. 财务比率的综合分析——杜邦分析体系

该方法最早由杜邦公司使用并流传下来，所以称为杜邦分析。杜邦分析体系提供了一种对财务比率进行综合分析的方法，它将财务比率逐层分解，揭示了比率之间的相互联系，从而为我们寻找财务问题的关键所在提供了有力工具。

如图 12-2 所示，杜邦体系以净资产收益率为切入点，以总资产收益率为核心，通过层层展开，将企业的重点财务指标有机地结合在了一起。杜邦体系可以按层来认识和理解，帮助我们对企业进行风险识别。

第一层将净资产收益率分解为总资产收益率与权益乘数的乘积。这种分解告诉了我

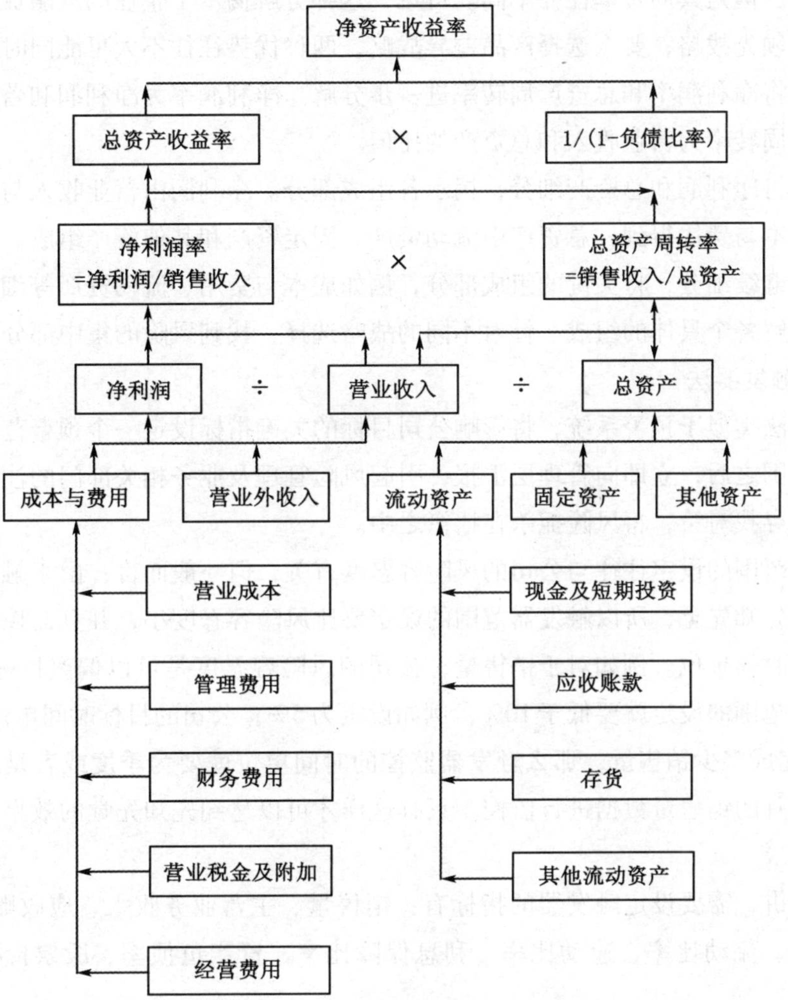

图 12-2　杜邦财务分析体系

们不同企业对股东回报的差异来源：一是企业更强的综合盈利能力（总资产收益率），二是更激进的融资手段（负债比率越高，权益乘数就越大）。从中我们可以评价企业的债务风险。适度的负债可以帮助企业提高对股东的回报，但是其前提是借债的资金在企业中的回报率必须高于融资成本。同时，过度的负债也容易使企业陷入偿债风险。

第二层将总资产收益率分解为净利润率和总资产周转率的乘积。其中净利润率反映了公司的获利能力，总资产周转率反映了公司的营运能力。这就揭示了企业的综合盈利能力的差异是由什么引起的，是来自业务本身的获利能力，还是来自公司的营运能力。这一层次的划分是杜邦体系的神来之笔，因为获利能力和营运能力这两者的相对强弱，实际上反映了企业的战略选择，提示了战略风险。采用成本领先战略的企业，往往营运能力较强，但是其净利润率往往较低。采用产品差异化的企业，其利润率较高，业务盈利能力较强，但是其周转率往往不高。可见，这种分解揭示了企业的战略成效。企业要么选择成本领先战略，要么选择产品差异战略，两种优势往往不太可能同时具备。

第三层将净利润率和总资产周转率进一步分解。净利润率为净利润和营业收入的比值，总资产周转率为营业收入和总资产的比值。

第四层将净利润和总资产细分，揭示各组成部分。净利润由营业收入与营业外收入的和减去成本与费用得到，总资产由流动资产、固定资产和其他资产组成。

第五层继续细分，将关键的组成部分，例如成本与费用、流动资产等细分，这样我们就可以了解各个具体的组成，针对不同的战略选择，找到风险的集中部分。

（四）触发器法

触发器法类似于预警系统，将影响公司目标的关键指标设定一个预警范围，一旦指标超出该范围之后，立即向管理层汇报，引起风险管理及业务相关部门的注意，分析问题的原因，寻找对策，将风险扼杀在摇篮之中。

触发器范围的设定往往与公司的风险容忍度有关，但一般而言，由于触发器的作用和目的在于先知先觉，所以触发器范围的设定要比风险容忍度小，并且监控时间单位要小于目标的时间单位。例如对于销售量，公司的风险容忍度是可以偏离目标销量10%，那么触发器范围的设定就要低于10%，例如设定为5%；公司的目标时间单位一般为年，如2008年完成多少销售量，那么触发器监控的时间单位就要为季度或者是月，针对每季度或者每月的销售量数据进行监控。只有这样才可以达到先知先觉的效果，而不是亡羊补牢。

一般来讲，需要设定触发器的指标有：销售量、主营业务收入、应收账款周转率、存货周转率、流动比率、速动比率、利息保障比率、资产负债率、股票价格、市盈率等。

（五）流程图法

企业的经营活动有多个流程组成，每个流程又有许多细节模块组成。一般将公司的流程分为三大类：客户流程、生产流程和管理流程。通过对公司业务过程的详细解读，将业务流程用图示的方法详细描述，然后据此分析影响每个细节模块的内部和外部因素。流程图是寻找风险因素，把握风险敞口的有力工具。

要把风险管理融入企业的日常经营活动中，就必须对公司的业务流程进行分析。从流程中来，到流程中去。从流程中寻找风险因素，并将风险应对措施细化加入流程之中，使风险管理和控制成为业务流程不可缺少的组成部分。

（六）座谈讨论法

这种定性的方法不仅要利用公司内部的信息，也往往需要利用外部的资源提供信息。这既包括消费者、供应商、股东等企业利益相关方，也包括外部专家、审计机构、监管机构、管理咨询顾问等。

实践中，往往采用小组讨论的形式，借鉴管理层、员工及其他相关人员的经验，共同寻找风险因素。具体实行的时候往往以公司业务模块为单位，比如由市场营销部门的负责人召集市场部、采购部、广告部等相关人员进行讨论，集合每个成员的智慧，挖掘影响公司销售目标的潜在风险。

（七）问卷调查法

现场调查法费时费力，当风险涉及面太广时，风险管理者往往不可能对所有的现场都亲自检查，这就需要依赖岗位工作人员的报告。然而岗位工作人员对风险识别往往不太了解。所以采取问卷调查的形式，由风险管理者设计问卷，岗位人员填写，就可以两全其美了：既利用了风险管理者的专业知识，也发挥了岗位人员对实际情况的熟知。此外，问卷调查法还有第三个优点，就是为细化风险控制措施提供了实施纲领。例如表12-4所示的对仓库火灾风险的识别问卷，同样也可以作为仓库火灾风险防范的实施手册。

表12-4　仓库火灾风险调查问卷表

编号		调查时间	
问卷填写人		风险责任人	
问题		答案	应采取什么行动
所有货物是否分类并码放整齐			
所有货物是否都离开地面			
所有防火门是否正常工作			
灭火器是否过期			
灭火器是否按照指定位置足量存放			
烟雾报警系统是否正常工作			
自动淋水系统是否正常工作			
所有货物是否采取了防淋水措施			
所有易燃物品是否都存放在单独的防火室			
是否有专人确保入库人员禁烟			
与仓库有关的工序中是否存在火灾隐患			
是否定期实施消防演习			
仓库工作人员是否熟悉消防手册内容			
您认为还有哪些火灾隐患			
您认为本问卷还需要增加哪些问题			

填写人签字：

问卷调查是效率较高的一种风险识别方法，但该方法对问卷设计人员的素质要求较高，需要设计人员根据风险管理的方法，结合企业不同部门、所面临的不同风险的实际情况，分别设计出不同的调查问卷。这样才能保证问卷调查的结果对风险识别有实质性的帮助。

思考题

1. 企业经营层面的目标有哪些？在这一层面如何降低企业的风险？
2. 风险管理的目标是什么？
3. 如何理解风险偏好对于风险管理的影响？
4. 风险识别的方法有哪些？

第十三章　企业风险分析与评价

【学习目标】

- 人力资本风险分析
- 财产风险分析
- 法律责任风险分析
- 金融市场风险分析
- 风险衡量的概率技术
- 风险衡量的非概率技术
- 企业风险评价方法

第一节　企业风险分析的思路

企业在经营的过程中，可能会面临各种各样的风险，而企业风险管理中一个很重要的环节，就是在识别自身风险因素的基础上，有针对性地对风险发生的可能性和影响程度进行分析，通过有效的风险衡量和风险评价为确定风险应对策略提供依据。

一般来说，企业应当关注的内部风险因素包括人员素质因素、财务和信息管理因素、基础经济实力因素、技术开发和应用因素、安全环保因素等；应关注的外部风险因素则包括宏观经济因素、政策法律因素、文化社会因素、科技发展水平因素和自然环境因素等。与此相对应，企业应当结合自身情况，着重从人力资本风险、财产风险、法律责任风险和金融市场风险四个主要方面展开风险分析。本节将对这四项风险分析的主要内容分别进行介绍，而相关衡量和评价方法将在此后两节集中阐述，以便企业风险管理部门在建立起总体框架后，再选择和查阅合意、适用的具体方法，进行进一步风险分析。

应当指出的是，虽然广义的企业风险管理既包括通过控制风险减少可能带来的损失，也包括在风险和回报之间进行主动的权衡来最大化企业收益；但本章将主要着眼于风险对企业可能产生的负面影响，从控制损失的视角出发对各种风险进行分析。

一、人力资本风险分析

1. 人力资本风险的含义

企业所面对的人力资本风险是指由于员工的死亡、受伤、生病、年老或其他原因的失业和辞职而造成的损失的不确定性。虽然这些风险完全是员工个人及其家属所直接面临的，但是如果企业风险管理部门能够将这些风险管理起来，就可以一方面解决员工的后顾之忧，使之更好地为企业服务，从而提高劳动生产率和企业赢利能力；另一方面建立起良好的企业文化，在给予员工更好福利（如提供保费更加低廉的团体保险）的同时增强其集体归属感，实现人力资本的规模效应。当然，相关法律法规、公众舆论、同业竞争等也可能从客观上对某些企业提出更好的人力资本风险管理的要求；更有雇主甚至从主观上感到自己对员工的生老病死负有一定责任，认为自己应该为雇员提供良好的人文关怀。

2. 人力资本风险发生的主要原因

如前所述，人力资本风险发生的主要原因包括员工死亡、因受伤或生病丧失工作能力、退休、辞职和失业等，以下主要从这些风险发生的频率、可能造成的损失程度和可预测性等方面来进行定性说明。

（1）死亡

首先，按照大数法则，随着企业规模增大，实际死亡率与预期死亡率之间的差异会缩小。因此，员工的死亡对中小企业来说可能是难以精确预测的。其次，死亡总是一种全部损失。对一个家庭来说，家庭成员的死亡意味着其为家庭的挣钱能力和服务能力的丧失，另外还会发生丧葬等费用。对一个企业来说，员工死亡表示其对企业将来服务功能的全部丧失，另外还会发生替换其工作岗位的人的聘用和培训等额外费用。从风险管理角度来看，衡量一个员工的死亡损失程度应注意其给企业带来的经济损失。

（2）丧失工作能力

丧失工作能力对企业和员工的家庭有着双重不利影响，它既减少或终止了收入，又发生额外的医疗费用。丧失工作能力的损失频率大于死亡率。在大中型企业中，员工病假工资是日常的开支，加上医疗费用开支，丧失工作能力几乎总会引起持续和相当多的费用。员工丧失工作能力的情况非常复杂，而其所造成损失程度的变动范围也很大，加上医疗费用上涨等因素的影响，要对这种风险损失进行精确预测是非常困难的。

（3）退休

与死亡和丧失工作能力相比较，退休的一个重要特点是，退休一般是有计划的。但对企业来说，员工退休仍有两个不确定性：一是企业提供退休员工的养老金和其他福利的成本是多少，二是员工达到退休年龄后是否还会被聘用。

（4）辞职和失业

对企业来说，员工辞职是否属于人员损失取决于辞职者是不是一个重要人物或一个重要部门的人员。但是，企业解雇员工一般在眼前看来总是有利于本企业的。而这里的失业主要指的是由经济原因引起的非自愿性失业，如摩擦性失业、周期性失业和结构性失业等。失业是一个影响个人收入能力的重要因素。很多企业都会通过政府强制的失业保险为员工提供失业方面的保障，这要求风险管理部门对企业员工所面临的各种失业都有清楚的了解，以降低由于失业所引起的损失。

3. 人力资本风险给企业带来的影响

人力资本风险，特别是处于重要工作岗位上的人员损失对企业的影响可能是暂时的，也可能是长期的；可能是正常的，也可能是非正常的。

（1）暂时影响和长期影响

确定暂时影响需要对某员工缺勤的时间、找到合适的替代人员需要的时间、寻找和培训合适的替代人员的成本、替代合适人员在工资和福利方面对企业增加的负担、企业由于新手工作上的错误或不熟练而导致的额外费用等问题进行考察。而当企业失去的是一个处在重要岗位上的人员时，除了以上问题以外，还需要了解企业经营程序是否会有所改变以及是否需要放弃一些特殊项目，这时人力资本风险就会给企业带来长期的影响了。

（2）正常影响和非正常影响

所谓正常影响是指企业在总体上能够预测到其频率和程度的损失。非正常影响一般是超出预测的频率和程度的损失。就人力资本风险而言，无论企业的规模大小，每天都有人请病假，每年都有人辞职、退休、死亡，这些都属于正常的损失，虽然在个案上难以预测，但在总体上是可以预测的。而正常或非正常人员损失的主要区别在于对其影响管理的难易程度不同。对正常的人员损失可以做准确的预算，进行有效的风险控制，而对由于随机事件造成的非正常的人员损失应注重风险筹资措施。

二、财产风险分析

1. 财产风险的内容

财产风险是企业常常面临的一种风险，在风险管理发展初期，对企业财产所面临的风险进行管理就是风险管理者的主要工作，到了今天，这仍然是企业风险管理的重要部分。

就财产的含义而言，它比实物资产或有形资产的范围大得多，指的是一组源自某项有形的实物资产的权利或者是关于该有形的实物资产的某一部分的一组权利，只要这项实物资产具有独立的经济价值。而财产所指的实物资产包括不动产和动产两类：不动产是指土地以及在土地上生长、建造或固定的任何实物，通常包括土地、土地上的湖泊、河流、地下水、矿藏、景观、动植物以及建筑物及其附属物等；动产是指除不动产之外任何被拥有的财产，包括除不动产之外的其他物品，如货币和证券、机器、原材料、生产流程中的未成品、成品、存货、运输工具、重要文件和记录、办公用品和设备等。此外，有时候无形资产也被列为是财产的一部分，包括商誉、版权、专利权、商标、租赁权益、营业执照、商业秘密等。

企业财产风险分析包括两个方面，一是对可能导致财产损失的原因进行分析；一是对财产的价值和权益等进行评估，确定财产风险可能带来哪些方面的影响。本节将分别从这两个方面对财产风险进行定性分析。

2. 财产风险发生的主要原因

财产风险发生的具体原因各种各样，但大体可以分为以下三种类型。

（1）自然原因

自然原因是指由自然力造成的财产损失的原因，例如水灾、干旱、地震、风灾、虫灾、塌方、雷击、冰雹、温度过高和疫病等，这些原因的发生频率及其损失程度在很大程度上归因于自然，人类难以控制，但可以采取有效的减损措施来控制其损失程度。

（2）社会原因

社会原因包括违反个人行为准则，如纵火、爆炸、盗窃、恐怖活动、恶意行为、疏忽大意等，其发生频率和损失程度在一定程度上能人为地加以控制。

（3）经济原因

经济原因指的是经济衰退等方面的原因，这些原因不像自然原因和社会原因那样有着明显的影响，它对财产的致损作用更加隐蔽和复杂。如股价下跌导致股票贬值，技术进步导致设备贬值等。

需要指出的是，这三种损失原因有时会出现一些重叠。例如，火灾既可能是雷击这一自然原因所造成的，也可能是人们的疏忽这一人为原因造成的。另一个例子是环境风险，这是近年来出现的一种新的基本风险，指人类行为可能造成的对人的伤害，以及对自然环境的灾难性损害，如核风险、全球变暖、污染等。面对这些复杂原因所造成的财产风险，企业风险管理部门需要进行更为灵活和透彻的分析。当然，某些由众多的人或政府的行为（如联合抵制、罢工、暴乱、战争等）和巨灾所产生的财产风险会大到难以由某个企业一力承担，这一般就不由企业风险管理人员分析、处理了。

3. 财产风险会给企业带来的影响

从财产风险给企业造成影响的性质上来看，可以将其分为直接影响、间接影响和时间因素影响；从财产损失的具体内容上来看又可以从价值和权益两方面来确定。以下将从这两个角度分别进行介绍和分析。

（1）直接影响、间接影响和时间因素影响

直接影响是指财产风险直接作用于真实物体，引起此物体价值的改变。一般来说，这种改变都是物体价值减少，即直接损失。当然，直接影响并不一定都是损失，投机风险的一些直接后果就可能是收益。

间接影响指的是在风险因素对物体发生直接作用，导致直接后果以后，进一步产生的影响。例如，暴风雨摧毁了输电线，使得企业某些需要冷藏的存货变质了。这里，直接影响是修复受损电线的费用，间接影响是变质产品的价值。显然，存货变质所带来的损失并不是由暴风雨直接造成的。同样，间接后果也可能是收益。

时间因素影响实质上也是一种间接后果，但和一般的间接影响不同的是，它的大小和时间有很大关系。一般地，如果财产受到直接损失后，有一段时间无法使用，那么在这段时间内就会发生时间因素损失。换句话说，时间长度和由此带来的后果之间的密切关系是时间因素影响区别于其他间接影响的重要特征。

（2）财产的价值与权益

① 财产价值。当财产遭受损失后，财产所有人或用户除了财产本身价值丧失外，还会丧失使用该财产所得的收益，这些都是财产风险可能对企业带来的影响。因此，在分析财产风险时还需要考虑场地清理费、拆除建筑物未遭受损坏部分的费用、增加建筑的费用、部件损失造成的整件价值明显减少、继续经营价值损失等。

此外，从现金流价值的角度考虑，损失风险还可能造成企业收入减少或费用增加，在企业的净收入方面产生影响。其中，从收入减少的方面来说，应当考虑到由于营业中断所带来的损失，制成品利润损失，租金收入减少和应收账款减少等；从费用增加的方面来说，经营费用增加、租金增加和加急费用都应计入考虑。

值得指出的是，在从损失价值的角度出发确定财产风险的影响时，风险管理部门还必须注意选择适当的估价标准。原始成本、账面价值、重置成本、复制成本、功能重置成本、市价、实际现金价值、经济或使用价值等都是可供选择的估价标准，具体决策则应由风险管理部门根据本企业的实际情况做出。

② 财产权益。对财产拥有合法权益的任何个人或组织会因财产损毁而遭受经济损失，从这方面来说，财产风险造成的影响范围常常会超出进行风险管理的企业主体。于是，对财产权益的归属有一个清晰的认识将有利于企业分门别类地对财产风险进行分析和管理。一般说来，财产权益包括所有人权益、放款人权益、卖方和买方权益、受托人权益、出租人和承租人权益等，其具体界定都可以在相应法律法规中查到，这里不再赘述。

三、法律责任风险分析

1. 法律责任风险的含义

法律与风险管理之间有着密切的联系，法律责任风险是企业面临的另一种普遍风险。法律责任可能使企业遭受沉重的经济负担，甚至破产。因此，企业有必要认识和分析自身所面临的法律责任风险。总的来说，企业的法律责任可能因损害他人被起诉而产生，也可能因违约而需赔偿他人遭受的损失而产生。企业的责任损失则由损害赔偿金、调查费用、辩护费用、违约金等部分组成。

2. 法律责任风险的主要内容

具体地，根据违反法律责任所涉及的损害方来分类，企业的责任损失分为刑事责任和民事责任。违反对社会所承担的责任引起的公诉属于刑事责任；违反对某个人所承担的责任，受损害方提起诉讼的属于民事责任。民事责任是由合同责任和侵权责任组成。合同责任是由于违约而引起的，有时合同责任是由于使用合同方式转移而产生的，由受让人来赔偿转让人的损失。其他民事责任属于侵权责任。另外，违反不成文法和成文法也可能使企业承担刑事、合同和侵权责任。不成文法是未经国家有关机关制定，但经国家认可而赋予法律效力的行为规则，而成文法是由立法、行政和管理机构颁布的法律。

法律法规体系的复杂性决定了法律责任风险内容庞杂，难以全部详述。以下对企业经常面临的典型法律责任问题进行分析，涉及产品责任风险、环境污染责任风险和员工伤害责任风险。

（1）产品责任

产品责任是指因产品有缺陷造成他人财产和（或）人身损害，产品制造者、销售者所应承担的民事侵权责任。随着工业的发展，产品致人损害的案件层出不穷。最初，为了保护消费者免受缺陷产品的侵害，使其在受到损害时能够得到比较公平的法律救济，立法者借助合同法来实现此目标，即明示担保与默示担保。随后，由于担保理论的局限，许多国家的产品责任法逐渐突破合同法的框架，产品责任被部分或全部地确认为过失或严格责任。而与产品责任的这种严格化相伴随的，就是企业产品责任风险的加剧。

但是，产品责任有一个核心条件，即只有责任主体生产或销售的产品存在缺陷时才可能构成产品责任，因此缺陷在产品责任中是一个十分重要的概念。通常，人们将缺陷分为三类：设计缺陷、制造缺陷和营销缺陷。其中，如果产品带来的可预见性的伤害风险可以通过采取合理的、更为安全的设计而减少，就称为存在设计缺陷。而制造缺陷是指因产品原材料或配件存在缺陷或者在装配成最终产品的过程中出现某种错误，导致产品具有不合理的危险性。当制造商没有提供警示或是没有正确解释与使用产品有关的风险时，致使其产品在储运或使用等情况下具有不合理的危险时，就称为存在营销缺陷。这些方面是企业风险管理部门在分析产品责任风险时应当熟悉和了解的，否则就可能产生严重的管理失误。

（2）环境污染责任

环境污染指的是自然因素的总体发生了不良变化，污染环境的行为通常表现为排放废水、废气、废渣（“三废”）、粉尘、恶臭气体、放射性物质以及噪声、振动、电磁波辐射等对环境造成污染和危害的行为，以及一些直接破坏天然的自然因素（如植被等）而造成环境污染的行为。近年来，日益严重的环境问题对人类生存与可持续发展的相关权益造成的侵害越来越严重，被称为世界性“公害”。当污染环境造成他人损害时，污染环境者就应当承担赔偿责任。

环境污染责任的构成要件包括：存在环境污染的行为、污染造成损害的后果，以及污染行为和损害后果之间存在因果关系。只要存在这三个要件，环境污染责任即可构成。需要指出的是，由于一些污染环境行为的结果需要高水平的科技手段才能确定，污染环境行为和污染损害后果之间的因果关系有的时候也很复杂，因此我国规定污染环境致害的举证责任在侵害人。不过，如果因某些特殊原因造成污染损害，污染者也可以通过抗辩免除责任。这些原因包括：不可抗拒的自然灾害、受害者自身的责任、第三者的故意或者过失，以及其他抗辩事由，如《海洋环境保护法》中就规定了完全由于战争、负责灯塔或者其他助航设备的主管部门在执行职责时的疏忽或其他过失行为造成海洋环境污染损害的，污染者不承担赔偿责任。

(3) 员工伤害责任

员工伤害责任是指员工在从事雇佣活动中遭受伤害，雇主所应承担的赔偿责任。工伤事故是工业化社会中最先发生的社会问题，雇佣关系使得雇主对员工的安全承担一定责任。世界上许多国家都已经建立起约束员工伤害责任的法律体系。

美国是员工赔偿制度比较完善的国家，但中国没有单独的员工赔偿法，只在《人身损害赔偿案件的解释》中有涉及员工赔偿的相关规定（如第 11 条）。事实上，分析员工伤害责任风险还有必要跳出法律手段的局限，从其他角度考虑问题，如商业保险领域责任保险的发展和社会保险领域员工强制保险的出现等。

四、金融市场风险分析

1. 金融市场风险的含义

金融市场风险是指在资金的融通和货币的经营过程中，在各种事先无法预料的不确定因素的影响下，资金经营者的实际收益所面临的不确定性。在现在的市场经济中，任何一个企业都会面临商品价格、利率、汇率、法律或流动性等方面的风险，这些因素的变化会给企业带来损失或收益。这些风险都属于金融市场风险。金融市场风险是企业面临的重要风险之一，对它分析与评估的结果直接决定着企业经营的成败。

2. 金融市场风险的主要类型

按照表现形式的不同，金融市场风险可以分为市场风险、信用风险、流动性风险、经营风险、法律风险、国家风险和关联风险等类型。

(1) 市场风险

市场风险是指由于受到证券、利率、汇率或商品价格的不确定变动的影响而遭受损失的不确定性，具体包括利率风险、汇率风险、证券价格风险和商品价格风险。

① 利率风险。利率风险是指由于市场利率的不确定变动而使行为人遭受损失的不确定性。利率风险是许多企业面临的主要金融风险之一，其根本来源是货币供求及宏观经济环境的变动。利率风险的影响主要表现在两个方面，一是会导致企业的现金流量不

确定，从而使得融资成本和收益不确定；二是会对企业的经营环境产生影响，进而影响到企业的利润。当企业的经营环境对利率敏感时尤其如此。

② 汇率风险。汇率风险是指由于汇率的不确定变动而使行为人遭受损失的不确定性。一国的宏观经济状况和实力是影响该国货币汇率变动的最基本因素。利率风险的影响主要有三个方面，分别称为交易暴露、换算暴露和经济暴露。交易暴露是指企业预期的现金流量因为汇率的不确定变动而面临的不确定性。换算暴露是指涉外企业会计科目中以外币计的各种科目，因汇率变动引起的账面价值的不确定变动。经济暴露比较间接，它是指汇率变动会影响到一个国家的经济环境，进而使得企业的成本结构、销货价格、融资能力等受到影响。

③ 证券价格风险。证券价格风险是指证券价格的不确定变化导致行为人遭受损失的不确定性。金融市场是整个市场体系的一个重要组成部分，金融市场中的国债、企业债、股票等证券的价格每天都处于波动之中，尤其是股票价格，变幻莫测，不确定性很大。证券价格风险的影响因素有很多，涉及政治、经济、社会、心理等很多方面，甚至还与一些自然风险有关。证券价格的变动会影响到企业的投资收益以及融资成本。

④ 商品价格风险。企业在生产经营过程中会涉及多种商品，这些商品价格的不确定变化使得企业面临损失的不确定性，这就是商品价格风险。

（2）信用风险

信用风险是指交易对手不能或不愿按照合同的约定到期还款付息而使企业遭受损失的风险。进一步说，信用风险还包括由于债务人信用评级的降低，致使其债务的市场价格下降而导致的损失风险。信用风险的风险因素来源于主观和客观两个方面，主观风险因素主要指债务人是否有还款意愿，这可以从债务人的品质等角度进行考察。客观风险因素主要指债务人是否有能力还款，这由债务人的资本金所处的环境、债务人的经营水平等决定。

（3）流动性风险

流动性包括产品的流动性和现金的流动性两种含义，而流动性风险更多的是强调后者。如果企业持有的资产能随时得以偿付，能以合理的价格出售，或者能够在短时间内以合理的价格借入资金，则其现金的流动性风险小；反之风险则大。企业面临现金流动性风险，可能会导致违约或发生财务损失。

（4）经营风险

经营风险是指因一些经营管理方面的不确定性而使企业遭受损失的风险。经营风险主要体现为决策风险和操作风险两方面。决策风险是由决策的错误制定导致的风险，源于环境因素的变化，某些可能发生的情况，会使得事先制定好的决策面临一定的不确定性。操作风险是在决策的执行过程中发生的风险，它在整个业务运作的过程中都会发生。

（5）法律风险

法律风险是指由于法律或法规方面的原因而使企业的某些市场行为受到限制或合同不能正常执行而导致损失的不确定性。法律风险包括合规性风险和监管风险。交易对方不具备法律或法规赋予的交易权利，违反国家有关法规进行市场操纵、内幕交易，不符合监管规定等，都会导致法律风险。由于各国的法律法规不同，对不同类型金融机构的监管要求不同，不同交易对手的法律风险存在较大差异。

（6）国家风险

国家风险指的是在国际经济活动中发生的，至少在一定程度上由外国政府控制的或外国社会事件引起的，而非企业或个人控制下的事件造成的，给国外债权人（出口商、银行或投资者）造成损失的不确定性。根据引发风险的事件性质不同分为国家政治风险和国家经济风险两类。前者是指由于一个国家的内部政治环境或国际关系等因素的不确定变化而使他国的经济主体遭受损失的可能性，后者是指由于经济原因造成一个国家不愿意或不能够偿还其外债或外部责任的风险。

（7）关联风险

关联风险是指由于相关产业或相关市场发生严重问题，而使行为人遭受损失的不确定性。现代经济中，许多企业之间的联系都非常紧密，一个企业发生问题，可能会导致其他一些企业受到牵连，尤其在金融领域，可能会因为一家银行的问题，波及整个市场，诱发银行危机。

总的说来，金融市场风险与一般的风险概念有着显著的区别，它是专门针对资金借贷而言的风险，例如资金借贷、资金经营、证券投资、外汇投资等金融活动所带来的风险，因此，它的外延比一般风险的外延范围小。同时，金融风险具有双重结果，既可能导致经济损失，也可能带来额外收益，它的内涵比一般风险要丰富。

第二节　企业风险衡量技术

在对风险进行了初步的分类式定性分析后，就应进一步考察风险发生的可能性和影响程度，通过选择和运用合意的企业风险衡量技术和评价方法，深化对不同风险类别的了解和把握，以便在此基础上采取有效的风险应对策略。本节将主要介绍已经成熟的风险衡量技术，为风险管理人员提供一个较为广泛的方法选择空间。下一节则将介绍较为通用的风险评价方法，指出在将风险实现部分或全部的量化后，如何对其进行合理的排序，以确定本企业风险管理的重点。

风险管理和许多别的工商学科一样，是不可能对不能计量的对象实施良好的管理的。也许在企业运转良好的时候，仅停留在定性分析阶段的风险管理还可以使一切从表面上看来风平浪静；但是一旦企业的境况出现变化，不得不面临风险所带来的挑战或危机时，这种管理方式就力所不逮，常常使企业处于严重的危险之中却束手无策、无所适从。所以，风险计量分析是风险管理过程中十分重要的一部分，从中孕育出的风险衡量技术更是所有企业的风险管理部门都应当了解和熟悉的。

所谓风险衡量，是指用现代定量分析的方法来估计和预测某种特定风险发生的概率及其结果。风险的大小与未来各种可能结果变动程度的大小有关。因此，对风险大小的衡量，经常使用概率论和数理统计方法，如传统概率分析、贝塔指标分析法、在险价值、经济资本等，统称为概率技术。此外，还有诸如敏感性分析、情景测试、压力测试、设定基准、层次分析法和各种记分方法等非概率技术。以下将分别对这些技术和方法进行具体的介绍。

一、风险衡量的概率技术

（一）风险衡量的概率技术

1. 传统概率分析

传统概率分析是风险管理理论中较成熟的一种度量方法。根据企业风险的含义，风险体现了实际损失或收益和预期损失或收益的偏差，这种偏差可以借助一些概率统计量来衡量，包括损失或收益率的期望值 k、方差 δ^2、标准差 δ、差异系数 CV 等。这些统计量事实上是测量损失或收益率围绕其期望值变化的程度，如果围绕期望值发生剧烈变化则表明收益率具有很大的不确定性。

为了度量偏差，首先要确定损失或收益的期望值，或者更广义的来说，对存在风险的目标进行中心趋势的测量，这是确定风险概率分布中心的重要方法。在各种不同的中心趋势测量方法中，主要有以下几种方法。

（1）算术平均数

算术平均数是指用平均数表示的统计指标，分为总体的一般平均指标和序时平均指标。一般平均指标是指同质总体内某个数量标志（在一定时间内）的平均值；序时平均指标是某一个统计指标在不同时间的数量平均值。假设 k_1，k_2，…，k_n是变量 K 的 n 个观测值，则平均指标为：

$$\bar{k} = \frac{k_1 + k_2 + \cdots + k_n}{n}$$

在平均指标的计算中，给予每一次观察值的权数是相等的，即认为各种情况出现的概率是相同的。

（2）加权平均数（期望值）

与算术平均数相对应的是加权平均数，即我们所常说的期望值，它是用每一项目或事件的概率加权平均计算出来的。仍假设 k_1，k_2，…，k_n是变量 K 的 n 个观测值，V_1，V_2，…，V_n是各变量观测值出现的次数，则其加权平均数（期望值）是：

$$\bar{k}=\frac{k_1V_1+k_2V_2+\cdots+k_nV_n}{V_1+V_2+\cdots+V_n}$$

或者，如果已经通过经验数据获知了 k_1，k_2，…，k_n 发生的概率分别为 P_1，P_2，…，P_n（对于各种可能损失或收益率下的概率确定，需要根据企业历史资料、市场分析和行业特点、现状、前景及社会经济环境等因素进行综合考虑），则有：

$$\bar{k}=\sum_{i=1}^{n}k_iP_i$$

加权平均数（期望值）是中心趋势测量中最为常用的方法。

（3）中位数

衡量变量中心趋势的另一种方法是计算中位数。中位数也称中值，位于一组数据的中心位置。确切地说，将任意一组数据 k_1，k_2，…，k_n 由小到大顺序排列，得到数列 $k_{(1)}\leqslant k_{(2)}\leqslant\cdots\leqslant k_{(n)}$，若 $n=2m+1$，则 $k_{(m+1)}$ 就是中位数；若 $n=2m$，则处于中心位置的两个数为 $k_{(m)}$ 和 $k_{(m+1)}$，这时称它们的算术平均数为中位数，记作 Mek，即

$$Mek=\begin{cases}k_{m+1}, & n=2m+1;\\(k_{(m)}+k_{(m+1)})2, & n=2m.\end{cases}$$

（4）方差和标准差

在衡量了风险目标的中心趋势后，需要进一步量化变量与期望值之间的离散程度，方差 δ^2、标准差 δ 和差异系数 CV 都是这一类指标。其具体计算公式如下。

仍假设 k_1，k_2，…，k_n 是变量 K 的 n 个观测值，并已知 $\bar{k}$ 是 K 的算术平均值，则称 $(k_i-\bar{k})^2$，$i=1$，2，…，n 为观测值 k_i 的平方偏差，称 $(k_1-\bar{k})^2$，$(k_2-\bar{k})^2$，…，$(k_n-\bar{k})^2$ 的算术平均数为这组数据的平均平方偏差，简称方差（或均方差），即：

$$\delta^2=\sum_{i=1}^{n}(k_1-\bar{k})^2P_i\text{，其中 }\bar{k}=\sum_{i-1}^{n}k_iP_i$$

方差的算术平方根就是标准差或根方差。换为概率式表示法，其公式为：

$$\delta=\sqrt{\sum_{i=1}^{n}(k_1-\bar{k})^2P_i}\text{，其中 }\bar{k}=\sum_{i-1}^{n}k_iP_i$$

具体说来，方差、标准差越大，表明各种可能结果的数值距离期望值就越远，则期望值的代表性就越差，风险就越大；方差、标准差越小，表明各种可能结果的数值距离期望值越近，则期望值的代表性就越强，风险就越小。

（5）差异系数

如果与其他行业、企业比较，期望值往往不同，在这种情况下，应该使用差异系数（即变异系数）指标来衡量风险。变异系数是标准差与均值或期望值之比，也称标准差系数或平均偏差系数。风险的稳定性可以通过差异系数反映出来。差异系数越大，风险的稳定性越弱，风险也就越大；相反，风险的稳定性越强，损失的风险越小。其具体计

算公式如下所示：

$$CV = \frac{\delta}{\bar{k}},$$

其中 δ 和 $\bar{k}$ 分别为变量的标准差和期望值。

以上是用绝对数的统计指标反映风险大小，也可以用相对数的统计指标反映风险的大小，如可以用企业的总资产收益率（*ROA*）的标准差反映经营风险的大小，用权益资本收益率（*ROE*）的标准差反映企业总风险的大小等，这里不再赘述。

总的来说，传统概率分析法具有较强的理论依据，可信度较强，容易理解，使用方便，且不需要太高的理论知识。但其缺点在于概率分布较难确定，要靠经验判断，具有一定的主观性，而对于连续性变量的估计和计量还需一定的专业知识。

2. 贝塔指标分析法

贝塔指标分析法是近年西方发展起来的风险计量方法，是一种重要的整体性分析方法。其优点在于运用数理统计理论，具有较强的科学依据，能够反映收益与风险的关系；而缺点则在于贝塔系数的计算相对比较复杂，需要选择技巧、较强的专业理论知识和判断能力。而且，这种分析方法主要适用于金融市场风险的分析，具有一定的局限性。

贝塔指标按照使用分析的数据不同可分为市场 β 值和会计 β 值，现分别介绍如下。

（1）市场 β 值

市场 β 值是使用单项资产和资产组合市价的历史数据，运用线性回归技术进行估计的。其具体步骤为：首先计算出企业股票的收益率与市场组合收益率，然后再将两者进行回归拟合，所得回归直线的斜率即为该股票的市场 β 值。相关详细做法可以参见一般的财务管理图书，这里不再进行过多说明。

这种方法的最大局限是只有在股票被交易并方便得到市场价格的时候才能使用。对于公开上市时间不长的公司和想要估计其股权成本的企业分支机构来说，这种方法的使用受到限制。此外，计算过程中对市场指数的选择应十分谨慎，选择的合理与否直接影响到 β 值的可靠性。

（2）会计 β 值

会计 β 值可以通过计算企业每季或每年的收益率相对于同一时期行业的收益率进行回归求得。其特点在于，会计 β 值的计算是基于本公司的会计收益而不是基于交易价格进行的。这种方法在实际中主要应用于非公开上市的公司。

就金融市场的角度而言，企业风险可以分为非系统风险（不能为系统因素所解释的风险）和系统风险（市场风险）。在这两种风险中，前者由市场偏差所产生，因而不可能通过多样化的方法进行分散；后者则可以通过多样化的方法消除。总的来说，贝塔指标分析表明在风险和收益之间存在一种简单的线性替代关系，被广泛应用于企业的风险投资组合分析和管理。但是，这种对风险收益的描述是一种期望形式，因此在本质上是不可检验的。而该模型的一系列严格假设和对市场指数的过于依赖，也使这一风险计量方法受到了不少质疑。

3. 在险价值

G30 集团于 1993 年在题为《衍生产品的实践和规则》的报告中提出了这一方法，它后来在企业（尤其是金融行业）对市场风险的分析中得到了广泛的应用。在确定了时间区间和一个置信水平 α 以后，某项风险资产的在险价值（value at risk，VaR）就是该资产可能以 $1-\alpha$ 的概率减少的价值。例如，如果取 $\alpha=99\%$，那么风险给该资产所带来的价值损失只有 1%的可能性超过其 VaR（在实际操作中，VaR 一般被看作给定时间区间和置信水平下预期的最大损失额，即最坏情况下的损失额），这用公式可以简单表示为：

$$P\ (\Delta P \leqslant -\mathrm{VaR}) = 1-\alpha$$

其中，P 表示某事件的概率；ΔP 表示投资组合价值的变动；α 为置信度水平。

而图 13-1 则从直观上表示出了 VaR 的含义。

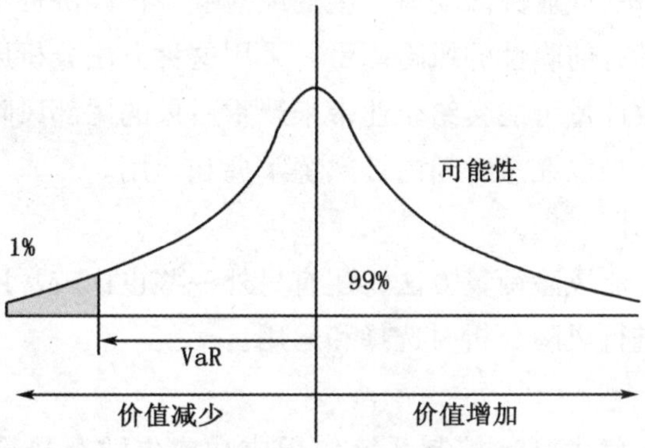

图 13-1　在险价值

总的来说，在险价值分析法具有很强的科学性，提供了一个统一的方法来测量不同行业的风险，并充分考虑到了不同资产价格变化之间的相关性。但是，这一方法同样需要较强的数理统计知识，并且也是在金融市场风险领域发展得较为成熟，有待进一步拓宽适用范围。

4. 经济资本

在风险分析中，另一个常用的计量项目是经济资本金。在企业整体水平上，经济资本代表了在给定的置信水平和企业期望承担的风险之下，为了确保企业的偿付能力，企业理论上必须拥有的财政资源的数量。因此，经济资本是两个变量的函数：企业的所谓偿付能力标准和它的风险。

企业的偿付能力标准是合意的企业信用度，并且可以从其（合意的）债务评级中推断出来。例如，一家机构具有的目标偿付能力标准为99.9%，则平均而言，它每1 000年只会违约一次。粗略地说，这相当于被标准普尔（Standard & Poor）信用评级服务公司授予“A”的评级。

对于给定的风险水平，较高的偿付能力标准意味着要拥有较多的经济资本。换言之，企业承担的风险越大，为了维持给定的偿付能力标准，它必须具有的财政资源越多。这一分析思路是建立在罗伯特·莫顿（Robert Merton）的违约模型的基础之上的，它强调公司股东有权在支付债权人时违约，并且如果公司权益价值（“净资产”）下跌到零，将会这么做。因此，债权人会通过要求相对于提供的资金的无风险息率而言的息差，向股东征收违约风险费用。此外，违约概率是由公司净资产值的当前水平和潜在变化（概率分布）所决定的。

一个企业的经济资本的计算一般是自下而上的。换句话说，企业应先针对每一类风险分别估算经济资本，然后再把分散化效应考虑进来的情况下进行汇总计算，以得到整个企业的总经济资本。具体来说，就是先计算出每一种风险源所引起的企业价值的变化的单独分布，然后把单独分布联合起来，并以合意的目标偿付能力标准为基础计算出总经济资本，最后基于每一项业务活动所产生的风险额，把经济资本进行划归。

经济资本是一种具有前瞻性的风险衡量，采用这种方法分析风险将赋予企业更多的主动性，并且可以有效计量可能会给企业带来严重后果的尾部风险。美中不足的是，这种方法的理论性很强，难以在短时间内被熟练掌握和运用。

（二）其他概率技术

除了以上介绍的主流风险衡量方法，还有另外一些也比较常用的概率技术，分别进行介绍，以供企业在进行风险分析时选择和运用。

1. 事件树法

事件树的每一分支代表某一控制系统作用成功或失败，并给出其成功或失败的概率。这样，在事件树分支的最末处，就得到了在各种情况下的风险后果。针对每一种后果，计算其导致损失，最后综合各种后果及其概率得到该危险的总风险。

2. 概率影响图

概率影响图是影响图的一种特殊形式，它将概率论和影响图理论结合，专门处理随机事件间的相互关系，对随机事件进行概率推理，并在推理过程中对事件发生的概率及其依赖与其他事件的发生概率做出完整的概率评估。

3. 贝叶斯推断原理

当未来决策因素不完全确定时，必须利用所有能够获得的信息，包括样本信息和先于样本的所有信息，其中包括来自经验、直觉、判断的主观信息，来减少未来事物的不确定性，这就是贝叶斯推断原理。

4. 模糊数学法

风险的不确定性常常是模糊的，所以模糊数学方法可用于风险评估和分析。模糊数学从二值逻辑的基础上转移到连续逻辑上来，把绝对的“是”与“非”变为更加灵活的东西。在相当的限度上去相对地划分“是”与“非”，这并非数学放弃它的严格性去造就模糊性，相反是以严格的数学方法去处理模糊现象。

5. 蒙特卡罗风险模拟法

蒙特卡罗风险模拟法的基本思想是将待求的风险变量当作某一特征随机变量。通过某一给定分布规律的大量随机数值，解算出该数字特征的统计量，作为所求风险变量的近似解。蒙特卡罗模拟已经被用来计量各种不同类型的风险，包括信用、市场、保险和营运风险等。

二、风险衡量的非概率技术

1. 敏感性分析

敏感性分析是针对潜在的风险性，计算其主要经济指标变化率及敏感程度的一种方法。换句话说，这是一种弹性分析方法，主要分析各个风险因素变化对损益变化的影响。例如，计算当销售价格或原材料价格变动一个百分点时，企业损益变动的百分比是多少，就是在做敏感性分析。在这种个别分析的基础上，再找出对项目影响较大的因素，然后绘出敏感性分析图，分析敏感度，找出不确定因素变化的临界值即最大允许的变化范围，就可以对不同类型的风险进行比较和评价了。

敏感性分析法容易理解，使用方便，是一种实用性很强的风险衡量技术。但是，这一分析需要使用准确的企业内部数据，而且当因变量随多个自变量变化时，就难以确定每个变量对其的影响。

2. 情景测试

情景测试是考虑多个因素的变化并达到某个状态时，通过对风险标志性指标报告的预测，来分析公司的整体风险。这是一种自上而下的、考虑“如果——什么”问题的分析方法，衡量的是某事件或事件组合对企业将会产生的影响。情景分析的一个例子是评估类似于 1997 年 10 月的股市震荡对财务产生的影响。

情景测试可以结合经营连续性计划或估计系统故障或网络故障的影响来使用，从而反映风险对企业经营的全面影响。如果企业风险管理部门试图把增长、风险和利润连接起来，在战略计划编制中就可以实施情景分析，从而有预见性地制定风险应对方案。

在实际操作中，企业通常会按照以下三种情景来分析预测风险指标数据，并进而评估相应风险：乐观激进情景，即内外部环境都有利的情形；保守情景，即内外部环境都不利的情形；中性状态情景，即以事项发生的最大可能性作为预测基准的情形。

3. 压力测试

压力测试是情景分析的一种特殊形式，专门针对特定的风险因子，评估那些具有极端影响的事项的影响。压力测试不同于一般的情景分析，因为它集中关注的是单个事项或活动在极端情况下的变化对企业产生的直接影响，而一般的情景分析更加集中关注正常规模的变化所产生的影响。压力测试一般被用作概率度量方法的补充，来分析那些通过与概率技术一起使用的分布假设没有充分捕获到的低可能性、高影响事项的结果。与敏感性分析类似，压力测试通常用来评估经营事项或金融市场活动中各种变化的影响，目的是避免大的意外和损失。例如，压力测试包括估计下列事项迅速和大规模变化的影响：产品生产缺陷的增加；外汇汇率的变动；利率变动；衍生工具所基于的一个基础因素价格的变动；固定收益投资组合价值的利率增加；影响一个生产厂家运营成本的能源价格提高；投资组合中违约率的变化；等等。

应当指出的是，情景测试和压力测试并不意味着捕捉可能发生的绝对最坏的情况（事情总是可能变得更坏），而是给出了在高级管理层心目中可能发生的最严重事件。另外，压力测试的缺点之一是它只专注于极端不利的事件，而不能捕捉不那么极端但更可能发生的不利事件的影响。处理这个问题的一种分析方法是对某一特定的风险因子或风险因子集合（比如各种利率）的一系列情景进行模拟，如应用上文提到过的蒙特卡罗模拟法。

4. 设定基准

一些企业使用设定基准技术从可能性和影响方面来评价一个特定的风险，再以此为基础寻求改善风险应对决策，降低其可能性或影响的途径。基准数据能使企业风险管理部门根据其他组织的经验了解风险的可能性或影响。设定基准也用于经营过程中的活动，以识别过程改进的机会。

实践中通常所采用的指标评价标准有两类：一是公认标准，即对各类企业不同时期都普遍适用的指标评价标准；二是行业标准，是反映某行业水平的指标评价标准。在比较分析时，既可以采用本企业指标与同行业平均水平指标进行对比，也可以用本企业指标与同行业先进水平对比（标杆比较法），还可以用本企业指标与同行业公认的指标标准进行对比。此外，企业还可以在其内部把一个部门或子公司的度量与同一主体的其他部门或子公司进行比较。而对于不同行业的企业之间，则可以根据行业与行业之间的换算表进行转换后比较。

企业通过为典型风险指标设定对比基准，可以帮助其确定自身的风险水平、明确本企业所处的地位和及时发现风险管理运作中需要改进的地方（早期预警系统），从而制定适合本企业的有效的风险应对策略。因此，这个方法最大的优点就在于将企业与行业内的企业联系在一起，不再是脱离企业生存的外部环境闭门造车，为各个风险管理层次提供知己知彼的机会。

5. 层次分析法

层次分析法是美国运筹学家匹茨堡大学托·沙蒂（Thome L. Salty）教授于20世纪70年代中期提出的一种系统分析方法。这是一种将与决策有关的元素分解成目标、准则、方案等一系列层次结构，在此基础之上进行定性和定量分析，以确定多目标、多方案优化决策问题中各个指标权重的决策方法。这种方法的特点是在对复杂的决策问题的本质、影响因素及其内在关系等进行深入分析的基础上，利用较少的定量信息使决策的思维过程数学化，从而为多目标、多准则或无结构特性的复杂决策问题提供简便的决策方法，尤其适合于对决策结果难于直接准确计量的场合。

层次分析法的具体步骤如下。

① 通过对系统的深刻认识，确定该系统的总目标，弄清规划决策所涉及的范围，所要采取的措施方案和政策，实现目标的准则、策略和各种约束条件等，广泛地收集信息。

② 建立一个多层次的递阶结构，按照目标的不同、实现功能的差异，将系统分为几个等级层次。例如，图 13-2 就是以递阶层次表示的企业选择供货商的一般结构。

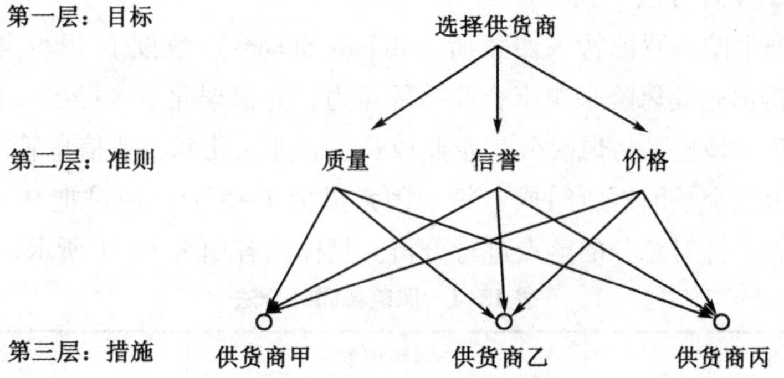

图 13-2　选择供货商的一般结构

③ 确定以上递阶结构中相邻层次元素间相关程度。通过构造两两比较判断矩阵及矩阵运算的数学方法，确定对于上一层次的某个元素而言，本层次中与其相关元素的权重。

④ 计算各层元素对系统目标的综合权重，进行总排序，以确定递阶结构图中最底层各个元素在总目标中的重要程度。

⑤ 根据分析计算结果，考虑相应的决策。

6. 各种计分方法

为了简化对风险的衡量，人们也经常运用各种计分方法来量化风险，以下对几种主要的计分方法进行介绍。

（1）专家打分法

专家打分法是根据具体评价对象，确定恰当的评价项目，并制订评价等级和标准，每个等级标准用打分的形式体现的风险衡量方法。专家打分法计算方法简单，且选择余地比较大，这种方法在定性和定量分析的基础上，以打分的方式对风险做出衡量，其结果具有一定的数理统计特性。但是，专家打分法的最大优点却是，在缺乏足够统计数据和原始资料的情况下，仍可以做出定量估价，特别是当需要评价的项目在很大程度上取决于政策和人的主观因素，而不是主要取决于定量指标或不便使用定量指标时，专家打分法较其他方法更为适宜。但在一般情况下，需要通过综合多位专家的打分以消除某一专家对打分的影响，保证评价结果的客观性和准确性。

由美国兰德公司于1964年发明的德尔菲（Delphi）法是对专家打分法的改进。Delphi法首先通过向参加评价且互不知晓的专家们分别发放咨询表，完全消除了相互间的影响；然后对每一轮专家打分的结果做出统计，并将其作为反馈材料发回各专家，供下一轮评价时参考；如此反复几次，直至专家们的评定意见比较吻合时为止。专家打分法，由于是同行专家共同评定的，因而得到的指标权重一般比较客观。且这种赋权方法相对而言比较简单，而且也容易理解。正因为如此，在社会问题的综合评价中，专家打分法使用得比较广泛。

（2）风险暴露计分法

美国哈佛商学院的罗伯特·西蒙斯（Robert Simons）教授于1999年在《哈佛大学企管评论》中提出企业风险来源于企业内部压力，并根据此主张提出一套评估机制——风险暴露计分法。该模型将风险分为企业成长、企业文化和企业信息管理三个类别，每个类别又分别由三个子因素所组成，每个因素赋值1~5分，通过把9个风险因素衡量所得的分数加总，针对总分的落点进行分析。具体内容如表13-1所示。

表13-1　风险暴露计分法

类别	风险因素	得分
企业成长	绩效压力	1~5
	企业扩展速度	1~5
	无经验的员工	1~5
企业文化	因承担创新风险所产生的报酬	1~5
	高层主管对坏消息的抗拒	1~5
	企业内部竞争程度	1~5
企业的信息管理	交易的复杂性与变化速度	1~5
	绩效衡量诊断的缺失	1~5
	企业决策权的分散程度	1~5
		合计：分

说明：9~20：安全区；21~34分：警告区；35~45分：危险区

风险暴露计分法是一种估计风险大小和可能导致重大事故或危机的诊断工具。根据专业人员的经验和主观感受给每个指标确定一个分数，这种赋权方法相对而言比较简单，而且也容易理解。正因为如此，在社会问题的综合评价中，此法使用得也比较广泛。

（3）沃尔评分法

由于从某种意义上来说，财务管理是一切企业管理工作的核心和落脚点，因此通过考察财务状况来衡量风险也是一种合意的选择。而财务状况综合评价的先驱者之一亚历山大·沃尔在《信用晴雨表研究》和《财务报表比率分析》中提出了信用能力指数的概念，把若干个财务比率用线性关系结合起来，以评价企业的信用水平（与其风险水平密切相关）。他选择了7个财务比率，即流动比率、产权比率、固定资产比率、存货周转率、应收账款周转率、固定资产周转率和自有资金周转率，分别给定了其在总评价中占的比重，总和为100分；然后以行业平均数为基础确定标准比率，将实际比率与标准比率相比，得出相对比率；将此相对比率与各指标比重相乘，得出总评分。这种综合比率评价体系把若干个财务比率用线性关系结合起来，可以用来衡量企业的财务状况。

简单来说，沃尔比重评分法的公式为：评分=实际比率÷标准比率×比重，其具体计算方法可以参见表13-2。

表13-2　沃尔评分法

财务比率	比重 ①	标准比率 ②	实际比率 ③	相对比率 ④=③÷②	评分 ①×④
流动比率	25				
净资产/负债	25				
资产/固定资产	15				
销售成本/存货	10				
销售额/应收账款	10				
销售额/固定资产	10				
销售额/净资产	5				
合计	100				

沃尔评分法将彼此孤立的偿债能力和营运能力指标进行了组合，做出了较为系统的衡量。因此，通过评价企业财务状况来衡量其风险状况，具有积极的意义。

（4）*Z*计分法

在风险衡量技术中，奥特曼提出的“*Z*计分法”也比较具有代表性。该方法主要适用于股票上市公司，其具体做法是：首先从企业财务报告中计算出一组反映企业财务危机程度的财务比率，然后根据这些比率对财务危机警示作用的大小给予不同的权重，最后进行加权计算就得到一个企业的综合风险总判分*Z*，将其与临界值对比就可知企业（财务）危机的严重程度。

*Z*计分法的公式为：$Z=1.2X_1+1.4X_2+3.3X_3+0.6X_4+1.0X_5$，其中：

$$X_1=\frac{营运资产}{总资产};\ X_2=\frac{留存收益}{总资产};\ X_3=\frac{税前利润}{总资产};$$

$$X_4=\frac{股价市值}{债务账面价值};\ X_5=\frac{销售收入}{总资产}$$

根据对过去经营失败企业统计数据的分析，奥特曼得出一个经验性临界数据值，即

$Z=3.0$。Z 计分值高于 3.0 的企业为较安全企业，低于 3.0 的企业则存在财务危机或破产风险。此外，奥特曼在对经营失败企业经验分析中还发现，如果一个企业的 Z 计分值低于 1.8，则该企业实际上已经潜在破产，如果不采取特别有力的措施，将很难步出深渊。关于临界值的具体说明如表 13-3 所示。

表 13-3　Z 计分值的含义

Z 记分值	短期出现破产的概率
1.8 以下	很可能正走向破产，很难指望 Z 分值在 1.8 以下的企业能恢复过来
1.8~2.7	可能在两年内破产，企业处于灰色区域，要幸存必须采取较大变革
2.7~3.0	从预测破产的角度上讲，企业可能是安全的，但处于灰色区域之中
3.0 及以上	从财务数据来判断，该企业的运营是安全的，当然，管理失误、欺骗、经济下滑，以及其他因素都可能会造成难以预见的问题

第三节　企业风险评价方法

一、企业风险评价的要素

在对风险进行了定性分类和定量度量后，风险分析的工作还没有结束。为了更加有针对性地对企业所面临的风险采取应对措施，还需要将其进行排序。这一步骤就是风险评价。风险评价是企业风险管理从理论认识过渡到实践操作的重要环节，它有时与风险衡量是同时进行的，更多情况下则是建立在风险衡量的基础之上。因此，企业风险管理部门并不一定需要确切划分哪一步骤属于风险衡量、哪一步骤属于风险评价，但却应当熟练掌握风险评价的方法，以便在需要的时候加以灵活运用，更好地为风险控制措施提供依据。

从定义上来说，风险评价是指在风险识别和风险衡量的基础上，把损失频率、损失程度以及其他因素综合起来考虑，分析风险的影响，并对风险的状况进行综合评价。如果说风险衡量是对风险状况的客观反映的话，那么风险评价是依据风险衡量的结果对风险及其可能造成的损失，进行总体的认识和评价，并且一般融合了风险管理人员的主观评价，受到其自身风险态度的影响。另外，风险评价在需要定量分析结果的同时，还离不开特定的社会经济和政治制度，受到相关规制因素的制约。

二、企业风险评价的具体方法

风险评价按照不同的分类标准可以划分为不同的类型。按照风险评价的阶段划分，风险评价可以分为事前评价、中间评价、事后评价和跟踪评价。按照风险评价的角度划分，可以分为技术评价、经济评价和社会评价。以下则是以风险评价方法为侧重点，介绍了一些重要并且常用的定性、定量和综合评价方法，包括风险度评价法、检查表评价法、优良可劣评价法、单项评价法、指标评价法、直方图评价法、矩阵评价法和风险综合评价法等。

1. 风险度评价法

如果把每种风险看作与特定损失对应的概率分布，那么评价风险的大小就是要对这些概率分布排列顺序，用数值的大小来代表其顺序即为风险度。而风险度评价就是指风险管理部门对风险事故造成故障的频率或者损害的严重程度进行评估。风险度评价可以分为风险事故发生频率评价和风险事故造成损害程度评价。一般来说，风险度评价可分为 1 至 10 级，级别越高，危险程度越重。

在实际操作中，无论风险单位、损失事件和损失形态的组合如何，风险管理部门为了风险管理的目的，都可以宽泛地将损失频率评价为以下四种：几乎不会发生、不太可能发生、偶尔发生和经常发生。同时，也可以将损失程度分为轻微损失、中等损失、重大损失和特大损失。这种不严格的风险评价方式方便了风险的管理。但是，也应该看到，这种简单的风险评价已经越来越不适应风险管理的需要。为了准确地评价风险，可以根据风险发生的概率细分为以下几类，如表 13-4 所示。

表 13-4　基于风险发生概率的风险度标准

风险发生的可能性	概率	风险度标准
很高：风险的发生几乎是不可避免的	≥1/2	10
	1/3	9
高：风险的发生与以往经常发生的事故类似	≥1/8	8
	1/20	7
中等：风险的发生与以往有时发生的事故有关，但不与主要营运流程有关	1/80	6
	1/400	5
	1/2 000	4
低：风险的发生较少，与以往偶尔发生的事故有关	>1/15 000	3
很低：风险的发生很少，与以往极少发生的事故相同	1/15 000	2
极低：风险不太可能发生，与过去极少发生的事故相同	1/150 000	1

为了评价风险，也可以根据风险造成的后果将其细分为以下几类，如表 13-5 所示。

表 13-5　基于风险后果的风险度标准

后果	评价	风险度标准
无警告的严重危害	可能危害财产或人员：风险可以严重影响系统安全运行；不符合法规；发生时无警告	10
有警告的严重危害	可能危害财产或人员：风险可以严重影响系统安全运行；不符合法规；发生时有警告	9
很高	企业运营被严重破坏：系统无法运行，基本丧失功能	8

表13-5(续)

后果	评价	风险度标准
高	企业运营破坏不严重：系统能够运行，性能下降	7
中等	企业运营破坏不严重：系统能运行，但舒适性或方便性项目失效	6
低	企业运营破坏不严重：系统能运行；舒适性或方便性项目性能下降	5
很低	企业运营破坏不严重；产品有缺陷	4
轻微	企业运营破坏较轻：部分产品有缺陷	3
很轻微	企业运营破坏较轻；极少产品有缺陷	2
无	没有影响	1

风险度评价法可以按照风险度评价的分值确定风险的大小，分值越大，风险越大；反之，则风险越小。据此，就可以做出风险事故因素的排列图。风险事故排列图可以用来确定风险管理部门采取措施的顺序，这不仅可以找到风险事故发生的主要原因，而且可以连续使用，找出复杂问题的最终原因；然后，根据风险事故排列图，对风险的等级进行评价。

2. 检查表评价法

检查表评价法是指，根据安全检查表，将检查对象按照一定标准给出分数，对于重要的项目确定较高的分值，对于次要的项目确定较低的分值，总计 100 分。然后按照每一检查项目的实际情况评定一个分数，每一检查对象都满足相应的条件时，才能得到这一项目的满分；当条件不满足时，按照一定的标准将得到低于满分的评定分。所有项目评定分的总和将不超过 100 分。由此，就可以根据被调查风险单位的得分，评价风险的程度和等级。例如，日本大正海上火灾保险株式会社防火检查表就是按照这种方法评价的。

这种风险评价方式的优点是可以综合评价风险单位的状况，而检查表设计得是否翔实，是否考虑到引发风险的各方面因素，是检查表评价是否准确的关键。

3. 优良可劣评价法

优良可劣评价法是从企业特点出发，根据企业以往风险管理的经验和状况，对人为因素、机械设备因素、物的因素、环境因素和管理因素等风险列出全面的检查项目，并将每一检查项目分成优、良、可、劣四个等级。在进行风险评价时，由风险管理人员和操作人员共同进行，以此确定被检查单位的风险状况。如果风险管理主体达不到规定的标准，评价结果为可以或者较差时，就需要采取相应的措施加以控制。

优良可劣风险评价标准比较直观，可操作性强。例如，建筑施工、电气防爆、化学试验、工艺操作等，都可以采取这种方法评价风险。此外，检查表式综合评价法和优良可劣评价法都是通过观察和分析，借助于经验和判断能力进行评价的方法。这些方法适用于风险不特别严重，或者事故发生后不会产生严重后果的情况。

4. 单项评价法

单项评价法是指风险管理部门列举各项评价标准，凡是具有一项或者一项以上的项目符合标准者，就评价为风险管理项目。例如，生产企业风险管理部门可以从产量、质量、成本、交货期、安全生产等方面将企业设备分为7类，只要有一项达标者，即为风险管理中重点管理的项目：① 不管有没有备用机，一旦突然停机，马上会使整条生产线停工的设备；② 产生故障后，会影响到关联设备的正常作业，无备用机或虽有备用机，但是转化难度大，转换时间长的设备；③ 对产品的加工质量有较大影响的设备；④ 意外事故需要大笔抢修费或者会使产品制造的成本有较大上升的设备；⑤ 计划外故障会经常影响交货期，引起索赔或失去较多销售机会的设备；⑥ 精度高而且修理难度大的设备；⑦ 发生意外事故会影响安全操作和污染环境的设备。单项评价法的风险管理设计比较难，但风险评价比较简单，既可以达到查漏补缺的目的，又较易突出风险管理的重点。

5. 指标评价法

指标评价法是通过选择企业的某些风险评价指标与性质相同的指标评价标准进行比较，给出评价，最终通过风险评价矩阵来分析企业风险大小并进行风险排序的方法。通常所选用的风险评价指标是财务指标，如评价流动能力、营运能力、偿债能力、盈利能力等的指标。通过分析上述指标，再结合企业所属行业的性质、在行业中的地位和所占市场份额，综合评估企业的风险水平。

这一方法可以借鉴平衡记分卡，将评价企业风险的指标分为财务指标方面与非财务指标方面，从多个角度去分析和评价企业的风险，如表13-6所示。

表13-6　企业风险评价矩阵

指标	评价				
	很好	较好	正常	较差	很差
财务方面					
1. 流动能力					
2. 营运能力					
3. 偿债能力					
4. 盈利能力					
5. …					
非财务方面					
1. 顾客满意程度					
2. 内部运作能力					
3. 自身发展能力					
4. …					

风险的指标评价法比较简单而且实用，涵盖了企业的财务和非财务指标，而且可以根据企业自身情况随时更换指标和权重。但是其评价的过程难免带有主观成分，权重的设置也要谨慎。但总的来说，指标评价法不失为一种实用的风险评价方法。

6. 直方图评价法

直方图形象直观地反映了数据分布的情况，通过直方图可以观察和分析风险的概率分布，从而直观地对其做出评价。建立直方图的步骤是：首先，以各组风险数据 u_1，u_2，…，u_r，u_{r+1}为端点标在直角坐标系的横轴上；然后，分别以线段［u_i，u_{i+1}］为底边，以相应频率密度 f_i为另一边作矩形，于是 r 个矩形就构成了直方图。显然，频率直方图中每个小矩形的面积等于相应风险数据组的频率，而各矩形的总面积恰好等于 1。

直方图图形分为正常型和异常型两种类型。其中，正常型是左右对称的山峰形状，图的中部有一峰值，两侧的分布大体对称，且越远偏离峰值方柱的高度越小，符合正态分布，如图 13-3 所示。该图表明数据所代表的风险处于稳定状态。

与正常型分布状态相比，带有某种缺陷的直方图即为异常型直方图，这类图形表明数据所代表的风险项目处于不稳定状态。常见的异常直方图主要有偏向型（直方的顶峰偏向一侧）、双峰型、平峰型、高端型（直方图的一侧出现陡壁状态）、孤岛型（在远离主分布中心处出现孤立的小直方图）、锯齿型等，分别代表管理需要改进或数据出现问题。

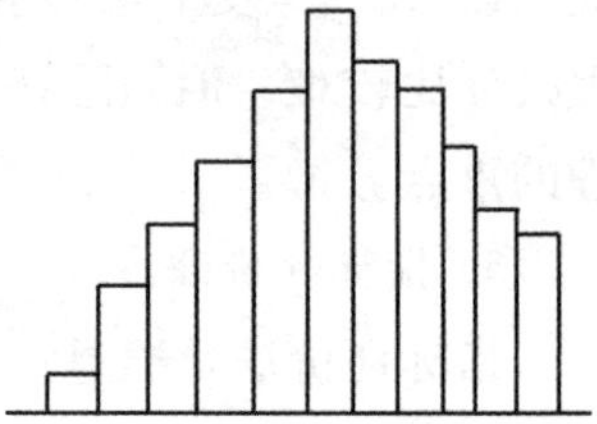

图 13-3　正常型直方图

当然，观察直方图的形状只能判断风险管理过程是否稳定正常，并不能判断是否能稳定地管理风险，而将直方图和公差相比较，即可以达到风险管理的目的。在这里，公差是指企业可以容忍和允许的风险变动范围，而比较的方法是观察直方图是否都落在公差范围内，是否有相当的余地，以及其分布是否没有过于偏离中心位置。一般说来，较理想的状态是数据分布范围充分居中，处于公差范围的上下界限内，而且具有一定余地，如图 13-4 所示。

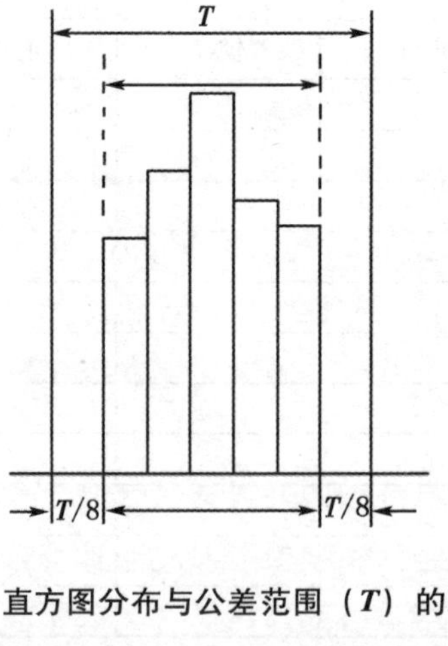

图 13-4　直方图分布与公差范围（*T*）的理想状态

这种状态表明风险管理处于正常状态，目前不需要调整。与此相比，如果出现偏向型、无余地型、余地过多型状态，可以判断风险管理对象存在异常因素，应当采取措施进行控制，尽量将主要异常因素消除在萌芽状态，使直方图分布向理想状态靠近。

7. 矩阵评价法

矩阵图是一种利用多维思考去逐步明确问题的方法，就是从问题的各种关系中找出成对要素 L_1，L_2，…，L_i，…，L_n 和 R_1，R_2，…，R_i，…，R_n，用数学上矩阵的形式排成行和列，在其交点上标示出 L 和 R 各因素之间的相互关系，从而确定关键点的方法。通过在交点处给出行和列对应要素的关系和关系程度，就可以大致判断出评价风险的关键因素。在矩阵图中，一般会用不同的符号表示要素之间的相互关系。通常用◎表示与引发风险关系密切的风险因素，用□表示与引发风险有关系的风险因素，用△表示可能与引发风险有关系的风险因素。

按照矩阵图的形式可以将其分为四类：L 型、T 型、X 型和 Y 型。

L 型矩阵图是一种最基本的矩阵图，如图 13-5 所示，是由 X 因素和 Y 因素二元配置组成的矩阵图，这种矩阵图适用于若干个目的和实现目的的手段，或若干结果及其原因之间的关联。

因素 X	因素 Y			
	因素 Y_1	因素 Y_2	因素 Y_3	…
因素 X_1				
因素 X_2				
因素 X_3				
…				

图 13-5　L 型矩阵图

T 型矩阵图是由 Z 类风险因素和 X 类风险因素组成的 L 型矩阵图，及由 Z 类风险因素和 Y 类风险因素组成的 L 型矩阵图组合在一起的三维矩阵图，如图 13-6 所示。T 型矩阵图表示 Z 类风险因素分别与 X 类风险因素和 Y 类风险因素对应的关系。

…							
因素 X_3							
因素 X_2							
因素 X_1							
因素 X / 因素 Y	因素 Z	因素 Z_1	因素 Z_2	因素 Z_3	因素 Z_4	因素 Z_5	…
因素 Y_1							
因素 Y_2							
因素 Y_3							
…							

图 13-6　T 型矩阵图

X 型矩阵图是由 X 类风险因素和 W 类风险因素、W 类风险因素和 Y 类风险因素、Y 类风险因素和 Z 类风险因素、Z 类风险因素和 X 类风险因素的四个 L 型矩阵图组合在一起的矩阵图。这是一种可以表示 X 和 W、Z，W 和 X、Y，Y 和 W、Z，Z 和 X、Y 四对风险因素关系的矩阵图，如图 13-7 所示。

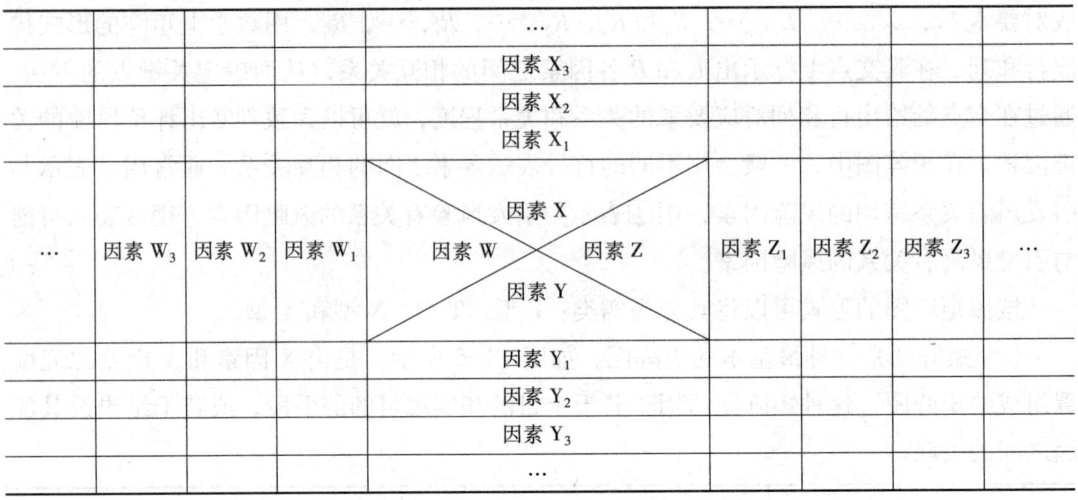

图 13-7　X 型矩阵图

采用矩阵图法评价风险是一种比较有效的风险管理方法，可以发现引发风险的重要因素。但是，用◎、□或△等符号表示不良现象及其原因等造成的关联程度时，由于容易掺入评价者的主观见解，所以要完全真实反映风险的状况具有一定的困难。不过，如果能够得到多数有经验者的一致意见，也是可以在短时间内得到由长期经验所证明的满意结果的。

8. 风险综合评价法

由于每一种评价方法都有各自的优点和缺点，所以企业如果能够灵活运用两种或两种以上的方法去评价系统的风险，往往可以取长补短，使评价更加精确和切合实际。但是在这一过程中，也有出现矛盾结果的可能。在这种情况下，就需要再次对不同风险进行权衡，按照可容界限对风险进行综合排序，做出最终的风险评价。其中，人们常常采用的一个评价方法就是“成本-效益”分析，即研究当采取某种措施的情况下，必须付出多大代价，以及可取得多大的效果。在实际风险管理操作中，这一分析就是贯彻“两利相衡取其重、两害相衡取其轻”的原则进行风险评价和抉择。

三、企业风险分析工作表

依据以上对风险分析的说明和介绍，我们在这里给出一个企业风险分析工作表（表 13-7）。它既是对相关内容的总结和提炼，也为企业风险管理提供了一份切实可行的操作清单。

表 13–7 企业风险分析工作表

步骤一：在风险识别的基础上，通过定性分析确认需要进行进一步衡量和评价的重点风险类别			步骤二：针对企业面临的重点风险，选择合适的计量技术对其进行量化衡量			步骤三：在量化分析的基础上，对重点风险进行评价和排序，为权衡应对策略提供可靠依据	
风险种类	项目及编号（可根据实际情况进行再细分和编号）	确认是否属于重点风险	可供选择的风险衡量技术		应用此种衡量技术的风险编号	可供选择的风险评价方法	最终风险排序的结果
人力资本	1. 死亡	是/否	概率技术	传统概率分析		风险度评价法 检查表评价法	
	2. 丧失工作能力	是/否		贝塔指标分析法		优良可劣评价法 单项评价法	
	3. 退休	是/否		在险价值		指标评价法	
	4. 辞职和失业	是/否		其他概率技术		直方图评价法 矩阵评价法	
财产	5. 价值	是/否				风险综合评价法	
	6. 权益	是/否					
法律责任	7. 产品责任	是/否					
	8. 环境污染责任	是/否					
	9. 员工伤害责任	是/否	非概率技术	敏感性分析			
金融市场	10. 市场风险	是/否		情景测试			
	11. 信用风险	是/否		压力测试			
	12. 流动性风险	是/否		设定基准			
	13. 操作风险	是/否		各种计分方法			
	14. 法律风险	是/否					
	15. 国家风险	是/否					
	16. 关联风险	是/否					
其他	其他特有风险	是/否		其他风险衡量技术		其他风险评价方法	
备注							

思考题

1. 人力资本风险发生的原因是什么？会给企业带来哪些影响？
2. 财产风险发生的原因是什么？会给企业带来哪些影响？

3. 法律责任风险的主要内容是什么?
4. 金融市场风险有哪些类型?
5. 风险衡量的概率技术有哪几种?
6. 风险衡量的非概率技术有哪几种?
7. 企业风险的评价方法有哪些?

第十四章　企业风险应对策略与措施

【学习目标】

- 风险的应对策略
- 风险控制措施
- 止损机制和危机处理

第一节　企业风险的应对策略

一、企业风险的不确定性

企业只要经营，就会产生风险，导致企业经营遭受损失或重大不确定性的因素是多样的，如决策失误、管理不善、市场竞争激烈、人才流失等。企业风险有三个不确定性。

1. 企业生存空间的不确定性

企业生存空间的不确定性，指一定的企业在一定的时期存在于一定的生存空间中。如有的企业只能在邻近地销售，有的企业可以进入国际商场销售；有的企业生产一种产品，一旦出现风险，将别无选择；有的企业跨行业多元化，因而具有较大的生存空间等。由此可见，生存空间的不确定性造成了企业的生存风险。

2. 企业从事业务活动的复杂性

企业的多重使命和任务使得企业经营活动日趋复杂，增加了企业经营失败的可能性。

3. 企业能力与实力的有限性

当外部环境的变化、生产经营活动的复杂性与难度超过企业的应对能力时，企业生存风险就可能随之发生。

二、企业风险的应对策略

当企业面对不同的风险时，可以采取不同的风险应对策略。我们认为有以下四种风险应对策略：企业风险回避、企业风险承担、企业风险降低、企业风险分担。

（一）企业风险回避

风险回避是指结合影响预定目标达成的因素，与决策者自身的风险偏好、风险承受能力，从而做出的中止、放弃、改变某种策略风险的处理方式。风险回避的前提在于企业对自身的条件和外部形式、客观存在的风险的属性及大小有准确的判断与认识。风险回避的优点体现在以下两点：第一，风险回避在风险产生之前将其化解于无形，大大降低了风险发生的概率，有效避免了可能遭受的损失；第二，节省了企业的资源，减少了不必要的浪费，使得企业有的放矢，在市场经营中有所为有所不为。

1. 企业风险回避的类型

风险回避的类型可以分为积极的风险回避与消极的风险回避。积极的回避与消极的回避有不同点，但也存在着相同点。相同点在于两者都认识到企业自身的实力不足以承受可能遭受的损失，都希望能够在风险发生之前，减少其发生的可能性。不同点在于，从风险的偏好来说，积极的风险回避者和消极的风险回避者同属于风险厌恶型，但两者对于风险认识的能动性是不同的。消极的风险回避者更惧怕风险，风险承受能力和应对能力也较差，消极的风险回避者不会去主动地识别风险，更谈不上应对风险。积极的风险回避者不会一味地回避风险，从而丧失获得的商业机会，而是对自身的能力更了解，更有自知之明，能够更好地应用“有所为与有所不为”这条法则。

2. 企业风险回避的策略

企业风险回避并不是一味地、盲目地回避风险，而是在恰当的时候，以恰当的方式回避风险，是一种策略性回避，主要适用于以下情况：

① 当某项活动风险极大时，企业确实无力加以防范和控制；

② 当实现某项活动有许多方案，而各种方案的风险程度高低不同时，可选择低风险的方案；

③ 当实现某项活动的过程中遇到不可逾越的风险因素时，采取措施绕道，迂回包抄。

风险回避可采用以下四种策略。

（1）步步为营

企业中的某项经营活动，若一步到位可能跳跃太大，不确定因素增加，企业不能够承受。如果分步实施，则可能回避部分风险，增加安全性。

（2）避实就虚

就是指不与风险正面冲突，从风险小处着手，绕过风险障碍，待竞争能力和抵抗风险的能力增强，时机成熟后，再进入较大的风险领域。

在企业经营活动中，竞争对手之间存在着技术水平、产品质量、销售、品牌以及经济实力等的高低强弱之分。实力较弱的企业若遇竞争对手正面交锋，则难免处于劣势，此时可绕道行之，在他处发挥自身优势，积累实力，然后与竞争对手进行正面交锋。

（3）瞒天过海

竞争风险来自竞争各方的较量。因此，若能够瞒过对手，趁其不备突然袭击，可令对手猝不及防，风险自解。

（4）移花接木

指企业将有限的资源投放在有把握、风险较小的项目上，或者回避某种政策或技术壁垒而采取的一种风险回避策略。

（二）企业风险承担

在企业经营过程中，有时候面临的风险无法分散，也无法回避。只要经营企业，就会面临这样的风险，只能承担。比如系统风险。

系统风险是指由于全局性的共同因素引起的投资收益的可能变动，这种因素以同样的方式对所有证券的收益产生影响。在现实生活中，这些因素包括社会、政治、经济等各个方面。由于这些因素来自企业外部，是单一证券无法抗拒和回避的，因此又叫不可回避风险。这些共同的因素会对所有企业产生不同程度的影响，不能通过多样化投资而分散，因此又称为不可分散风险。系统性风险包括政策风险、经济周期性波动风险、利率风险和购买力风险等。

不管投资多样化有多充分，也不能消除全部风险，即使购买的是全部股票的市场组合。由于系统风险是影响整个资本市场的风险，所以也称“市场风险”。由于系统没有有效的分散方法，所以也称“不可分散风险”。

对于不可分散风险，企业唯一能做的就是承担风险。这样的风险不是企业所能选择的，而是存在于企业经营的过程中，和企业经营活动、投资活动相联系。承担系统风险，能得到市场的平均报酬。对于这种风险，不管是风险偏好者还是风险厌恶者，都只能承担。要得到更高的报酬率，只能从事风险高于系统风险的项目。

当预计到从事某项经营活动的风险太高，而此项活动又无法避免的时候，可以通过购买保险这种方式，转移一定的风险，把损失控制在可接受的最小数额以下。这种承担风险的方法，需要预先对发生此项损失的概率，以及发生损失后的损失额进行概率估计和区间估计。

承担风险的方法还有投资组合，“不要把所有的鸡蛋放在一个篮子里”，就是这个道理。进行充分的投资组合，可以抵消掉生产经营活动中存在的非系统风险，组合越充分，承担的系统风险就越小。就算一项投资遭受损失，其他投资的收益可以对此进行弥补，可以说是“失之东隅，收之桑榆”。

（三）企业风险降低

风险降低是指风险承担主体将自身可能遭受的损失或承担不确定性的后果转嫁给他人的风险处理方法。风险降低主要通过风险转移的手段来实现。尽管风险转移的手段各异，但目的是一致的，即将可能由自己承担的风险转移给他人，从而降低自身承担的风险。风险转移可以通过保险、外包和出售的方式来实现。

1. 保险与风险转移

保险的基本运作机制在于：投保人与保险人共同签订保险合同，投保人向保险人交纳保费，来换取保险人对投保人遭受的经济损失给予补偿，或在约定时间发生时给予一定保险金的承诺。保险人利用大数原则，通过大量的互相独立的风险将个别风险的不确定性转化为可以预测的稳定支出，实现风险的降低。

保险是风险降低中一项很普遍、很容易操作的方法。它可以规范各方关系，保护企业利益。保险公司接受风险转移是因为可保风险是有规律的。通过研究不同风险的发生概率，寻找规律，为众多企业的顾虑提供了保障。

2. 外包与风险转移

企业在生产经营活动中注重核心竞争力的培养，强调根据企业自身特点，专门从事某一领域、某一业务，在某一方面形成自己的竞争优势，这必然要求企业将其非核心业务外包给其他企业。外包业务的根本出发点在于：确定企业的核心竞争力，把企业内部优势资源集中在具有核心竞争力的活动上，剩余的其他业务交给最好的专业公司。在企业竞争过程中，环境、技术、市场需求瞬息万变，企业投资于自身非核心竞争优势的业务存在巨大的风险。通过外包策略，可以将这种风险转移给外包商，从而降低自身的风险。

企业外包业务有助于以下三方面风险的转移，从而能做到降低自身风险。

（1）质量方面的风险转移

在外包业务中，企业通过采取严格有效的合同方式，产品质量、服务质量、交货时间等问题全部由外包商承担，同时将由质量问题导致的风险也一并转移给外包商。

（2）资金占用方面的风险转移

通过外包合同制造商将帮助企业解决一部分资金占用，从而降低资金占用的风险。具体表现在：

① 通过外包，可以帮助组织重构财务预算，从而避免对未来投资的不确定性；

② 通过外包将不能创造价值的业务单元或者设备资产转交给外包商，企业能够获得一笔现金流，从而释放出一部分资源进行其他投资；③ 外包将固定成本业务转化为可变成本业务，有利于企业组织结构的扁平化。

（3）技术方面的风险转移

外包有利于企业获得原先无法凭自身实力获取的技术和技能，通过外包，企业可以将价值链中的每个环节由最适合企业情况的、最好的专业公司来完成。常常能获得最先进、最前沿的技术和技能。除此之外，企业可以获得外部可利用的服务设备等资源，能降低自身的技术风险。

3. 出售与风险转移

出售也是一种风险转移的方式，通过这种风险转移，降低了出售方的风险。出让方认为不可取而拟转让的资产或实体，对于受让方来说未必就是糟粕。因为各个企业由于所处的行业、自身的技术以及特殊的财务资本结构与经营方式等原因，对于同一项资产或实体的评价是不相同的，正是“正看成岭侧成峰”。实体的权属问题与风险概念是密不可分的，以实体所有权的转移时间作为风险转移的时间，其理论依据在于：转移实体所有权是买卖合同的主要特征和法律后果，风险和收益都是基于所有权而产生的。因此，当所有权因买卖合同生效而发生转移时，风险就随之发生转移。

当实体在卖方手中时，他就不可避免地承担着占有或经营此实体的风险。通过出售，所有权从卖方手中转移到买方手中，买方就需要对该实体承担全部的风险。

出售的风险转移方式常常发生在经济不景气、资源紧缩、产品滞销以及企业财务状况恶化的时期，或者企业原先的经营领域处于明显劣势的时候。当企业原有经营领域的市场吸引力减弱，获利减少而趋向衰退时，市场占有率受到侵蚀，企业经营活动受阻而有意从原有的领域抽身，另辟蹊径，将实体出售给新的进入者，从而实现企业长远的经营目标。通过这种方式，企业合理配置资源以发展新的事业领域，从而转移风险。

（四）企业风险分担

风险分担指的是由于单个企业的风险承受能力有限，企业选择与多个风险承受方承担属于某市场、产品或服务的总量一定的风险，从而降低单个企业承担的风险。风险分担与收益分摊是相辅相成的。由于风险与收益对称，所以联合投资可以起到分担风险的作用。

风险分担式投资项目是巨额投资资金的客观要求。一个项目从萌芽、开发、生产到投放市场，通常建立在巨额资金投入的基础上，而一家企业的筹资能力是有限的，单独难以满足项目资金上的要求。通过一家企业发起，多家企业联合起来共同投资，同时做到了风险的分担。

对于一定的风险项目，企业投资该项目所需承担的风险是一定的，但因自身资金实力有限、主观认识的局限性以及风险感知的偏好，个别企业往往不具备独自承担全部资金风险的能力，因此。联合投资是一种企业风险分摊的要求。通过联合投资协议，各方根据自身的资金特点，选择不同的时期投入资金，在保证投资项目顺利进行的情况下，企业共享投资收益，同时分担各自承担的风险。

在联合投资中，由于不同企业投入项目的风险资金存在差距，再加上各联合投资方对项目的风险认识以及项目的前景认识不同，所以各个企业对于风险愿意付出的监督成本、管理水平等与资金的投入不成严格的比例。这样，就存在着“搭便车”的现象，这对联合投资是一项障碍。避免“搭便车”的关键在于通过完善联合投资契约，加强对双方或者多方的约束力，以及对风险资金管理与使用的认识。

对于风险投资业，联合投资方式已经成为迅速集聚资金，降低风险，发挥协同管理作用的颇受欢迎的方式。在现代经营环境中，可以通过联合具有技术优势、管理优势、资金优势及营销优势的企业，共同进行联合投资，从而充分分担风险。这在分担风险的同时，也实现了优势互补。

第二节　企业风险控制措施

一、企业风险控制视角

企业风险控制就是通过前置或过程调查，获得合作方资金、信用、资质、意图等各种信息资料，评估合作可能，降低企业风险的过程和方法。企业风险控制提供企业征信、证据收集、情报研究、风险预警、危机处理、策划顾问等系列服务。

具体包括：生产经营风险控制、投资项目风险控制、技术开发风险控制、商业秘密风险控制、合同陷阱风险控制、员工雇佣风险控制等服务项目。

通过专业机构提供风险控制方案，企业可以减少运作损耗，降低风险概率，提高成功保障，争取较大利润。风险控制方案可以将企业的风险可能、亏损根源扼杀在摇篮中，真正做到防患于未然，胜敌于不战。

二、企业风险控制措施

投资者为了预防各种风险，就必须对本身进行严格的内部管理，减少损失发生的可能性。具体来看，主要有两个方面：一是进行有效的资金管理，二是采取有效的操作策略和操作手段。

1. 进行有效的资金管理

在股指期货市场上，投资者的资金总是一个至关重要的因素。从具体操作角度看，在管理资金风险时，应该实现以下一系列的规则和程序：定期检查和预测资金需求情况、建立资金调动限额、制定市场突发情况时的应变计划、提取各种风险准备金等。

2. 通过操作策略控制操作风险

任何一个重大的投资计划，实际上其主要风险从决策过程即已开始。实现有效的战略性决策，是防范操作性风险的第一步。

（1）把握决策的方向正确

从投资的最终绩效看，决策初期对市场基本政策形势判断的正确性是首要的决定条件。同时，对于有关证券行业应具有战略眼光。

后续阶段性的政策，也要予以充分重视，特别是要注意其存在的阶段性和时效性。总而言之，对后续阶段性的市场趋势有清醒的认识，是进行投资的前提。

（2）保持决策的动态调整

在不少的投资决策过程中，往往是最初阶段的酝酿过程很长，而后来觉得时间紧迫时，常常忽略后续的一个或数个决策环节而直接作出决定。由于缺乏关键的全面论证，导致项目在实行过程中产生顾此失彼的结果。因此，一方面保持决策的及时性，另一方面也要保持决策的动态性，随时间和环境变化而调整。

(3) 保持交易的计划性

在进行投资之前，必须制定好交易计划，避免盲目操作。交易计划应包括：当前的趋势及其后势演变分析；入市基点、交易方向、交易量及盈利目标；市场突变或判断失误时，能承受的风险值以及止损目标。

第三节 止损机制和危机处理

确定了企业的风险偏好和风险承受能力之后，下一步就要制定企业的止损指标。止损指标的制定非常重要，一项业务或投资的损失在达到止损指标时就应该立刻斩仓停止，壮士断腕，以免更大的损失发生。

止损指标的制定有两方面需要注意：一是对于不同的部门和业务，需要根据实际情况制定不同的止损指标，不能搞“一刀切”。二是止损指标制定后，应当作为一项严格的制度执行，损失一旦触及指标立即止损，不可使其形同虚设，丧失了止损指标“防火墙”的作用。

一、止损的含义与必要性

止损是指当某一投资出现的亏损达到预定数额时，及时斩仓出局，以避免形成更大的亏损。其目的就在于投资失误时把损失限定在较小的范围内。股票投资与赌博的一个重要区别就在于前者可通过止损把损失限制在一定的范围之内，同时又能够最大限度地获取成功的报酬，换言之，止损使得以较小代价博取较大利益成为可能。股市中无数血的事实表明，一次意外的投资错误足以致命，但止损能帮助投资者化险为夷。

1. 止损的含义

止损既是一种理念，也是一个计划，更是一项操作。止损理念是指投资者必须从战略高度认识止损在股市投资中的重要意义，因为在高风险的股市中，首先是要生存下去，才谈得上进一步的发展，止损的关键作用就在于能让投资者更好地生存下来。可以说，止损是股市投资中最关键的理念之一。止损计划是指在一项重要的投资决策实施之前，必须相应地制定如何止损的计划，止损计划中最重要的一步是根据各种因素（如重要的技术位，或资金状况等）来决定具体的止损位。止损操作是止损计划的实施，是股市投资中具有重大意义的一个步骤，倘若止损计划不能化为实实在在的止损操作，止损仍只是纸上谈兵。

2. 止损的必要性

波动性和不可预测性是市场最根本的特征，这是市场存在的基础，也是交易中风险产生的原因，这是一个不可改变的特征。交易中永远没有确定性，所有的分析预测仅仅是一种可能性，根据这种可能性而进行的交易自然是不确定的，不确定的行为必须得有措施来控制其风险的扩大，止损就这样产生了。

止损是人类在交易过程中自然产生的，并非刻意制作，是投资者保护自己的一种本能反应，市场的不确定性造就了止损存在的必要性和重要性。成功的投资者可能有各自不同的交易方式，但止损却是保障他们获取成功的共同特征。世界投资大师索罗斯说过，投资本身没有风险，失控的投资才有风险。学会止损，千万别和亏损谈恋爱。止损远比盈利重要，因为任何时候保本都是第一位的，盈利是第二位的，建立合理的止损原则相当有效，谨慎的止损原则的核心在于不让亏损持续扩大。

3. 止损的机制

（1）学会分析风险

经商做生意，投身到市场经济的大海之中，必须要考虑家庭的一切正常开支，考虑一旦你卧病或发生意外导致收入来源中断的风险。因此，你必须学会分析你所处的环境，做好风险预测。

（2）善于评估风险

通过客观分析，预测风险将要带来的破坏程度之高低，做到心中有数。例如失火将造成危害的程度，货款回收的程度，资金周转可能会出现的不良性货款循环程度，等等。

（3）慎重预防风险

一定要采取措施降低风险发生的可能性，例如对客户进行详细的信用调查；制定周密的收款措施；加强保安措施，将当日收入现金及时存入银行；对周围环境进行调查，对可能发生的问题进行弥补。总之，要预防和避免风险的发生。

（4）设法转嫁风险

有一些风险是不可能避免的。例如，你所经营的公司有许多价值很高的设备、仪器，即使你做了安全防范，但仍面临着设备、仪器可能遭到毁损的风险。目前，大多数人还不太习惯于保险，然而，加入财产保险，这确实是一个转嫁风险的良策，设备、仪器的意外失盗或因洪水、地震、火灾、房屋破坏等造成的意外损失，都会有保险公司的赔偿，这种转移也正是避免风险的良策。

二、企业危机处理

什么是危机处理？一般而言，危机处理是指当企业面对与社会大众或顾客有关的重大事故，在处理这些重大事故时所采取的态度和过程。如果一个企业经营不善，并不一定涉及社会大众的利益，顾客也不一定十分关心，就称不上企业的危机处理，而仅仅是企业经营上的个别问题。所谓企业的危机处理，大多是指企业处理“对外”所发生的各种事故。由于这些重大事故的发生，对社会公众或顾客产生了损害，若处理不当，最终会影响企业形象。所以，企业的危机处理基本上是一场企业形象保卫战。企业形象的塑造，一靠平时所下的功夫，二靠危机当时的处理。在大多数情况下，企业面对危机所采取的处理方式，对企业形象有着更为重要而深远的影响。换言之，企业在面对危机时所采取的不同的态度和方法，对塑造良好的企业形象将会产生“差之毫厘，谬以千里”的效果。

企业在面对危机时，如何应对才能转危为安，战胜危机呢？

1. 立即调查情况，制订计划以控制事态的发展

在危机处理时，首先应组织有关人员，尤其是专家参与，成立危机处理小组，对危机的状况做一个全面的分析：危机产生的原因是什么，内因还是外因？危机发展的状况及趋势如何？受影响的公众有哪些？谁是危机的直接受害者？谁是间接受害者和潜在受影响者？具体受影响的程度如何？分别是什么形式的？他们可能希望通过什么方式予以解决？危机信息对外扩散的发布渠道和范围是怎样的？这些问题必须弄清楚，因为这将是企业采取补救措施的直接依据。在找到这些依据之后，就可以根据这些依据来制定相应的对策。

2. 把危机真相尽快告诉新闻媒体和社会公众

危机发生后，最关心此事的人，除了企业之外，还有新闻界、受害者和竞争对手。对于新闻界来说，又多了一个宣传热点，有利于吸引社会的关注，同时易于同情弱者，更多地为受害者说话，处于企业的对立面；对受害者而言，力争企业对危机事件给以圆满的答复；至于竞争者，则多了一个竞争的有利砝码。因此，危机发生后，应尽快调查事情原因，弄清真相，尽可能地把完整情况告诉新闻媒体，由其广而告之。只有公布真相后，才有可能避免公众的各种无端猜疑和流言的产生。诚心诚意才是企业面对危机最好的策略。如果一再文过饰非，则终将自食其果。如，强生公司面对危机，开诚布公地解释症结所在，顺利平息风波，解决了信誉危机。

3. 借助公正、权威机构的帮助

在某些特殊的危机处理中，企业与公众的看法不一致难以调解时，必须靠权威发表意见。企业要善于借助公正性和权威性的机构来帮助解决危机。雀巢公司在“雀巢风波”恶化后，开始采取补救措施。其中最有效的就是成立了一个10人专门小组来监督该公司执行世界卫生组织规定的情况。小组成员中有深孚众望的医学家、教授、群众领袖和国际政策专家，并由前任美国国务卿缅因州民主党参议员埃德蒙任主席。这一举措大大增加了公司在公众心目中的可信度。由于在很多情况下，权威意见往往对企业危机的处理能够起到决定性的作用，因此，企业在处理危机时，一方面要做到谦虚自责，勇于承担责任，始终把社会公众的利益放在首位；另一方面也要做到坚持原则。只有这样

才能使企业既能控制事态发展，转危为安，又能由此迈上一个新台阶。

4. 做好善后处理工作

企业出现危机时，特别是出现重大责任事故，导致社会公众利益受损时，企业必须承担起责任，给予公众一定的精神补偿和物质补偿。在进行善后处理工作的过程中，企业也必须做到一个“诚”字。只要顾客或社会公众是由于使用了本企业的产品而受到了伤害，企业就应该在第一时间向社会公众公开道歉以示诚意，并且给受害者相应的物质补偿。对于那些确实存在问题的产品应该不惜代价迅速收回，立即改进企业的产品或服务，以表明企业解决危机的决心。只有以诚相待，才能取信于民。

总之，当企业面对危机时，应该以社会公众和消费者的利益为重，迅速做出适当反应，及时采取补救措施，并主动地、有意识地以该事件为契机，变坏事为好事，因势利导，借题发挥。这样，不但可以恢复企业的信誉，而且可以扩大企业的知名度和美誉度。正如人们所说的：一个优秀的企业越是在危机的时刻，越能显示出它的综合实力和整体素质。一个成熟的、健康的企业与其他企业的区别就在于此。

思考题

1. 企业风险应对的策略有哪些？
2. 企业风险回避的策略有哪些？
3. 企业风险控制的措施是什么？
4. 怎样理解止损机制？
5. 如何做好危机处理工作？

参考文献

[1] 周三多.战略管理新思潮[M].南京:南京大学出版社,2002.

[2] 中国注册会计师协会.公司战略与风险管理[M].北京:中国财政经济出版社,2021.

[3] 迈克尔·波特.竞争战略[M].陈丽芳,译.北京:华夏出版社,2014.

[4] C.W.L 希尔,G.R 琼斯.战略管理[M].北京:中国市场出版社,2007.

[5] 陈劲.战略管理[M].北京:北京大学出版社,2021.

[6] 姚建明.战略管理[M].北京:清华大学出版社,2019.

[7] 魏江.战略管理[M].北京:机械工业出版社,2021.

[8] 徐飞.战略管理[M].北京:中国人民大学出版社,2019.

[9] 徐新立.风险管理[M].北京:北京大学出版社,2014.

[10] 李健.风险管理和内部控制理论与实践[M].北京:经济科学出版社,2019.